中国经济学家列传

中国金融改革探路人
刘鸿儒

邓加荣　张艳花　著

中国金融出版社

责任编辑：张哲强

责任校对：张志文

责任印制：程　颖

图书在版编目（CIP）数据

中国金融改革探路人刘鸿儒/邓加荣，张艳花著 . —北京：中国金融出版社，2019.1

（中国经济学家列传）

ISBN 978 - 7 - 5049 - 9847 - 7

Ⅰ.①中…　Ⅱ.①邓…②张…　Ⅲ.①刘鸿儒—传记　Ⅳ.①K825.34

中国版本图书馆 CIP 数据核字（2018）第 249853 号

中国金融改革探路人刘鸿儒

Zhongguo Jinrong Gaige Tanluren Liuhongru

出版

发行　　中国金融出版社

社址　北京市丰台区益泽路 2 号

市场开发部　　（010）63266347，63805472，63439533（传真）

网 上 书 店　http：／／www.chinafph.com

　　　　　　　（010）63286832，63365686（传真）

读者服务部　　（010）66070833，62568380

邮编　100071

经销　新华书店

印刷　天津银博印刷集团有限公司

尺寸　169 毫米×239 毫米

印张　27.5

字数　410 千

版次　2019 年 1 月第 1 版

印次　2019 年 1 月第 1 次印刷

定价　98.00 元

ISBN 978 - 7 - 5049 - 9847 - 7

如出现印装错误本社负责调换　联系电话（010）63263947

序 言

骆耕漠

中国金融出版社拟出版一套《中国经济学家列传》，记录、缅怀和歌颂当代的中国经济学家，并以此丛书奉献给热衷于国家经济建设，投身经济体制改革的广大读者。出版社约我为此撰写一序言，不胜荣幸而恐力所不及。

众所周知，政治经济学是社会主义革命和建设的基础理论，是马克思主义的重要组成部分，也是我们这个时代改革发展的向导和指南。同时，政治经济学又是今天我国进行社会主义市场经济建设，实现现代化宏伟大业的不可或缺的一门重要学科。从中国共产党领导的革命战争年代起，中国的革命就造就了当代中国经济学家成长的土壤。新中国成立后，我们国家在中国共产党领导下开展了轰轰烈烈的伟大的社会主义革命和社会主义建设，国家的经济建设发生了深刻的变化，可以说是翻天覆地，气势磅礴。今天经济领域可以说是我们党实现社会和谐、稳定，持续发展，以及有效调整各方面利益关系的枢纽部位和前沿阵地。在经济建设实践中，造就和推出了一批灿若群星的著名经济学家，诸如马寅初、孙冶方、南汉宸、许涤新、徐雪寒、薛暮桥等，还有改革开放后涌现出的一批新秀，他们都在各自不同的岗位上，为社会主义革命和建设作出了重大贡献。为他们立传，不仅于历史和现实，都是非常必要的，而且对于生活在 21 世纪的人们，特别是从事经济工作的同志，完全可以从中了解过去，认识现在，展望未来。这些当代中国经济学家的人品学问都是有口皆碑的，尤其是他们所具备的严谨务实的科学态度，认真钻研的进取精神以及坚韧不拔的实践意志，皆可作为做学问人的楷模，这些经济学家的事业人生就是一部部生动的教科书。编辑出版这套丛书，使我感慨万千。

出版社约我为这套丛书作序，也使我的心绪久久不能平静。我虽与马寅初、孙冶方等老一辈经济学家是同辈人，也是同时代人，并与他们有过密切交往与工作往来，他们中有的和我一起走进经济科学这座殿堂，共同从事过理论研究和社会实践，为此，我们曾不懈努力，有那么一点"学海无涯苦作舟"的感慨，可以说我们共同作出了无愧于时代的努力和贡献，也共同取得过喜人的成绩。但我与这些学识精到、成绩卓著的经济学家是不能相比的，所以，写此序言也甚感汗颜。但细想一下，现在那些亲眼目睹昨日艰辛和辉煌的人，健在者已经不多了，自己有责任和义务说上几句要说的话，作为丛书的提示和补白。我愿意参与这项富有意义的工作，它对我也是一种鼓舞和勉励。

据悉这套丛书还将陆续推出经济学界的一代新人，这正是我早已期盼并衷心祝愿的。我确信，青出于蓝而胜于蓝，这是历史发展的必然。它象征着一个伟大经济变革时代的开启和进步，这正是我们时代进步和事业发展，以及时代要求我们与时俱进的显著特征，因为，改革开放已将政治经济学推进到一个更高的起点上了。

2005 年 5 月于北京

前 言

中国金融出版社社长　魏革军

1978 年至今的四十年，是中国社会经济发展史上极不平凡的四十年。从最初的"摸着石头过河"，到如今改革开放成果如群星璀璨，这一场无法按图索骥的探索，渐渐演变成为一个伟大的国家奇迹，积淀出中国现代经济改革史上最为珍贵的变革财富。

记录、阐释中国金融改革四十年求索的方法很多，但从人的视角，尤其是那些最为接近改革核心决策的亲历者的视角，记录他们的所思与所想、坚守与权衡、信念与彷徨，来刻画经济体制的变迁曲线，更能使抽象的改革历史具有丰富的色彩与真实的温度。

刘鸿儒，正是一位接近金融改革核心决策的重要亲历者。

四十年前，沐浴改革开放的春风，刘鸿儒开启了新的个人职业生涯，并与中国金融体制改革紧密联系在一起。1978 年改革伊始，从农村包产到户开始，农村改革率先破冰，农业银行的恢复由此提上日程。刘鸿儒亲身参与农业银行的第四次恢复设立，打响了农村金融改革和银行改革的第一枪。1980 年，刘鸿儒被任命为中国人民银行副行长，主管金融体制改革，按照

"把银行真正办成银行"的指导思想，主导设计了以市场经济为导向的金融体制改革总体规划，并在实践中展开金融改革试点，催生了金融改革中的无数个"第一"，点燃了此后金融改革的燎原之火。1990年，刘鸿儒走进"体改委"这一中国经济改革的"中枢"系统，坚定地支持并推动了中国股份制的实践。1992年，刘鸿儒顺应改革潮流，履任中国证监会首任主席，踏上资本市场拓荒之路。

可以说，在20世纪80年代至90年代中期中国金融改革的黄金时期和金融体制转轨的关键时期，刘鸿儒几乎参与了所有重要的改革环节，从整体方案的设计，到商业银行的商业化改革、中央银行体系的建立、资本市场的建立和保险市场的发展，乃至在"大银行小财政，还是小银行大财政"，商业银行是否允许竞争，股份制"姓资还是姓社"，社会主义能不能发展资本市场等一系列事关改革前途的重大论战中，他均参与其中。在改革中，他不断进行实践总结和理论探索，进而建立了中国金融体制改革的理论体系和具有中国特色的资本市场理论体系。他较早提出社会主义经济是商品经济，并认为发展商品经济是经济体制改革和金融体制改革的出发点；20世纪80年代，他提出改变银行地位及其与财政关系的新思路和财政信贷分口管理与综合平衡的新观点，他还提出建立具有中国特色的中央银行制度的理论、金融调控论和金融体制改革目标四系统论。在资本市场发展方面，他提出直接融资和间接融资"平行发展，自行定位"论，股份制是一种"企业财产组合制度"论，"公有股分步流通论"，上市公司质量是资本市场稳定发展的"基石论"，资本市场应强化蓝筹股和机构投资者两根支柱的"支柱论","中国资本市场多元论","监管需要政府与市场配合论","规范与发展辩证统一论","有效运用'内外'两个市场论"。他的改革方案、理论和实践，极大地影响了中国金融体制改革乃至经济体制改革的路径。毫无疑问，对于中国金融体制改革而言，他是最重要的拓荒者、组织者、设计者和实践者之一。

不仅如此，刘鸿儒还由改革而兴学，拉起"为市场经济培养人才"的大旗，创办了三种服务于不同人才培养目标的金融教育机构——以培养适合中国金融体制改革需要的应用型骨干人才为目标的、后来被誉为"金融教育界黄埔军校"的中国人民银行研究生部（即"五道口"），在金融界起到人才和教材种子作用的中国金融学院，和引进国际金融理财标准的职业资格培训和认定体系——CFP。从研究生教育到本科教育再到职业培训教育，他以高质量、高标准培养出一批又一批适应市场经济改革需要的金融人才，为改革奠定了丰厚的、多层次的人才家底。可以说，他将金融与教育连接在一起，为中国金融改革提供了源源不断的智力支持，也将金融改革的现在与未来联系在了一起。

作为"五道口"的一员，我曾有幸在研究生生涯中聆听和感受刘鸿儒老师的言传和身教。令我印象非常深刻的是，他讲课风格独特，常常不带讲稿，在讲台上放一张纸，一坐下来即侃侃而谈，一讲就是半天，他讲的多是当时金融领域的热点和重点，也非常乐见我们在课堂上讨论得热火朝天。至今，我还记得，刘老师把1957年毛泽东主席访问莫斯科大学时告诫他们的两句话——"青年人应具备两点，一是朝气蓬勃，二是谦虚谨慎"传承给我们，要求我们要始终刻苦学习、拼搏进取。无论为官、为学、为师，他注重立德、立业、立人，始终对金融改革事业保持旺盛的精力和饱满的热情，始终以战略的眼光和不凡的格局推动改革，作为他的学生，对此我有更深的体会，也自然生出更多的崇敬感和亲近感，并深深觉得，为刘鸿儒老师著书立传，不仅是记录历史的需要，也是传承历史文化的需要，是全面深化金融改革开放的需要，这是我们金融出版人应当且必须完成的事情。于是，在几年前，我们请著名报告文学作家邓加荣先生一起完成这一工程。

邓加荣，《光明日报》新闻研究所前所长，著名作家。他在1952年赴苏联莫斯科财经学院学习经济之际，出于对文学写作的强烈热爱，不失时机地进入高尔基文学院函授学习，取得经济和文学双学士学位。归国后，他先进入人民银行金融研究所，后又进入辽宁财经学院，最终栖身于《光明日报》社。他从金融界到教育界再到新闻界的传奇跳转经历，引来著名作家刘绍棠调侃："加荣是个驿马星。"

邓加荣资历深且写作范围极广。他的《有这样一位经济学家》入选江西财经大学语文教科书，《孙冶方印象》入选沪教版初中语文教科书，《保卫塔河的日日夜夜》等荣获全国性文学大奖；他写长篇历史小说《揭开甲午战争历史黑匣子》等，写传记文学《林巧稚》《美猴王——六小龄童的艺术和爱情》等，也写报告文学《李谷一与乡恋》《海南岛汽车狂潮》等，他甚至还两度破译《红楼梦》，写下《全面破译〈红楼梦〉》；他与他的爱人、两位古稀老人不顾严寒酷暑，奔波于北京各大图书馆，凭借着两支铅笔、两颗热心，将失传三百余年的

1952 年 3 月 28 日，东北人民大学校领导欢送第一届留苏学生。二排左四为王志玲，二排左一为邓加荣。王志玲是刘鸿儒的夫人，与邓加荣同时赴京留苏预备部学习俄文。邓加荣由于俄文基础好而先行赴莫斯科，王志玲于 1953 年赴莫斯科学习。刘鸿儒于 1955 年出国，三人就此同在莫斯科求学。

"十大才子书"从浩如烟海的古籍中一点点搜集出来、抄写下来、编纂辑校出来。他为自己画下这样一幅自画像：我仍然是《飞鸟对老树说》中那棵村外路旁、面对黄昏喁喁独语的老榆树，虽然用我不断向上伸长的枝桠，将多少只俊秀的黄鹂鸟都托起来了，托向了星光灿烂，彩霞满天的长空，亮丽得差不多就像银河中的一颗颗闪光的星辰，但是我，那一棵村外路旁的老榆树，却仍然只能寂寞地在凄凉月光下踯躅荒原，在朦胧的夜色里暗自絮聒。

邓加荣适合作为此书作者，还因为他与刘鸿儒有颇多交集。

他与刘鸿儒夫妇相互熟悉，相交甚好，而且，他们二人有非常多的共同经历——他们童年都曾生活在东北的侵略日军铁蹄之下，青年都在苏联求学、在"五七干校"下放劳动、在人民银行共同投入金融事业。直到后来，邓加荣从金融界投身教育界，两条一直同向而行的人生曲线才有了不同的精彩。

2016 年 9 月 15 日中秋节，刘鸿儒（右一）与邓加荣（左一）在北京相聚。

此书从起意到付诸笔端，再到最终完成，过程可谓一波三折，也可以说，这本书是许多人通力合作的心血之作。刘鸿儒起初并不同意为自己写传，他自谦地认为，自己并不值得一写，这件事也只好搁置下来。直到 2016 年，在邓加荣家旁边的天津百饺园餐厅里，邓加荣、刘鸿儒夫妇聚会，中国金融出版社第二编辑部主任张哲强、《中国金融》杂志记者张艳花随行。大家又谈起了这本传记，张艳花的一句话触动了刘鸿儒。她说："刘主席参与了 20 世纪 80 年代到 90 年代金融体制转轨的过程，您的所见、所思，就是这一过程的真实记录。如果不把它们梳理保留下来，对于这一段金融转轨历程的记录，就会缺少一个独特的视角，这会不会是一种遗憾呢？"最终，刘鸿儒同意以自己的视角记录中国金融体制转轨的探索，并由邓加荣执笔为自己写传。

邓加荣投入全部的热情和精力启动了传记的写作，并且进展神速。他说，写早期的刘鸿儒就仿佛将自己的人生重又回忆了一遍，他饱含着深情以每周一章的速度写完了前十五章。

不料，其后邓加荣由于年事已高、身体不适，离开了我们，一些章节甚至没有来得及修改。在深切悼念之余，我们决定要将此书的写作更好地进行下去，也作为对邓老师最好的缅怀。《中国金融》杂志记者张艳花接手完成了其后的第十六章至第二十四章，中国金融出版社原总编辑李守荣，编辑刘光辉、孙柏以及中国金融出版社原编辑、现任职于中央结算公司的方晓，均对此书提出了专业的、细致的、真诚的修改意见，使本书能够准确、全方位地展现刘鸿儒这位改革家、金融教育家和经济学家，从童年到退休之后的丰富而精彩的人生经历。也正如策划伊始所确定的那样，这本书从一个改革亲历者的视角，如实地反映了他所经历的中国金融改革，成为刻画中国金融改革四十年探索的一个侧影。应该说，这是一部尊重历史、内涵丰富的诚意之作。

历史，如沉默的行者，不动声色地走近又走远。四十年弹指一挥间。正如习近平总书记所说，今天的中国，前所未有地靠近世界舞台中心，前所未有地接近实现中华民族伟大复兴的目标，前所未有地具有实现这个目标的能力和信心。改革开放，正是这个能力之源、信心之源。

谨以此书，献给这个改革开放的伟大时代，也致敬那些为改革开放奉献了全部青春、热血、勇气和智慧的人们。

2018 年 12 月于北京

目 录

第一章

捡煤渣的孩子

北风呼啸，像从猎人网里挣脱出来的野兽一般暴戾地咆哮着，灰黑色的冻云堆满寒天，在冻云裂缝中泄漏下几线黎明的晨光，也仿佛被北风吹得微微颤抖。天气嘎嘎地冷，在这冰冷的风雪街头上，有一个十一二岁的小男孩，拉着一个父亲专门为他制作的小爬犁（东北土话，即雪橇），手里拿着一柄小铁铲，跟在大胶皮轱辘马车后边，捡拾从车上颠簸下来的煤渣，或者就从日本军官宿舍倒出来的煤灰堆里捡煤核，黢黑的小手常常冻裂开一道道的口子。

地处黑龙江北陲高寒地区的北安县，在半个多世纪以前，其冬日是现今人们想象不到的寒冷。大白日的天空也老是灰蒙蒙的，飞滚着足够割破人们脸皮的冰凌锋利的小雪粒子。大地被冻得裂开一道道口子，横一道竖一道，有几尺长的，有几丈长的，有的一直伸至看不到头的远方——好像严寒下定决心要把我们居住的这块地方统统地给冻裂了似的。人们只要把手一伸出去，立时就感到像刀割似的疼痛。那些赶大马车的人，都戴着几乎护住了整个面孔的大狗皮帽子，可是哈出来的热乎气儿，很快就在帽子的边缘结上了一层厚厚的冰凌，需要不时地用手掸一掸，抖落抖落，不然就遮住了视线。走在路上的老头子也是一样，哈出来的气很快就在他们的胡须上结成了冰凌，使得他们个个都成了银须鹤发的老仙翁。穿胶皮底鞋的人走路可费劲，因为脚底板子透出的热乎气儿，很快就粘起地上的积雪，走出百十多步就结成一个大疙瘩，而这疙瘩又像雪球似的，越结越大，最大的时候能像鸡蛋大小，走起路来很不得劲，一不小心，便会跌个大跟头。

夜里更是冷得厉害，河里的冰会冻得咯嘣咯嘣直响，地上放着的水缸有时也会被冻裂。狗窝里的小狗冻得嗷嗷叫唤，那声音好像它的爪子被火炭烫着了一般。

而刚刚破晓了的清晨，更是一天最冷的时刻，可这个小男孩却要常常强挣着从被窝里钻出来，拉着小爬犁外出去捡拾煤渣和煤核。这个年纪上的孩子都贪睡，但他不这么早起来是不行的，因为如果去晚了，那些掉在地上的煤渣和煤核早就被别的穷人家孩子给拾去了。

这让我们想起安徒生的《卖火柴的小女孩》，不同的是，那是童话，而这是八十年前的现实；卖火柴的小女孩没有名姓，而这个小男孩日后却成为新中国金融界的一个响当当的人物——刘鸿儒。

而故事中的那个还在街头上捡拾煤渣和煤核的小鸿儒，仍挣扎在我们的祖国最为悲惨的年代里，日本人残酷地统治中国东北地区的年代里。他在刚刚三岁的时候，由吉林省榆树县随父亲迁居到苦寒的北安县。而在更早一些的时候，刘氏一家则是裹挟在闯关东的难民大潮中，由山东掖县走进荒凉冷落的关东来。

有人①做过统计，说闯关东的难民最多的年份是在东北沦陷前夕的那几年。在 1920 年时，闯关东的人仅有 20.9 万人，而在这以前，才只有 10 万人左右。而到了 1926 年，则猛增至 56.7 万人，1927 年更增至 105 万人。小鸿儒一家人，就是在闯关东这最高潮的一两年里来到关东的。他是来到关东之后出生的，在他之前还有一个姐姐，也是来到关东之后出生的。

小鸿儒的父亲刘贵是裁缝，叔叔刘义是木匠，用东北的土话来说，都是耍手艺的。搬到北安后，叔叔便与祖父刘云阁一起，随着包工队四处奔走去给人家盖房屋、做家具，父亲便在北安街头上租了个铺面，开了一家小小的裁缝铺。

北安那时候是个又小又土气的小县城，寒碜地伫立在荒凉的北国土地上。

---

① "农业经济学论"的先驱、中国共产党 20 世纪 30 年代在上海创办的著名刊物《中国农村》的创始人陈翰笙，在《难民的东北逃亡》一书中，列举出一系列他亲自统计的数字。

街上也不怎么繁华，全城满打满算也就那么两条大街，一条从南到北，另一条从东到西，长长的，拖拖拉拉、逶逶迤迤地向远处延伸着。最繁华的地方要算十字街口，什么布店、粮店、书店、文具店、鞋帽店、山货店、油盐店，还有药铺、杂货铺、钱铺、当铺、金银首饰铺，都集中在这疙瘩儿。其余的那些上不了档次的小饭馆、菜床子、煎饼铺等，就都远离开十字街口散落到偏远的街面上去。刘贵家的裁缝铺是小本营当，铺面窄小，自然也便远离闹市街口，只是在大长筒街上的偏远深处占了一小爿门脸儿。不过，因为他手艺好，活儿做得精细，开头两年生意做得还算红火，这也就应了中国那句古语："酒香不怕巷子深。"但是，后来生意却越来越不景气，到铺子里来定做衣服的人越来越少了。这是为啥呢？是因为他年岁大了，手脚不灵活，眼神不济，做出的活计越来越差了吗？不是！他那时还很年轻，三四十岁，正是身强力壮、手艺活儿越来越娴熟的时候，之所以来定做衣服的人越来越少，是因为局势的变化。自打日本人用殖民统治办法扶植起一个伪满洲国，便开始逐年地加紧奴化教育。他们为了让东北的中国人忘记自己的根，便从语言上、教育上、法制上、衣着上、生活习惯上，对当地进行强制日化、东洋化，即所谓"日满协和化"。中小学的语文教科书，不叫"中文""国语"，也不叫"汉语"，而是叫"满语"；日语是必修课，体操课中喊的口令都用的是日语，各种公众聚会的场合中，即使不说日语，起码也得说些"协和话"。在服装样式上的改变则更为蛮横。凡是在外面做事的人，都不再穿老式的长袍马褂了，只能穿西服、"协和服"或立领式的制服，而学生则必须着日式的学生装。刘贵的手艺活计虽然精巧，可他是在山东老家学的手艺，学做的都是中式服装，那些新的样式服装不会做，因此店铺也就越来越被冷落了。由于生意不好，生活便拮据起来。愈发沉重的生活担子压得他喘不过气来，一个才四十岁不到的人，细长的脸上已经有了皱纹，在他两眼的周围向外辐射出来的几条细皱纹，更是显得沉重，给人十分苍老的印象。不过，他的性格倒是很开朗，抗争生活命运的意志也很强，人们从没见到他有过长吁短叹的时候。母亲付翠珍虽是个农家女子，未曾读书识字，但是生得心灵手巧，炕上地下的活儿样样都会干，也都干得十分灵活轻巧。淳朴善良的性格让她特别能够吃苦耐劳，在山东老家时，上自公公婆婆，下至妯娌小姑，她都待人以诚、宽和应对，最是贤惠不过的一个人了。她从早到晚手脚勤快，一刻不停，里里外外，活儿不离手，洗衣、做饭、担水、抱柴、绣花、绱鞋，竟像是风车儿一般的人，一会儿悠悠地转到屋里，一会儿又悠悠地转到屋外，背上、肩上、手里、腰里总不空着，一身都是活计。街坊四邻，都夸奖刘贵婆了个好媳妇。来到北安之后，丈夫店铺里的活计，她凡是能够插得上手的，总是力所能及为他打下手，成为他最为得心应手的帮工，什么粘贴边、钉扣绊、锁边缝儿等，她都能来两下，而且干得不差。活计忙的时候，常常陪伴着丈夫点灯熬油地干到深夜。而家里边生火做饭、洗洗涮涮的活儿，则更是没完没了地干，所以她是家里最忙、最累的一个人了，但也从来没有听见她抱怨过一声。

小鸿儒是个懂事早的孩子，他从父亲日复一日紧扣的双眉中，从母亲深含忧伤的眼神中，从他们背着几个孩子小声地谈论家计中，知道家境日蹙。他想，自己是家中的长子，年纪虽小，力气单薄，但也理应担当起家庭的担子，尽量地减轻一点父母肩头上的生活压力。于是他便打定了主意，要想办法赚点钱来贴补家用。可他有什么办法能够挣到钱呢？一个童音稚嫩的孩子，一个还在忙着进修学业的小学生，靠什么路子才能像膀大腰圆的成年人那样凭着一身力气挣到钱呢？于是，他便想到了去到日本军官居住的官舍附近的垃圾堆里捡拾煤核。实际上，这也不是他凭空想到的，而是他看到的。他每天上学路经那里时，总见有几个衣衫褴褛的穷孩子用小勾子扒挠从官舍人家倒出来的炉渣，那里边夹有一些没烧透的煤核，捡回家去擦拭干净露出煤色之后，便可以拿到附近的小饭铺里去换回几个零钱。

除了捡煤核卖几个钱之外，他在寒暑假里，还挎着个小篮子到十字街口的闹市区里去卖香烟。不仅每天要冒着严寒冰冻，还会遭遇到有钱人的驱逐、讥笑，甚至是恶意的刁难与中伤。但他有毅力忍受住这一切，因为，他一想到这些吃苦受累乃至于忍辱负重能够给家里挣来几个钱时，就什么都不顾了，什么也都不在乎了。每当把这些用折磨和苦难所换来的几个铜板拿到小手里时，所有的苦楚都远飞天外，心里头变得甜滋滋的，一股股温暖的热流遍布

1957 年暑假，刘鸿儒和王志玲从莫斯科回国探亲，在齐齐哈尔市财政局宿舍院内拍下全家福。从左至右依次为：刘鸿儒、妻子王志玲、母亲付翠珍、父亲刘贵和弟弟刘鸿庆，前排为妹妹刘香兰。

全身，于是，眼中那些又脏又烫手的黑煤核忽地变成了老远看着就已感到闪闪发光的宝贝疙瘩了。在一个大年三十的晚上，他竟然把通过提篮小卖和捡拾煤渣和煤核挣来的钱去肉铺买回来二斤猪肉，一家人就用这二斤猪肉吃了一顿最为丰盛美好、喜气洋洋的年夜饭。那天，他真是高兴极了，看到父亲、母亲、兄弟姐妹那样乐开了花的样子，他心里比受到了什么样的奖赏都更为高兴。

京剧《红灯记》里边，有一段歌咏李铁梅的唱词说得好："提篮小卖拾煤渣，担水劈柴也靠她，里里外外一把手，穷人的孩子早当家。"这几句唱词用来形容小鸿儒的话，可以说一点儿也不过分，而且，那唱词简直就像原本便是为他而谱写出来的。他不仅像小铁梅那样提篮小卖和劈拾煤渣等活儿什么都干，而且，最后那句道尽了人间冷暖、人情世故的话"穷人的孩子早当家"，对于这个身体还没发育成熟就勇于担当重任的小鸿儒，就更为合适了。

更为可贵的是，他虽然为着减轻父母肩上压力，每天从早到晚在寒风朔雪里挣扎般地奔走，但这却丝毫也没有影响到他的学习。他从没有迟到和早退过，连最挑剔的老师都说，小鸿儒是班级里最守纪律的学生。可是人们却并不知道，他仅仅是为了做到这一点，便要付出比其他人多出几倍的艰难与辛劳。

小鸿儒的学习成绩一直很好，每次公布考试成绩时，他都是排在前几名。之所以能够如此，一则是他天资聪敏，老师讲的课程他总是一听就懂，记忆力也好，别人背诵几遍也记不下来的东西，他常常是只读一两遍就能记诵。上课的时候，每当有什么比较难一点的问题，别的学生回答不上来时，老师笃定找他来回答。

那时候，小学里边的主科就是日、满、算三大门，当然，也有音乐、体育、图画等副科，但真正的学业考核，主要放在三门主科上。什么是日、满、算呢？日，就是日语；满，就是满语（实际上就是中文）；算，就是算术。小鸿儒的三门主科门门都能得到 90 分以上的分数。他之所以年年都能够有这样好的成绩，除了他的天资外，更主要的还是靠着勤奋。差不多还在他刚刚能够认得一些字的时候，老师给他讲的那些穷孩子发奋读书的故事，如凿壁偷光、囊萤映雪、王冕放牛、李密挂角等，便深深地刻印在他那刚刚启蒙启智的幼小心灵里。因此，他从小时候起便依靠着一般人难以想象的坚强毅力去刻苦读书，发愤好学。他的课余时间因有一多半要奔忙在补贴家计上，因此，深夜里要在昏暗灯光下读书和写作业，便是每天不可更移的事。一个正在长身体的孩子，贪睡可以说是很正常的事，人们不知道，他为了与生理上克制不了的困盹作斗争，采取了多少种强制自己清醒起来的办法！

可是，严峻的现实生活，却要残酷地割断他对于学校和老师的依恋，虽不能割舍，但也必须割舍。1942 年，在他 12 岁的时候，小学虽然毕了业，但因为家贫无力再作升学打算。而打击最沉重的是，就在这一年的冬日，父亲因为裁缝活计日趋冷清，在城市里的生活实在难以维持，走投无路之下，投靠一个姓邱的远房亲戚，去到离北安有三十多里路的克东县东大岗村务农，家也要搬迁过去。

在全家即将要搬走的前几天，刘鸿儒与父亲两人常常在灯下一直坐到深夜，想方设法地商量着他今后的出路。那时候，读书的人少，一般来说，高小毕业就算是有书底儿、有文化的人了，让他就这样子去到克东务农，便有些可惜。但要找个事儿做，年纪又小，学历还稍嫌差一点儿。而要想再深造，就得升考中学——那时候不叫中学，而是叫"国高"——但北安县没有设校，要上学就得到哈尔滨市去，学费和生活费都很贵，家里供不起，断然是没法儿念了。这可真是左右为难、进退维谷呀！你不想走，好像也得走；想留，又实在留不住。想上一步，又上不去；退下一步，又不想退下来！爷儿两个，还有母亲和姐姐这一家子都为他的事儿发愁，但又都愁不出一个办法来。

这时，他的级任老师主动地赶过来想要帮助。这位好心的老师素日里对刘鸿儒便十分喜爱，他那聪颖的天资和异乎寻常的勤奋好学，早给老师留下了深刻印象，认定这是个将来必有大出息的苗子。如今看他陷在这样一个左右都拔不出腿来的困境之中，十分地为他焦急，也十分地为他惋惜。

这位老师为他设计好了一条出路，而且认定这是使他走出困境的一条最好出路：报考哈尔滨师范学校。那里是免收各种学杂费的，而且连书本费也是由校方出。至于来回的路费，好心的老师愿意替他出，尽管他自己生活得也不富裕。可是这位老师却万万没有想到，这一方案对于小鸿儒来说却依然不敢奢望，即使是前前后后都为他设计得妥妥当当的，他还是没有能力报考那所师范学校。因为，要他到那样一个大城市里去读书，他家是绝对拿不出生活费的。

最后，还是同班的一个姓张的同学帮助他走出了困境。张同学对他说，当下里最重要的还是找个能够落脚存身、在北安城里能够养活自己的地方。不管是干什么，总得先有个事儿做，找到个可以混碗饭吃的地方。做什么呢？他有些不好意思地说："要不，就先到我父亲开的那家杂货店里当个店员吧！"这样一条出路，他们父子当然不满意，但是在当前这样一个磨扇儿压住了手的时候，不满意也得勉强地去。不去，在北安就无法生存。于是，他便在极不心甘情愿的情况下，走进了那个杂货店。

显然，杂货店的工作并不能帮助他走出进退维谷的困境。一方面，他确实是干不了店里的杂活。说是杂活，实际上每天从早到晚干的就是一件事——手工压制切面。他因为年纪小力气不大，没有足够的劲儿按质按量地把面条压出来，老板的脸色自然也就一天比一天地难看；另一方面，最让他忍受不了的，是那份仰人鼻息的委屈，严重地损害了他的自尊心。他每天看见那位出来进去优哉游哉的老板小少爷——他昔日里同班的张同学时，一种非常自然的沮丧情绪就会生起：这位同学过去在学校里学习远不如我，老师和同学从来没像看重自己那样去看重他，而如今他却享受到那样的优崇，享受到他无法比拟的待遇。如果是从前压根儿就不认识他，心里对此自然也就不会这么介意；可是，正是因为有过昨天与今天的对比，他心里才有这无论如何也忍受不了的侮辱感和对于命运不公的愤懑。这样火辣辣的灼伤感，让他只干了三天就愤然地离去了。

后来，他又托人在县公署里给他谋了个"博义"的差事。"博义"，这是句"协和话"，伪满时候都管机关、企事业单位里的小杂役唤叫为"博义"，日本人这么称呼，中国人也跟着这么称呼。为什么叫"博义"，人们并不知道它是什么意思，只是听人这么说，也跟着这么说而已，实际上，它是英文 Boy（小男孩）的音译。

小鸿儒干"博义"这个差事又没有干多长的时间。因为，在他那自尊心很强的心里，干不了这种每日里尽是给人端茶倒水、受人支使像驱使牲口一般的差事。还没等到领一个整月的工钱，他便又主动地放弃了这个可以讨得一口饭吃的差事。现在，他又流浪到街头，做做收入不定的临工，陷入失学、失业、忍饥受冻的困境之中。

有一天，正当他在北安街头上走投无路时，忽然顶头碰到了一个同班同学，呼哧呼哧从老远地方跑过来，因为天气寒冷，从嘴里呼出来长长的一串白烟似的哈气，见面后就拉住小鸿儒的胳膊说："好消息！好消息！有日本人开设的军工厂到咱们学校里来招收童工。说是进了工厂之后，不仅能够学到手艺，而且生活待遇也不错。还给发劳动服呢！"

这又是一个没有任何其他选择的唯一出路，窘迫的小鸿儒没有时间作太多犹豫，就跑到学校门口的招工处报名。当时，已经有十一位同学报名了，他是第十二个，也是最后一个入选的。第二天，这十二位报名的学生就被带到日本宪兵队部，并在那里开始了十分严格的，也是令人想象不到的审讯式的填报手续。不仅要如实地，不准有半点虚假地填写自己的姓名、年龄、学历、籍贯，而且还要把家庭住处、父母兄弟状况都填写清楚，然后用双手按上十个指头的手印。等到这套严格的填报手续完成之后，这十二个人的心里也就都打起了鼓，一股凉飕飕的冷气从后腿跟蹿上头顶，这不明明是在填写卖身契吗？今后，你就是跑到天涯海角，也会被买主寻踪将你抓回来的。

后来的情况果然如同他们所预感到的那样，一从宪兵队部里走出来，便是步步森严、步步冷酷地走进到一个变相的监狱里，形象一点地说，走进一座人间地狱里。

1980 年 3 月，刘鸿儒回到黑龙江省北安县，在做童工时的劳工营旧址（时为解放军总后 920 汽油仓库）前与八位中学同学合影。左三为刘鸿儒。

他们被带到的地方，是设在北安县北部的一座关东军专用油库。油库内部设有一个输油机械设备检修所。门口有端着刺刀的日本兵把守，周围被三层通电的铁丝网包围着，一眼就可以看出，这是一个只能走进来不能走出去的地方。厂子里的工人中，成年人居多，大多数是从各地抓来的劳工，他们在这个劳工营里已经囚禁多年了。由于长年累月在这极端恶劣的环境下劳作，不与外界联系，个个都是一副木讷、呆滞的样子，蓬头垢面，一脸的胡楂子和斑斑油渍，再加上那一身穿着破破烂烂的劳动服，便如同流浪多年的乞丐。

他们几个童工被分配到电焊班里做电焊工的助手，主要干的是搬运装卸汽油桶的活儿。空油桶从前线运回来了，先从车上卸下来，查清油桶有无漏油之处，如有，便把一根长长的吸管插进油桶里，用嘴将桶内剩下的油吸出来，然后冲着亮处左右观察裂口和裂缝之处在哪里，发现了，就用电焊条给焊住，然后再推送到油库前面，装上汽油运送到前线去。这活儿又脏又累那就不用说了，而最讨厌的是用嘴吸那剩油，稍不留意就会把汽油吸到肚子里去，让你恶心老半天，恨不得把肚肠子呕吐出来。

在许多小说以及其他形式的文学作品中，都详细地描述过对于童工和包身女工的残酷压榨和剥削，真是令人发指，惹起人们对于那些狠心厂主们的无比愤恨。然而人们不知道，日本的劳工营比起文学作品里狠心剥削童工的工厂要残酷得多。魔窟里的劳工们，每天一大早就被驱赶到劳工场上，一直干到天黑。这十几个小时的沉重体力劳动，便日复一日地压到他们这一帮十二三岁孩子的身上。旁边，还有监工们的棍棒让他们没有一刻的直腰和喘息工夫，一天到晚一刻不停地活受罪。不难想象，几年下去，这人就是不死也得剥下一层皮来。若是生了病，那就更糟了，日本人是从来不给你治的，死活都得挺着。倘若有个把月不能下地，他们就诬说你得了瘟疫病，死活不顾给硬拉出去活埋了，说这是为了避免传染给别的人。

给他们这些劳工们发的劳动服，都是用更生布做的，很不耐磨，像小鸿儒他们这些干搬搬扛扛重体力活儿的人，没过几天就把衣服磨破了，棉花从里面露出来，身上像是开了一朵朵的小白花似的，人们都嘲讽地管这身劳动服叫作"开花袄"。劳工营里边是没有针线的，口子裂大了，人们就用细铁丝给缝补缝补。劳工们浑身一股污泥臭汗，身上的虱子便滚成了团。人们在晚上睡觉之前，是必得捉拿一遍虱子的，否则你就不能睡得安稳。可是那虱子又十分地狡猾，它们都钻至棉花套子的夹缝里，你没法捕捉到它们，人们只得不顾脏和不脏，下口去咬那棉花套子。用牙咬时，可以清清楚楚地听到里边咯嘣咯嘣的响声，有时还有血水从棉花套子里边渗出来。

但这还不是那忍受不了的苦，最叫人难以忍受的是饥饿。饥饿，是最凶的魔鬼，它会无时无刻地搅肠控肚般地折磨你，远比那成团虱子在你身上偷偷地吮吸你身上的血液还叫你难以忍受！饥饿的馋虫吞噬下去的，不仅仅是你身上的血和肉，还有你的神经，最后包括你仅存下来的一点点坚强意志。劳工们每天早晚吃的都是玉米糁子粥，稀溜溜的，上工干活后只要撒上几泡尿，肚子里就空空的了。饿得前腔贴后腔，肚肠子在里边嗷嗷地叫。中午时候是两个玉米面窝头，一年到头见不到什么菜，每顿饭只有一碗清汤寡水的菜汤，上边连一点油星儿都见不到。劳工们一天到晚都干着牛马一般的重体力活儿，却得不到牛马尚能够得到的足够补偿其体力消耗的草料。试想，如此的天长日久，即便是壮年劳工也终会因为抗不住劲儿而病倒下去。一旦病倒了你就更可怜了，遭受的罪就更是不堪设想。那惨绝人寰的悲哀，让人实在没有力气再忆及此事了。

小鸿儒是个性格坚强的孩子，他咬着牙忍受那牛马不如的生活，在那繁重如山的重体力活儿面前，从没有畏葸懦怯过，也从没有乞苦告怜过。不过，孑然一身、孤零零地面对着那连成年人都承受不了的苦难，便不能不让他想到了家，想到了父母，想到从前那凄风苦雨中的一点点温情与抚爱。在这身心内外双重的痛楚折磨下，他也时常地在夜里偷偷地流泪。家，父亲和母亲，时时地在远方呼唤着他；不管是在梦中还是在梦醒之后，耳畔总是响着母亲那亲切、温柔、饱含着人世间一切最甜美滋味的声声呼唤。

一年之后，随着年龄的日益增长，他的那股思家的痛苦开始日渐地平和起来，随之而来的，是每个年轻人都会有的青春梦想。小鸿儒在夜梦中逐渐生成并逐渐浓厚起来的青春梦想，便是能够再升学读书。那声音，竟比前两年母亲远方的呼唤还要强烈，还要迫切，以至于有多少次，他都是在那梦见上学读书时的欢乐中惊醒。醒了之后，也不愿驱散这个寤寐以求的梦意，仍然在顽强执着地揪住那点梦幻的影子，尽情地享受那梦中的欢乐景象。

一天夜里，他正沉浸在升学读书的美梦之中时，突然一阵紧急集合的哨子声把他从梦中惊醒，劳工们都被从温暖的被窝里拉出去，集合到一座空旷的工棚子里面。一进门，就见到有几个日本鬼子杀气腾腾地站在一个被捆在墙柱子上的劳工面前。这个人因为实在忍受不住这非人的生活，趁着夜深人静之时想偷跑出去。他还不知道那三道电网的厉害，当他拿着老虎钳子正想要切断那电网之时，立时就被电给击晕过去。日本兵发现了，就把他拉到这里给捆起来。

日本鬼子手拿皮鞭醮着凉水，劈头盖脸像雨点般地抽打在那劳工身上，没过几分钟，他的鲜血便随着皮鞭的尖锐啸叫流了一身。那劳工先头还惨叫了几声，但很快就没有了动静，身上的肌肉还没有来得及痉挛地抖动几下，便全瘫软下去了。日本鬼子一边指着这个血肉模糊的尸体，一边狰狞地面向惊恐万状的劳工们说："你们都看见了吧！这就是偷跑的后果。你们有谁还想学他这个样子，我们还有更厉害的法子来处治你们。还可以灌辣椒水、坐电驴子、喂狼狗……"

眼睁睁地见着那个工友被活活地抽打死，劳工个个都面色如土。然后，日本鬼子便将尸体拖拉出去，扔到乱尸岗子上去。

第二章

从童工到大学讲师

在日本鬼子统治中国东北地区的十四年间，死在劳工营里的劳工人数多达几十万人，堪比德国纳粹在波兰奥斯维辛设立的集中营。很多死在劳工营里的中国人连个姓名都没有留下来，只有那山谷中堆积如山的累累白骨和冷月下曳曳游荡的荧荧磷火，标志着他们永世难以泯灭的冤仇。日本鬼子将抓来的五千余名劳工带到大兴安岭中苏边境之处修筑防御工事，竣工之后为防日后走漏消息，竟残忍地将这五千名劳工全都杀死在当地。而在临江、石人、大栗子等矿山，有几万名劳工从全国各地被抓来强迫劳动，很多人在鬼子凶狠的鞭挞下和牛马不如的奴役中被摧残丧命，如遇瘟疫，年轻的生命更是像秋后被砍倒的高粱一般，成片地倒下去，以至于那尸骨竟然堆积成山，一层压着一层，罹难者无以计数。东北地区解放后，人们含着万分的悲痛找到了埋骨地，将那堆满了尸骨的沟堂子称为"万人坑"，将那座山称为"血泪山"。为了让我们的后代永远不要忘记这深仇大恨，便在那万人坑前建起了一座"石人纪念馆"，让前来凭吊的人永远永远记住人类历史上这最血腥残暴的一页。正如"石人纪念馆"门前的一首诗所言："血泪山上尽血泪，万人坑深仇更深。一山白骨无限恨，留本血史教后人。"

小鸿儒是这劳工营里难得活命逃出来的幸存者，是从那万人坑边上幸运地得以死里逃生的人。而他得以有了这个幸运的机会，则是源自全世界用几千万人的流血牺牲为代价而赢来的反法西斯战争的胜利。

那时，他们在油库劳工营里干活是绝对封闭式的，被割断了与外界的一切联系，每天从早到晚只是干活，甚至吃饭和睡觉也都被限定于有限时间内。因此，他们这几百个劳工对外面的世界是个什么样子一无所知。到了1945年的8月，也就是他进到这渣滓洞里来已有两年半多的时候，天空中不知怎的突然间经常有飞机成群地从头顶上飞过。一到这个时候，日本人就领着他们到桥洞子底下去隐蔽。这是哪里来的飞机，日本人是从来不说的，就这样不明不白地躲了十几天后，日本人也无心监督他们干活劳动了，经常是整天聚在一起叽里呱啦地说着些什么。

一天夜里，那些日本兵们也不睡觉了，都聚集到一间大屋子里，又是喝酒，又是呼号乱叫，又是唱歌痛哭，足足地闹腾了一个晚上，天没亮便都换上一身新军装，悄无声息地溜走了。第二天早起之后，劳工们发现院子里日本人踪影全无，有那胆子大的跑到大门口往外一看，把门的日本兵也不见了，这信儿一传开，人们都乍惊狂喜，有人不禁挥臂一呼说："咱们快跑吧！还等什么呢？"这一声喊，人们从多年囚困的梦魇中惊醒过来，马上就像笼中久困的飞鸟一般，呼啦啦地一片都冲出大门，向着四面八方跑散了。北安油军营的劳工营，上演了一幕中国版的《胜利大逃亡》。

小鸿儒跟着大家一边跑一边回头看，生怕有日本兵追赶过来。一直跑进北安县城的一个熟人家，仍然惊魂不定。前年鬼子鞭挞那个偷逃人的影子，仍然不时地展现到眼前，心也会为之一阵阵猛烈地跳动。

他不知道，在这几天之前苏联红军就开进了北安，县城里乱哄哄的，一些居民受到外地人的鼓动，闯到日本人聚居的地方去"抢官舍"，当地警察还开枪弹压胆敢出来反抗的日本人，也有一些苏联兵在街上公开地做些违法乱纪的事儿。总而言之，眼前是一片浑浑然、纷纷然的杂乱景象，人们都处于一种极其兴奋而又多少有些恐慌的心态之中。这时，小鸿儒的父亲已于几天之前就由克东来到了北安，正在东奔西跑、千方百计地打探着儿子的下落呢。小鸿儒见到了父亲后，心神方才略微地安定了些。

父子见面后迅速离开了北安，翻山越岭三十多里来到了克东县东岗村的老家。经过了这么一番苦难，一家人又见了面，那种渡尽劫波的复杂心情，非是人们用一般的语言所能够表达出来的。母亲搂起满身伤痕的儿子，鼻涕一把、眼泪一把地哭起来。因为，这不是一般的久别重逢、归乡万里，而是从鬼门关里又逃生回来的、那种只当今生今世难以再见面的悲恸的释放。母亲的失声痛哭，也还有着另一层的缘由，原来，在小鸿儒离开家不到三年的时间里，六岁的二弟鸿升和两岁的四弟鸿魁都因病夭折。小鸿儒心疼地将母亲扶坐到炕沿上时看到，母亲忧伤愁苦的脸，比以前苍老了许多，鬓角里边已经藏着几缕白发。

父亲告诉他，搬迁到克东县之后家境更是穷困潦倒，艰难竭蹶。孩子多，劳力少，真正能够下地干活的只有他一个人。一年到头辛辛苦苦地从土里刨食得来的收入，哪里供养得上这一大家子人的温饱。而且，这里的生活条件较之北安更是艰苦。这里的天气更冷，风更大。一进三九天，妇女和孩子们便很少走到屋外，他们的那身单薄的棉衣是抗不住刀割一般的北风的。而屋子里面又都生不起炉子，一般的庄户人家都是在做好饭之后从灶坑里扒出一盆尚未烧尽的柴火灰出来，有的还冒着青烟和小火苗子，装进炭火盆里，然后端到炕头上，人们都伸出两手放到炭火盆上面取暖。那一个小小的炭火盆，哪里足够让屋子里温暖起来呢？因此，放在外屋的水缸总是冻成冰坨子，用时得先用斧头去砍。碗柜里的饭碗要是摞在一起搁放着，第二天早晨拿出来使用时，就都冻结一起了，得现用筷子来撬，有时撬都撬不开，只得用开水来烫。东北人因为冬天里没有什么新鲜蔬菜可吃，家家户户只能靠着秋后腌渍出来的一缸酸菜过日子。可三九天里，要从缸里取出一棵酸菜来，那是相当艰难的一件事。冻成一块冰坨的酸菜，不拿刀砍斧垛，是绝对取不出来的。

更为可怕的是，这里流行着一种"克山病"，当地人都叫它为"快当行子"。一个人在屋里守着炭火盆坐着坐着，会突然地耷拉下脑袋，阖上了眼皮，一声不响过去了。当然，也有的是呕吐了几天才死去的。有时候，一家子里边三五天就死了几口人。甚至有的人家是你几天没见他们的面，等你再去敲他家门时，里边已经无人应声了，全死光了。所以当地的人都管这病叫作"快当行子"，形容其来得凶，来得快。

当时的医学很落后，而在这高寒偏远地区更是缺医少药，所以人们也不知道这是个什么病，只因它发生在克山县一带最多，就给它起了个名字叫"克山病"。人们那时候只要一听到"克山病"，就像今天人们听到癌症一般，是谈虎色变的。而实际上，它就是今天所说的一氧化碳中毒，也叫作煤气中毒，因为这里的天气酷寒，人们走不出屋去，从早到晚就守在那不断散发着一氧化碳的炭火盆旁边，天长日久哪有个不中毒的？其中，男人们为着生活起见，不管天有多冷也要出外干活，他们吸入一氧化碳的机会就比较少一些，因此，得"克山病"而死去的多为妇女和小孩。但也有人说是水质的问题，目前似乎都还没有定论。

小鸿儒回家的第二天，就随同父亲一起下地干活去了。他虽然长这么大从来没干过农活，但他生来便心灵手巧，只跟父亲干了不久，耕耙犁锄割各种农活样样都拿得起来，干的一点也不比老农差。农村的活儿是很重的，农民的生活也是很苦的，特别是在克东那一带苦寒之地。但是这时，小鸿儒心里却是很甘甜的，能从那个阴森森的劳工营走出来又回到了人间，这人间虽有苦和难，但总比那"阎罗地狱"要强。一想到这些，眼前的苦和累，便都已算不了什么了！

不久，关内的"老八路"就开过来了，来到东北之后改称为东北民主联军，在地方上也建立起民主政权。先是实行民主改革，二五减租减息，后来又发动土地改革运动，打土豪分田地，农民的生活眼见着一节拔一节地提高了。这时，小鸿儒久久埋藏在心底的升学之梦，又开始强烈地活跃起来，每天都在呼唤他、召醒他，让他按捺不住这一冲动和渴望。"我要念书，我要念书"，白天黑夜，他都在心底里反复不断地默念着。

幸喜，这时的家境又有了一些变化，姐姐出嫁了，姐夫在北安县政府里工作，家住在北安县城里面。这样，他入中学读书起码有了一个住处。费用的问题也勉强得到了解决，于是，他便背着口粮住宿到姐姐家里。那时候北安县只有一所中学，叫作北安县立高级师范中学，里边设有高中部和初中部。他入学时，原来同他一起从高小毕业的同学，都已从初中部毕业，升入高中部了，他因为在劳工营里耽误了三年，现在重新复读，只能按部就班地进入初中部。

1980 年 3 月，刘鸿儒回黑龙江省北安县原北安中学校址与老同
学合影。前排中间为刘鸿儒。

在初中部里读了两年多的书，经济问题又非常现实地暴露出来。姐姐
家的生活也很困难，他的饭食只能由他背去的粮食来解决，而他的存粮又
不多，因此，每天必需的营养跟不上。这对一个正在发育成长的青年来说，
是生理平衡上的一个最难克服的透支。由于饮食上的欠缺，他便较别人更
不抗冻，再加上身上的棉衣也比别人单薄，在那每天都是零下 30 多摄氏度
的严寒里，手脚经常冻得发麻发木。上学一路上耐不住这西北风的吹打，
便常常是一路小跑地去，企图借助加速运动来取得一点身上的暖和气儿。

不过，这种暖和气儿并不能给他多少温暖，等他一停下来之后，那汗水会更加冰冷地贴到他的后背上，使他更加难熬。但每当这最难熬的苦楚紧裹住周身的时候，他便立时就产生出一种转念，想起了劳工营里天天梦想读书而总为冰冷的现实所打碎时的那种绝望，而今天身体上的这点难熬，也就算不得什么了！

不过，这时他心里又产生了一种梦想，一种很现实的企盼，如果天底下有那么一个既能够读书，又能够吃饱饭的学校，那该有多么好呀！

想不到的是，他的这一梦想在某一天早晨竟然就成真了。那一天早饭后，他又是一路小跑地来到学校，刚进校便得知东北行政学院到学校来招生了。他激动得全身热血奔腾，两颊上都有了些红润，马上跑进招生处里报上了名。这正是像人们所常说的那样，有志者事竟成，他这个初中二年级的学生，竟然与那些高中部的学生一样，顺利地通过了考试一关，奇迹般地被破格录取了。这真是天助神佑遂了他的长久心愿，但亦是他平日里的勤奋好学、刻苦攻读助佑了自己。

东北行政学院，是由东北人民政府直辖的一所培养行政管理干部的高等院校，当时的校长由东北人民政府主席林枫直接兼任，后来改由东北人民政府副主席王一夫（他进京后，任政务院内务部副部长，为谢觉哉部长的第一助手）兼任。学校的规模很大，讲课的都是一些从延安来的高级知识分子和部门领导，如时任哈尔滨特别市建设局局长、后任中国人民银行副行长的丁冬放（他曾在延安时写出一篇《苗店子调查报告》受到了毛主席的称赞，批发到各解放区报纸上发表），因他在延安时就是一位著名经济学家，故而也经常地被请到学院里来做报告。这样一所革命的高等院校，自然吃住都是公费的了，而且还免费发放冬夏两季的校服。刘鸿儒多少年来所梦想的既可以安心读书又可以吃饱肚子的幸福天堂，马上就可以登门走进了。

可是就像人们俗话所说的，好事多磨。正当他要兴高采烈地跨进那个多少年来就梦想的理想王国时，它的大门却一下子又关上了。在面试的时候，教务长龚依群见他年纪太小，学历也偏低，当时入校的学员，多是高中和大

1947年9月，刘鸿儒赴哈尔滨东北行政学院参加革命，临行前与北安中学的部分同学合影。后排左二为刘鸿儒。

1948年在沈阳与东北行政学院同事合影。后排左二为刘鸿儒。

2004 年 3 月 28 日龚依群 90 岁生日时，刘鸿儒到郑州看望祝贺。

学水平的，经过一两年的短期培训，很快就可以走上工作岗位，因为革命形势发展很快，新解放的地区急需革命干部。于是，便劝告他说："你年纪太小，还是先回去再读两年中学，然后再来报考吧！"这一句话，犹如一声沉重的闷雷轰击到头顶上，刘鸿儒当时就蒙了，一着急，眼泪便无法抑制地流了下来。他苦苦地哀求教务长说："你收留下我吧！我回去，没有生活出路了，更是无法再读书了！"于是他详细地把自己家庭状况和自幼便当童工的历史，一五一十地都对教务长说了。

教务长龚依群是从延安来的老干部，老家湖南，有学问，又有修养，待人极为热心。他听到刘鸿儒对自己这一番苦难历程的哭诉，当下里便决定破格录取这个由日本鬼子劳工营走出来的童工。后来，龚依群一直关心着他的成长，给予了他许多格外的关照，也可以这么说，刘鸿儒入学之后能够如此突飞猛进地发展，日后取得那许多令人称赞的成就，都是与这位教务长悉心培育打下来的牢固根基有关。新中国成立后，这位好心的革命引路人被调到河南任郑州大学副校长，在他九十岁高龄的寿诞之日，刘鸿儒还专程去到郑州为他祝寿。

1948 年，东北行政学院宣传队在演出《破除迷信，取缔一贯道》后在戏院门前合影，刘鸿儒为领队。后排右一为刘鸿儒。

刘鸿儒入学后不久，便适逢那场轰轰烈烈的土地改革运动。东北行政学院的学员毫无疑问，都无一例外地投入那场革命斗争中去。说实在的，那可真正是一场翻天覆地、惊心动魄的运动，正如毛主席在《湖南农民运动考察报告》中所说的那样："很短的时间内，将有几万万农民从中国中部、南部和北部各省起来，其势如暴风骤雨，迅猛异常，无论什么大的力量都将压抑不住。他们将冲决一切束缚他们的罗网，朝着解放的路上迅跑。一切帝国主义、军阀、贪官污吏、土豪劣绅，都将被他们葬入坟墓。一切革命的党派、革命的同志，都将在他们面前受他们的检验而决定弃取。"[①] 包括刘鸿儒在内的这批在革命干部摇篮里的行政学院学员们，自然更是需要首当其冲地接受这场革命风暴的考验与洗礼。因此，在他入学半年之后就被编入哈尔滨香坊区的土改工作队里。

① 毛泽东选集 ［M］. 北京：人民出版社，1966：13.

许多人都看过周立波所写的小说《暴风骤雨》和根据这部小说改编的电影。在 20 世纪 50 年代里那可是最流行的一部小说，为此作者还获得了斯大林文学奖三等奖，与贺敬之的剧作《白毛女》并列。刘鸿儒他们编入土改工作队后，经过了短暂的集训阶段，很快就完全像小说《暴风骤雨》中所描写的那样，在工作队长的带领下，乘坐一辆胶皮轱辘马车，头戴狗皮帽子，呼喘着一脸热气开进炊烟袅袅的村庄。他们负责的是香坊地区的一个大村子，一进村，就分别住进贫雇农（作为斗争的主要依靠对象）家里，与他们同吃、同住、同劳动，然后挨家挨户地发动群众，组建农会，形成土改斗争的基本队伍与核心力量，与此同时，又一一地摸清村内地主、富农对于穷苦农民的剥削压榨历史，一步步地形成打土豪、斗地主、分田地的斗争高潮。工作队员们下去时都带着手枪，以防那些抗拒改造的顽固地主进行反攻倒算。当时北满各地还残留着由伪满时期军警特宪与国民党暗中勾结而组成的土匪武装，时常会与村子里的地主土豪暗中勾结，偷袭刚刚组建起来的农会和土改斗争中的积极分子。《暴风骤雨》中恶霸地主韩老五与其弟弟土匪头子韩老六暗中勾结偷袭元茂屯，打死农会主席赵光腚的血淋淋历史场面，绝不是虚构的，而是确有其事。

这真是一场实实在在的惊心动魄的斗争，刘鸿儒这个刚刚走上革命斗争战场的新战士，确确实实地经历了一场严峻的"检验"。检验的不仅仅是你的斗争经验、信心和毅力，也不仅仅是生与死的考验，还有比这更为严肃的、严格的、严厉的一关，就是立场问题。在斗争地主老财、深挖细找隐藏下来的浮财、分配斗争果实、丈量土地和分田到户的全部过程中，特别是在斗争结束之后，工作队员们还要坐下来进行"三查三整"，即查每个人的阶级立场，查群众观点和查政策执行情况。这中间最主要的是，查每个人的阶级立场，看你对于地主、富农是否有温情主义，有无小资产阶级的动摇性和摇摆性，是否内心里存在着同情地主老财的怜悯意识，而最为严重的是，查在运动刚刚发动起来、群众激于义愤对于斗争对象进行了一些过"左"的激烈行为时，你是否对于群众给予泼冷水，或者是进行某种压制和暗中袒护阶级敌人的心理与行为。那真是一场触及灵魂深处的革命，每个革命者人生观的树立，立场的坚定，对于党的忠诚，都要经过这些烈火真金的敲打锤炼后，得到真正的考察与鉴定。

刘鸿儒在这场狂飙烈火的斗争中，经受住了那场严峻的考验，作为一个革命知识分子，经过了这场暴风骤雨般的斗争考验，他成熟起来了，茁壮地成长起来了。因此，在结束这场斗争返回学院不久，他便随解放军进沈阳，在 1948 年 9 月的一天加入了中国共产党。这是个难忘的日子，那是他生命历程中的又一个新的开端。

随着他入党的喜悦一起到来的，是解放战争的节节胜利。仅就发展最快的东北战场来说，1946 年底，也就是他还在家里帮助父亲下地干活的时候，解放区在国民党反动派大军的压迫下收缩到松花江以北的这块北国边陲地带，而整个的南满和北满的一部分都在国民党的手里。后来经过了一年多的反复争夺，特别是经过了 1947 年轰轰烈烈的土地改革运动，共产党帮助农民推翻了压在他们头上的三座大山，让他们翻身做主成为了土地的主人，这极大地调动了广大农民的积极性。为了保护住斗争的胜利果实，保护住刚刚分得来的土地，许多农民都积极地将自己的子弟送去当兵，这就大大地壮大了军事力量。从 1948 年开春起，解放军便开始了大反攻，将敌人包围在长春、四平、沈阳等几个铁路沿线的大城市里。而经过了那场决定中国命运的辽沈战役之后，东北全境得到了解放。

也正是在 1948 年的冬天，东北行政学院随着东北人民政府一起迁移到了沈阳，当然，刘鸿儒也就跟随着行政学院走进东北最大的城市——沈阳。看起来，他的命运是与祖国的命运紧密地联系在一起的。

不久后，学业结束，学员们被分配到各处，纷纷走上工作岗位。大多数同学都随军南下，去支援新解放了的江南广大城乡去了。刘鸿儒因为学习成绩优秀，政治表现好，特别是在土改工作队里更为突出，因此，优中选优，他被留在学校，担任了系干事。

新中国成立之后，东北行政学院又搬迁到长春，改名为东北人民大学，校长仍由东北人民政府副主席王一夫担任。为什么忽地改成了这个名字呢？事情自有它的缘由。新中国成立后不久，就在北京西郊成立了一所基于新型社会主义教育体系的综合性大学——中国人民大学，校长由革命元老吴玉章担任，副校长是成仿吾和胡锡奎。成仿吾在延安时期就是赫赫有名的陕北公学校长，那首有名的、至今还为人们传唱的《陕北公学校歌》就是由他作词的。他是左联时候的著名作家。那时候，用"人民"二字作名字的，都表明它是国家级的，社会主义性质的，现代化、革命化、权威性最高的机构，政府叫人民政府，国家银行叫人民银行，邮电叫人民邮电，铁路叫人民铁路，后来成立的几个国家直属的出版社，一一地都以"人民"二字命名，如人民出版社、人民文学出版社、人民音乐出版社、人民美术出版社等。当时，全国教育体制还没有改革，各地高校基本上还在旧的轨道上运行，教师队伍、教学内容、教材编制还没来得及彻底地改造，因之，人民大学这所新型的大学一诞生，便红彤彤地闪亮于高校之林中。教学上，大多数是由从苏联延聘过来的专家来讲课，社会科学的各门学科——政治、经济、哲学、文学、历史、法律、新闻等，都全面地贯穿着马列主义思想体系，特别是各个经济学子学科——财政、金融、贸易、会计、统计、企业管理等，更是把苏联计划经济体制建设的全部经验整装整套地搬用过来。当时，在我国还没有一点社会主义建设经验的情况下，这个十分科学的系统开辟了一个高等教育的新天地。苏联专家讲课的稿子，都编印成书，在全国各地发行，各大专院校都原封不动地搬运过去作为教科书，奉为这门学科的经典。由于这套教材全部是用黄色封皮印制的，所以人们都称之为"黄皮书"，当时具有很高的权威性，人们在工作中和学术讨论会上，经常引用其中的话作为依据，说"黄皮书"上是怎么怎么说的。

东北是全国解放最早的一块土地连成一片的大区，而且有着背靠苏联的地理优势，所以早在新中国成立之前，就学习苏联进行了社会主义经济建设，并聘请一批苏联专家过来帮助指导。因此中国人民大学一成立，东北人民政府便很自然地马上跟进，也在东北行政学院基础上，依照中国人民大学的模式成立了东北人民大学，又选择了原"蒲州炭业株式会社"的那所当时在东北来说最具恢宏气魄的大楼（人们都简称为蒲炭大楼）作为校址，教学上的

1950 年在长春与东北人民大学同事合影。左一为刘鸿儒。

一切都仿照中国人民大学的模式，后来，为了增强它的学术地位，改由我国最为著名的历史学家吕振羽来担任校长。

为了紧跟中国人民大学的步伐，学校决定选拔一批年轻的政治思想进步的教学人员，去到中国人民大学攻读研究生学位，毕业归来后好加强教师队伍力量。刘鸿儒无论在哪个方面都成为这次遴选中的最佳对象，因此，1951年他便进入了中国人民大学财贸系的银行教研室，做了那里的一名研究生，踏踏实实地去攻读作为一个货币金融学家所必须懂得的那些学问，什么政治经济学呀，货币银行学呀，以及银行实务和银行会计等，全都按部就班、理论联系实际地学了起来。讲银行业务课的专家是苏联国家银行里的一位局长，他实践经验丰富，学识也很高，喜欢用苏联男人惯用的那种以诙谐的口吻讲述一些严肃问题的演讲方法，把那枯燥的、机械繁杂的银行业务讲得情趣盎

1951 年，中国人民大学银行业务教研室同班同学与苏联专家、银行业务与会计老师合影。右二为刘鸿儒。

然，活跃风生。不过，这位专家同时又是非常严肃认真的，考试都是他自己拟题，自己监考，自己批分。

值得特别提到一笔的是，后来成为中国人民大学校长、我国著名金融学家的黄达教授，原本是该校的留用生，他当时在货币流通与信用教研室，一面向苏联专家学习，一面给大学生讲课。刘鸿儒同他相处一直很融洽，两人学长学弟间的良好关系，一直保持到今天。

两年之后，他便向这位老友告别，也向他一听到名字就浑身充满兴奋的中国人民大学告别。因为，他的研究生学业功满期成了。1952 年盛暑的一天，当三伏的余热还在北京残留肆虐、让人在街头走上一遭便要汗流浃背的时候，他又回到了气候凉爽的北国长春。揣满了一肚子学问和专业知识的他，到了使他成人和成才的母校——东北人民大学——之后，自然就受到了母校的重视，他当了货币银行学的讲师，既讲课又兼做一些行政工作，还担任了经济系的副主任。

现在，一切都很顺畅了，圆满了，生命交响曲里已经奏出了一连串的悦耳音符，但他仍然感到不满足，内心里时时鼓荡不已的追求，一直无法平抑下来。求知的渴望弥积弥漫，与日俱增。他不是那种靠着原有积存的知识就可以安定下来过日子的人，他总觉得在人民大学研究生班里所学到的那些知识还很表层，还不够雄厚，或者说还不够深透，离一个有学问、有见识的大学教师，还有很大的一个距离。在研究班里虽然听到了苏联专家丰富多彩的讲座，但距离熟知社会主义计划经济体系构建及现实运作，还差得很远，基本上还处在隔岸观火的阶段，深感对于许多事情及其内部规律，只知其然而不知其所以然。因此，他在教学中和实际工作中，总有一种"书到用时方恨少，事非经过不知难"的感悟。

这时，正是我国大批派遣留苏学生的高潮时期。据统计，仅在 20 世纪 50

1954 年 6 月，东北人民大学校领导欢送留苏学生。最后一排中间者为刘鸿儒，前排左四为时任教务长的龚依群同志。1947 年 9 月，在刘鸿儒的苦苦哀求下，龚依群批准年幼体弱的他入学参加革命队伍；1953 年，龚依群又批准刘鸿儒留苏学习，被刘鸿儒视为改变自己命运的大恩人。

年代前半叶这段时间里，派出的留苏学生数量，就超过了我国在 19 世纪中期之后百年里派往美国、西欧、日本等国的官派留学生数量的总和。刘鸿儒将他强烈的出国求知愿望告诉了引领他走上求学之路的恩师龚依群，得到了恩师的赞同和鼓励。很快，他的申请报告就得到了校方的批准，并由学校出路费送他去沈阳参加出国留学生会考。会考的结果是令人满意的，刘鸿儒顺利地获得了出国留学的资格。

不过，我国当时派遣留学生的制度还是很严格的，每个留学生在出国之前，都需先到留苏预备部里去专业进修一年俄语，以便去到苏联之后能听懂课，记下课堂笔记，不要浪费那些宝贵的外汇去到国外再补习俄语。

于是刘鸿儒便在 1954 年 7 月，在阔别北京两年后重返故地。看起来，北京注定会留恋着他；当然，他也十分留恋着北京。首都，对于每一个人来说，都有着一种特殊的魅力。难怪在留苏预备部的课堂里，那位俄国女教员常爱用"首都北京"这个题目，让学生们用俄文写作短文。

1955 年 8 月，他们这批留苏学生乘坐至今仍以 1 次编号的北京——莫斯科国际列车，去到了现在已改称为"前苏联"的苏联。

第三章

在列宁山上

啊，亲爱的朋友，我爱列宁山，

那里是这样的美好，

有黎明的曙光在为我们照耀。

这是 20 世纪五六十年代，人们很喜欢唱的一首流行歌曲，几乎与《莫斯科郊外的晚上》和《喀秋莎》差不多。为什么列宁山是那么美好，能够吸引千万青年的目光，系住千万青年的心？除了自然风光非常秀美之外，更为主要的是，那里有一座无论在哪一个方面，也无论在哪一个时代，都算得上是世界上最一流的大学，人们都亲切地称呼它为"莫大"，它的全名是"以罗曼诺索夫命名的国立莫斯科大学"。新中国甫一成立，它就与北京大学结成了姊妹学校，北大校长马寅初和莫大校长还彼此互访过。在当时，让多少人，特别是那些去苏联留学的莘莘学子羡慕的是，刘鸿儒在那个阳光灿烂的年代里能够一步跨入这所高高耸立在列宁山上的学府，沐浴在这知识的辉煌圣光中。

从北京到莫斯科，列车在中苏两国辽阔无垠的土地上，七天七夜不停地奔驰着。他们（刘鸿儒和 1955 年那届同他一起派往苏联留学的千余名同学）都趴在车窗往前方远望，无不沉醉于那山川田野的壮阔与广袤。列车离开满洲里出了国境后，很快就进到了永远让人感叹不已的西伯利亚。过去，这些青年同志只知道这是个代表着"遥远与荒凉"的名字，也听到过"在那茫茫的西伯利亚"的歌儿，而今天展现在他们眼前的，却是一个真正意义上的"天苍苍，野茫茫"的万古辽远的世界。大自然在这里使用它最雄浑的体魄，立体地、全方位地展现着"无垠"两个字。森林、草原、穹庐、田野，茫茫苍苍，无边无际，无涯无渚。一任火车怎样日夜不停地奔驰，可车窗外面却永远是森林、原野，原野、森林。那郁郁葱葱的树木连绵不断，如同大海一样的无际汪洋。稍微能够使这单调的风景线起一点变化的，是森林边缘处的几间木头房子。这种房子全是用圆木垒成的，典型的俄罗斯乡土风情。它靠着黑黝黝的原

1955 年 9 月，刘鸿儒进入莫斯科大学学习，这是第一张由照相馆拍摄的照片。

始森林，周围全是参天的古木。木头房子前面有用横杆立木搭建起来的栅栏，栅栏里面有一方被开垦出来的土地，想必是农家自种自食的菜园子，在田园之旁，还有刚刚收割下来的草垛，即使隔着厚厚的车窗好像仍可嗅到那青草的芳香。那色彩，那情调，就跟俄罗斯风景画派希施金与列维坦的作品一模一样。不过，这种童话式的木头房子并不多，只是掠目而过，唯有苍茫的原野和密不透风的森林，才是这里永恒的主题。

"可怎么好呢，领队同志？"列车长推开刘鸿儒车厢的门，将刘鸿儒那徜徉在无垠原野和森林中的思绪给拉了回来。他满脸带笑地说，"我们费力做出的午餐，特别是那些精心制作的肉饼和牛排，中国学生却一口也不吃，常常是整盘地端过来，又整盘地端回去。急得我们的厨师和餐车服务员干着急。有几个女服务员竟然因此而哭了鼻子！是不是我们的饭菜做得味道不好，还是服务员的服务不周到呢？"

餐车长走到刘鸿儒车厢里来诉苦，后面还跟着几个年轻的餐车服务员。

刘鸿儒是这千余名中国留学生的领队。临行前，他们已经做好了编制，每节车厢选一个带队的小队长，刘鸿儒是大队长。听了餐车长的话之后，刘鸿儒马上到各车厢里去了解情况。

原来，西餐的吃法和我们是不一样的。按照他们的惯例总是先上菜汤、冷盘、面包，不同于我们的习惯。因此，许多同学见有红菜汤和面包上来后只当是全部菜肴就只这些了，于是便忙着红菜汤就着面包吃饱了。等上来牛排、肉饼等主菜时已经吃饱了或者吃了个八分饱，同时又怕给人家造成浪费，一点不敢动刀叉，客客气气地让人又给完完整整地端回去，因此造成了误解。

"天啊！"餐车长听到刘鸿儒对他的解释后用手捂住了脸，笑得半天都放不下来，说，"你们这些孩子真可爱！这么样的重视节约，知道如此地尊重社会财富，真叫人喜欢！不过领队同志，什么？他们都叫你大队长，那就大队长吧！你马上下达命令，让他们敞开吃，我们这儿有的是粮食，有的是牛奶和牛肉，想吃多少，就吃多少！"

那时候，我们国家虽然刚刚开始五年计划建设，经济基础还很薄弱，但对于派出去的这些留学生却是关怀备至的，比有钱人家为女儿出嫁做陪送嫁妆还要周到。临走时，为每个留学生都做好了足够留学四五年用的全部衣帽鞋袜和各种各样的生活用品，甚至连赠送给苏联同学的小礼品别针、领花、手绢什么的样样都有，每个人都是满满登登的两大皮箱。大衣有皮的和夹的，西服有秋冬穿的深色的与夏天穿的浅色的，还有中山装与皮夹克。特别是那件皮大衣最为精致，厚厚的绵羊皮里子足以抵御极北地区的风寒，在各国留学生中，我们是最气派的了，所以，有的外国同学见到中国留学生穿着皮大衣走过来时，都取笑说："部长来了！"

这种关怀之情，在他们出国途中有一件小事就能充分地体现出来。从北京一上火车时，组织上便考虑到同学们一路上要颠簸七八个昼夜，担心大家营养不够，于是便给各车厢都配备了十几筐苹果，由各车厢的小队长每天按数分发给同学食用。虽然只是十几筐苹果，但是，谁都能掂量出它的分量，感受到它的温暖，那真是眷眷慈母心！在当时每个出国留学的学子心中，对于祖国母亲的依恋之情，真就是这种儿女对母亲般的依恋感怀之情。

可是万万没有想到，就是这几个小小的苹果，对于促进刘鸿儒打开学术的智慧之门，甚至对于他未来工作中能够把握时机作出正确决断，产生了不可思议的开导和启悟作用。虽然这一点点启悟与牛顿看见苹果落地悟出万有引力没法儿相比，不过，他自己，也包括听到这一故事的其他人，都觉得这个故事很有些趣味，里面包含着许多的哲学道理。

事情是这样的。开始的时候，随车的苹果都是好好的，一切都很顺利，小队长每天按时把两个光洁鲜艳的苹果发到每个同学的手里。可是两天之后，有的苹果已经开始霉烂了。怎么处理呢？这就开始考验每个小队长的应变能力和聪明智慧了。在那个年代里，稍有点烂的苹果被扔掉，那是从来没有的事儿。有的小队长就先把烂的苹果挑出来，用刀子削掉霉烂的部分，然后给同学吃。他心想，这样就能够不浪费了，等烂了的苹果吃完之后再吃好的。可是他没想到，等烂的吃完了，好的也烂了。结果是，这个车厢的同学们一路上吃的都是烂苹果。可是有的小队长就不是这样，他是先将好的苹果分给同学们吃，等好苹果吃完了，再想办法削吃那些烂苹果。结果是一路上大多数时间吃的都是好苹果。两种不同的选择，带来的是两种不同的结果。

这实际上是两种不同的思维方式和两种不同的处理问题的方法。简单的优选法打破了人们的习惯心理，获得了更好的结果。后来，便有人将它用来解释西方经济学家格列欣所提出的著名的货币流通规律——劣币逐良币说。而对于未来的货币金融学科和我国证券业顶层设计者之一的刘鸿儒来说，它的影响就更为深远了。他从这件小事所得到的启悟最后用在了证券市场初创的关口——当时，决策层普遍争论的问题是，先让效益好的企业发行股票上市呢，还是先把那些不产生效益或效益不大的甚至是连年亏损、行将破产的企业打发出去呢？有人说，应先把那些亏损企业打发出去，既甩掉包袱，也可赚卖一些创建资本回来，也许这将是使它们起死回生的一个契机和一种手段。在这体制改革的关键时候，刘鸿儒受列车上分吃苹果的感悟与启迪，毅然决然地判定，先挑选出那些好的企业改制上市，以便以此为契机来带动整个国有企业改善经营、创新体制。

事后证明这一决策是绝对正确的，正如后来刘鸿儒的好友、北大教授厉以宁教授所说的："靓女先嫁！"市场本来就是促进竞争，不保护落后的，股票市场不能例外，也必然是这样的。

列车奔驰了七天七夜之后，他们这千余名赴苏留学的学子，包含所有的不论是吃好苹果，还是吃烂苹果的同学，都平安顺利地到达了莫斯科。

没有什么笔墨可以形容刘鸿儒初到莫斯科时那种兴奋心情了，当他沿着雨涔涔的高尔基大街，跨过水光荡荡漾漾的莫斯科河走向红场时，他的两眼紧紧盯着那一块块鹅卵石铺成的红场和红场对面庄严肃穆的克里姆林宫，两眼潮湿地望着克里姆林宫城墙钟楼上那闪闪发光的红星，这时他的心脏就像打鼓一般咚咚地跳动。眼前的这一切，过去只是在书本上读到，在画报上看到，现在，他却是亲身驻足于这些神圣而又神秘的景物前。城墙上的每一块砖，红场上的每一块铺石，都使他心中对这里的敬意油然而生，仿佛能从每一块砖瓦石块里读到一首激动人心的革命诗篇。而当克里姆林宫钟楼上敲起悠扬悦耳的钟声时，他几乎屏住了呼吸，这一刻似乎永久地凝固在他的心间。

1955 年，刘鸿儒和王志玲在莫斯科大学校门前的广场留影。

来到莫斯科后，他就被分配到莫大最好的一个系——经济系——当研究生。讲课的老师和指导教授，都是苏联当时最好的。应当说，这一切的一切，都是最理想的安排，是最为幸运的际会。

阳光，是太阳对大地的凝视；青春，是时光对生命的凝视；回忆，是人们对于昔日的凝视。现在，当刘鸿儒坐在写字台前，望着窗外的一片宁静时，回忆50年前在莫斯科时的岁月，仍然是心潮澎湃，心中油然不止地涌动起一股股温暖的回流。

那时候，好像太阳离我们特别的近，天空好像特别的蓝，世界好像特别的鲜明艳丽，大家的精神都很充实饱满，心情都很明朗愉快。那时，世界反法西斯战争刚刚结束，人们经历了战争的摧残和磨难，心灵中痛苦的烙印很深很深，因之觉得周围的一切都很可爱，都值得特别地珍惜。不论是蔚蓝的天空还是油黑的土地，不论是繁华的街道还是寂静的村庄，人们都把生活看得非常明朗，就像初升的太阳一样。对于许多不可理解的事情，都用善意的心情去理解；对于许多不尽如人意的地方，都用善意的心情去原谅它。因为大家都感到，能够经历了那样一个毁灭的年代而生存下来，本身就是很不容易的。那时，每个人都在努力地工作、学习，并愿意付出任何代价，没有任何怨言，好像只有这样才能对得起那些在战争中不幸死去的人们；只有加倍努力工作，才能替他们将其未竟的事业完成。

刘鸿儒在莫斯科大学宿舍勤奋学习（1956 年）。

青春最美。王志玲在莫斯科大学宿舍（1956年）。

中国留学生深感肩负的历史重托，深知祖国与人民对自己的期望，因此无一不以惊人的毅力和顽强拼搏的精神，奋力地去克服语言上和生活习惯上的不便，废寝忘食地刻苦学习；同时也注意同那些善良的、热爱和平的苏联人民友好相处。当时，苏联人民对于通过自己的艰苦卓绝革命斗争获得了解放的中国人民，普遍地怀有好感，每当见到中国人走过来时都非常亲热地打招呼，都喜欢与中国人交朋友。在学校里不论是老师还是同学，无不满腔热情地帮助中国学生。

中国留学生是以勤奋而著称的，在各国留学生当中经常听到这样的话：

"像中国学生那样勤奋"。在图书馆和阅览室里如果还留有最后一个人的话，那个人一定是中国人。当时，在各个大学生宿舍里都设有名为"红角"的地方，类似于我们今天的书报室加棋牌室，而坐在这里的中国学生不是看杂志便是看报纸，很少有玩棋牌的。勤奋的结果，必然会出好成绩。"天道酬勤"，几乎各个学校里的中国留学生，都是课堂里的尖子和考试榜上的排头兵。

课堂上时常会出现这种情况：苏联老师向几个苏联学生提问都回答不出来时，便转过脸来向中国学生提问，一般来说，中国学生都能够回答出来。如果中国学生也回答不出来时，教师便会耸耸肩头，然后满怀歉意地说："这个问题一定是我没讲清楚。"还有一个学校的老师，他在收课堂作业时发现一个中国学生也没有按时完成，他不由得自然流露地说："你是中国来的学生？"在他的潜意识里，勤奋的中国学生是没有不完成作业的。在另外一个学校里，一位经常好在课堂提问的老师，有一次，他一连提出好几个很难回答的问题，结果是大多数苏联同学都没有能够回答出来，而坐在课堂上的六个中国学生，都不断地举手回答了这些问题。有的苏联同学觉得奇怪，情不自禁地向老师问："为什么中国学生学得都这么好？"老师饶有风趣地回答了他的这个好解释而又不好解释的问题，说："中国有六亿人口，而这里坐着的只有六个学生。"

正是因为这个原因，此时正在苏联最高学府——莫斯科大学——求学的刘鸿儒，则是学习得更加勤奋。我们说他的学习更加勤奋，是因为他对课业的自我要求不同于常人，他不满足于简单的 $1+1=2$，而是投入了双倍或者是几倍的努力。倘或细论，他的这种投入缘于两个倒逼的因素——一个是来自他在莫大里主攻的科目，另一个则是来自他在莫大里所处的地位。

他在莫大主攻的科目是《资本论》，所有的人，无论是学经济学的还是学政治、法律、文学、艺术的，都知道《资本论》是十分艰深难懂的。它不仅凝聚着西方几百年的政治经济智慧，而且，其科学范畴与概念推导的思维逻辑又是那样的缜密，是继黑格尔《小逻辑》之后的又一高峰。一个头脑中没有一点黑格尔式的辩证逻辑思维的人，是很难窥其奥秘，很难把那一个个范畴都能弄得清楚的。一般的人即使是用中文来读尚且难窥其境，入门艰难；

而今要用俄文来读，并且还要用俄文去答辩俄国教授提出的那许多深层次的问题，其难度之大，远非是一般的人所能够想象得到的了。

说到第二层倒逼的压力，那就是他在莫大的位子。他是中共莫斯科大学中国留学生的党支部书记，他要经常地对莫大里面几百个留学生做思想政治工作，用党员的标准来要求每个留学生努力地学好功课，处理好与各国同学的友谊关系。既然他有责任有义务这样要求别人，那他自己就更应当以身作则，凡事都要走在前头，用自己的模范行动起到一个支部书记所应当起到的表率作用。

马克思说过，他是第一个想到使用辩证思维逻辑的分析方式来研究和解决经济问题的人，因此"这就使前几章读起来相当困难"，但是他又接着言之谆谆告诉所有要下决心读懂读通《资本论》的人们说，"这是一种不利，对此我没有别的办法，只有事先向追求真理的读者指出这一点，并提醒他们。在科学上没有平坦的大道，只有不畏劳苦沿着陡峭山路攀登的人，才有希望达到光辉的顶点。"[①]

马克思的这一句话，后来成为向科学顶峰进军的人们的一句指路明灯，一句最有鼓舞力量的格言，经常被写到各个科研院校的楼梯口上。刘鸿儒现在就正站在苏联当时最高的科学殿堂莫斯科大学的楼梯口上，正为马克思的那句话所激励，决心一刻也不停歇，不避任何艰险地"沿着陡峭山路攀登"，不达顶点决不罢休。

为此，他每一天黎明即起，从来没有错过列宁山上的曙光。时间分配方面，他很偏心，除了洗脸、漱口、吃饭之外，几乎把所有的时间都用在"啃"《资本论》上。他很爱用"啃"这个词儿，细想起来，恰如其分，攻读时的艰涩吃力，确实比啃一块硬骨头还费力。在攻读高深学问上，确实是没有什么捷径可走的，既然没有庖丁解牛的巧妙方法来分解庞然大物的牛体，那么，你就得用力去啃。因为你不用力去啃，你便一点点肉渣，甚至一星牛肉的滋味都尝不到。所以，有的时候便啃得它头昏眼花，眼睛里直冒金星。怎么办？

---

① 马克思. 资本论：第一卷 [M]. 北京：人民出版社，1975：26.

于是，他只好借去餐厅吃饭的时间透透气，饭后到屋外去活动一下身子。因为，除了这点时间可以借用一下之外，其余的时间都贴了封条，是雷打不动的。

在那让人头昏眼花的穷究真理的日子里，"废寝忘食"几个字绝不是一时一刻的作态，而是一年三百六十五天永不改变的朝朝暮暮，他不记得，也难以计算，经过了多少个这样的朝朝暮暮，"书山有路勤为径"的古语证明了它的真理性。经过多少个废寝忘食的日夜，他终于啃下了《资本论》这块硬骨头，考试的时候获得了最好的分数，得到了导师们的充分赞扬与首肯。

古诗云："会当凌绝顶，一览众山小。"我想，当年杜甫说出这句诗时，一定是有其亲身体会的。而就刘鸿儒此时的实际情况来说，又何尝不是这样的呢？当他千辛万苦、千折百回地沿着陡峭山路不停地攀登，最后登上绝顶时，在他求学的前路上，还有什么样的峰岭和陡坎，不能让他从容地渡过去呢？

事实上果然如此，从此之后，他在求学之路上便变得从容得多了，自信得多了。他开始有一定的空闲时间去饱览俄罗斯那无比广阔壮丽的大自然风光，寒暑假也有机会到休养所和疗养院里闲憩，也有了更多机会和苏联人民交谊往来，度过了一段难以忘怀的美好时光。

有一段时间，苏联曾把《我们的祖国有多么辽阔广大》一歌作为临时的代国歌，后来，他们又把这个旋律作为早晨广播时的播前曲，就像我们的电台里的《东方红》旋律一样。这可能是，他们认为只有这首歌曲，才能够反映出他们真正是多么辽阔广大的国家。而刘鸿儒这几年在苏联留学期间，也真正体会到了苏联人民的这份自豪并非虚言，从带有白夜之光的列宁格勒①（那还不是最北的地方，离北冰洋沿岸等地方还有几千里的路程），到足可以晒黑脊背的黑海之滨索契等地方，竟有如此完全不同的地形地貌！在欧洲，你即使穿越了多少个国家，也难以见到如此变化多端、气象万千的跨地域的景观。

而最使他们这些中国留学生难以忘怀的是，1956年苏联团中央为他们组织的伏尔加河之旅。在浩浩荡荡的伏尔加河上，此起彼伏地荡漾着中国留学

---

① 原称圣彼得堡，1924年改称列宁格勒，1991年恢复旧称为圣彼得堡。

1956 年，刘鸿儒和王志玲在莫斯科河畔、克里姆林宫旁。

生青春嘹亮的歌声，有用中文唱的，有用俄文唱的。"朝着太阳唱起歌，拉了
一把又一把"，那是维亚特金娜最激荡人心的歌声，也是伏尔加河上永远苍凉
而又古老的曲调。船到了乌里扬诺夫斯克的时候，他们就急忙跑上岸去拜访
列宁当年的故居；到了高尔基城，就都大声地朗诵起高尔基的《海燕之歌》
来，用俄文朗诵过了又用中文；到了喀山，又想起了高尔基想要读而没有读
成的《我的大学》；而到了斯大林格勒（现改名为伏尔加格勒），人们又急匆
匆地都从船上跑到市中心去，瞻仰场上耸立着的凝聚着为保卫斯大林格勒而
献身的灵魂的大理石雕像。过了萨拉托夫之后，河水越来越宽阔了，草原也
越来越广袤了，天空中不时见有草原雄鹰在头顶上盘旋。走到了岸上之后，
见到了许多的库班哥萨克人，那些好客的哥萨克小伙子和姑娘们，都穿上了
民族服装，五彩缤纷，英姿飒爽，热情地拉住了中国留学生们的手，围成圆
圈儿欢快热闹地跳起哥萨克民族舞来，唱起那时候人人会唱的库班歌曲"你
从前是这样，现在还是这样"。中国学生的舞步自然是艰涩的，节奏也总赶不

到点儿上，但大家一点也不感到腼腆、羞涩，因为全部的心情，皆在尽情之中，皆在友谊与欢乐之中。

而在那四年的留苏岁月里，最使他激动，也最使他永远难以忘怀的，是1957年毛主席在参加苏联十月革命和社会主义国家首脑会议之后到莫斯科大学里来给中国留学生讲的那一席话。多少年过去了，许多的事情都已淡化了，甚至是已经忘记了，但是毛主席在莫斯科大学接见中国留学生的这件往事，毛主席在接见时以革命家的雄伟气魄和诗人般的澎湃激情所讲的话——"世界是你们的，也是我们的，但是归根结底是你们的。你们青年人朝气蓬勃，正在兴旺时期，好像早晨八九点钟的太阳，希望寄托在你们身上"——仍然铭感于心。多少年过去了，他和同他一起聆听过毛主席这感人肺腑、催人奋进的话的人们，现在都早已不年轻了，早已不是八九点钟的太阳了，都已到了耄耋的垂暮之年了。但那一席话，却一直活跃在他们的心里头，每当他们独自忆起，或者是与老友们话及当年时，仍然为之激起满腔热血和万丈豪情。

当时，他是莫斯科大学中国留学生的党支部书记，在平日里，便经常协助使馆同志接待中央领导同志来校参观。这次，他早就接到了通知，知道毛主席在11月17日的那天很有可能要到莫大来接见中国留学生。那天正好是个星期日，学生都不上课，他和同学们全力协助使馆，联系校方做好准备工作。

那一天，雪后初晴，阳光格外灿烂。清晨时候，恰巧有位同学毕业回国，另一位同学到车站去送他。临走时那位同学满怀怅惘，他悻悻然地说："若是今天毛主席真的能来莫大接见你们，我将遗憾一辈子。"送他的同学却完全怀着另一种心情，含笑对他说："真希望你今天能成为最不幸的人！"

还不到八点钟，大礼堂便坐满了来自各校的中国留学生，虽然来之前通知大家，会议是十点钟开始，但人们却不约而同地都尽早地赶了过来，为的是能够抢占到一个尽可能靠前一些的位子，以便能够更清楚地看到毛主席。后面来的同学，也包括那位去车站送人的同学来到时，大礼堂里已经坐满了，负责维持秩序的人告诉他们要到小礼堂里去坐。可是大家谁能情愿放弃亲眼见一见这位伟大的历史伟人的机会呢？但眼前的现实就是这样，没有别的选择，而素以服从组织纪律而著称的中国留学生，只好恋恋不舍地走向小礼堂，但他们都异口同声地提出了要求：希望毛主席在大礼堂讲完话后，再到小礼堂里去同大家见见面。

整整等了一个上午再加上半个下午，那个期盼的时刻却一直没有到来，虽然在这个漫长的等待时间里，安排有中宣部部长陆定一同志给大家作国内形势的重要报告。陆定一的报告自然是很重要，但人们却怎么也听不下去，等待毛主席会见的渴望，一直焦渴地煎熬着人们。一直等到下午五点钟左右，才得到了准确消息，驻苏大使刘晓宣布毛主席于百忙之中要来会见中国留学生，会场上顿时掌声雷鸣，那是一片难以想象的欢腾。晚上六点钟，激动人心的那一刻终于到来了，毛主席在众人热切盼望的目光中走进了会场，登上了主席台，大厅里灯火辉煌，璀璨的灯光将人们心中的热浪推进到了最高点。"毛主席万岁""毛主席好"的呼声此起彼伏，大礼堂里是一片欢笑沸腾的海洋。高潮持续了四五分钟仍然停不下来。刘晓大使几次挥手示意大家静下来，但都无济于事，后来还是毛主席自己站在台子中央，伸开双手有力地向下按了按，这才将那热浪压了下去。

毛主席有着作为一个伟人的非凡的气质和风度，也有着常人无法企及的智慧和洞识。有的同学在毛主席未来之前曾经议论，猜想毛主席见到大家后第一句话会说什么？有的人十分肯定地说："毛主席会挥动手臂向大家说，同志们，你们好！"有的人说："毛主席会微笑着说，青年朋友好！"还有的人说："不是那样！毛主席会直截了当地招手说，大家好！"可是有谁会猜想到，他是以那句"世界是你们的，也是我们的"哲理深邃的名言开了头，这一下子便点燃了人们心头炽烈燃烧的火，激起了理性和感性两个层面上的万丈波澜。当时值八九点钟太阳般的三千莫大年轻学子在异国他乡听到自己国家的领袖，代表党和国家对他们说出这样一番殷切期望和语重心长的话时，他们的感怀激烈难以言表，心底里的认知和感念、理想和追求都随着毛主席的一番话得到进一步升华，并具有了历史的深度。刘鸿儒和并肩而坐的那许许多多留苏同学，无论到了什么时候，在人生之旅的哪一站和哪一个位置上，都不会忘记"世界是你们的"那句响当当的话。

　　1957 年 11 月 17 日，毛主席在莫斯科大学接见留苏学生，说出了那句著名的"世界是你们的，也是我们的，但是归根结底是你们的"。

　　刘鸿儒（右二）和王志玲（右一）聆听毛主席讲话，难掩兴奋之情。

当然，在那个会上，毛主席除了这句名言之外，还讲了其他一些寓意深长的话："世界上怕就怕'认真'二字，共产党就最讲认真"；"青年人应具备两点，一是朝气蓬勃，二是谦虚谨慎"。他还说，当今的世界形势是"东风压倒西风"，并问同学们这句话出自何处，然后告诉大家，这是《红楼梦》一书中王熙凤说的。

非常幸运的是，当时刘鸿儒和他的女朋友（后来成为他的妻子）王志玲就坐在大礼堂前排靠近中间的位子上，摄影师的镜头无意中抓拍到了他们两人那万分激动的面孔，为历史留下了一个十分珍贵的画面。当时，他们当然都不知道有这样一个镜头，只是在多少年后某个历史影片回放的瞬间，看到了人生中的那一刹那。当他们再看到当年那幸福时刻的青春面孔和满怀激情时，不禁感怀万千。他们托朋友到制片厂里将那一宝贵镜头印制出来，镶到镜框之中，一直悬挂在客厅最显眼的地方。

那天晚上七点多钟，毛主席从大礼堂里走出来之后，按照事先的承诺，又来到小礼堂去看望另一群同样热情似火般等待着的青年。他这次更是显示出一个伟人耐人寻味的诙谐，走到主席台上半认真半开玩笑地向大家一一介绍中共代表团的成员邓小平、彭德怀、杨尚昆等人，而且还要求讲到谁时谁就要出列向前跨进一步，毛主席随之有声有色地一一指出他们谁是总书记、谁是大将军、谁是理论家等。这种饶有风趣的介绍仪式，将小礼堂的气氛推向高潮。记得有位哲人说过：幽默给人的感动和启迪，有时要比严肃还大多少倍。事实也正是这样。最后，就在这一片欢笑声中，毛主席再一次凝聚着深厚的感情，语重心长地说："我只讲三句话，第一，要和苏联朋友亲密团结；第二，青年人要勇敢，又要谦虚；第三，祝同学们身体好，学习好，将来工作好！"

从小礼堂里走出来，毛主席提出要到大学生宿舍里去看看。莫大支部里的几个负责人事前就已商量过，请毛主席到经济系女大学生宿舍里去看看。因为那里的一切设备条件都比较好，走廊上常年铺设着红毡地毯。和刘鸿儒同在经济系的女生有王惠菁、苏红和沈宁。王惠菁是南开大学派来的研究生；苏红原是统计学院的，后来转到莫大，现在已经是五年级的大学生了；而沈宁是"文化大革命"前文化部部长、老革命戏剧家夏衍的女儿，当时是与刘鸿儒同班的研究生。当毛主席在刘晓大使等人陪同下由莫大的"阿"区（主楼区）来到"勃"区（学生宿舍区）经济系女生宿舍时，学生们早已把房门打开翘首等候毛主席的到来。毛主席随着大家走进王惠菁的房间里时，苏红和沈宁也跟着进去了，大家一起坐在那不太宽敞的沙发上。后边跟进来的人很多，难为那摄影家侯波只好站在门口抢拍了一个镜头，结果就是大家经常见到的那一张，在正面上只有紧挨主席坐着的苏红与沈宁，而房间主人王惠菁反而未能进入镜头。

1956 年，刘鸿儒（右一）、王志玲（右二）与沈宁（右三，"文化大革命"前文化部部长、老革命戏剧家夏衍的女儿）在列宁格勒。

毛主席完全以一个长者对于年青一代的关切心情，仔细地打听同学们的学习生活，询问苏红与沈宁的姓名和家乡住处。谈笑之中，又笑问沈宁说："Miss 沈，你的父亲叫什么名字？"沈宁回答说："他叫沈端先（夏衍的本名）。"毛主席更加高兴地说："是沈端先呀，他还有这样一个漂亮的女儿呐！"说得屋子里的人都笑起来。

还没等大家缓过来神，毛主席又指着随着走进来的彭德怀、邓小平等人，向大家一一地介绍，直到这时候，苏红、沈宁等人才发现小平同志因为座位不多还站在那里，觉得非常的不好意思，马上站起来恭恭敬敬地给小平同志让座。可是，没等她们完全站起身来，毛主席就一把拉住她们，风趣地说："你们坐着，他是党的总书记，就让他为人民服务，站一会吧！"接着又说："他还是你们留苏的先后同学哩！"苏红等人忙问："小平同志，你是哪一年来苏联的？"小平同志平易近人地说："1926 年。"原来，小平同志是 1925 年下半年被党组织从勤工俭学的留法学生之中选拔到苏联来学习的。"那么早啊，那时候我们还没生下呢！"宿舍里洋溢着欢乐和祥和的气息。刘鸿儒等人送毛主席离开莫斯科大学校园时，已经是晚上八点多钟了！

第四章

莫斯科不相信眼泪

毛主席离开莫大之后不久，刘鸿儒自己也离开了莫大。

1958 年，他从列宁山上走下来，到了位于苏联农展馆（现在改名为国民经济成就展览馆）附近的阿列克谢依大学生城来。这是怎么回事呢？

原来，莫斯科大学是个非常开放的大学，它从不封闭，不"近亲繁殖"，不拒绝外边的学术权威人物到大学里来讲课和带研究生，总是极力地吸引这方面的优秀人才"入赘"，给他们以最优惠的待遇。仅就其经济学科来说吧，莫大就经常地将苏联经济学界中声望最高的人联系过来讲学、讲课和指导研究生论文写作。在学制方面也是如此，我国留学生中被称为数学尖子的谷超豪，就在这里获得了物理和数学双项博士学位。回国后他在学术上贡献很大，2011 年由国家主席亲自颁发了最高科技贡献奖，世界天文学组织还将新发现的一颗小行星，以"谷超豪"三个字命名。

当时，吉·阿特拉斯教授是货币信用学科里的顶尖级学者，就职于莫斯科财政学院，享誉国内外，是绝对意义上的学术权威。他的妹妹玛利娅·阿特拉斯也是莫斯科财政学院里一名顶呱呱的教授，上她的课的人都争先恐后地到校，唯恐占不到好座位。不过，妹妹讲的是政治经济学那门课，与哥哥不完全是同行。在她的那个行当里，连同业的许多男教授都无不竖起拇指夸奖她。在斯大林主持下由苏联科学院经济研究所编写的苏联《政治经济学教科书》（包括毛主席号召全国都要学习的那个第三版在内）在社会主义国家里反响极大，后来苏联政府为了活跃学术思想，允许各种不同观点和不同流派的学者公开论辩，曾经发动各位名流学者都编写出一部自己观点的《政治经济学教科书·社会主义部分》来。在这一大的氛围下，人们很快便在书架子上看到，并列着的十余本《政治经济学教科书·社会主义部分》当中，就有玛利娅·阿特拉斯编著的一本；而且，很快就在中国也有了它的中文译本，在全国各家书店里都可以买到。

应当说，阿特拉斯兄妹都是具有"锐利的智慧和善良的心肠"（出自普希金的诗《阿尔兹鲁姆旅行记》）的人。还在刘鸿儒在莫大就读的时候，吉·阿特拉斯教授在课堂讨论中便发现刘鸿儒答问和阐述很有见解，发现他是一个很好的苗子，于是便建议他到莫斯科财政学院去攻读金融学方面的学位，这样，他便可以更直接地指导他写副博士论文。这种真诚与温暖的善意，令刘鸿儒无法拒绝，他主动地向校方提出转学到财政学院的请求。

生活中常常是这样，一个好的决定往往便会决定一个人一生的命运。刘鸿儒的这个决定，真的就决定了他后来成为我国金融界里一位难得的杰出人物——无论是在实际工作职位上，还是在学术成就上。他在学识渊博的阿特拉斯教授的细心关怀与指导下，不仅写出了一篇很好的学位论文，顺利地通过了国家考试委员会的答辩，获得了经济学副博士学位；而且，他还把阿特拉斯教授写的一些学术文章翻译成中文，在《金融研究》等学术刊物上发表。同时，他也用俄文写了一篇介绍中国金融业发展情况的文章，经阿特拉斯教授推荐，在苏联最权威的杂志《货币与信用》上发表。一般来说，苏联的稿费标准是很高的，后来他就用这笔稿费给夫人王志玲买了块手表。

刘鸿儒是个很有组织能力的人，他有这方面的才干，在莫大时，他是那里的中国留学生党支部书记，到了财政学院之后，他又是财院的中国留学生党支部书记。这就要求他除了自己要好好地学习，努力地把教授指定下来的各项课业做好之外，还要帮助其他的中国留学生，切实地遵照毛主席的嘱托和教导，努力与苏联同学交好朋友，搞好关系，学好本领，锻炼好身体，督促每个人都能以优异的成绩回去为国报效。无疑，这些要求是很高的，任务也是艰巨的，但学校的各个中国留学生完成得都很出色，原因前面已经说过，这些留学生是在国内几经评审与考试而选拔出来的，他们都深知自己身上肩负的使命，每个人都是高度自觉，刻苦勤奋，废寝忘食地攻读学业。在这方面，倒不需要什么人去提醒，更无须党支部去做什么额外的思想工作。而组织上往往需要提醒的是让同学们注意身体，坚持户外活动，注意健康饮食，不要只为夺得五分而搞垮身体。

说到要搞好与苏联人民及各国留学生的关系，为增进中苏友谊添砖加瓦，大家倒是都在处处留心，有意各尽所能发挥出些正能量来。在当时的情况来看，苏联人的文化水平和自觉程度都是比较高的，说话时注意语言文明，交往时讲究文明礼貌，遵守一定的社交礼仪规范。例如出去时，一定要让女人先走，进到屋子里来时要帮助女人脱大衣，然后，让到屋里最好的座位上。餐桌就餐时也有一套礼仪，特别是喝菜汤时不能发出吱吱的声响来。在公共场合更是要注意遵守公共秩序，不能大声喧哗，即使只有两个人买东西，也要排队。这些，大家在老同学和苏联朋友热心的帮助下，很快便都学会了，而且在生活中也自然而然地受到熏陶，很快便会把这些要用心去做的事变成自觉的行动。记得有一个同学，去到校长办公室里请示一件事情，校长微笑地说："年轻人，请注意！下次来见我时，一定要刮刮胡子！"自然，那次以后，这位同学是不会再满脸胡楂子去见那位一贯受人尊敬的校长了！

这些事情都是很容易做到的，只要注意到，或是有人稍微提醒一下就行了。最让刘鸿儒这个支部书记感到难办，也最让他伤脑筋和伤感情的，是与苏联女孩子的关系。人们都知道，苏联的女孩子个个活泼开朗，待人热情大方，没有那种扭扭捏捏的毛病，而且大家公认的是，苏联女孩子年轻的时候，在她们没有结婚之前，那是个个都长得很漂亮的。记得前年我从黑河去到黑龙江对岸的布市（全称为布拉科维申斯克）去旅游时，有个女同志笑着对我说："我们来到这里是什么东西都买回来了，就是没偷个孩子过来！"说得大家都哈哈大笑起来。说实在的，俄国的小孩，不论是小男孩还是小女孩，长得个个都十分可爱。

而苏联女孩子对于中国男生，也有一种天然的好感，也许是她们对于蓝眼睛、黄头发的男性看得多了，望着这些有乌黑头发、乌黑眼睛、举止总是那么严肃的男子，更容易产生出异样的亲近感。一般来说，她们都是很愿意帮助中国学生做功课的，而且是非常的热情主动。没有在国外学习过的人不知道，对于那些语言还没有过关的人，或者是没有彻底过关的人，上课堂记笔记是多么难的一件事，正当你笨笨磕磕地记下了第一句，还没有等转过神来，或者是还没有把第一句话有头有尾地记下来，甚至是根本不能勾连出一个完整的句子时，老师的下一句就已经讲过去了。第三句、第四句，照样他重复着前边的笨拙，等到一堂课下来，笔记本上记的全是前言不搭后语，是一片让人莫名其妙的朦胧。而在当时，苏联的高校基本上是没有教科书与讲义的，一切都在教师的口述之中。考试与课堂讨论时全凭课堂笔记。因此中国留学生在一年级、二年级里，一天之中的绝大部分时间，都用在抄同学的笔记上。这时，苏联同学的那份热心帮助，该有多么的重要呀！而苏联女孩子的稍显过分的热心与热情，加上一种异性之间的天然亲和力，可能会造成跨国男女间的情愫暗生。

爱情是什么？说起来像是容易理解，其实也是很不容易理解的东西。有时候，在人们不经心、不留意、完全没有顾及的时候，它便会悄然无声地产生了。"爱是火热的友情，沉静的理解，共同的依赖，共同享受彼此之间于默默无声之中不用善意感知就已经感知到了的一种特殊的美好感情"。这些中国同学，就在这种默默无声之中不用善意感知便已感受到了这种感情，说它是美好的也好，说它是苦涩的也好，反正，这种感情常常是不由自主地就产生了。

而当时我国政府对于出国留学生曾经下了一条命令，十分明确地规定，不许与外国人结婚。好像苏联政府也有这方面的规定。因此，偷偷产生的爱情也就不幸地被包括在这条规定里面。而由爱情到婚姻，距离仅仅是相差一步。因此，各大学里的党支部，差不多都把工作重点放到防范这种无意识之中产生的爱情纠葛上来。他们总是对出现有这种苗头的同学，努力地去做思想教育工作，给他们打预防针，要他们头脑冷静下来，马上悬崖勒马，赶紧抽身从那不可解脱的爱情旋涡里拔出腿来，警告他们，如果没有这种勇气，后果将是不堪设想的。这种事情使刘鸿儒很烦恼，也大伤感情，因为，有时你不管怎样地去做工作，那人就是不能从爱情的旋涡里拔出腿来。怎么办呢？无可奈何花落去，只好眼睁睁地看着他依据原来定下来的规矩，被遣送回国去。有的同学学习很好，也很有才干，但是就因为像亚当那样在伊甸园里偷吃了爱情的苦果，从而白白地断送了自己的锦绣前程。刘鸿儒为着此事至今尚在惋惜地说："当时也觉得这种处理不太对头，但在那样的政治环境里，上面有决定，就只得照着办。"

可事情反过来也不一定就好，当禁果不再是禁果时，其苦味却是更浓。自从 1957 年起，法规出现了完全的转折，不论是中国方面，还是苏联政府方面，都允许与外国人结婚。当然，从中国留学生组织方面来说，还是尽量地鼓励大家集中力量学习，打好专业知识基础，不要为婚姻、爱情分散自己一生十分难得的、比黄金还要宝贵的留学时间。但是，爱情也是一种不可抗拒的力量。弗兰西斯·培根说过："就是神，在爱情中也难以保持聪明。"在刘鸿儒就读的莫斯科财政学院里，1958 年时，就有一位留学生与苏联姑娘结婚了。婚前婚后都很美满，也没有像人们时常提出警告的那样，因为爱情而分散精力影响了学习。当时，确实也得到同学们的普遍赞赏。

但命运弄人，在那个一切都被颠倒过来的"文革"岁月里，那个留学生和他带回到国内来的苏联妻子，都被当作"苏修特务"受到了审查，他们经受了长时间的、接连不断的审查与批斗，而更加不幸的是，有一天，红卫兵拿来一张统一格式的离婚书，强迫他们在"自愿离婚"的地方签字。1969 年的一个冬天早晨，有一千多个被强行遣送回国的苏联女子，有的怀中还抱着孩子，当列车离开满洲里进入苏联国境时，车厢内突然爆发出一片让人撕心裂肺的哭泣之声，那是一千多个妇女不由自主地同声爆发出来的恸哭。苏联有过一部轰动一时的电影，叫作《莫斯科不相信眼泪》，而今天这个严酷的现实，却叫她们这一千多个莫斯科妇女都流下了眼泪，那场面，无论是叫谁见了都难以忍受的。

所庆幸的是，刘鸿儒没有这方面的麻烦，因为人们都知道，也都看到，他的黑头发、黄皮肤、典型中国姑娘的未婚妻，就在他身边，而且是个美女。

原来，早在刘鸿儒来到莫大之前的两年，这位中国姑娘就已作为较早一批派往苏联的留学生，攻读于莫斯科国立经济学院。这是一所在经济科学方面的最高学府，我国著名的经济学家刘国光、董辅礽以及党政高官何竹康、王厚德等人，都毕业于这个学院。

在我们那代人激情燃烧的岁月里，刘鸿儒的女朋友，或者说是未婚妻王志玲，不论从哪个方面来说，都是一位十分优秀的女青年。她1947年刚刚十四岁时，在别的女孩子还在父母跟前撒娇的年龄里，就参加了革命；在她那完全是个娃娃头、连额前刘海还没长齐的头上，戴上了一顶严肃的黑色军帽，会给人产生一种怎样的超越时空的感觉呀！在1949年9月新中国成立的前夕，年刚十六岁的她就加入了中国共产党，这也让人立刻联想到也是在这个年龄里入党的刘胡兰来。1952年，她由东北人民大学选派到留苏预备部，而且还被指定为那批二十多人队伍的领队，因为，她是那个年代里的尖子中的尖子。她经过一年多的俄语补习，于1953年来到莫斯科。

1958 年夏，王志玲在乌克兰基辅毕业旅行。

说句玩笑的话,如果有哪个女孩子想在刘鸿儒面前跟她竞争的话,那个人只要稍微地照量一下,就会黯然地离去了。

托尔斯泰在《安娜·卡列尼娜》中有一句家喻户晓、人们经常引用的名言:"幸福的家庭,其幸福皆都相似;不幸的家庭,其不幸各不相同。"我觉得这句话,说得还不够完全。幸福的家庭,当然也包括人们的婚恋全部过程在内,即通常所说的婚前和婚后浪漫史,其幸福的程度不可能是、也绝对不会是一模一样的!世界的多样性,是世界的永恒规律,也是世界的宝贵财富,正因为它有着这样一个特性,它才是那样的丰富多彩。

可惜至今为止,还没有一部小说,也没有一部电影和电视剧,来描写中国留学生在地处东、西方文化接合部位的莫斯科河两岸的爱情故事。近几年来,虽然有了《北京人在纽约》《中国人在东京》等电视作品,但其与当年的莫斯科风情是完全不同的。在那个青年人都为革命理想而燃烧起来的激情岁月里,爱情故事,婚恋浪漫曲,完全是另一种情调的,大多数都是属于贝多芬《英雄交响曲》的旋律。

莫斯科是革命圣地,社会主义阵营的心脏,当然,它也是一个别具浪漫风情的地方,不然,怎么会唱出《莫斯科郊外的晚上》那样的旋律呢?不过,这里的浪漫风情却都是莫斯科版的,也就是说,它是与革命和革命理想结合起来的,是现代的青年人难以理解和想象不到的,我想在这里只简单用几个镜头来给大家作一个描绘,依据的正是我手里一些黑白胶片上的生活写照。

1955年初冬,刚刚降落过一场大雪,厚厚的积雪裹住屋顶、树梢和地面,大地和天空都笼罩在沁人心脾的静谧之中,王志玲从城里乘坐地铁赶到列宁山上来看望刚到苏联不久的刘鸿儒,给他送来了关心,介绍在莫斯科生活必须懂得的一些知识。两个人踏着一地碎玉走在莫斯科大学主楼前面的广场上,积雪被踏出一阵阵咯吱咯吱的声响。背后是高耸入云的三十三层带着红星泛光的莫斯科大学主楼,而前面却是静静的、纯净得没有一丝纤尘的白雪世界。他们踏雪的声音如同音符一般,偶尔会将积雪从高高的松树枝头上震下来,一长缕一长缕地飘落下来,在阳光里散成粉末,化开一片朦胧,那种纯净的心,纯净的感情,现在还在两人脑海里徜徉。

　　莫斯科图书馆，应当说是世界上第一流的。藏书之多，管理之完善，在全世界来说都是出类拔萃的。而更为突出的是，它里面至今还保留有研究生写的全部论文资料，无论是发表过的还是没有发表过的，都完整无缺地予以保存。桌子上放着面包，读书饿了可以随意食用，是不收费的。阅览室里面更是非常的宁静，宽敞明亮，光线充足，窗明几净，非常适合于读书与写作，1958 年下半年王志玲在收集资料撰写毕业论文时经常到这里来。人们会经常见到一个圆圆脸庞的中国姑娘，凝思聚虑地俯身在一个厚厚的笔记本子上，有时思考，有时动笔写作。人们从她身旁走过时，常常不由自主地多望她一眼。时间长了，她那清秀的身影给这里的人们都留下了深刻的印象。

　　说是凝思聚虑，但有时也不全是这样，人们还常见到一个中国小伙子（在俄国，人们通常把小伙子称为"年轻人"，在《红莓花儿开》的歌里"有一个年轻人儿让我把他爱"，就是这么唱的）坐在她身旁，轻声地述说自己的思路，细心地帮助她，甚至也可以说是指导她撰写毕业论文，因为他这时，已经不畏艰险辛劳地攀登上了《资本论》那座高峰，啃懂了，也啃通了经济学上的许多重大问题。在她忙不过来的时候，他会跑前跑后地到图书馆和阅览室里去查找和借阅对她写作论文有益的图书报刊资料。

　　没有什么地方比白桦林、俄罗斯的白桦林更美丽的了。那一棵棵娇娜窈窕的白桦树，让人想到风姿绰约、楚楚动人，而当这些只能款款摆动而不能娇声俏语说话的女神们簇拥到一起时，"风姿绰约、楚楚动人"八个字就远远不够了，那参天的秀色便是没有语言可以表达出来的人间仙境了。而莫斯科郊外的白桦树又最多，不论是从列宁山下来往南走，还是从莫斯科财政学院附近的农展馆向北走，坐上城铁没有走出几站就可以看见那茂密的白桦林了。

　　假日里人们都喜欢到白桦林里来郊游，暂时离开那高楼大厦与钢筋水泥的束缚，享受白桦林里的无限风光、无边风月，以及那半是羞涩半是爽利的气质。空气清新，负氧离子让你嗅得醺醺欲醉，可以看到白桦树上流淌出汁液，它可能是甜的，但却无人品尝，因为这时人们争着采食的是红莓果（《红莓花儿开》里歌唱着的那一种）。在我国北方都叫它为托盆，学名叫覆盆子，个儿不大，但却像红宝石一般地鲜艳，林子里遍地都是，放到嘴里是甜酸甜酸的，虽然别的地方也有这种野生果子，像是山脚下或小河边的田野上，但是，人们总觉得在白桦林里采摘的最好吃、最甜蜜。刘鸿儒和王志玲在假日里便时常到白桦林里来，除了红莓果之外，他们还可以采到蘑菇。这里的蘑菇也很多，白亮亮、嫩茸茸、一簇一簇的。不需十分费力便可以摘回一书包。晚上，一盆鲜美的蘑菇汤摆到餐桌上，该是多么大的口福呀！人们所能享受到的，恐怕不仅仅是舌尖上蘑菇的鲜香，还有他们在白桦林里采摘时的喜悦和甜蜜。王志玲会把这蘑菇汤做得很是鲜香的，她的厨艺肯定不错，她的相册里还保留着一张他们两人共同包饺子的照片。在苏联读书的留学生，特别是男生，能够有福气吃上饺子的，是没有几个人的，大多数都是日复一日靠着面包、香肠、黄油、奶酪过日子的。

苏联少先队员在夏日里经常举行营火晚会。一群天真可爱、活泼开朗的孩子在白桦林里、在松林里燃起篝火，举行少先队队日活动。他们举起右臂，童声童气地齐声高喊："准备着，时刻准备着！"那一张张稚嫩的小脸都庄严肃穆地望着升起的队旗，真是可爱极了！中国留学生时常被邀请来参加他们的队日活动，刘鸿儒和王志玲都有过这种机会。当穿着深咖啡颜色队服的小女孩将一条鲜艳的红领巾系到他们颈上时，那种既纯洁又神圣的仪式，让他们自己的心灵也得到净化。更有意思的是，孩子们还会邀请他们介绍中国少年儿童生活的报告，讲讲中国的少先队员是怎么过队日的，这让两人又仿佛回到了童年的岁月。

有时，刘鸿儒和王志玲在某个夏日的晚上，也会坐在莫斯科郊外的某个林中空地，或是静静地流淌着的小河边上，望着远方的篝火在夜风中摇曳，望着月亮在小河里洒落下银亮的光芒，享受着20世纪50年代莫斯科的中国人的他乡爱情生活。此时，他们会自然而然地和情不自禁地唱起《莫斯科郊外的晚上》："我的心上人坐在我身旁，默默无语地不声响。我要对你讲，又不对你讲，多少知心的话儿藏在心上。"我不知道，这种婚前浪漫曲与中国人在纽约或在东京所缔造的那种罗曼蒂克相比，哪一个更有诗情画意？

没有什么地方能比走在涅瓦河畔通向冬宫的路上所产生的历史交融的情景更为丰富的了。涅瓦河，无疑是世界上最富有诗情画意的一条河流了，河

1954 年，莫斯科郊区少先队员夏令营过"中国日"，中国留学生应邀去介绍中国儿童的生活、学习情况。左三为王志玲。

1957 年 11 月 7 日，苏联建国 40 周年庆祝游行。右一为刘鸿儒。

上有造型风格迥异的桥梁几十座，故而它被称为底蕴最为深厚饱满的桥梁展览馆。而比桥梁更为吸引众人眼目的是冬宫，它那雄浑的气魄辉映出彼得大帝以来几百年的俄国灿烂历史，宫殿里面盛载着俄罗斯政治、经济、文化、艺术的历史风貌。但是刘鸿儒、王志玲走到这里时，激起满腔热情的还是停泊在河水中的"阿芙洛尔"号巡洋舰，因为他们刚刚参加革命、学习党史第

1956 年 8 月，在列宁格勒"阿芙洛尔"号巡洋舰上。
十月革命的一声炮响就在这里发出。

一页的时候，就知道"十月革命一声炮响，给中国带来了马克思列宁主义"那句话，而这第一声炮响，就是从这艘巡洋舰上直接对着它的对面冬宫发射的。当刘鸿儒、王志玲还有沈宁等一些同学登上这艘舰船上时，无不热血沸腾，激起那个年代里青年人最易焕发出的革命朝气。而这种心潮澎湃，一直到 2009 年他们带着孩子和孩子的孩子，祖孙三代人重新登上舰船时，好像依然回响在心头。

2009 年 8 月，时隔 53 年后，刘鸿儒全家重登"阿芙洛尔"号，心情格外激动。

俄罗斯是一个历史文化底蕴非常深厚的国家，文学方面可以说出一连串闪光的而且永远在世界各国人民心目中闪光的名字，像普希金、果戈理、屠格涅夫、契诃夫、妥斯托耶夫斯基和高尔基。正如列宁在《论托尔斯泰》的文章中所说，世界上有哪一位作家能像托尔斯泰那样呢？实际上也正是这样，直到 21 世纪初，美国好莱坞公司还在重新拍摄托尔斯泰的《安娜·卡列尼娜》，可见它有着超越时空的生命力和艺术感染力。而在其他方面，特别值得着重提出来的，还有音乐、戏剧、舞蹈等方面。在这诸多领域里，都有着世界顶峰级人物的名字，像音乐方面的柴可夫斯基；绘画方面的列宾；芭蕾舞方面的大师乌兰；而在戏剧方面，有着自成表演体系的斯丹尼斯拉夫斯基，周扬同志曾经称赞他是个"真正伟大的斯基"。

在苏联，仅在莫斯科市里，到处都可以找寻到他们遗留下来的足迹。在被人们称为文化街的一条林荫大道上，就有普希金故居、托尔斯泰故居、契诃夫故居、高尔基故居；在另外一些街道上，散落着莫斯科历史博物馆、格林卡音乐博物馆、马雅可夫斯基博物馆、奥斯特洛夫斯基博物馆……特列齐雅科夫斯基画廊和大剧院，则是必去的，因为那里展现着的，是俄罗斯文化最顶尖级的艺术结晶。列宾的《伏尔加纤夫》和希施全的《晨雾中的森林》，有谁在画廊里看到他们那光彩耀耀的原著时，不会为之倾倒呢？有人说，你没到莫斯科大剧院里来，就等于没到莫斯科；而依我说，等于没到的还不只是莫斯科，而应当说你就没有走进西方的艺术殿堂。如果你有幸看到了乌兰诺娃的《天鹅湖》，那你的一生艺术享受就足够了，夸张地说，此外已经没有别的什么需要了。还有人说，仅仅是走进那为八根圆柱支撑着的国家大剧院里，看到那闪着金色和红色光亮色彩的池座，和坐在一排排有着很高文化素养的人们身边，就已感到俄罗斯浓郁的文化氛围了。

刘鸿儒、王志玲作为一对情侣，一对有着一定文化素养的情侣，在节假日便经常携手到这些饱含俄罗斯文化底蕴的地方去参观、旅游、鉴赏，接受俄罗斯文化的熏陶，增长各方面的知识和才能。他们的爱情之花因为受着那种高雅艺术的滋润和培育，开得格外的丰满和深沉。还有人说，这些知识和才能是互相贯通的，所有学科和领域都像放射性元素那样互相渗透，它们都是由一个基本粒子——智慧的元素所组成的。刘鸿儒是很幸运的，他有一个那么好的女友、情侣、未婚妻，朝夕相随地同他携手走进那些艺术宫殿里，而这一段俄罗斯文化的熏染对于他日后的成长、成熟，乃至于登上自己学科的高峰，不能不说是打下了良好的根基。

后来许多的事实，都有力地证明了我说的这句话。我国有许多能力超群的专家，都是在俄罗斯这块有着丰厚文化底蕴的土地上汲取到成长的营养，如两弹一星元勋邓稼先、王淦昌和神舟五号的总设计师王永志，数学尖子谷

1957 年 6 月 21 日，刘鸿儒夫妇在北京西单鸿宾楼宴请好友，以此作为结婚仪式。当时只能拍摄黑白照片，后由同学手工染色。

超豪，音乐方面的李德伦、吴祖强、郭淑珍，舞蹈方面的白淑湘，绘画方面的罗工柳，戏剧方面的孙维世，等等。刘鸿儒，当然也是如此，只不过他学的是金融学，是业务性更强的一门学问。

有一位曾身居高位的留学生老学长在同学会上说过一段话，他说："我的孩子常问：'俄国有什么好的，你老思念着它？'我说：'我们的俄罗斯情结，是永远淡薄不了的，这是你们永远也不能理解的！'"

我对这位老学长的话感同身受。如果问我，这永远不会淡薄的俄罗斯情结是什么呢？我说，酸甜苦辣，各种滋味都有，内涵很多，一时之间，甚至是更长的时间里，也都是难以说清楚的，但有一个元素我很笃定它存在其中，那就是我们的心里，永远也不会淡薄了的共产主义的理念和信仰。

也许，刘鸿儒的这种俄罗斯情结比别人更浓厚与强烈些，因为他是很幸运的一个，在这里享受到了比他人更为优厚的待遇，一到莫斯科，就进入了苏联的最高学府莫斯科大学，亲自聆听了毛主席的那具有世界指导意义的格言警语，而且几乎是零距离地与毛主席接触。而在求取学问方面，受到了货币信用学科最顶尖级的学者阿特拉斯的耳提面命和一字一句的指导。与别人更为不同的是，他还能在异国求学期间与自己的女朋友、未来的妻子共同厮守着那永远令人难忘的五十年代的小时光。20 世纪末，苏联曾经推出一部优秀的卫国战争影片《战争浪漫曲》，它虽然没有一句台词讲到战争，但它对于那场决定人类命运的神圣卫国战争，却凝结着人间最深厚的永远不会淡薄下去的感情。

在刘鸿儒的莫斯科浪漫曲里，背景里总回响着一种旋律，那是战争过后不久的苏联人对人世间的最为美好的感情的依恋，一种渡尽劫波之后的纯粹的真挚。

他的莫斯科浪漫曲中的最后一幕，是他与她在车站月台上的送别。1958 年 9 月，王志玲结束了在莫斯科国立经济学院的五年学业，怀里揣着经济学学士的毕业文凭，返程回国。刘鸿儒和许多同学都到雅罗斯拉夫斯基车站

1958 年 9 月，王志玲（中间者）毕业回国，同学们到火车站送行。

（也就是北方车站，是专门开往西伯利亚、远东与中国方面去的车站）送行。一般来说，毕业回国的同学一踏进这个车站，心情都是很复杂的，既有着强烈的向往回归到自己祖国的怀抱，早一天把自己在这里所学到的知识和技能报效给祖国；却又难舍难离在这里度过了的四五年最为美好的青春，难以告别同苏联人民所结下的深厚友情，同中国留学生之间的情感羁绊，可谓五味杂陈。而对于王志玲来说，也许她此时此刻的这两种二律背反的感情冲动，较之其他的人更为强烈，又藏之讳莫如深，难以述说，这大概就是古人所云的"剪不断，理还乱"的思绪吧。

你别看她在站台上与刘鸿儒最后合影时，满面笑容，但她内心里缠绕和起伏着的归国之兴奋和留恋之愁绪，都精致地刻画在她照片里的笑靥中。

第五章

人民公社社长

莫斯科——北京；莫斯科——北京，

前进，前进，向前进！两国人民在前进，

为着诚实的劳动，为着持久的和平，

也为着自由和光荣……

刘鸿儒于 1959 年 9 月，也就是王志玲回国之后的第二年，乘坐七天七夜的火车，在《莫斯科——北京》的歌声中，由莫斯科返回北京。这是当时广为流行的一首歌曲，苏联人和中国人都喜欢唱，列车的车厢里不断反复播放着这首歌曲，特别是列车刚刚从莫斯科开动的时候和将要到北京的那一时刻。

在这漫长的七天七夜里，他不再感觉到寂寥，因为这时他已经熟练地掌握了俄罗斯语言，可以随意地同车厢里的苏联旅伴聊天，远远不是来时的那样拘谨和生疏。他也不再为那万古苍凉的西伯利亚而感到惊心动魄，默念着天地之悠悠了。此中缘由是，他曾为着撰写副博士论文收集有关材料，已于去年回国一次了，对于那无边无际的原始森林已经产生深厚的感情了，此时的他与窗外的风景，有着一种默契的沟通。

我国是自 19 世纪 70 年代开始公派留学生的。依据著名历史学家、中国人民大学教授戴逸的计算，如果从容闳率领 120 名幼童于 1872 年去美国留学那时算起，20 世纪五六十年代我国派出几万名留苏学生已是我国留学史的第五代了（也有人说是第六代）。在这几代留学生中，唯有这第五代留学生没有一个人留在国外不归，没有一人在毕业后不返归祖国报效出力。而这第五代留学生的人数，也大大超过以往几代留学生人数的总和。虽然有不少人归来后遭遇了一些不公正的待遇，在历次政治运动中被当成了斗争对象，有的被打成了右派分子、右倾机会主义分子，有的被打成反动学术权威、苏修特务等，在政治上、生活上蒙受许多冤屈与苦难，但他们对祖国的忠诚与热爱始终不变，赤子之心一往如初。依我的浮浅所见，除了当时特定的历史、地理条件和严格的选拔制度之外，更重要的是，他们都是在祖国刚刚升起黎明的曙光之时被派送出国的，是在亲眼看到、亲身感受到祖国正充满着无限生机和美好未来的时刻派送出去的，或许还曾亲耳聆听到毛主席言之谆谆的"希望寄托在你们身上"的教导。他们那种对于祖国的依恋和万分忠诚的感情，就如同磁针永远不改其指向一般。青山不改，绿水长流，这种感情是印在心底里的永远铭刻。刘鸿儒就是这磁针永不改向的众人之中的一个，而且是很卓越的一个。

他回国后，原本打算还是回到东北人民大学（这时已经改为吉林大学）去教书，继续做他的经济系副主任；但是，由于他在前一年曾有很长一段时间在中国人民银行里面搜集资料，他研究问题的思路和方法给那里的人们留下了良好的印象，特别是他翻译的阿特拉斯教授的几篇文章登载在中国人民银行的主要刊物《金融研究》上，获得了很好的反响；所以，他还在回国的途中时，人民银行便派人去到国务院专家局多次交涉，由此也决定了他今后一生将要走上的道路——到人民银行金融研究所里去工作，走到金融业理论与实践相结合的顶层平台上。

既然一切都这么决定下来了，那就勇敢地走进去吧！而且从某种意义上来说，他也是很喜欢这个工作岗位的。"我很喜欢，觉得有机会在实际的工作中锻炼，理论用于实际，对自己成长很有好处。"这是几十年后他已从金融战线上退下来之后，忆起当年之时所说的一段话。不过平心静气地说，他心中的另一个自己仍然还系念着大学的三尺讲台，他自信，如果在过去已很熟悉的大学里教书育人，研究学问，结合他在苏联几年里的所见所学，特别是阿特拉斯教授的言传身教，在几年之后使自己成为一名货币银行学领域里的知名专家应该不是什么问题。

不过，此时他已经走到中国金融战线上了。只是，他来到中国人民银行总行的时机并不太好，此时正是抓阶级斗争的热烈时期，他虽然是揣着一肚子学问，想要结合中国的实际，好好地研究中国的货币与信用问题，但在现实中需要的却是另一种学问，是"突出政治"的学问。当时国内的口号是"阶级斗争要天天讲，月月讲，年年讲"，而具体到中国人民银行总行，更是要翻番加倍地讲，要比在别的机关单位里讲得更多，乃至于拿一天全部的时间去讲。当时国内每隔两三年便是一次政治运动，而在人民银行这个特殊的环境中，凭空地又加上了个所谓的"三大案件"（实际上就是整人的案件，整革命领导干部的案件）穿插于那二三年的空闲之间。这样一来，在我们金融战线的最上层机构里，几乎是每年一次政治运动。

满怀热情的刘鸿儒就是在这样一个环境中做了一年的金融研究工作。而且，在当时的那种政治氛围下，在大力破除一切束缚"大跃进"的规章制度的声浪中，人民银行在新中国成立后十年来花了大力气所建立起来的各项规章制度自然也未能幸免。"大跃进"以前学习苏联模式建立起来的货币信用体系被视作洋教条，在那热浪滚滚的时代，自然的都处于大刀阔斧的破除之列，而作为旅苏留学生的刘鸿儒，虽然怀揣许多货币信用理论，手里还拿着副博士的学位证书，但并不受人重视，这也完全是情理之中的事了。正像他后来回忆此事时所说的那样，"反而认为吃过洋面包的只懂得'洋教条'，不了解中国实情，因此都在另眼看待"。所谓另眼看待的结果就是，进入人民银行刚到一年，就被下放到农村了。

莎士比亚说过，"在命运的颠沛中，最容易看出一个人的气节。"在那一代年轻人的心中，都有着一种今人好像不大容易理解的忠诚，在生活中不管是逢到怎样的逆境，都会毫不犹豫地从正面去理解、去接受，不做任何他念，不管国家叫他们做什么，都会毫不犹豫地去做，而且还会虔心地问自己，在这样的情况下，你还能够为国家做什么？刘鸿儒也正是如此，他自从投身革命队伍，一直都是这么想的，都是这么做的。他想的最多的是，我们这个在革命中浴火重生的国家，已经为自己做了许多许多，使他由一个在日本鬼子鞭挞下的童工，变成为一个留洋学生，还拿到了副博士的学位（当时，国务院已经正式下了通知，苏联的副博士在中国认定为博士学位）。

正是基于这样的坚定信念，他在1960年冬，作为人民银行总行抽出的十名干部，满怀热情地下放到上海郊县去做整风整社工作，并且是这十个人队伍的带队。组织上表示，这批干部今后要长期地留在基层里工作，不再返回北京原机关单位，而只有刘鸿儒是个例外，他是内定为返回的干部，俟下面的工作进展情况和实际的工作需要，会对他再做具体的安排。为什么他能够享受到这一特殊的待遇呢？一方面，他是国家花费大力气才培养出来的专业人才，总有一天，银行工作必将会有这方面的人才需求的；另一方面，刘鸿儒作为具有这方面专业知识的人才，再加上他在基层锻炼的实际经验，归来之后定然会把银行工作做得更好，更能成为他日银行工作上所急需的干部。也许，这正是一道很容易解开的代数方程式，远不像哥德巴赫猜想那样难以破解。

1960年11月，他们一行十人来到了上海郊区南汇县，刘鸿儒被分配到惠南公社任社长，相当于现在的乡镇长职务。原来，上海市委本要安排他做副县长的，是他坚持要到基层里去锻炼，于是就把那副县长的职务给推掉了。

南汇是上海十个郊县中最僻远的一个县份，坐落在浦东的东南角临近海滨的地方。当他到达惠南公社时，天气已近寒冬，暮色苍茫下，远近是一片已经收割过的田野，显得格外枯黄憔悴，没有生气。周围纵横交错的沟渠与河道，分割着那些枯瘦的田野，沿着这些沟渠与河道，疏密不等地散落着一

1960年，刘鸿儒下放农村前到照相馆摄影留念。

些茅屋泥墙的房舍与村落。这时，他心底里不由地响起了一个悠怅的声音。今后，不管你是愿意或者是不愿意，都要在这里度过一段相当漫长的岁月。

那么，他们这些由北京下放到最基层人民公社的干部，具体地是干什么的呢？发展生产吗？不是。要知道，生产在那个时候，已经被排到很次要的地位上去了。因为，在那大跃进的声浪中，人民公社化的推进愈行愈疾，渐渐如脱缰野马。1953 年开办起来的初级社还只是"星星之火"，未有燎原之势。这是因为当时生产力的水平还跟不上去，而合作化的进展必须有相应的农业机械化作配合，这是《联共党史》教科书里明明白白地写着的。可我们的当时，正如时任国务院副总理邓子恢所说，农村里基本上靠的还是"两个肩膀，一个屁股"，意思就是说，当时农村里的生产力水平，还是靠人的两个肩膀去挑去扛，肥田，基本上还是靠农家肥。可就是在这样的一个生产力发展水平上，1956 年却在全国全面铺开高级社，邓子恢本人也被视作"小脚女人"的典型，被从主管农业合作化的位子上撤下来了。可是谁又会想到，这些个像河北王国藩那样只凭着三条驴腿就办起来的所谓高级社，也只是办了两年，便再次"换代"了。1958 年 8 月召开的中央北戴河会议上通过了《中共中央关于在农村建立人民公社的决议》，指出人民公社将是建成社会主义和逐步向共产主义过渡的最好的组织形式，它将发展成为未来共产主义社会的基层单位。于是，人民公社便成了"三面红旗"中最重要的一面，呼啦啦地铺展到了全国各地，借助于"大跃进"的东风，用"一天等于二十年"的速度猛劲地拔高农村集体的公有化程度。"一大二公"，已经到了家家户户的锅台上和屋檐下。公社的"一平二调"拿走了农民家里最后一点压箱底的财产，有的砸烂了饭锅，收去了做饭的锅铲与铁勺，都扔到了大炼钢铁的小高炉里，还发动村民都去集体食堂吃饭。这样大跃进式的公有化，其后果是不问可知，它严重地破坏了与这种生产关系必须要相适应的生产力。这两年里，农业连年减产，同时，屋漏偏逢连阴雨，又赶上了三年的严重自然灾害，全国人民，老老少少都处于饿肚子的状态之中。党中央很快发现了这种状况，于是就在刘鸿儒下基层的前夕，发出了《关于农村人民公社当前政策问题的紧急指示信》，要求各地下大力气整风整社，坚决刹住和彻底扫除"共产风"、浮夸风、强迫命令、生产瞎指挥和干部特殊化的"五风"。刘鸿儒等人下来的主要任务，就是来贯彻这整风整社精神的。当时，上海市委书记、据说是中国共产党之中唯一一个见到过列宁的柯庆施同志，亲自挂帅来领导这次整风整社工作，许多的具体政策措施都由上海市委直接下达，他们这些派下来的干部，只要认真地贯彻落实就行了，因此工作起来倒也没有多大难处。而问题是，那"共产风"和浮夸风的危害，实在是太严重了，所留下来的后遗症，非一个政策和一道命令就可以更正过来的，也不是派来几个下放干部就能补救得了的。

就先说说那个大炼钢铁吧！在 1958 年秋冬两季里，上级的要求是村村点火、社社冒烟，即使是在三秋大忙之际，农民也要放下地里早已成熟得往地下掉粒的庄稼不去收割，不去晾晒，必须没昼没夜地去抢修小高炉，去大炼钢铁。结果闹得是丰产不丰收，眼看到手的粮食糟蹋了，以至于后来大家都挨饿吃不上饭。可以想象得到，在南汇这样的平原地区，哪有木柴去炼钢炼铁呀，更不要说是什么"大炼"了？于是，公社里派下来的人便把路边上和田头上的树统统地砍伐光了。砍了这些树木仍不够用，大小队的干部就强迫命令农民将箱子柜子拆了，甚至连门板都卸下来烧了。没有铁矿石，就将农户家里做饭的铁锅、铲勺——反正现在人们都在集体食堂吃饭了，家里就不用生火做饭了，甚至门锁上的钉锔儿，都扔进小高炉里了。这样大轰大嗡的结果，虽然是村村点火、社社冒烟，热闹了一时，但那些小高炉里炼出来的没有一处是真正的钢，大多数都是废铁疙瘩，有的地方甚至连铁疙瘩也没炼出来，而是一堆净是马蜂窝状的"铁豆腐渣"。

当时，我国最有名的经济学家、时任中科院经济研究所所长的孙冶方，也回到他的故乡江苏无锡一带做社会调查。他走到跟南汇的地理条件完全一样的苏南平原，放眼望去发现到处都在这样不顾一切地大炼钢铁，不禁大吃一惊地问："你们这是为了啥？"那些社队干部自豪地说："大炼钢铁呀！"孙冶方说："有价值吗？"社队干部听了一愣神："什么价值？"当他们弄懂了什么是政治经济学意义上的"价值"时，便理直气壮地说："我们追求的不是价值，而是钢铁，也即是你们所说的使用价值。我们只要有了钢铁，就完成大跃进的任务了。什么价值不价值，我们才不在乎呢!"

刘鸿儒这次下来整风整社，就是要按照政策偿还从农民家里强征硬调过去的铁锅、门板的损失价值。按照他在苏联学到的政治经济学原理，价值的补偿应当是遵循等价原则的，十元钱的门板就要偿还人家十元，百元的铁锅就要偿还人家百元。可是当时，国家哪里拿得出那许多的钱来，无可奈何之下，只好给农民打白条子。很多农民赌气地说:"白条子顶个屁!"是呀，白条子不是货币，它不能像货币那样，可以随时随地地转化成各种商品，农民的家里便依然是没有铁锅做饭，没有门板挡风。看起来，这落实政策也真不是一件容易的事，不是说落实就能给落实下来的!

刘鸿儒来到南汇的时候，这里还在"吃大食堂"，这就是一度被称为"伟大的创举"的集体食堂制。刘鸿儒知道"伟大的创举"一词是列宁称赞喀山星期六义务劳动日的，同吃集体食堂根本挨不上什么号儿。当时上海市委指示，把取消不取消食堂这件事交给农民自己去讨论决定。农民说要取消，最后的责任自然还在农民身上，绝不落下什么话把儿在别人手里。政治斗争是千变万化的，谁知道将来的风头是往哪个方向刮呢。

这个指示，叫刘鸿儒这个最基层的干部很难办。开始时他想得很简单，不用问，只要看着人们因吃不饱肚子而个个面带菜色，就知道吃大食堂是个什么滋味了。他想，只要跟农民一讨论，大家还不立马举起双手，异口同声地赞成取消这个"伟大的创举"嘛!可真的下去做起来，却发现并没有那么简单，他一连去到好几个村子让大家去讨论，农民却都抱着脑袋蹲坐在那里一言不发。有几个想要说话的，看看周围的人都耷拉着脑袋，也就跟着不吱声了。无论他怎么去启发引导，人们就是不说话。逼得他不得不把这种讨论会停了下来。

原来，这几年里人们因为吃集体食堂之事已经吃尽了苦头，受尽了打击。原有几个心直口快的人，见到此事行不通，就直言不讳地说了出来。中国离吃饭不要钱的富裕程度，还远着呢!靠着吃集体食堂而跑步进入共产主义，那是在开玩笑，这一方面浪费了大量的粮食，另一方面是人们又都吃不饱。道理都知道，但如果有谁把意见一说出来，甚至是还没等人把话说完，这人就被拉出去当作一面"白旗"加以批斗。几次"白旗"一插，如今叫人们来讨论食堂之事，谁还敢出来发言呢？

刘鸿儒开了几场哑巴会之后，知道再这么开下去是什么结果也不会有的。于是他便虚心地去请教于人，有人为他出主意说："你不妨换一个方式来讨论这个问题。下次再开会时，你就先表个态，或者就直截了当地宣布公社的决定，这时大家心里有了底，再让大家讨论，便不会再开哑巴会了。"他照着这个方法去做，一开会就先宣布公社的决定，大家立时便欢腾雀跃，争先恐后地发言，一致同意把这个害人不浅的"伟大的创举"去掉。

再说那瞎指挥和强迫命令风，其后果也够严重的了。有一次，他冒着小雨同一个生产队长走在水稻田的田埂上，看到地里的秧苗长得清瘦，没有一点喷油吐绿的旺盛劲儿，便不禁发问："人人都说江南是鱼米之乡，稻子在这里长得是格外的好。可是眼前的秧苗，长得竟是这么个无精打采的样子。"队长听了叹口气说："那都是过去的事儿了。本来我们这里，长期实行的都是麦稻轮耕制，麦子收下来后，再插秧种稻子。可是'大跃进'以来，上头的人说这样耕作产量低，为着争高产，多打粮食夺红旗，便强迫人们改种双季稻和三季稻，心想三造下来怎么也会比你那两造收得多吧？可是他们不知道，这样一改，肥水和劳力都跟不上去，三造的粮食倒比两造的总量还要低，而且这样强行下去，土地是越种越薄，好好的稻田就种成这个样子了。"

"你不好不种三造，再改回你那麦稻轮作吗？"他望着队长的脸问。可是队长马上把脸转过去，丧气地说："我有那个权力吗？"

"你没有，谁有？你是生产队长，你知道该种啥，怎么种才更为有利。"他更为好奇地问。

"我有权力？你问问大队长去，看他怎么说。恐怕他也会跟我一样摊开两只手说：我也没有这个权力要种什么和怎么种，都是由公社下达命令的。"

调访归来之后，他又找到了前任公社社长，问他干吗把农民要种什么的权力都给征调上来了。可是，前任社长也一脸苦笑地说："我也是身不由己呀！种什么和怎么种，都得听县里的。"

刘鸿儒不由得打了一个激灵。原本自己打算就此改变那瞎指挥与强迫命令的做法，可是现在他明白了，虽然自己现在就是社长，这也不是那么简单，由自己下定了一个决心就行得了的事儿。

事情要比原来想象的要复杂得多，也艰难得多！而且，问题还不仅限于这几个方面。

有一次，他们接到市委的通知，要各公社的干部都到上海去参观一下那里的早市。上海的早市，一向是以南北杂货丰盈、花色品种俱全而闻名于国内的，而现在则也变得物产凋零、货物不全了，特别是当地的一些远近闻名的土特产，几乎是完全绝迹了。这不仅严重地影响到市民的生活，而且"有碍观瞻"，因为不管怎么说，国内外到上海这个著名都市来参观旅游的人总是少不了的。他们这些公社干部参观过后，刘鸿儒就接到上级布置下来的任务，要他们下到村里一家一户地去动员农民多卖出些土特产等吃食物品，以供应上海早市。可是他走进几户农家屋子里，农民都是满脸寒酸、一腔苦楚地说："刘社长，我们实在是没有什么东西好卖的了。你瞧！"说着，他们打开咸菜缸盖子，差不多要流下眼泪地说，"这不，连仅仅的一点咸菜都拿出来卖了！"

刘鸿儒很能理解他们，因为他来后的这一段时间里，已经亲眼看到了自从公社宣布收回农民的自留地之后，农民确实是"一无所有"了。过去在高级社时期，虽然是处处靠集体，但家家户户都还留有一块或大或小的自留地，农民可以在自留地里种些瓜果蔬菜之类的东西，这些东西除了自用以弥补集体分配下来的不足之外，余下来的便可以拿到供销社里去卖给国家，以供应大上海的市场。大多数农民都揣有一颗爱国心，总是宁愿自己少吃些，少用些，而把更多的剩余，甚至根本不是什么剩余的东西，拿出去卖给国家。当时供销社的人下来收购鸡蛋时，都称作为"爱国蛋"！供销社员站在村头上大声呼喊："快来卖爱国蛋呀！"

现在，那小小一块自留地都收回去了，农民还能生产出什么东西呢？总不能将瓜菜都种在墙头上和锅台上吧！那些生蛋的鸡，因为没有粮食喂，早已都杀光了。没有鸡，还能从哪里抠出"爱国蛋"卖给国家呢？现在，虽然为落实政策已把自留地返回给农民了，但地里的东西，不是一天两日就能长出来的。

在春节期间，县里决定要为日子不好过的农民们办几件好事，让家家户户都能过上一个开心喜庆的大年：一是给每个新婚之家送去一张床和一个马桶。在南方，马桶是最为必备的生活用品，从前，富户人家嫁女儿时一定要陪送一个银箍铜锁的好马桶的，现在是一般的马桶都陪送不起了；二是给每户人家供应一点糖精，因为南方人炒菜总离不开糖，现在糖供应不上了，多少供应点糖精也可以聊以充数吧；三是给下海的渔民海户供应一瓶酒，海上的潮湿风寒总比陆地上要大些，喝些酒能暖身子！

可是就这一些寒酸至极的承诺，他这个由北京派下来的公社社长也还没有能够完全做到，有的地方还打了很大的折扣。他焦躁地搓着双手，唉，有什么法子呢？物资供应实在紧张，凭着空空的两只手，是弄不来那足够数量的白酒和糖精的。为此，他是愧疚了几天几夜，心里边都不自在，连在睡梦中都谴责自己的无能。

这种深深的无奈感还见诸于他与一起从北京下来的干部们的聚餐。说起那次聚餐，尽管在多少年后，他们也不会忘记的。那一天，他使尽了最大力气想好好地招待一下这些同来的干部，想尽量地把大家招待得丰盛一点。但是心劳力拙，他能够弄得来的仅仅是几块酱豆腐。于是大家就只好以白水当酒，就着那几块酱豆腐欢聚了半日。

在下放到公社的这将近两年的日子里，苦和累都还好说，自己年纪还轻，且从小就受苦受累惯了，都能承受得了，而最难熬的就是吃不饱肚子。他这个公社一级的干部，每个月里十有八九的日子是住在农民家里，晚饭一般都是喝粥，基本上吃不到干的，撒过两泡尿之后肚子里就空空荡荡了。饥饿的感觉是人生理上最难以抵御的痛感。

不过，有两次他也享受到了一点"特殊化待遇"。一天晚上，他同大队长商谈工作上的事情已经将及夜半，肚子里自然是早就咕咕地叫了，散会之后大队长把他叫住："刘社长，你别走，先坐下来在这儿等一等。"说过之后，他就拿了一个洗脸盆跳进附近的池塘里，没过一会儿，就从塘里捞上来满满一盆的毛蛤、蛏子、螺蛳等水产，放到锅里烧开水煮熟了，两个人美美地饱餐了一顿，虽然完全没有油盐酱醋等佐料，但那滋味好像远比北京的东来顺、萃华楼的味道还要鲜美。

北方人到南方来遭受到的另一种特殊苦难是寒冷。北方冬日天气虽然寒冷，但是屋子里面生火烧炕却很温暖。而南方正好相反，外面的温度虽比北方高些，但因为冬天里不生火，故而屋里屋外都是一样的潮湿阴冷。这样的生活北方人很难适应。晚上睡觉的时候，被窝里又凉又潮，光身贴在那湿冷的被子上很难受。于是开始时他总是穿衣睡觉的。谁知这样反倒受害，因为屋里不生火，透亮的窗户不时有夜风吹袭进来，那被子是抵挡不住的，于是乎便是越睡越冷，半夜里常常被冻醒。后来当地人告诉他，一定要脱了衣服钻进被窝睡觉，这样开头虽然不好受，但靠着人的体温将被子里的潮气烘干，那就越睡越热乎了。

这个秘诀虽然很容易就学到了，但是秋冬的夜晚有时仍然难捱。因为晚上临睡前喝的是大碗的稀粥，夜里便要经常起来解手，农家的房子屋里自然是没有卫生间的，自家人起夜都上马桶。公社干部下来住宿，自然不好去上人家的马桶（因为马桶间和主人卧室往往只隔一个布帘）。无奈，只得忍着外面的凉风走到茅房去。回来后，不仅自己身上冷透了，温暖的被窝也凉了下来。这样，又得重新靠人体的温度去把它烘暖烤干，可是，等你把被窝烘暖后，第二泡尿又憋上来了，还得再去重复第二次"苦难历程"。一宿之间，不知要经受几次这种辛苦。

他就是这样在惠南公社待了两年，经历了生理上的和心理上的诸多的磨炼。在静下心来思考的时候，在努力解决那些遗留的棘手问题的时候，心里头便会不由自主地想到一些愈发困惑自己的问题：为什么我们现实中的这一切，与往日里在书本上，特别是在苏联高校时所学的理论不一样，有些问题甚至是完全对不上号？例如，"大跃进"中的大炼钢铁运动，完全不顾有无效益和价值，不管用尽多少门板和铁锅等完全不顶用的原料，生产出来的钢连铁疙瘩都不如，但还是不顾一切地生产，经济学家所一再强调的价值呢？价值规律是社会主义社会里一条很重要的经济规律，苏联教授在讲到经济规律时，总是表情严肃，十分认真地说："经济规律是客观存在的，人们的经济活动只能遵循这些规律，而绝对不能违背它。"可是国内的现实呢？却是完全抛弃掉它，不予理睬它，当然也就是违背了它。

公社化运动又何尝不是这样呢？本来在经济学上讲的是生产关系要与生产力的发展相适应，离开生产力的发展而奢谈生产关系的改进和提升，只能是空想的社会主义。从新中国成立到1958年"大跃进"，时间上虽然是刚过九年，但建设上连一个五年计划都还没有来得及完成，却在生产关系上，特别是在农村的生产资料所有制上，接连地升了三级，从初级社跑步进入人民公社。这里边能有什么"相适应"可言？

他不能理解这一切，无法理解他亲身所历、亲眼所见的这一切。然而现实终究是现实，现实就是强硬的道理。怎么看待现实发生的一切，他不得不去深思，这就逼得他回过头去想一想那些他所学过的理论。那些理论，毕竟都是些书本上的东西，都是教授们讲的。而那些苏联教授们之所以这么讲，也许只是苏联的经验，未必就符合中国的国情。这么一想，刘鸿儒感悟到，理论必须结合中国实际才有生命力，但如何结合，却是一门大学问；当然，如果走向另一个极端，否定理论指引，违反客观规律，也势必会造成难以承受的严重后果。看起来，这一趟南汇之行，也许并没有白来，这两年来受的磨难也许是完全值得的。因为，他在南汇学到了一本"实际经济学"，也可以叫作"实践经济学"，而毛主席是最讲究"实践"二字的，他的《实践论》对此说得有多么深刻呀！

后来他才得知，就在这个时候毛主席还在十分认真地精读苏联《政治经济学教科书·社会主义部分》第三版，而且发动全党的同志都来认真学习。饶有趣味的是，毛主席在精读此书时批注了一段话，"如将书中的我国写成中国，读起来就更有趣味。"当时，根据毛主席的号召，刘少奇同志也找了个僻静地方，认真地研读起这部教科书来，而且还找来许多当时最为著名的经济学家，例如薛暮桥、孙冶方等人过来伴读，大家一边读一边议论。刘少奇同志对这一本书总的评价是："《教科书》是一本好书，但有缺点，苏联的同志往往根据自己的经验去看别的国家的经验，这一点我们应当警惕。把自己的经验看作普遍真理，把别人的经验看作特殊情况，这样的看法是很片面的。"

刘鸿儒在苏联时也读过《政治经济学教科书·社会主义部分》这本书，不过不是第三版，而是第一版和第二版，那时候第三版还没有出来，但他今天读这本"实践经济学"，则完全不同了，他是全身心投入读的，是在磕磕碰碰、跌跌撞撞中读过的，读得比以往坐在书房里的任何时候都深刻，感悟得都到位，他知道这本"实践经济学"才是最为有用的学问。

他的这一番感悟对他日后政治上的成熟，实际工作能力的增长，都是至关重要的，他后来之所以能够很快地成长为国家高级干部，为改革开放，特别是中国金融体制改革所作出的那许多贡献，都是与他在这两年来的最基层单位中的实践有关，都与反复研究和深刻领会这"实践经济学"的要领有关。他在晚年回首经济改革所走过的那一段惊险万状的路途时，深有体会地说："每一项政策具体到要不要改，怎么改，什么时候改，都要考虑政治条件和政治需要……我们这些改革试验的探路人，必须学会政治经济学。""要记住，我们的政治经济学，首先是政治，然后才是经济。"

他对"政治经济学"体会得那么透，就是因为他当年在惠南公社这个实践大学校里深读了"实践经济学"，知道"政治经济学"在中国是有中国读法的，完全不同于苏联，也不同于世界其他各国。在我们这里，总是把"政治"二字作为重点来读，重点自始至终都放在"政治"二字上，而国际上一般意义上的政治经济学，则不是这么个读法。

世界上最早使用"政治经济学"这一术语的，是法国的重商主义者安·德·孟克列钦，他在1615年发表了一本名为《献给国王和皇太后的政治经济学》的书；接着又在1755年，法国启蒙思想家卢梭在《大百科全书》中登出了一篇题名为《政治经济学》的论文。当然，接下来还有许多名家的许多名著。自此之后，"政治经济学"这一学术概念便在西方各国普遍地使用开了。不过，在他们那里，所有的政治一词都是源自于希腊文，是社会的或百科综合的含义，所谓的政治经济学，即是研究社会各行各业经济的综合科学。古典经济学集大成者亚当·斯密在1776年写成的《关于国民财富的性质和原因的研究》（严复在译成中文时给改名为《国富论》）中便明确地指出过，政治经济学就是关于国民财富的性质和原因的全面与综合的研究。他的继承人大卫·李嘉图将他在经济学各领域中所研究的成果，统统地都编入他的《政治经济学及赋税原理》一书之中。由此便可知，这个"政治经济学"是个什么含义了。而到 19 世纪中叶之后，许多经济学家觉得"政治经济学"这一说法太啰唆，经济学各领域里问题的研究，自然都是社会性的、综合性的，用不着那"政治"二字，于是自此之后的现代经济学家，又都只称为"经济学"，而不在于其前边再加"政治"二字了。

当然，这些溯源故事与现实的中国的政治经济学无关，更与刘鸿儒读懂了的那本"实践经济学"无关。当下最重要的是，他基于两年的基层经验，在那样一个严峻的现实考验中领悟到了这一番深刻的道理。所以说这一段人生经历，也是他最值得珍惜、永远难以忘记的。

1962 年 3 月，他从上海南汇县回到北京，妻子王志玲带着孩子去到新建的北京火车站迎接他。这时，儿子刘立已经三四岁了，他看到风尘仆仆的父亲从火车上下来，立时腾腾腾地奔上前去抱住了父亲的大腿，亲切地喊了一

1960 年夏天，全家在颐和园。左一为母亲付翠珍，左二为父亲刘贵，左三为刘鸿儒，左四为妻子王志玲，怀里抱着大儿子刘立（一岁半），前排为妹妹刘香兰（11 岁）。

声"爸爸"！回到家之后他看到，妻子对家里的老人孩子照看得样样都很好，一个人独立支撑起了这个在那艰难岁月里的家，他心中十分地感动，也很感激，心想，多亏有这样一位好妻子，才使得他在这两年来解除掉一切后顾之忧，在实践的大学里安心地锻炼。

第六章

复 归

刘鸿儒于 1962 年 3 月又重新返回到已经作别将近两年的金融战线，从沟渠纵横的江南农村复归到北京西交民巷的银行大楼里来。对于这一去不返和转眼逝去的流年，他该感叹什么呢？也许正应了人们常说的那两句话：匆匆易逝者，岁月；苦苦奋斗者，人生。

在这将近两年的时间里，他亲自经历目睹了盲目"大跃进"给广大农村所带来的损失，但他还不知道，在这一段时间里，金融战线，也在遭受着这场运动的冲击，其受到的灾害与损伤一点也不轻于农业经济。

金融业遭受的政治龙卷风主要来自三个方面。首先，便是由陈伯达、康生、张春桥等人鼓吹起来的"货币无用论"，其极力主张要取消货币或限制货币的作用，将货币连同资本主义的一切垃圾朽物与污泥浊水一起，统统扫地出门。他们在理论上宣传说，用"劳动券"和"记账传票"等物就完全可以替代货币了。1959 年的一天，曾经主持与领导过我国人民币创建工作的董必武老人，想不到也亲自遇到了这样一场要取消人民币的闹剧。那一天，他与贺龙、罗荣桓等几位中央领导一同去到湖南湘潭地区视察。走访到一家工厂时，正赶上厂里的文艺宣传队在演出节目，工厂领导就请董老他们去观看。宣传队演出的是一个小剧，名字叫《扫钱出门》。剧情大意是：一个少先队员在回家的路上，遇到了一个身穿绣着金线大黑袍的名字叫作"钱"的人。这个家伙对少先队员说，他有很大的本事，只要有了他什么事都能办到，他劝这个小学生把他带回家去。小学生听信了他的话，就把他领回家去了。妈妈听信了"钱"的话，就把他收留下来。到了晚上，爸爸、哥哥和姐姐下班回来，见到家里坐着这位老"钱"，认准他不是一个好东西，便要将他赶出去。可是小学生和妈妈不同意，一定要把老"钱"留下来。后来经过一番激烈的争论，爸爸、哥哥、姐姐他们说出许多大道理，揭穿了这个害人精老"钱"的鬼画皮，让小学生和妈妈看到了真相，于是一家五口人同心合力、携手并肩地拿起大扫帚，将那个老"钱"扫出了家门。

散戏后，董老便问那个工厂厂长说："为什么要把钱扫出门去呢?"厂长说："钱是资本主义的东西，不能留它。"董老又问："那你们厂里发工资用不用钱? 买原材料用不用钱?"厂长不语，董老笑说，"可见，钱在现阶段还是不能扫地出门去的!"

厂长没有回答，实际上他也无法回答。可是，像厂长这样受到陈伯达等人蛊惑而狂热起来的人们，绝不是一两个，也绝不仅限于基层单位。在极"左"思潮笼罩下，很多人都在头脑发胀发热，即使不像那位厂长那样要将货币扫地出门，但也总是想尽量地限制货币的作用，从而忽视了货币和货币流通在国民经济建设中的地位，从而也就破坏了货币发行、流通与流转的正常秩序。

当时，我国的经济还正沿着苏联模式的计划管理体制运行，特别地强调货币的监督作用。人民银行是主管货币发行与现金管理的单位，负责组织正常的、有规律的货币流通和以货币形式进行的存款与放款活动。而到了此时，一些刚性的计划指标却都变成了"软豆腐"，甚至是一堆豆腐渣! 这使得银行的正常秩序乱了套，使银行的货币流通与信用遭受到了很大的灾难。

首先的表现是，一些地方银行毫无阻挡地随意发放贷款。本来银行贷款是有原则的，这个原则之中最重要的一条，就是物资保证性。意思就是说，工厂生产出多少适销商品，银行才可以按其数量给你发放多少贷款，贷款不是随意地、无限制地发放，不是谁愿意借多少都能敞开给你供应多少。但到了此时，受极"左"思潮的影响，银行的做法改变为"商业上收购多少物资，银行就供应多少资金; 在哪里收购，就在哪里供应; 什么时候收购，就什么时候供应"。过去银行提出的什么贷款三原则、四原则的话，统统被称为"大跃进的绊脚石"，被人们一脚给蹬开了，就像那位厂长要把钱给扫地出门一样。其结果是，大炼钢铁中所炼出来的什么用处都没有的铁疙瘩，也要银行给予贷款支持，甚至连浮夸风中那些"指山卖磨""指水卖鱼"的商品，也要如数地给予贷款。这显然是非常荒谬可笑的。在 1958 年"大跃进"最为高潮的那一年，银行共发放了 184 亿元的贷款，而企业的物资库存只增加了 100 亿元。年底清理商业资金时才发现，完全没有一点物资保证的贷款（哪怕是豆腐渣似的铁疙瘩也没有）竟然多达 84 亿元，占全部贷款总额的 45.6%。当时还曾发动大家去找那不见影子的 84 亿元贷款，将这一清查称为"捉鬼"。可这鬼是怎么清查也清查不到的。你即使将那惯会捉鬼的钟馗请来，他也是束手无策的，因为，这鬼是个"无影鬼"，你叫人们到哪里去把它捉回来？

运动龙卷风危害的第二个方面是，它严重地破坏了银行的组织机构和规章制度。当时，人们喊得最为响亮的口号，便是要"大破大立"，并以"相信群众"和"填平与群众之间的鸿沟"为由，大力地拆柜台、并机构，有的地方甚至搞所谓"无人看管储蓄和无人换零头"的柜台。其结果怎么样，自然是可想而知的了。原有的很多行之有效的规章制度都打乱了，甚或废止了，这造成了银行工作的一片混乱。跳出柜台的结果，便是无账无凭证；无人收储的结果，便是一片浮夸虚报。那个时候不管是储蓄还是存款，都可以大放"人造卫星"，什么"无贷乡"和"储蓄高产乡"等浮夸字号，比比皆是。有一个县，银行提出了最响亮的口号，要将上级行分配下来的储蓄任务猛增十倍，并在会上拍着胸脯说："不创造奇迹，不算好汉！"为着争创奇迹，便什么浮夸虚报的手段都采用了。山东平原县有一个银行营业所，将公社虚报的子虚乌有的粮食总产量和收购量，都转换成金额，一笔记上银行贷款，一笔记上银行存款，各为 20 万元。其实，账上连一万元也没有。

最后，这些浮夸作假的贷款和放卫星式的存款，必然会牵引出不受控制的货币放行，最终必然是招惹来通货膨胀的恶鬼。我们在清理无影贷款时提出要去抓鬼，自然是什么鬼也捉不到；而企业要多少贷款都不闻不问地发放，通货膨胀自然就难免了。据统计，从 1958 年至 1960 年这三年期间，人民银行共增发了票子 43 亿元，比第一个五年计划期间所发票子的总和还要多 18 亿元。虽然财政上总是说"收支平衡，略有结余"，但实际上却是连年赤字，赤字都用银行多发的票子给填补上去了。在这三年期间，财政赤字高达 169.4 亿元，而且是一年比一年多：1958 年为 21.8 亿元，1959 年就增为 65.7 亿元，1961 年高达 81.9 亿元。

现在到了 1962 年，这是个很重要的年份，不论是在刘鸿儒的个人成长的历史上，还是在我们共和国的发展历史上。在这一年里，刘鸿儒由农村人民公社回归到金融战线，而我们的国民经济也开始重新复归于有计划按比例高速发展的正常轨道上来。

1962 年 2 月 21 日，在中南海西楼召开的中央政治局常委扩大会议上，党中央作出了"调整、巩固、充实、提高"的八字方针，决定为纠正"大跃进"所带来的负面影响进行全面、大幅度的调整。后来，人们习惯地将这次会议称为"西楼会议"，具体负责这次经济调整工作的是陈云同志。他在这次会议上旗帜鲜明地提出，未来一段时间要把主要精力放到农业增产和制止通货膨胀方面来。后来，他又根据刘少奇同志的提议，于 2 月 26 日召开国务院各部党委、党组成员会议，并作了《目前财政经济的情况和克服困难的若干办法》的报告。他在这次讲话中明确地指出，我们当前财经方面最困难之处有五项，其中第三项是"钞票发得太多，通货膨胀"，第四项是"城市的钞票大量向乡村转移，一部分农民手里的钞票很多，投机倒把在发展"，第五项是"城市人民的生活下降"。这些困难，都与银行的工作有关。他对于克服五项严重困难提出了六点解决办法，其中的第三点是"要采取一切办法制止通货膨胀"；第六点是"计划机关的主要注意力，应该从工业、交通方面，转移到农业增产和制止通货膨胀方面来"。此时，人民银行已经成为万众瞩目的社会焦点，成为调整陷于严重困境之中的国民经济的一个中心环节。刘鸿儒也正是在这个时点重归金融战线，并且先在计划局，后在办公厅这两个综合部门的关键岗位上工作，获得了很好的锻炼。

为了贯彻这"调整、巩固、充实、提高"的八字方针，具体落实党中央财经小组组长陈云同志关于"克服困难的若干办法"的各项指示，银行必须首先提出一个如何尽快地消除通货膨胀和迅速恢复银行机构正常秩序的方案，上报给党中央和国务院以便批准发布各地遵照执行。为此，人民银行便将计划局和办公厅的骨干力量都组织起来，由几位行长亲自出面，逐条逐项地讨论研究这个方案的编写。整个团队不眠不休，几易其稿，不知磨秃了多少个笔头，终于完成初稿。后由人民银行以党组名义上报给国务院财贸办，又经财贸办的几番增删修改，终于在 1962 年 3 月 10 日，中共中央和国务院在此基础上发布了《关于切实加强银行工作的集中统一，严格控制货币发行的决定》（人们都简称为《银行工作六条》）。

中共中央和国务院在发布《银行工作六条》时作出明确指示："货币发行过多，部分物价上涨，商品严重不足，这是当前国民经济生活中十分突出的问题。……各级党委和人民委员会在大力增加生产、厉行节约，多方面解决人民吃、穿问题的同时，应当把足够的注意力，放在控制货币发行和稳定市场物价方面来。解决人民吃穿问题和票子过多问题，都是今后一定时期内党和政府面前头等重要的工作。"中央和国务院还强调指出："国家银行是国民经济各部门资金活动的中心和枢纽。抓紧银行这一环节，就可以有力地推动和监督各部门经济的调整和企业经营管理的改善。"

明显得很，这是党中央和国务院给了人民银行一柄"尚方宝剑"，使它可以切实有效、雷厉风行地发挥银行作为国民经济枢纽的职能作用。而探索这一些职能作用如何才能得到切实可行的发挥，是刘鸿儒多年来在国内外学习和研究的重心，现在正是他将理论联系实际，充分发挥所学所为的大好时机了。而在贯彻执行《银行工作六条》的过程中，他又由计划局调到办公厅综合处任副处长，后任处长，为行长办公做了不少文字上的工作。在调整和整顿的关键时刻，他有过多少个奋笔灯下的不眠之夜，那是可想而知的了。

"喂，小刘吗？你到我的办公室来一下！"在一个星期六临下班之前，行长胡立教打电话把他叫过去。他进屋时，胡行长正站起身来穿大衣准备走，便指着桌上一堆资料对他说，"你去梳理一下，写出一份报告来，任务很急，星期一就要用。不过，你可要注意劳逸结合呀！星期天一定要保证休息好！

星期一上班时交卷就行了。"这可真叫他哭笑不得，这样一份重要材料，星期天还要注意好好的休息，那让他在什么时间里写出来呢？

当然，他也知道这是行长的一片好心，注意关心下属干部，让大家注意劳逸结合，特别是在那个整个银行工作都十分紧张、食品供应也很紧张、很多人都患上了浮肿病的年代。

1992 年 11 月，江泽民总书记在上海出差期间接见了部分老同志。前排左三为胡立教同志（前任上海市委第二书记），他曾在经济调整时期于 1962 年开始担任人民银行行长，刘鸿儒（二排右一）在他身边协助工作多年。

胡立教行长是长征老干部，是多年前革命队伍里颇有点名气的"红小鬼"。长征期间，他是一方面军总部机要处的报务员，别看他当时只有十几岁，但却机灵聪明得很，与几位名声赫赫、传奇式的特工人员钱壮飞、曾希圣等人一起，接连破译出敌人无数套的密电码。在达到一百套时，朱德总司令还亲自给他们举行了一次庆功会。抗战期间，他在新四军军部工作，一直跟随陈毅军长转战于大江南北，辗转于硝烟炮火第一线。后来，他同陈老总一起进入大上海，所以直至 20 世纪 60 年代，他仍然常去陈老总家里下围棋。新中国成立后，胡立教担任中共中央华东局组织部部长职务。开始评定级别时，他虽然只有三十岁出头的年龄，但已同许多资历很深、地位很高的老同志一起，像井冈山时便担任银行行长的曹菊如等人那样，被评定为行政六级。1961 年冬，年越七旬的曹菊如行长因为年事已高、体弱多病而退居下来，中央决定调胡立教来担任代行长，两年后，中央下令正式任命他为行长。

1960 年春，人民银行行长曹菊如（左五）接待罗马尼亚国家银行行长鲍尔，在天安门前合影。曹菊如在井冈山时代创建了苏区银行，新中国成立后长期担任人民银行行长。刘鸿儒（左一）帮助做翻译工作。

当时银行已在客观上成为调整国民经济的枢纽部位，胡立教被急匆匆地调到这财经工作第一线上来，可见中央对于他的重视。通过多年来云谲波诡的战争烽火的考验，中央知道他的应变能力，所以才调他过来；当然，他也深知此次调任银行行长自己身上责任是如何地重大。胡行长有时也对包括刘鸿儒在内的工作人员说："少奇同志曾经严肃地告诉我说，党派你去当行长，就要你以党票作保证来严格把关、守口子，控制货币发行！"不言而喻，胡行长作为一个从革命战争的生死考验中走过来的老党员，深知这个"以党票作保证"的话其性质有多么重要，其责任有多么重大。因此，胡行长上任之后，便始终是兢兢业业，从严从紧，大刀阔斧，励精图治，想尽一切办法要把那"钞票发得太多，通货膨胀严重"的局面缓解和扭转过来，为此，还要经常下到各个省市、各个地方里去作调查研究，分析一些实际情况和解决一些实际问题。

胡行长每次下去的时候，都是由办公厅综合处副处长刘鸿儒来打前站，为他的调查研究工作做准备。刘鸿儒事前便需要把调查的对象找来，先梳理一下事情的来龙去脉，尽量地找出来和紧抓住问题的核心所在，准备好有关的一切材料，包括文字上的和数字上的。调查研究，是一门很大的学问，也是一项需要苦练的功夫。因此，要想在调查研究中发现问题、解决问题，就要在每一次调研中都做一个独立自立的铁匠，想怎样的敲打和锤炼，就怎样地去敲打和锤炼；而不要成为一个铁砧，完全地处于一个被人敲打和锤打的被动地位，有时候甚至会被锤打得一团慌乱，丢东落西，要发现的问题发现不了，要解决的问题解决不了。刘鸿儒当然明白这个道理，他每次打前站的工作都做得很细、很扎实，当然，这个过程也是很累的。

有一次，他和胡立教行长在无锡开完调研会之后，顺路又转到南京去调研，住在省委招待所里。招待所伙食有两档，里面一间设小灶，外面一间设大灶。小灶一天伙食费一元二角，大灶八角。有一天胡立教从里间吃完饭走出来，看到刘鸿儒和行长秘书桌子上摆的饭食稍差一些，他便好心地说："你们都到里面去吃吧，那里的伙食要好一些！"刘鸿儒一边感动于领导的好心关怀，一边哭笑不得地说："里面的伙食标准是一天一元二角，我一个十七级干部，每月工资不到百元，上有老人下有孩子，我把钱都花在吃小灶上，一家人还活不活？"胡立教听了不觉也有些不好意思，说："你看，我怎么没想到这一点！这都是因为我的生活条件优越，对于生活费用开支，一向不管不问的结果。我是行政六级，老婆是九级，没有老人也没有孩子，两个人把工资领回来往柜子里一放，就算完事，谁用谁拿，从不计数。"刘鸿儒听了之后忽然有所触动，说："这就是货币的监督作用了！看起来，取消货币是不行的，限制它的作用也是不行的！没有它的监督作用，不就是人们愿意干什么就干什么，愿意吃什么就吃什么吗？不用再分什么大灶小灶了。"

实际上，刘鸿儒的这种随机应变的智慧和辩才确实是很不寻常的，每逢这种情况都能够给人留下深刻的印象。1959 年春他回国实习，在人民银行总行金融研究所里搜集材料写毕业论文，有一天正赶上发工资，所里的人一听说发钱，都兴冲冲地跑到会计那里去。当时，"货币无用论"的风头正强劲，他见此状便笑着对大家说："现在你们还争论什么要不要取消货币呢？看大家领工资时的那个劲头儿，就知道货币是取消不了的！"

在调查研究中他们发现，当时在工农业生产所遭到的严重破坏不是一朝一夕能恢复的情况下，要想用增产的商品来回笼那些超发的货币，其作用是十分有限的。按照胡立教的说法，在当时，主要力量还应当放在收紧支出的口袋嘴儿上，要让各级银行尽量地加强现金管理，严格控制工资基金限额，商业上绝对不准再赊销和预付，工业上也不准再挪用信贷资金去作财政性支出。

一句话，当时的方针是：先收紧投放的口子，然后再不断扩大回笼的口子。由于在这一两年里，刘鸿儒一直跟随在行长身边做了些秘书性的工作，对情况的认识也比较深刻，所以，他在 20 世纪 80 年代里写《社会主义货币与银行问题》一书时，对于这段历史的回顾与总结便较之他人更为清晰和独到。我们仅摘其中的一小段来，便知深浅："要想收回货币来，使社会购买力同商品供应平衡，使流通中的货币量同商品流通的需要相适应，根本的办法是增加生产，增加商品供应。但是，要把生产搞上去，不是短时间内能够生效的。所以，为了尽快改变市场上票子过多的状况，在生产还没有完全恢复时，主要靠动员全党全民厉行精兵简政，增产节约，压缩开支，首先使'节流'发生作用。"① "开源"和"节流"，是一对互相依存、互为前提，而同时又是一对互相制约的矛盾。古人早就提出"开源节流"这一说法，但能在实际工

① 刘鸿儒. 社会主义货币与银行问题 [M]. 北京：中国财政经济出版社，1980：112、113.

作中辩证地把它们应用好，统筹地安排好它们的关系，不是人人都能胜任的，刘鸿儒从在胡立教身边工作的实际锻炼中，开始懂得了其中的分寸与奥秘。

除了胡立教之外，这一期间，刘鸿儒还受到一位副行长潜移默化的熏陶和教益，增长了实际工作的本领。这位副行长，就是当年在哈尔滨时常到东北行政学院去作报告的延安著名经济学家丁冬放。1948年底，中国人民银行甫一成立，丁冬放便到中国人民银行东北区行任副行长，后来升任为行长。1953年大区撤销后，他调到人民银行总行任工商信贷局局长、行长助理、副行长。1956年他主持召开全国信贷结算先进工作者会议，带领全体与会代表在中南海接受党和国家领导人接见时，毛主席一见到他的面，就笑着脱口而出他的名字"丁冬放"来，可见这位经济学家在中央领导人眼中的分量。

有一天，丁副行长打电话把刘鸿儒找过去，向他传达了党组会议精神之后，很兴奋地说："我们共同来起草这个报告吧！这可不是一份通常的报告，而是一份决定人民银行今后的命运、实际上也决定着我国经济建设命运的报告。"

原来，人民银行在国务院行政编制机构中的地位和级别，一直摇摇摆摆，不够明确。在新中国成立初期的政务院中，虽然将它与各部委和总署（如新闻总署和出版总署等）并列，统称为"行政院所属各部、委、署、行"；不过，位子虽然并列，但级别并不明确，而实际待遇还比其他部、委略显低些。当确定各级干部行政级别时，各部的正部长一般都定为四级，而人民银行行长南汉宸，虽是资格很老的职业革命家，早在延安时候就被任命为陕甘宁边区政府的财政厅长，可他还是被定为五级。1953年召开全国人民代表大会之后，政务院改名为国务院，各部、委、署、行的机构做了大量的调整，有的总署（如新闻总署、出版总署等）已经撤销或合并，人民银行虽仍然独立存在，但其地位与级别却益加滑落。而到了1958年"大跃进"之后，由于受到"货币无用论"等极"左"思潮的猛烈冲击，随着人民银行的许多基层机构被划走（如农村信用社被划归人民公社管辖）和职权范围被削弱（如原信贷管理权限由集中统一改为中央与地方分级管理，实行所谓"存款下放，计划包干，差额管理，统一调度"的管理办法，这时候，除了中央财政存款和中央企业贷款仍由人民银行总行管理之外，其余的存款和放款全部下放给地方管理。不仅如此，各省、市也将其信贷管理权限逐级下放给各地区与市，市再下放给县），这必然大大地降低人民银行在国务院行政编制机构中的地位与级别待遇。在很长一段时间里，人民银行在这个编制序列中只相当于一个副部级的直属局，而在实际工作中甚至比这还要低些。因此，它在国民经济中已经起不到什么监督与调节等职能作用了，只是各级政府的一个总会计与总出纳部门而已了。

这样一个级别与位子，显而易见，与党和国家赋予人民银行的在调整国民经济中的枢纽的重托和使命格格不入，也无法完成陈云同志提出的任务："银行要把钞票管理好，能不用的钱一定不用。要恢复银行严格管理现金的制度，严格的程度要超过第一个五年计划时期。"①

"鸿儒，名不正，言不顺呀！没有这个名分，我们的工作可真不好做呀！"为了写好这份吁请中央正式明确人民银行地位的报告，刘鸿儒协同丁副行长走访了许多地方，做了详细的调查研究。一路上，丁副行长总喜欢谈古论今，这是他的一个癖好。当下里，他便饶有兴味地问："鸿儒，你知道'名不正，言不顺'这句话是谁说的？"

"是孔子说的。"刘鸿儒回答说。丁冬放点了点头，随手点燃了一根烟（他嗜好吸烟，常常是一根接着一根），接着又说："对于我们个人来说，有没有这个名分都是一样，无论是什么级别待遇，不管是正部级也好，副部级也好，我们都会全心全意地去为党工作，全力地把调整国民经济的工作做好；但是要把中央的精神贯彻下去，把国务院关于整顿财政金融的规划推行下去，也就是说，把那些在'大跃进'中已被破坏了的规章制度和信用机构匡扶起来，按人民银行现在所处的位子和级别，实在难以做好，有些地方真是力不从心呀！因为你要发挥监督作用，而你的地位比别人低，你就不好对待，说实在的话，使不上劲呀！陈云同志说了，现在中央给你人民银行一把'尚方宝剑'，最近少奇同志也讲了类似的话，可那些被监督的单位，他们可是还要

① 陈云文选．（一九五六——一九八五）［M］．北京：人民出版社，1986：192、193.

看一看拿'尚方宝剑'者是个什么样身份地位的人。做一个不太恰当的比喻，从前皇帝授予某人'尚方宝剑'时，总是要同时给予他一个'钦差大臣'的称号。所以我说，孔老夫子那句话说得很透彻。其实除了孔子那句话之外，宋代的两位大文豪苏东坡和王安石也说得很精辟独到。王安石说：'询事考言，循名责实。'① 苏东坡说：'有名而无实，则其名不行；有实而无名，则其实不长。'② 坡仙到底是个仙，他的话说得就是深刻，就是全面。有名无实不行，有实无名也不行。他的这个'长'字，不仅代表一个时间的持久，也表示空间的广度。你没有个名分而行其事，就是难以持久，同时难以把事情拓展得开。现在中央急令人民银行要把钞票管理好，要求人民银行尽快地把通货膨胀那个恶鬼揪住，或者如同我们业内之人常所说的'狼来了'（我们日常里讨论如何防止通货膨胀时，总是说'狼来了，狼来了！'）。今天这个狼真来了，中央要我们人民银行尽快地把这只狼赶走，但是只有那把'尚方宝剑'还真不行，银行没有明确它的名分地位，今天这个调整枢纽作用就很难发挥出来，通货膨胀那只狼，真就不能很快地将它赶走！"

丁副行长的博闻强记和博古通今让他们一路上行走得颇不寂寞，丁副行长还常常找一些意想不到的稀奇古怪的问题来问他。有一次他问："鸿儒，你说世界上有多少种类型的公共厕所？"刘鸿儒想了半天也回答不出来，而他却风趣地说："只有两种类型：男厕所和女厕所。"还有一些稀奇古怪的问题，诸如，为什么男人的颈上要系一根领带，为什么邮政行业的人都穿绿色衣服，等等，往往让刘鸿儒"猝不及防"。而后来另一位老同志告诉刘鸿儒关于丁冬放的一件逸事，则使他益加钦佩丁冬放其人其才。

据那位老同志讲，在一次中央召开的工作会议上，毛主席饶有兴致地问参会的各省、市的党委书记们，"你们知道中国的合作化问题是谁首先提出来的"？等了一会儿，他见没有人回答，便笑对大家说，"中国的合作化问题首先是丁冬放提出来的"，与会的人都感到很惊讶，会下互相打听询问，才知道这事情的来龙去脉。

---

① （宋）王安石. 乞退表.
② （宋）苏轼. 策别十二.

　　原来，丁冬放在延安时在中央政治研究室中国经济组里任副组长，1942年1月中央决定开展整风运动时，有一天毛主席找来了中央政治研究室的五个人到杨家岭中央办公厅二楼会议室里去座谈，毛主席在会上讲了两个多小时的话。毛主席讲话中着重地批判了教条主义的危害，他说教条主义连狗屎都不如！狗屎还能肥田，而教条主义不仅不能肥田，而且还有危害。在谈到中国经济问题时，毛主席说，中国资本主义的发展，从鸦片战争到现在，已经一百多年了，但是还没有产生一本合乎中国经济发展实际的、真正称得上是科学理论的书，而教条主义者则言必称希腊，语必道罗马，而问到中国实际情况，则对不起得很，知之者甚少！当时在座的五人中，只有丁冬放一人是研究中国经济问题的，所以对他的震动和影响也就较之别人都更大。他想到自己从1929年入党以来，虽然在上海科学研究会和左联所领导的一些刊物中写了一些文章，但是有什么能像毛主席说的可以称为"理论的理论，算得科学形态的、周密的而不是粗枝大叶的理论"[①]呢？于是他便下决心深入下去，做深入细致的调查研究，扎根于陕北安塞县苗店子乡，对于当时轰轰烈烈开展起来的大生产运动，作了全面的考察，对于那里农业生产中出现的集体互助的各种组织形式——变工队、扎工队，以及人工换人工、牛工换牛工、人工换牛工等互助协作，进行了深入细致的分析研究，最后得出结论：这些形态已经具有了合作社的性质，虽然还只是一种初级的形式，但已经显现出集体化的优越性来，将来随着生产力的发展，会逐渐地提高其集体化程度。这篇《苗店子调查》写出后，得到了毛主席的赞扬，作了批示给新华社转发到各解放区。于是，中央的《解放日报》和解放区的报纸上都作了全文刊载。毛主席对于此事一直念念不忘，所以他在那次中央工作会上才又把它提了出来。

　　刘鸿儒在丁副行长的具体帮助与指导下，对一些地方的实际情况作了详细的调查了解，归来后不久，便写出了那份申请中央明确人民银行地位和级别的报告，经过人民银行党组反复研究讨论之后，上报给国务院，不久便得

---

① 毛泽东选集［M］．北京：人民出版社，1964：815.

到了中央的批复，明确了人民银行作为国务院政府机构的编制序列，与各部委平行并列，定位为正部级的组织机构。

不难想象，有了这个批复，再去贯彻西楼会议的"调整、巩固、充实、提高"精神，再去落实陈云同志的"银行要把钞票管理好，能不用的钱一定不用"指示，该是多么得力，多么的雷厉风行和有声有色呀！不会再像从前那样"手里拿着'尚方宝剑'，心里边还担心着自己头上的乌纱帽"。因为，从前市、县级人民银行的干部在人事上并不是垂直管理的，不是直接地由总行来调配，而是归地方任免，有些地方就出现过这种情况，你人民银行要硬性地勒住地方上的钱袋子，地方上不高兴，便会把你行长的乌纱帽给摘了，换上他们认为得心应手的人。

可见，这个名分是很重要的，亦可见刘鸿儒等人下大力气起草这个报告的重要意义。这是刘鸿儒在复归到金融战线之后躬逢其盛的一个重要事件。

1970 年，刘鸿儒在韶山毛主席故居前。
1969 年，王志玲在韶山毛主席故居前。

第七章

颠　倒

但是十分令人痛心与惋惜的是，人民银行的那一短暂的盛世，随着颠倒年代的到来，又被颠倒了过去。

那几年，人民银行在国民经济调整期间的工作受到党和国家的高度重视，全体行员个个奋发图强，通宵不寐，经过多少个日日夜夜的拼搏苦战，终于按照西楼会议"调整、巩固、充实、提高"的精神，按照陈云同志提出的"要采取一切办法制止通货膨胀"的指示，把那只通货膨胀的恶狼从家门口给赶走了。1962年，我们回笼了票子19.2亿元，1963年又回笼了16.6亿元。到1964年我们又乘胜追击，回笼了9.9亿。这时，"大跃进"中多发行出去的票子全部收回来了。它反映到城乡居民储蓄的"晴雨表"上，那便是储蓄余额的连年增长。自从1958年"大跃进"以来，储蓄余额是连年下降的，而到了1963年便有了回升，全年净增长了4.6亿元，1964年又增长了9.8亿元，1965年再增9.7亿元，核算下来，总共比"大跃进"以前的1957年净增长85.2%。

任何人都知道，银行各项指标的步步回暖与攀升，正是国民经济步步回暖与攀升的反映，说明我国经济已从危险的滑坡轨道上扳正过来，而且经济运行的速度越来越快，节奏越来越均衡。"调整、巩固、充实、提高"八字方针能有如此的回天之力，能在这么短的时间内力挽狂澜于未倒，恢复了被破坏的秩序，不仅使得国际社会感到惊奇，甚至连我们自己也觉得有些惊异，喜出望外。1962 年夏天，有一次，丁冬放副行长去高级党校给理论班学员作经济形势报告时说："我们尽所有力量做好把关口工作，不惜一切地把钞票管理好，只要能够按照预定的目标去做，把宗宗件件工作都能做到了位，我们的国民经济自然会很快地好转起来的，城乡人民的生活也会从困境中走出来的。有人问（当场有人提上条子来），怎么个快法呢？形象一点地来说吧，到明年春天这个时候在我们的街头上，就可以买到烧饼油条了！"人们听到了，无不是一片咂舌之声，既愿意相信这是真的，又不太敢相信这是真的。心想，哪有这么快呢？

然而，事实却完全证实了他的这句诺言。1963 年春季天气回暖、春花怒放之时，市场上果然也是一步步地回暖了，街头上不仅可以买到烧饼油条，而且那些高价的点心、糖果也逐渐地平价化起来，也开始"飞入"寻常百姓家了。

然而意想不到的是，刚刚回暖了的天却骤然之间又刮起了狂风，刚刚从"大跃进"混乱中复苏起来的国民经济，又步入了一切都被颠倒的"文化大革命"的动乱之中。国民经济的行业业业——钢铁、煤炭、邮电、交通，都未能免受冲击，而处在风口浪尖上的金融事业更是可想而知。在那狂飙怒吼的极"左"思潮的猛烈冲击下，很快，刚刚扭转过来的正常秩序又被不可抗拒的颠倒力量给颠倒过去了。好不容易建立起来的集中统一、有计划、有物资保证的贷款发放和财政信贷资金分口管理原则，又给冲垮了，冲乱了。这些原则都被斥之为"条条专政""管钱不管线，见物不见人"，被斥之为"用财政信贷卡经济""单纯的财政信贷观点"。前番的"大跃进"时期的恶性循环又开始启动："大家挤财政，财政挤银行，银行发票子"。而银行这样滥发票子的结果是，已被赶走了的通货膨胀那只恶狼又返回头来蹿到市场上。同时，原先好不容易恢复与重新建立起来的严格的、完整的金融机构规章制度，又被极"左"派借大肆批判"依靠国家理财""搞修正主义的管、卡、压"之机，以所谓"走政治建行道路，创造银行新体制""办成一个非常无产阶级化、非常战斗化的银行"为幌子，冲击得遍体鳞伤，摧残得支离破碎。

而最为令人痛心的是，在调整时期给予人民银行一个部委级名分的决策也给颠倒过去了。更甚者，人民银行已不再作为国务院的一个直属部门，而是全都归并于财政部里面去了。

在那一切都被颠倒的年代里，很多银行干部也不同程度上受到了冲击和批斗，在调整国民经济、匡扶银行机构规章、彻底制服通货膨胀工作中颇有贡献的胡立教、丁冬放等领导干部，都被拉下马去，受尽了千夫所指的批斗，甚至遭到了住牛棚和进图圄的不公正待遇。

这一切让刘鸿儒十分痛心，因为那些被颠倒至过去的成果中，就包含着他的一份努力，一份贡献，但在当时他只能是无可奈何，无言以对，只能在内心里默默地哭泣，而绝没有力量，也没有那个勇气，说出一句可以辩白的话。所幸的是，他本人没有受到太大的冲击，没有遭受到批斗和毒打的无妄之灾。只是在运动一开始时，在大字报丛中有几张直接针对他的大字报，说他是"反动学术权威"。这在"文化大革命"中也是一顶压人很重的帽子，虽不如特务、叛徒、走资派那么严重，但也会置人于死地的。所幸这类大字报越来越少，后来则完全绝迹了。这一则是他在当时写出的文章和著作还不是很多，在总行那个专家、行家如林的单位里，论资排辈他都还不够资格，一时之间还排不上号儿；二则是他出身贫农家庭，幼年当过童工，苦大仇深，根红苗正，在总行这样一个中央机关里边，像他这样出身的人真还不多。更何况，他当时不过是一个处级干部，在部一级的大单位里，只属于一般的"革命群众"，算不上当权派，这也让他躲过很多风浪。

不过，刘鸿儒在"文化大革命"中虽然有幸没有受到批斗，但却"有幸"下到"五七干校"，而且是两次。

提到"五七干校"，现在的人们大多不知道它是个什么东西，可是在"文化大革命"期间，那可是个响当当的名字。那是一座"出大力、炼红心的革命化大熔炉"，按照当时的理论，没经过这个大炼炉里炼过的人，思想便不能说得上是过硬，便没有真正地过了革命化这一关。至于它是个怎么样的炼红心的大熔炉，直到今天，到"五七干校"里几经锻炼的人们也还说不清它到底是个啥滋味，只是都还记得背上被火辣辣的太阳晒脱了几层皮的感觉，但除了体力劳动的辛劳外，这里边还有着一些别的东西，可谓一言难尽。

为什么叫"五七干校"呢？原来是1968年5月7日，毛主席作了一个批示，指出："广大干部下放劳动，这对干部是一种重新学习的极好机会，除老弱病残者外都应这样做。在职干部也应分批下放劳动。"后来，人们便管这个批示叫作"五七指示"。黑龙江省革命委员会根据毛主席这一指示精神，在庆安县柳河公社创办了一个"柳河五七干校"，组织省委、省政府大批干部下放到干校里去劳动。这在当时，被认为是"文化大革命"中的新生事物，在报刊和各种新闻媒体上都有大力的宣传鼓动，《人民日报》在1968年10月5日第一版头条位置上发表了专题报道：《柳河"五·七干校"为机关革命化提供了新的经验》，还加了大段的"编者按"予以赞扬，于是这一新生事物就开始推广起来。而到了1969年4月1日召开中共九大之后，"五七干校"更是遍地开花，涉及各个机关、学校和企事业单位。

按毛主席的本意，原来是想把干校作为干部参加体力劳动、增强群众路线教育、反修防修的一块阵地，但后来越办越走样，那些抱有极"左"思维的人以及想趁机抢班夺权的一些野心家、"四人帮"分子，趁此机会将各机关单位里的领导干部，不管是已打倒和半打倒的，或者仅仅是靠边站的人，统统地都赶到"五七干校"里去，以防在"三结合"时他们出来恢复职务。此外，也还有一些当时被砸烂的单位，像团中央、总工会、妇联、中宣部、科学院、社会科学部以及各高等院校等，则全部搬迁到干校里去，当时人们称为"连锅端"。后来，在1969年底，林彪为了迫害老干部，便假借准备与苏联打仗之名，搞了个"第一号备战会"，又将许多革命老干部连同其家属统统地从北京给驱赶出去。这样，"五七干校"就从炼人炼思想的劳动锻炼场地，变成了惩罚那些不能紧跟极"左"路线的群体的一个流放地，和继续批斗与审查所谓"牛鬼蛇神"的劳改农场。所以，有人也说干校是"二号牛棚"。同时，它也使大量的学有专长的知识分子（当时称为"臭老九"），特别是那些科技研究人员、高校教师以及文学艺术、体育卫生等部门的专家学者，在长期繁重的体力劳动中荒废了自己的专业。原来毛主席的指示中还说"除老弱病残者外都应这样做"，而实际上，在那些"连锅端"的单位里，则无一人得免，而且越是老弱病残的人，越便更多地被归于思想反动的学术权威和历史上有问题的人，更需要审查，因之他们下到干校里来的概率也就更大。像社科院学部中的俞平伯、吕叔湘、吴组缃、周振甫等人都已年过七旬，却无一得免地都被安排到劳动第一线上来，吃尽了苦头。著名作家杨绛（钱钟书的夫人）所写的《干校六记》，对这方面有详细的描述。

人民银行此时已经并入到财政部，它的存贷业务、现金管理等职能虽说是已经大力削弱了，但终究还是不能全部取消和停顿下来，因此它不像团中央和高校等单位连锅端到"五七干校"里去，而是将一部分人留在机关坚持业务工作，而将大部分人下放到干校。当然，即使那些留在机关里坚持业务工作的人，也要如同毛主席所指示的那样，"在职干部也应分批下放劳动"。不过，二者有巨大的待遇差别，那些彻底下放的人按要求必须在农村长期安家落户，要锻炼一辈子，不能只锻炼一阵子，还经常在大小会上批判他们的临时下放的观念和镀金思想。因此，两种干部在思想压力上是大不相同的。所以下放干部中常有"精明强干留机关，碎铜烂铁下干校"的口头语。

人民银行的"五七干校"，原是河南信阳地区淮滨县的一个劳改农场，处于河南、安徽、湖北的交界之处，人戏称其为"鸡啼鸣三省"。因为它地处淮河之滨，而淮河之水是经常出槽泛滥的，当地深受水灾困扰，居民生活相当困难。再加上三年"大跃进"时期极"左"之风刮得太猛，灾民外迁，人口锐减，所以多年来一直有大片土地撂荒无人耕种。人民银行的干校一建立，就接收到了大片土地。最早下去的那批"五七战士"，尽是一些没有干过庄稼活的机关干部，一下子要耕种这么多的土地，劳动强度是相当大的，平均每人要耕种上百亩的土地，比当时的社员还要多出几倍和十几倍。本地的农村社员都咂舌地佩服"五七干校"干部，说"干校种地好气魄，我们学不了!"虽然干校有一定的机械化设备，但是机械化程度也很低，只是有几台拖拉机和几辆大卡车而已。而且当时的极"左"之风很盛，一再强调说："机器能代人干活，但不能代替人锻炼思想。"要想炼就颗红心，非得实干苦工、脱皮丢肉不可。因此，能用手工干的活，就尽量不用机器。在干校里经常见到这种怪现象：明明有几台机器在那里闲着，而"五七战士"却仍要在烈日炎炎之下徒手去干。国外业务局有个干部，就是在大热天里拉架子车中暑晕倒，当场抢救无效而死亡，令人惋惜不已。

人民银行"五七干部"是在 1969 年 4 月入驻淮滨的。刘鸿儒因为是留下来坚持业务工作的人员，是属于"在职干部也应分批下放劳动"的那一部分，故而他去干校晚了两年，1971 年 4 月才下去。也可能是由于他在留守干部当中年轻力壮，也可能是由于他在苏联学习过，被认为"受到苏修毒害较深"，需要在干校这个反修防修阵地上反复地被锤炼，所以他就受到"优待"，两进干校：除这次下去之外，他在 1975 年又下来一次。下来之前，他在报刊上看到了介绍上海"五七干校"的一个先进典型，那个人叫卢英，也是留苏的一个副博士，回国后在同济大学建筑系里开《农业建筑》的课。"文化大革命"期间有人贴了她的大字报《从卢英的演变，看修正主义教育路线的毒害》，说为什么过去还是一个共青团员的卢英，经过大学和留学的深造，就变成了落后分子呢？就是因为受了苏修教育的毒害。因此干校一建立，她就第一个报了名，到干校之后又主动地申请要到又脏又累的饲养班去喂猪。她爱惜小猪就像爱惜自己孩子一样，给它们洗澡，掏耳朵，人们都叫她"大耳朵阿姨"（"猪阿姨"的意思），因此她多次被评为劳动模范、五好战士。有人写文章称赞她说："卢英的变化，岂不是有力地证明了'五七干校'是所革命的大熔炉，是改造世界观的好地方吗？"

有着与卢英同样的求学历程的刘鸿儒，在"五七干校"的劳动锻炼中表现得虽不如卢英那样标兵化，但也是不同寻常的。开始时，人们，包括队里的那些连长和排长（干校都是军事化编制，每个农场分场都称作为一个连，连下面设排、班等组织）都认为，他是个出国留洋的副博士，对农活一定是个外行，肯定是笨手笨脚的，甚至会像之前一些老知识分子那样闹出把驴套包套到马嘴上的笑话。可是他一下地里就让人们大吃一惊，立时刮目相看。头一天，连里派他跟一个老战士去耕耙一块菜田，原本是叫他当助手的，可是看到他稔熟地从牲口圈里牵出牛来给它套上夹板，拴牢到犁杖上边，架起鞭子，扶起犁柄，叱牛前耕时，带队的老战士连同旁观的干部们都暗暗咋舌，心想：我们都已学作两年了，还是手脚都不到位，可这位刚下放的刘同志竟然像琴师拨琴弄琴似的就亮出了这样的真功夫！人们当然不知道，刘鸿儒从小就干过庄稼活。心灵手巧的他，在克东县跟父亲种地时，样样农活都会干，且都干得很精巧。

进入干校后两个多月，仲夏时节就到了，那是"蚕老一时，麦熟一晌"的紧张日子，干校开始了抢收麦子的活儿。这是干校里最忙最累的时节，而这麦收中最忙最累的活儿，又在晒场上。因为，麦子收下来（不管是机收的，还是手割的），脱粒之后马上要运到晒场上去晾晒，稍有一些延误麦子便会受潮发霉，抢到手的粮食就糟蹋了。这时，校部就要从各连队里抽上一些最强壮的劳动力到校部晒场，及时翻晒源源不绝运送过来的麦子。二连的几个领导稍微商量一下，就决定把刘鸿儒和另一个小青年派过去。因为他们觉得，像刘鸿儒这样强壮而又精于农活的人，在二连里边真找不出几个。

收割要突击，因为麦子熟透在太阳地里时，会像雨滴似的唰唰地掉粒子；风雨来时，人们又要及时地将麦垛苫好，不然，被雨淋湿了就会发出麦芽的。而晾场上的活呢，也要突击，要抢好天气及时地翻晒，天将欲雨之时又要及时地抢收回仓，这也是分秒必争的事。而且，由晒场到仓库要经过一个陡坡很大的跳板，空手的人走上去还乱颤悠，肩上要再扛上一个百十斤重的大麻袋，那可就要看扛口袋的人的真功夫了。人走在上边，比走平地要花费双倍的力气还不止，稍不留心，没有把握好身体的平衡，就会连人带麻袋都滚落到跳板下面。

据说，在离淮滨"五七干校"很近的团中央"五七干校"里，胡耀邦同志就是在晒场上干活的。他虽然已经是五十多岁的人了，而且个子又不太高，可是他却与那些膀大腰粗的壮小伙子一样，肩起百十斤重的麦口袋在跳板上走上走下。他当时是一个"靠边站的走资派"，但却因此赢得了人们从上到下的一片赞扬之声。

刘鸿儒在晒场上也是毫不示弱的。掀翻晾晒和装袋挑运，样样活儿干得都利索，而且因为他干过农活，会使那股劲儿，所以扛起口袋走起来便步步平稳，脚底生风。虽然这时他已经进入不惑之年了，但与那些小青年比起来一点也不差。因此，来到校部晒场之后不久，人们便一致推选他为班长。

经过了三伏一夏，晒场上的活儿干完了，他又返回到连队。想不到，他这个晒场班长不久又当上了炊事班长。厨房里的活儿虽不如晒场上那么大，可他这个炊事班长却并不比晒场班长好当，与他在晒场上那样得心应手、驾轻就熟相比，在厨房里他可是"擀面杖吹火——一窍不通"。不管是主食还是副食，不管是蒸馒头还是煮米饭，都得从头学起。而且还有一件棘手的事，就是杀猪。连毛主席都说过："走了张屠户，要吃浑毛猪。"他在干校二连炊事班里还真的遇到了这样一个场面。原来，二连里边有个杀猪的人调走了，现在伙房里的人要做荤菜就要亲自动手；杀不了猪的话，每天下地干重活的人就吃不上一点肉星儿。怎么办呢？在这个节骨眼上，他这个炊事班长就只能是逼上梁山自己动手了。他从未干过这活儿，只好向一个曾在屠宰场里工作过的女人拜师求艺，那人向他讲述了关于杀猪的全部过程。

只不过，过程虽是全弄懂了，但要实现这个过程却也并非是件容易的事。屠宰场在正经杀猪前，得先用电棍将猪击昏，然后才将猪送到屠宰案上。而现今在干校里，却无处寻得电棍；而且，即使真的弄了电棍来，若击不到要害之处，猪虽然昏过去了，可猪血却瘀住了，而瘀了血的猪肉，是不好吃的。那该用什么办法把猪捆住抬到案板上去呢？二百多斤重的一头大猪，要将它捆住，对于长期拿笔杆子的人来说，可不是件容易的事儿，对于刘鸿儒来说，甚至比搞百十斤重的麦口袋还难。麦口袋不会跑，可猪却会跑会挣扎，你就是使出浑身的劲儿来，也制服不了它。怎么办呢？他又去找些能人商量。有人便想了个馊主意，让他将猪赶出圈去满地跑，人们在后边追赶，等到猪跑累了，没劲了，人们便可以趁势将猪按倒捆绑起来。捆起来之后就好办了，就像京戏《捉放曹》中的一句戏词说的："捆而杀之！"在刘鸿儒当炊事班长的时候，干校已经到了中期，有些干部开始陆陆续续返回到工作岗位上去了。吃饭的人少了，而猪圈里的猪由于饲养得好却日益增多，杀猪改善伙食也便开始频繁起来，几乎是每周都要杀一头。于是，他这个炊事班长便每周都要气喘吁吁地追赶一次活猪。不过，赶杀的次数越多，他的经验也就越来越丰富，操刀之术也就越来越熟练。又是放血，又是剥皮，又是整理下水，又是灌肠子，所有这些活儿，他干起来也就不像先前那么费力了，人们吃起来也就越来越感到满意了。

毛主席在讲到井冈山斗争时说起过吃"伙食尾子"的事（士兵们通过节省伙食而省下来的经费）。刘鸿儒在当炊事班长的后期发现，各个连队里都出现了"伙食尾子"，而且由于缺额人员日增，"伙食尾子"也跟着日益扩大。怎么吃好这个"伙食尾子"，让"五七战士"个个都满意呢？一天，他在看京剧《智取威虎山》时受到了启发，何不学杨子荣上山赴"百鸡宴"的办法，给大家摆上一桌百鸡宴，好好地庆贺一番走五七道路三周年呢？于是，他便趁着早集时候赶到农贸市场上去买鸡。可是，要在那么个小小的公社集市上收购下来一百只没病没灾的好鸡来，也不是那么容易的。那时候，农民能够拿出来去交换的东西着实不多，而刘鸿儒又看不出来哪些是好鸡，哪些是生病的瘟鸡。病鸡让"五七战士"吃下去会生病拉肚子的，那可不是件小事，搞不好还会让人给你扣上个"破坏走五七道路"的大帽子呢！好在，他后来认识了一个经纪人，能识别出好鸡与瘟鸡，这个人很会办事，鸡收购上来得很快，一个早集不到两个钟头，就为他收购来两大筐，为他的"百鸡宴"打响了第一炮。他为了感谢这位经纪人，自己花钱买了两盒香烟送给了他。

他第二次下"五七干校"，那已经是 1975 年"文化大革命"后期了。这时，人民银行早已与财政部合并为一个单位。为了适应这一建制，部里边决定在河北固安县建立一个新的干校，将下放到河南淮滨的银行干部与下放到湖北的财政部干校都搬到这里来。

他这次下来与前次大不相同：第一，在淮滨时他是一个普通"五七战士"，主要的任务是劳动干活，在劳动干活中锻炼思想，改造思想，因此只要出大力流大汗就行了，干校里的行政管理之事一概不用他操心费力；而这次他是校部的总负责人之一，是后勤组组长，负责整个干校的生产和生活所需各项物资与设备的供应保障工作。第二，淮滨"五七干校"在他下来时已经创办将近两年了，已经铺好了摊子，打下了家底儿，各连队里所需用的设备与设施都已备齐，而刘鸿儒这次下来，虽然是不用参加一线劳动了，可是铺摊子、设家底儿，特别是各项物资与设备的供应工作，却让他比干体力活儿更辛劳，压在他肩上的担子，并不比当年在晒场扛的麦口袋轻到哪里去。因为，1975 年的时候，物资供应仍是十分紧张的，不论是生活资料还是生产资料，都是卖方市场，都是在计划留有很大缺口的条件下进行分配的，因此，有许多东西，即使是凭着购物券，属于计划指标之内的东西，你还是不能伸手就能买得到。像运输用的卡车、人货两用的面包车，还有农用机械以及这些机械设备所用的零部件，你若不是装出一副笑脸，四处里求爷爷告奶奶，你还真是弄不到手，或者是不能及时地弄到手。尤其是那些大小修所用的零部件，如果不能及时地备齐，那些拖拉机、联合收割机，还有各种运输车辆，就很容易趴窝，地里的活儿便抢不出来，那就非要误了农时不可了。

他这位后勤组长要保证各连的生产都能"不违农时"，这个心可就操大了。幸亏他身旁有一位副组长马茂宗，为他帮了大忙，解了纷忧。说起这个马茂宗来，那可是个大能人，多才多艺，百科状元。举个例子来说吧。有一次大家都在地里干活，突然远处传来了一阵优美动人的歌声，弯腰收割的人立时直起腰来循声探望，原来是马茂宗对着一眼望不到边的滚滚麦浪，一时兴起引吭高歌起来。那可是浑厚洪亮的男高音呀，一点也不比现今的"大衣哥"朱之文的那一嗓子差。可惜，那个时候没有"星光大道"这个平民百姓舞台；如有，他可能早就名传千里了！他也是银行乐团的骨干，萨克斯和黑管吹得非常好，有一年埃及总统纳尔来华访问，招待舞会的伴奏乐团，就是由马茂宗等人组成的。他为人开朗灵通，能说会道，而且调侃得活跃风生，让人忍俊不禁，惯于诙谐地说出一些严肃的话，或者严肃地说出一些诙谐的话。因此，让他出来管采购，跑外交，那可真是人尽其才。在淮滨干校的时候，他就是机务连的采购员，那时候的物资供应更为紧张，而他却能凭着一张逢人便能生和气的笑脸和一条三寸不烂之舌，硬从东西南北各个别人打不通的渠道，把各项物资采购进来，保证了淮滨干校连年获得高产丰收。闲暇之中有人问他："你跑的地方可够多的了！都去到了哪些地方？"他谦逊地说："不多，不多！也就是三大'洋'、五大'洲'了！"人们听了大为吃惊，有人马上好奇地追问："还不多哟？都出国了！"他仍然是一本正经地说："没到国外，只是国内。我说的三大'阳'是信阳、南阳和洛阳；五大'州'是郑州、徐州、扬州、涿州和通州。"有一个小姑娘诧异地问："那就是通县吧？"于是满屋子里一片笑声。

在固安，马茂宗来协助刘鸿儒管理后勤，多难办的事，多难弄到手的物资，他也都能想方设法完成任务。这里有个故事。干校大院里缺水，需要打一口井。他们与附近的公社搞好关系，帮助找来个实力很强的打井班子。打井是个技术活儿，也是个下大力气的活儿，需要有人深入井下去作业。天气寒冷，下井的人需要喝上点酒以抵挡寒气。那时候，酒是稀缺货——人们走后门只凭着一个"炸药包"和"手榴弹"就行了，这"炸药包"指的是一包高级糖果，"手榴弹"就是一瓶好酒。现在打井队是日夜突击，有人要轮番地下到井里去，所以一两颗"手榴弹"是不行的。起码得三箱两箱的。上哪里去弄这么多的"手榴弹"呢？还是得马茂宗三大"阳"、五大"州"地去跑，最后又是凭他三寸不烂之舌，才把这个问题解决了。

当然刘鸿儒自己，也要不遗余力地想法子协作过来一些物资，才能够保证干校的生产与生活物资得到充分及时的供应。他记忆最深的一件事是帮助支持干校工作的那个公社买一辆解放牌大卡车。那时候，要买一辆汽车，可真比买进一座金山还难！没有更高一层的通道，是绝对弄不到的。这又多亏他家里还有一个好内助，他的夫人王志玲在一机部办公厅里工作，有机会找到部长写了个特批条子，这才把那辆汽车开进公社大院子里。

这就应了民间常说的那句话："一个篱笆三个桩，一个好汉三个帮。"在内外两个好帮手的帮衬下，刘鸿儒的干校后勤组长顺顺当当地干下去了。马茂宗在"文化大革命"后，由于他的这一浑身解数，当上了人民银行基建局局长。人民银行那些平地而起的高楼大厦，都是经他的手建起来的。

与马茂宗的团结合作，使刘鸿儒深深地感受到了同志之间的友谊和温暖，也从他的身上学到了许多东西，特别是马茂宗谈话的妙语连珠和其中蕴含的人生哲理，对他都有很深的启迪。多少年过去了，马茂宗的一些话却一直难以忘却。刘鸿儒还记得，有一次马茂宗半认真半开玩笑地问："老刘啊，什么叫作'过失'？"刘鸿儒从来没有认真地思考过这个问题，一时没有回答出来。于是马茂宗便自作解释："何谓过失？关键词就在于一个'过'字。没有过，哪有失？所以，对于任何人和任何事，关键是把握'度'，都不能太过分、太过火！"仔细地想一想，世上的事情，可不就是那么回事嘛！所以在工作中，一定要把握住"度"！

一年之后，刘鸿儒又由干校调回机关，继续搞他的银行业务工作去了。总的来说，在这十年动乱期间他虽然两次下到干校，但时间都不长，两次合起来也只有三年多一点儿，而大部分时间都坚持在业务岗位上。这是因为，不论"四人帮"一伙怎样冲击，也还需要有人坚持做银行业务工作。

1970年人民银行与财政部合并时，刘鸿儒作为银行方面的代表与财政部商讨合并的具体方案。当时确定下来，建立财政业务组和银行业务组，由两个单位的办公厅合并组成办事组，由财政部李朋担任组长，刘鸿儒做副组长。那时，银行的许多职能虽然被削弱了、精简了，但是由于绝大部分银行工作人员都下放到干校去了，机关里边的活儿就要一个人顶两个，或者顶三四个人地干，而办事组作为综合部门，其工作担子显然是很重的。

1975年邓小平复出，主持党中央和国务院的日常工作，开始下大力气进行治理整顿。小平同志审时度势地以铁路的整顿工作为突破口，要求各单位各部门的工作必须由半瘫痪状态恢复起来，都要像铁路部门的准时整点运行那样，使各项工作正常化、秩序化、规范化，把被砸烂的、被打碎的、被破除掉的，该恢复的都恢复起来。他一再强调，不能只抓革命，不促生产。这时，中央派张劲夫来财政部担任部长。他是一位老革命，工作魄力很大，责任心和原则性都很强，有胆量顶住来自"四人帮"的压力，撤销了财政部的军管会，恢复了部党组的领导地位，把原财政部和人民银行在合并中被撤销了的司局机构，根据实际工作需要，该恢复的全部恢复起来。治理整顿的形势一片大好，银行的工作步步走向正轨。刘鸿儒作为办事组的副组长，在这位魄力很大的部长领导下工作，心情特别地舒畅。在邓小平再被打倒的那年春节，劲夫同志曾拉着刘鸿儒和自己的秘书，乘汽车离京到河北出差，实际上是去散散心。一路上他谈对"四人帮"的看法，谈工作经历，谈人生感悟，还给刘鸿儒看手抄本的《基督山恩仇记》。这让刘鸿儒倍感亲切，他学到了如何对待党内矛盾、如何对待生活的深刻"心得"。

再说说他的银行业务实际工作能力方面。刘鸿儒自打从苏联毕业来到人民银行这个实际工作部门之后，还真的经历了一番曲折的思想方法和工作方

1985 年 6 月，刘鸿儒（右一）陪国务委员张劲夫（前排中间者）接见
日本兴业银行小林实（左一），讨论经济和金融改革问题。

法的磨砺。以前他在东北行政学院上大学，在人民大学攻读研究生，学的都
是理论，回到东北人民大学教书，做系副主任，所接触到的也还是书本与理
论；后来，出国留学，又获得了副博士的学位，所接触到的也还是书本和理
论。想不到一来到人民银行，却让他去做一些打算盘、抠数字、画表格、做
记录的琐碎小事。有一段时间里，他思想上很想不通，觉得这是大材小用。
可在现实生活里，银行就是干这些打算盘、抠数字、画表格和起草文件的事。
银行，可不就是像人们所常说的那样，是社会的总会计，是信贷、结算与现
金管理的三大中心吗？所谓中心，所谓总会计，说到底还不是用数字说话的
吗？你不学好这一具体的工作本领，还真的不行。别看那数字烦琐枯燥，那
表格刻刻板板，而里边的学问还真很大，要真的学得好，也得下功夫。

在人民银行档案库里，至今还保留着一张周恩来总理亲手改制的表格。
这又是怎么回事？

事情是这样的，有一次人民银行向国务院报送了一份历年信贷资金运
用状况表，表上的栏目很多，有历年的贷款余额，又有增加额和与上年比

较的增幅等，横竖的栏目错综复杂。总理看了很不满意，说这样的表格报给毛主席让他怎么看？如何能够看得懂？他说，用数字说话，得让人听得懂，听得真切。你啰啰唆唆一大堆数字，哪里能把话说清楚了？于是他找来银行的人，把事情的主要来龙去脉问清楚了，就亲自动笔为银行改制了那张表格。

总理亲自画表格，它给在人民银行里工作的人带来了多么大的触动呀！

刘鸿儒在跟随丁冬放副行长工作的几年里，也学到了许多关于数字和表格的学问。有一次，他同丁副行长一起听下级行汇报工作，对照着看他们报送上来的书面材料时，丁副行长皱着眉头地发问说："你们罗列了一大堆数字，但却都不切题，不肯綮，不仅仅是冗长累赘，背文离义；而且，这样的数字用得过多，也说明不了什么问题，反而给人一头雾水，把思维逻辑都弄得混乱了！"他常对参加会议的人说："你们谁能在报上写一篇文章，讲一讲如何准确地运用数目字？"

丁冬放自己就很注意如何把数目字运用好，这里有两个例子。一则，当年他在写《苗店子调查》报告时，就把调查中收集到的数目字用得非常的清晰明朗，生动醒目，所以毛主席一看到那份报告，立时便拍案称好。二则，1960 年冬，丁冬放带领一个工作组以北京 541 厂为据点深入调查职工生活状况。当时，由于三年自然灾害和盲目"大跃进"所造成的不良影响，市场上物资奇缺，部分物价猛烈上涨，职工生活相当困难。怎么样才能及时地使得城市居民生活得到改善呢？在调查中他发现了一个关键性数据，即在职工全部生活费用中，用于副食方面的支出要占 40% 左右，而不是像人们所想的那样，主要是用在粮食方面。这就使他产生了一个想法，要改善职工生活，先解决蔬菜供应会比解决粮食问题见效更快，也更容易些。因为，蔬菜是一年可以收获几次的。于是，他便向国务院财贸办提交了一份报告，建议实行蔬菜倒挂政策，即由商业部门补贴资金给菜农，让他们大量种植蔬菜，收购上来之后以低价卖给市民，亏损部分全部由财政负担。这个建议得到了李先念副总理的赞赏，下令推行到全国各大中城市里施行。上了年纪的人都还记得，当年的冬储大白菜堆满街头，堆满各机关和企业的食堂里，也堆满家家户户的窗底下。副食品的廉价供应，使职工生活很快得到了一定的改善。

所以，丁副行长常对大家讲，要抓住关键的数字和数字的关键。有时，只要有一个数字就能解决问题了，无须其多。那时，我们特别强调"以农业为基础"的作用，为此他常举例说，轻工业产品的原料有 50% 以上来自农业，我们仅用这一个数字，就足以说明农业是国民经济基础的地位了，难道还用其他数字吗？刘鸿儒不仅跟随这些领导同志学到了运用数目字的学问，而且他在计划局工作时，那里的张屯、黄莺飞等，都是画表格和抠数字的专家，在全行里都是有名的，他也跟着他们学习了许多这方面的知识。

再说说做好记录、当好记录员的功夫。大家都知道，人民银行每年都要召开一次全国分行长会议。会议期间，除了有一天开大会，听行长的总结和部署下一年工作安排的报告外，此外的大部分时间，都是按大区划分为六个小组进行分组讨论。为了把会议开好，每个小组都要派两名记录人员，记下各位代表的发言，晚间突击整理发言要点送到简报组出简报，以便到会的人能够互相沟通和上下交流。记录员都是从各司局抽上来的业务骨干，刘鸿儒分配到计划局里工作后不久，便摊派到了这个差使。一上来，他思想里还觉得别别扭扭的，心想，我一个留洋副博士，出国前就是大学里的系副主任，今天竟派来干书记员的活儿？可是又一想，干什么事，都得从头来，既然分配到人民银行里来干银行业务工作，那就先从当记录员开始吧。这么一想，也就安心，劲儿也就用足了。于是，他便认真地做记录，全面理解发言人所讲的内容，把握住其中的要点，并及时地把发言人的重要观点和生动语言摘下来，写在另备的一张纸上，会后稍加整理便尽快地送到简报组里去。这样一来，他送去的稿子被选用的就较其他的人要多，期期都有。当时，主管简报组的是韩雷同志，他是人民银行里边有名的大秀才，与曾凌、尚明、詹武齐名，被称为人民银行的"四大才子""四大金刚"或"四大台柱"。抗战期间，他作为一个热爱祖国的华侨青年，越过千山万水，投奔到革命圣地延安来。人民银行在石家庄刚一成立，他就在行长南汉宸的身边工作，进北京时曾经一度担任过专家顾问组组长，同那些全国知名的银行业专家资耀华、沈日新、黄元彬、郑伯彬等人，都办公在总行西部的一个小院子里，他曾诙谐地自我讽喻说："我现在当了院士了！"人们不理解地问他："这是从何说起？"他说："我办公在西部大院的小院子里，还不是院士吗？"

他看见刘鸿儒有如此强的实际工作能力，很欣赏他的才干，就把他调到简报组里来；会后，又常找他到办公厅里去写文件。接触得多了，也就对他认识得更清楚了，于是便将他调到综合处当副处长，不久又提升为处长，这也正如古人所常说的那样，唯贤才方能够认识贤才、荐举贤才："夫结绿玄黎，非陶猗不能市也；千钧之重，非贲获不能抱也。"①

而通过画表格、抠数字、做记录等这些小事，刘鸿儒深深地感悟到，一个人的成长必须是从头做起，从小事做起。他从一本书上，看到了新中国成立初期曾经当过人民银行顾问的章乃器先生所写的一篇文章。章乃器是抗日救国会的七君子之一，也是新中国成立前赫赫有名的银行家，他便是由一名每月只领两个银元薪水的练习生做起，一步步地迁升到浙江实业银行副总经理的。一次，他在银行学会里给业内人士作报告时便曾说道："银行学不单是泛大，而且也必须高深。银行家的地位，和学者不同。学者发表议论，即使有了错误，还不至于直接地闹出来什么祸患。银行家的思想和判断，倘使有了错误，马上就在数字上表示出来不幸的结果。所以，银行家的学识，千万不能只懂皮毛，就自鸣得意。必须要精研深讨找到问题的核心。不然呢，即使能够敷衍一时，终久要露出马脚来。"

他还说："在学术界中，一个有特殊的造诣的专门家，叫做'权威'。为什么叫做权威呢？就因为他的见解，他的意见，是大家都要尊崇而没有人可能加以否定的。就是因为银行学是一种很泛大而高深的学问，所以，到了一个从事于银行业的人，能够有特殊的造诣和超人的见解，自然大家都要去请教他，他就成为一个权威了……在实际上，恐怕我们大家都会觉到：一个外行的人，他可以因缘时会，去做大官，'草菅人命'，可是不能随便来做银行经理，'草菅金钱'。这表明在银行界里面，一个没有能力的人，即使给他权力，也是枉然。"他最后深有体会地说："在金融界十五年间的服务，使我得

---

① （晋）葛洪. 抱朴子·擢才.

　　1976 年 8 月唐山大地震时，北京居民住在路边抗震棚内，第一机械工业部沈鸿副部长和刘鸿儒一家住在一起，沈鸿用他自制的照相机摄影留念。前排右一为沈鸿，左一为刘鸿儒父亲刘贵，后排左二为刘鸿儒，右二为王志玲。

　　1976 年唐山大地震期间，全家住在自己搭建的地震棚里。图为刘鸿儒长子刘立在修地震棚。

着一个定义：'能力就是权力。'"①

刘鸿儒自己知道，在金融界里工作这十多年来，那些画表格、抠数字、做记录，就是实际的能力，没有这些实际的工作能力，你不论给了他什么样的权力，不管是大权还是小权，都不会做得很好。而且他还体会到，写文章，尤其是写短文章和写公文与报告的能力在银行工作中的重要性。

搞理论工作的人，大都喜欢写大块文章，洋洋洒洒，下笔几千言、上万字，可是写银行工作的文章，却不能那样地大撒把。银行工作虽然是既有理论又有实务，但总的来说，还是以实务为主。写实务的事，必须是条理清晰，简洁明快，让人一下子就知道哪些事该办，哪些事不该办，为什么该办与为什么不该办。因为这些文章里的事情，都是要人们马上去执行的，阅读者没有工夫听你旁征博引，说三道四地讲出一大堆子午卯酉的话来。所以说，这样的文章应当是越短越快越好。刘鸿儒现在还记得，有一次，丁冬放副行长饶有风趣地对他说："鸿儒，现在报社和出版社发稿费的办法不全面。"他听了一怔，忙问："怎么不全面？"丁副行长说："现行的办法是，一律皆按字数计酬。这就鼓励人们写长文章，因为字数越多，稿费越多嘛！有些文章，比如讲述我们银行业务工作的一些文章，应当是越短，给的稿费越多。这样，才能鼓励大家去写短文章。"

刘鸿儒是先从做理论工作转行到银行里来做业务工作的，已适应了写那些有着起承转合的大块文章了，现在不论是写公文、公函，还是写工作总结与对上报告，甚至是为报社写的社论和政论文章，都应当是另一种文体，另一种文风，力求重点突出，观点鲜明，简单明了，表达精确，这就要求他练出另一种过硬的功夫来。而这种硬功夫，可不是一下子就能练出来的，他是经过了多年的砥砺磋磨，才逐渐走上这条路来的。

有一次他起草了一份报告，上报到国务院财贸办。财贸办里有个叫段云、外号叫作"段夫子"的大秀才，抗战期间在战地动员委员会里面工作时，就在动委会主任续范亭和副主任南汉宸身边起草文件，长期的磨炼使他练就一

---

① 章乃器文集：上卷 [M]. 北京：华夏出版社，1997：89、90.

种能够写出这种短明快文章的硬功夫来，凡是从财贸办报上去的文件，最后都是由他主持修改的。刘鸿儒当下里起草的这份报告有十几页纸，当然不够理想，段云便把他叫去，问清楚事情的来龙去脉之后，当场就刷刷地立即改写成五页稿纸，果然便就简去繁，立时眉清目秀、重点突出、纲举目张起来，当场便给刘鸿儒以很大的震动，便暗暗立志一定要把这一硬功夫学到手、学到家。

这方面刘鸿儒还经历了一次强烈的震动。1977 年国务院决定把人民银行从财政部重新分离出来，自建独立完整的机构体系。为此，人民银行还专门召开了一次全国分行长会议。会议期间，刘鸿儒虽然顺利地起草了有关文件和为行长写的讲话稿，但最后向国务院写的报告和代国务院草拟的关于恢复人民银行体系的公文，在报送到国务院后，却是泥牛入海，不见任何消息。这时的国务院财贸办主任是姚依林，经有关渠道向他询问才得到了一点回音，告知这份文稿写得不对路。姚依林更是党内有名的大才子、文章大家，他的话自然是非常有分量的。但是怎么样的改写才能对路，刘鸿儒确实是摸不到门，被逼无奈之下，他只好去寻找前些日子还在一起办公的财政部大秀才李朋来襄助——当年两个单位合并时，李朋是办事组组长，刘鸿儒是副组长。人熟好办事，他把原稿拿给李朋看后，李朋轻车熟路，点铁成金，很快就将文稿改好，上报之后很快就得到批准。国务院于 1977 年 11 月 28 日将《关于整顿和加强银行工作的几项规定》一文下发到全国各地去执行。

经过这几番摔打和揉搓，刘鸿儒自觉也逐渐开始入了门，之后写起文章和报告来，便收摄起了读书人的旁征博引，亦摆脱了小事务员的细碎无序，渐次有了循吏般的精气神，专注于"对路"和"扼要"，言简意赅中唯求一针见血。其后职业生涯里刘鸿儒的文风，大抵也因循了这个道路，从而锤炼得愈发古朴沉着了起来。

1986 年 10 月 15 日在伦敦马克思墓前。

第八章

双轮驱动和"三起三落"

在刘鸿儒成长与成才的生命之旅中,在他的能力与权力相应增加的过程中,他立志于在平凡小事中砥砺磨炼自己的业务工作能力,用恒心磨炼出一身过硬的功夫来;与此同时,他也丝毫没有放弃在学术探讨与理论研究上的软功夫,可谓双峰并立,两轮驱动。

在这里我们需要稍微作些解释,这里所说的"软功夫",只是承接前面所说的练就实际业务工作能力的过硬功夫而言的,而实际上,理论研究是一点也不能"软"的。理论,无论在什么时候,在哪个工作岗位上,都是居于指导地位的。没有理论的实践,只是盲目的实践,对此问题,恩格斯曾高屋建瓴地指出过:"一个民族想要站在科学的最高峰,就一刻也不能没有理论思维。"① 业务和理论的辩证关系应当是如同小平同志说的那样,要两手抓,两手都要硬。

刘鸿儒原本就是专攻金融理论的,无论是在中国人民大学还是在东北人民大学里的教书与学习,也无论是在莫斯科大学还是在莫斯科财政学院里的专修,还是撰写副博士论文以及在苏联最具权威性的杂志《货币与信贷》上发表文章,他都是为了攀登理论高峰的,在这个过程中也滴洒过许多辛勤汗水。因此,他在孜孜不懈地锤炼业务工作能力的同时,又怎肯放弃学术理论上的钻研呢?半途而废,不是一个学者、一个决心要做学问之人的品格。更

---

① 马克思恩格斯选集:第三卷 [M]. 北京:人民出版社,1972:467.

何况，他在人民银行总行这个处于金融行业的顶层机构中，其工作本身就是理论与实际的结合，就是在理论指导下的实践。

他下定决心要做一个知与行的坚决执行者，一个理论与实际密切结合的耕耘者与开拓者。于是，每一天，包括节假日在内，他都要付出双倍于常人的辛劳。他焚膏继晷，夜以继日，白天忙活了一整天的业务工作，晚上还要铺上稿纸再去冥思苦索撰写理论文章，承受的是难以忍受的困意。为此他曾向身边的好友请教如何克制这种困倦，好友建议他在最困的时候抽根烟。他试了试，不成！因为他本来就不会吸烟，用烟来提神只会事与愿违，非但没有提起神来，反倒更加困倦，搞得自己倒头就睡。后来，他给自己设定了个昼夜时间的科学分割法：规定到晚上十二点必须上床睡觉。既然吸烟无法提起精神，那么只好用坚强的意志和吃苦耐劳的精神来振奋精神。正如同俄国著名科学家门捷列夫所说的，"没有加倍的勤奋，也就没有较之他人的双倍天赋和双倍的才能。"刘鸿儒双倍的汗水耕耘，自然也就获得了比别人多出一倍的收获。他的业务工作能力和理论研究实力均得到了提升，接连不断地编写与翻译了好几部货币信用方面的著作，此外，还在报刊上发表了多篇理论文章。1964年，也就是他从上海郊县下放回来的第三年，他与王兰同志（时任人民银行计划研究局副局长，是银行里有名的几个业务台柱之一）合作出版了一部《社会主义的银行信贷问题》；其后第二年，也就是1965年10月，他又与人民大学著名货币信用学家黄达教授共同翻译出版了苏联的学术著作《第二次世界大战后资本主义体系中的黄金》。

"文革"期间，一切学术研究都停顿了下来。"斗私批修"把一切理论问题都颠倒了，一切学术研究都成了禁区，一切属于学术研究的机构，包括出版社与杂志社，统统被贴上了封条，这些机构的工作人员也统统被赶至"五七干校"。但即使在这样的环境里，刘鸿儒也没有放弃理论研究的追求，幸运的是，他在这十年里大部分时间都还留守在人民银行的业务工作岗位上，因此，在业务工作之余，他可以继续攻读有关货币信用的理论著作，并结合现实中被颠倒了的或者是没被颠倒的实际问题，收集资料，作正反的比较分析。虽然这阶段他写出的一些文章没有地方能够发表，但他抱着如同司马迁修写

《史记》时一样的精神，虽不能付之梨枣于当前，但能藏诸名山以传后世，便也心满意足了。正是由于这些写作积累，他在"文化大革命"过后不久，便于 1980 年 9 月出版了（实际上在 1979 年书稿就已写成）一部个人专著《社会主义货币与银行问题》，接着又于 1982 年，出版了他与夫人王志玲合译的一部苏联经济学家安德列斯的名著《社会主义的货币理论基础》。

美国一位哲学家桑塔亚纳曾经说过一句很俏皮的话："任何事情的完成，都表明一个人放弃了其余的一切。"① 刘鸿儒之所以在"文革"过后不久就接连地推出了这么多丰实的研究成果，正是由于他放弃了别人在那个特殊年代里甘作逍遥派而享到的闲适与荒疏，甚至在扛麦口袋抢晒粮食后那一点点难得的休息时间里，他也不肯放过攻读与学习。

他一生中最钦佩的经济学家是薛暮桥，立志要将自己修养成像薛暮桥那样的官员型学者。"文革"前，薛暮桥是我国经济学界的领军人物，声望高、实力厚，被誉为经济学界的"四大名旦"（另外三位分别是孙冶方、许涤新和于光远）之一。薛暮桥虽然写出了许多很有分量的理论文章和著作，却也一直在经济部门担任要职。早在抗日战争期间，薛暮桥就曾任山东解放区省政府工商局局长；在解放战争期间，担任华北财经办事处和中央财经部秘书长；新中国成立后，担任国家计委副主任和国家统计局局长。正因为具备实际工作者和理论工作者的双重身份，薛暮桥才能够于理论和实际工作间游刃有余，写出的文章颇受读者欢迎，也得到中央领导同志的重视。也正因此，在刘鸿儒的心目中，一直把薛暮桥视为自己学习的榜样。

分析刘鸿儒于 20 世纪 60 年代中期到 80 年代初这个时间段里所推出的论著和译著，我们可以看出他在努力追逐薛暮桥的步伐。以《社会主义的银行信贷问题》与《社会主义货币与银行问题》这两本书来说吧，抛开两者差异不论（例如，前一本是信贷问题专题，后一本则为银行工作的综合；前者是与他人合著，后者则独扛大旗；前者明快，后者厚重），仅就其对理论问题的探讨深度以及对于史与论结合的程度而言，这两本书在探究理论如何联系实

---

① ［美］乔治·桑塔亚纳. 理性的生活.

际、如何用实际来检验理论和升华理论方面，与同期研究人士相比都已大大地向前跨进了一步，并且是十分坚实而有力度的一步。尤其是《社会主义货币与银行问题》一书一经推出，便在金融界产生了广泛影响，一度成为高等院校的教科书或教学参考书，成为银行干部的重要学习材料。

刘鸿儒的文章和著作，完全不同于那些书斋型的学者。书斋型的学者通常只作理论推导，往往从定理和定义出发，由一个范畴推进到另一个范畴，由一个概念延伸到另一个概念，然后再列举几个现实生活中的例子为证，最后便又归结于这些定理和定义；更甚者，则拘泥于抠字眼、抠概念，寻章摘句，咬文嚼字，抽象来抽象去，写一些空对空的文章。而刘鸿儒的理论研究则植根于现实的土壤，每一步理论论证，都是起始于现实生活，都是以现实生活中的实际矛盾作为引擎，然后再深入地进行逻辑推导。他的文章都秉承着一种独特性格，即如汉代王充所说的："有根株于下，有叶荣于上，有实核于内，有皮壳于外。"[①] 现在人们写文章，好用"视角"二字，经常说从这个视角出发，或从那个视角出发等，而刘鸿儒的视角自始至终只有一个，那便是实际。也正是因为从实际中来又回到实际中去，因而这些文章更富生命力，或者也可以称为"战斗力"，文中的观点也往往"指出了工作的方向"，具有很好的可实践性，实现用之能战和战则能胜的用武之地。这是因为，实际总是蕴含着最富有旺盛生命力的土壤；实践，便是一个最为威武雄壮的战场。文章能够把视角都倾注于实际之上，看起来虽然缺乏那些绚丽的在阐述理论概念上的辞藻修饰，但它却像希腊神话中的安泰一样，一贴近大地母亲（地母）的胸怀，便得到了地气，便增添了无穷的力量。

在《社会主义的银行信贷问题》一书中，他着重联系了新中国成立以来我国银行建立社会主义信用体系的实践，特别是针对"大跃进"那几年极"左"思潮的冲击与破坏，精到地指出，那些"货币无用论""货币消亡论"的鼓吹，实质上是想把货币、信用、银行等经济杠杆都视为资本主义体系残留下来的空洞外壳，认为这些经济杠杆只是一种简单的计划与核算手段，而

---

① （汉）王充. 论衡·超奇.

没有实际的价值内涵。这类错误观点大大地削弱了银行与信贷对于国民经济的调节、促进和监督作用。书中观点虽受所处时代之限，其立论的基础尚在苏联式的计划经济体制框架内，但刘鸿儒却能做到在当时的理论共识的范围内，尽力去作一些更为求真、求实、求是的阐述与说明。书中的观点带有一定的突破和冲击力，用刘鸿儒自己的话来说，就是力求寻找另一个说法，以便于能够充分地发挥银行的作用。

他是怎么实现这番突破性进展的呢？那便是打破常规，不单就银行信贷本身来讲信贷的性质、功能和作用，而是从社会主义再生产过程的特点来分析银行信贷存在的特殊原因，从如何能够最节约、最合理地分配和运用资金的角度来说明银行信贷的功能和作用。这是一种溯本求源的研究方法。众所周知，马克思在《资本论》中对于社会扩大再生产的论述是政治经济学中最经典也最经得起历史考验的一块真理基石。刘鸿儒与合著者从政治经济学的这个源头上去分析和考察我国银行信贷存在的原因及其在社会主义再生产过程中的性质、功能以及调节、分配、监督资金的作用，无疑是最符合事物发展的客观逻辑的。唯有如此，才能够分析得透，刀下骨解，游刃有余。而根据笔者的记忆，同期在苏联通行的和我国当时已经出版的一些《货币流通与信用》的教科书与理论著作中，都未有这个视角的论述。

最后，我们再着力讲一讲他的后一本著作《社会主义货币与银行问题》。与前者不同，它的成书完全是在一个新的历史背景下，即 1978 年邓小平同志提出党和国家的工作重心要彻底转到经济建设上来并实行改革开放的重大决策。这本书也是旨在站在《实践是检验真理的唯一标准》所开拓的解放思想、求真务实的理性思维的起点上，重新审视货币与银行在社会主义经济中的性质与作用。新中国成立三十年来，经过"大跃进"和"文化大革命"的几次冲击和折腾，银行工作走过了一条"之"字形道路，人们对于一些根本性的东西已经困惑迷乱，恍惚歧异。为了统一思想认识，正本清源，当时在位的李葆华、陈希愈、丁冬放等几位老行长，都建议时任办公厅副主任的刘鸿儒写一本讲清楚是非、探索银行正确发展道路的书。刘鸿儒正是在这一特定历史条件下肩负起写书任务的。

1986 年 10 月 15 日，在伦敦唐人街书店巧遇刘鸿儒所著、中国财政经济出版社 1980 年出版的《社会主义货币与银行问题》。左为刘鸿儒，中间为戴乾定（刘鸿儒好友，时任中国银行伦敦分行行长），右为洪允成（时任中国人民银行办公厅主任）。

　　刘鸿儒在写作此书时，力求全面、正确、完整地阐明我国金融事业的发展历史，科学总结我国的历史经验，并提炼出一些带有规律性的理论观点和指导思想来。恩格斯说过，历史从哪里开始，人们的思维便从哪里开始。由于我国是通过农村包围城市的道路建立起社会主义制度的，因此总结银行与货币的发展历史，仅有新中国成立后的三十年还不够，还须往前追溯到革命根据地时期的二十年金融历史。刘鸿儒的这部著作最值得称道的学术价值和理论价值，就在于它是一部真正的全面、完整、紧密结合史与论的典型。

　　这本书由于是在 1978 年我们党刚刚提出改革开放总方针之初动笔写的，所以思想上一定程度还受着传统的计划经济体制下的固有模式和固有观念的限制，不过他在总结新中国成立后三十年的历史经验中，事所必至、理所固然地完成了一系列重要突破，走到一个认识和创见的拐点上。在货币、银行、信用等基本理论概念上，他开始提出一些前沿的思路和观点。首先，在论述社会主义社会存在货币的必要性时，他认为不仅是由于两种不同所有制的存在才引起货币和货币流通，在全民所有制内部也存在着货币与货币流通，不能再像从前那样，只将两种所有制之间的交换当作商品，而全民所有制内部的交换则是非商品的流动。他开始明确提出，要正确把握货币流通规律和正确计算改革开放后的市场货币流通量，应当突破原有的现金管理模式，把非现金部分也列入我们的计划管理之内，形成一个统一的货币流通市场，形成一个全方位的管理机制。

在论述社会主义阶段货币存在的必要性时，他又更进一步地提出，当前我国的社会经济发展程度还处于"不发达的社会主义阶段"（类似于后来中央文件中提出的"社会主义初级阶段"），从不发达的社会主义阶段过渡到比较发达的社会主义还需要很长时间，也就是说，商品、货币和价值等经济范畴还要在相当长的时间内存在与发挥作用。

他还提出，全民所有制的国有企业，作为一个独立经营的商品生产者，应当有一定的自主权，而且要将其担当的经济责任与其相应的物质利益适当结合起来，因此，采用商品、货币和价值等形式是不可避免的，这也是社会主义货币存在必要性的重要方面。

对于银行的作用和功能，过去人们只是依据列宁的论述，强调它是社会的总出纳和总会计，是社会主义建设不可或缺的一个综合性机构，而较少地谈到银行在分配与调节资金方面的重大作用。而刘鸿儒根据党中央提出今后的工作重心转移到四化建设的精神，着眼于金融在当代世界经济发展中日益重要的宏观调控作用，提出了如何"把银行真正办成银行"、充分发挥银行在国民经济中的枢纽作用的观点。为此，他在书稿初步完成后又新增加了一节，叫作《按照经济规律办事，把银行真正办成银行》。他在文章中提出设立专业银行，在统一指导下开展竞争的观点。他说："我认为，总的趋势银行应当逐步向专业化方向发展，并允许各银行之间，在统一政策和计划指导下，开展业务竞争，把金融搞活。"[1]

---

[1] 刘鸿儒. 社会主义货币与银行问题［M］. 北京：中国财政经济出版社，1980：350.

这一段论述也可以视作为，他在探索银行体制改革和建立央行制度方面发出的第一声呼吁。在信贷方面，他认为为了加强银行的调节、分配和再分配社会资金的作用，必须扩大信贷的范围，不能再像从前那样，只是摆动在定额内和定额外这两部分流动资金的划分上，应当大胆地向前跨进一步，不仅全部流动资金都应由银行贷款，而且固定资产的投资，亦即企业的基本建设所需用的资金，也可以由财政拨款改为银行贷款。

为了真正发挥银行对于社会资金（准确一点来说，应当是社会资本）的调节与监督作用，便要充分地发挥作为借贷资金成本的银行利率的经济杠杆作用，应当用调整银行利率，来调节和把握资金流入与流出的阀门。"银行利率的制定，首先要根据价值规律的客观要求，再考虑运用利息调节经济的需要。我们过去对利息的经济杠杆作用注意不够，没有很好按照价值规律及时调整利率，而是多年不变、档次很少、定得很低，起不到经济杠杆作用。"①

他的双轮驱动观点是理论上和业务工作能力上的双提高，是软功夫和硬功夫两种实力的大大增强。自从他1951年在中国人民大学攻读货币与银行专业研究生而走进金融这个领域以来，已经度过整整三十个年头了！三十年的耕耘砥砺，三十年的夜以继日的不懈追求，使他对专业的驾驭能力堪比于鸟之双翼，皆丰满坚毅，皆色彩斑斓。实力与权力是一个平行四边形两个相对的双边，在一般的情况下，它们应当既是相等的，也是平行的。刘鸿儒的人生机遇也是如此，在他的两种实力皆已达到一定高度的时候，与实力作为对应边的那条一线——权力，也相应地增长到一定的高度。1979年2月，他被任命为中国农业银行副行长，开始跻身高级领导干部的阶层。

不过，如要说起这个中国农业银行来，那可不是一个一般的机构，用民间的俗话来说，真可谓"小孩儿没娘，说来话长"！从新中国成立以来，它经历了三上三下，三兴三废，三建三撤。第一次是1951年7月成立，至1952年7月仅存在一年就被撤销了。第二次是1955年3月成立，1957年4月撤销。

---

① 刘鸿儒. 社会主义货币与银行问题［M］. 北京：中国财政经济出版社，1980：348.

第三次是 1963 年 11 月成立，1965 年 11 月又被撤销。现在又要成立，会不会"四起四落"，复蹈前辙呢？所以从打筹建那日起，人们顾虑重重，上上下下都缺乏坚定的信心和信念。人们口里不说，可心里都在想，现在操这么大心，费这么大力，有什么用？只怕是没过多久又会被撤掉。

有人将这一问题提到李先念副总理那里，李先念回答得倒很直爽，他说"需要就设，不需要就撤"。他这是简而言之的。而实际上，在时间变动的轨迹上，你还是可以看出农业银行的兴废立撤其实大有客观原因。1951 年，土地改革已在全国范围内胜利完成，为着适应土改后农村经济发展的需要，于是便在解放初期那个原生态的农业合作银行的基础上，建立起专门负责贷放农村水利农垦工程和兴办农业生产合作社业务所需资金的中国农业银行来。当时，它只设总行，下边不设分支机构，具体业务都由人民银行基层机构出面办理。到了 1952 年精简机构时，也就顺理成章地被精简掉了。

1955 年，中国大地上兴起了农业合作化高潮，全国有无数个像毛主席在《中国农业合作化高潮》按语中大力赞扬的"用三条驴腿创办起来的"合作社，人们完全可以想象得到，像这样的合作社能不需要有大量的资金来扶持吗？于是，又在这次农业合作化高潮中再度建起了中国农业银行。这次与前次不同的是，它从上至下地建立起了独立运营的分支机构，县以下的区，也可视业务量大小设立办事处。不过，虽然说是一个独立运营的金融机构，但在隶属关系上，却是上自总行起下至办事处止，都为同级的人民银行领导，或由同级的人民银行来安排其各项业务。这是一个一马双犁的架势，运行起来，难免不因工作界限模糊而出现扯皮现象。所以，两年之后又被撤销，其业务仍同从前一样，全部合并到人民银行里去。

到了 1963 年 11 月，国民经济经过全民大炼钢铁和大办工业的折腾，特别是人民公社化过程中的"一平二调"大刮共产风的破坏，农业受到了很大的损伤，全国人民都吃尽了苦头。这也使得中央清楚地认识到了农业在国民经济中的地位和作用，提出了"以农业为基础"这一深合客观规律的指导方针。由此，中国农业银行又应运而生了。这次与人民银行的分家，是更为彻底的，在隶属上已经是完全独立出来了，总行直接归国务院领导，下边按省、地区、县各级设立相应的分支机构，而且还负担了人民公社生产队的会计辅导工作。这一次的兴起是大张旗鼓的，独立得也是很彻底的，但是，由于人民银行与农业银行的基层机构，特别是在县一级和县以下的各层机构的设置上，还是互相重叠、分工不清，而更为主要的是，当时农村商品经济很不发达，货币流通渠道单一，全国的涉农金融行业在地域上虽辽阔，但业务活动仍很单薄，容不下更多的金融机构，于是在 1965 年 12 月的精简机构中农业银行又被精简掉了。

"千钧霹雳开新宇"，1978 年党的十一届三中全会上提出了全面深入地贯彻"改革开放"的方针，从而为我国的农村建设开辟了一个崭新天地。"万里东风扫残云"，改革开放这一政策的全面实施，大大地打破了过去束缚着农业生产力发展的各种条条框框，为国民经济的腾飞带来了无限生机，也召唤着中国农业银行的再一次重生。

为什么说，农行之重生称得上"事有必至，理有固然"①呢？因为，我国的经济体制改革是从农村开始的，形象一点来说，小平同志所说的"摸着石头过河"，他所摸到的第一块石头，就是安徽凤阳小岗村。

1978 年，凤阳县梨园公社小岗村有十三户人家，在严宏昌的带头之下，冒着巨大的政治风险在决心书上按下了手印，实行包产到户的联产承包制，他们提出的口号是："缴纳了国家的，留够了集体的，剩下的全是自己的。"群众的创造，是引爆奇迹的火种。它表现出的奇迹般的生命力得到了安徽省委（当时任安徽省委书记的是万里同志）和党中央邓小平等同志的认可，很快就在全国各地试行开来，也顺势拉开了经济体制改革的序幕。之后，党中央接连发出了好几个一号"红头文件"，都是关于农村经济体制改革与"三农"问题的，从而使改革的大潮一浪高过一浪，汹涌澎湃地推进了下去。

农村经济如此波澜壮阔的改革，势所必然地要带来货币信用机制和金融机构上的改革，因为任何成功的改革，都必须有配套措施的跟上，必须有各方面机制的协调联动。1978 年 7 月国务院召开的"全国农田基本建设工作会

---

① （宋）苏洵. 辨奸论.

议"上，李先念副总理在讲话中首先提出："我们考虑恢复农业银行，以便管理农业贷款，支援农业建设。"同年9月，人民银行行长李葆华向中央汇报工作时，李先念副总理明确作出指示，要尽快地恢复农业银行机构，以加强对农业的支援。

这里不妨岔开话题，说一说李葆华行长。李葆华是革命先驱、党的创始人之一李大钊的儿子，是一位很有魄力又很识大体的老革命。抗战时期他在晋察冀边区任区党委组织部长和北岳地区区党委书记；新中国成立后任水利部副部长、党委书记和安徽省委、贵州省委书记等要职；1978年1月被任命为人民银行行长、党委书记。他在人民银行任职期间，正值银行的各项运行机制和规章制度因"文化大革命"的猛烈冲击而支离破碎之际，一切都亟待拨乱反正，迫切需要正本清源地治理整顿。这时的他充分表现出了一位老革命家的担当与气度，不仅大刀阔斧、雷厉风行地剔除"文革"影响，而且巧妙地把握原则性与灵活性，革故鼎新，很快就将《中国金融》杂志、中国金融出版社、保险机构、银行监察机构、中国金融学会等单位先后恢复起来，而且还大力争取恢复了我国在世界银行和国际货币基金组织中的合法席位，开展了与世界各国银行间的互相交流。总之，他在短短的时间内，就沿着邓小平同志在党的十一届三中全会中指示的"把银行作为发展经济，革新技术的杠杆"的方向，把银行工作大大地向前推进了一步。

李葆华同志接到李先念副总理关于重建农业银行的指示后，马上返回银行召开了党组扩大会议，专题讨论了如何贯彻中央指示精神，尽快地将中国农业银行重建起来。对这个议题，与会人员各抒己见，实事求是地说，很多人心里都有点打鼓。"三建三撤"的历史，使人们怀疑这一次再建能够维持多久？会不会重蹈历史前辙，三年两载后就又撤了（实际上，前三次的建立，没有一次是超过两年以上的）？但葆华同志贯彻中央决议的决心毫不动摇，他在安徽当过省委书记，知道凤阳小岗村的创举给我国农业经济带来了多么翻天覆地的变化，从而联想到即将迎接农村经济体制改革大潮的农业银行，也必将是在一个新的历史起点上应运而生的新生事物，其生命力与此前"三建三撤"的农业银行，是不可同日而语的。

会议的结果，便是决定成立起草小组，尽快地起草出一份关于恢复农业银行建制的报告，以便上报给国务院。这个起草小组的组长一职，又历史性地落在了时任办公厅副主任的刘鸿儒肩上。因为多少年的实践经验积累，使得刘鸿儒已经差不多成为人民银行里面的文件起草专家了。在这十几年里，究竟起草了多少份重要的文件和报告，好像连他自己也记不清了。

不过，这一次的文件起草可不同于往日，它不是加上几个夜班，七嘴八舌地推敲过几次文稿就可以完成的任务。因为在起草组内部，众人争论不休，思想认识纷纭错杂，一时之间难以形成统一意见。人们常说"历史的经验值得注意"，而在农业银行建立的问题上，值得注意的历史经验实在是太多太深刻了！起草组成员大多数是老农行的人，除了时任农村金融局局长的肖贵中以外，还有许多这一行当里的专家和业务骨干。大家说是在起草文件，很多时候实际上是在争议和争辩，前几次的分分合合留下了许多后遗症，在人们心里烙下了许多疤痕。现在，要统一认识到一个新的起点上，谈何容易？更何况，这时还处在改革开放的初期，对于未来经济发展的趋势不是所有人都能看清楚的。就拿凤阳小岗村的联产承包制来说，有许多地方不去推行，或者说是不积极推行。报纸上曾经登载过这样一份报道，说分别属于两省而彼此近邻、只隔着一道沟梁的两个村子，一个村推行了联产承包制，家家富裕，产量猛增，而对面的村子虽然还是穷得没有米下锅，却仍要扛着人民公社的大旗，不肯、也不敢行那包产到户的事。

最终，逐渐明朗起来的农村经济发展形势才使得大家的思想逐渐转过弯子，认清了方向，统一了认识，起草组也终于把那份《关于恢复中国农业银行、统一管理国家支农资金的报告》写了出来。虽然时间长了一些，直到1979年1月才写出来，但报上去之后，却很快就得到了批复，国务院于1979年2月23日便发出了《关于恢复中国农业银行的通知》。

1979年3月14日，"中国农业银行"的牌子在西交民巷清朝末年的中国银行旧址上挂了出来。那牌子是从库房里现找出来的，因为是个老招牌，上边写的还是繁体字。

挂牌的同时，领导班子组建完成，由中国人民银行副行长方皋任农业银行行长，刘鸿儒任副行长兼办公厅主任，农金局长肖贵中任副行长，此外，还有从外省市调上来的黄玉明（上海）、赵秋喜（山西）、王海峰（浙江）等人。

1998 年 4 月，历届农业银行领导人聚会，第一届副行长有：肖贵中（前排左一）、刘鸿儒（前排左三）、黄玉明（前排左六）。

领导班子有了，牌子挂出来了，但不等于说这个金融机构就实实在在地建立起来了。因为当时还是只有架子没有摊子，只有牌子没有票子。要想铺开摊子，将存放款资金都运作起来，还需要他们这些领导班子里的人开创一番事业。新建的农业银行虽说有着老农行的底子，但几经分合之后，也是米缸子见底了，现在人民银行和农业银行搞分家，这个家底可就扯不清了。

刘鸿儒陪同行长方皋走下去到各处去做帮扶工作。方皋曾任过广东省副省长，有着很强的地方工作经验，由他下去解决分家问题，大伙儿初想定然是水到渠成、马到成功的。然而他们走过几个地方后，发现事情并非他们想象的那么容易。

在湖北考察时与农业银行湖北分行同事合影。前排右四为农业银行行长
方皋，右五为刘鸿儒。

一天，他们来到了湖北省万县，农行县支行行长是个女同志，分家的
过程使她伤透了心，故而她将两位领导接进营业部的办公室时说："五个
人只有五把椅子，多一把都没有，请你坐，我们看着。"她心里想，让你
们上边来的两位领导也亲自尝尝椅子不够用的滋味，看这个难题如何
解决？

1979 年夏天，参观葛洲坝建设沙盘。左三为农业银行行长方皋，左四为刘鸿儒。

离开万县到了省里，湖北省人民银行行长关广富（后升至湖北省委书记）是刘鸿儒的老乡，1979 年人民银行曾派代表团去日本访问时，刘鸿儒是代表团团长，关广富是副团长，两人的关系一直不错。刘鸿儒便笑着把去到农行万县支行坐椅子的难题说给了关广富听，让他下令给各县人民银行，在两行分家时多照顾一下新成家立户的农业银行小老弟。关广富听了，将两手一摊说："总行对我们的经费抠得也是很紧的，你看，我们就是这么个家当，那些破桌子烂椅子，你们农行过来随便挑，愿意拿哪个，就拿哪个！"

事情明摆着，几次合合分分不啻为在旧伤的基础上再去割一道口子，是很难下得去刀子的！与其再去伤神费力地拆旧账，还不如就地挖坑从头栽树。于是刘鸿儒与方皋行长商量，决定花点钱自己添置。

这一年来，刘鸿儒配合方皋行长，一班人拳打脚踢，使尽浑身解数，费尽九牛二虎之力，总算是平地挖坑把农业银行的摊子铺开来，架子搭起来，由上（总

　　受日本兴业银行之邀，刘鸿儒于 1979 年 8 月第一次率团赴日本考察，日本兴业银行请专家详细介绍了日本市场经济制度和金融制度，全团第一次全面系统了解了市场经济、市场经济中金融体系的构成和作用，对我国刚刚启动的经济、金融改革起到了促进改革思想形成和经验借鉴的作用。其间，已就任农业银行副行长的刘鸿儒特地留出三天考察了日本农村，对日本农业合作系统作了深入调查。

　　图为全体团员在日本兴业银行大厦前合影。前排右四为刘鸿儒，左三为关广富（时任人民银行湖北省分行行长，后任中共湖北省委书记），后排右三为李祥瑞（时任人民银行上海分行行长，后任交通银行董事长），右四为羊子林（中国银行代表，后任中国银行港澳管理处主任、中国进出口银行董事长兼行长、渤海银行行长）。

刘鸿儒（左二）与日本兴业银行董事长池浦（左三）会谈。中国银行的
羊子林（左一）兼任翻译。

行）至下（县支行和办事处）都有了自己的房舍和桌椅板凳、算盘子和账本子。

　　但是，搭台子还仅仅是建立农业银行的一个方面。另一方面，也是更为重要的一方面，是要明确农业银行今后的经营思路和发展方向。要将农业银行办成一个什么样的银行？这一个问题决定着农业银行的命运；也决定着它能否长期存在，会不会"四起四落"。能否把票子吸收进来，再把票子贷放出去，是银行得以存在的前提；而如何能够吸收更多的存款，并把它合理有效地贷放出去，才是银行得以长期存在的基石和保证。

　　然而，确定经营思路和发展方向并非一件容易的事。因为农业贷款是人民银行最原始的、开发得最早的一种信用活动。早在根据地时期，各地的革命银行就把农业贷款作为银行的一项最根本的业务。这主要是因为，在很长的历史里，根据地和解放区几乎没有什么工业，商业也不发达，革命战争主要是靠农民的小米加车轮。因此，农业贷款的发放主要是救济性质的，是革命政权对农民的回报。新中国成立后，农业贷款走的基本上也是这样一条路子。工业化的资金积累主要是靠农业，是农民通过统购统销渠道把粮食和工业用的原材料（特别是轻工业）用不等价交换的方式卖给国家，从而才使社会扩大再生产得以延续，并增强国家的资本积累。所以，那时候从事国家计划工作的人都有一句极通俗的话，叫作"八月十五月光明"，意即阴历八月十五前后，一年的农业丰歉大局才能看得清楚，从而才能计算出农业能为来年的扩大再生产提供多么大的增长动力，只有这时，国家才能够确定一个比较明晰的计划盘子。所以长期以来，我们农业贷款仍然是，或者说基本上是解放区时期的救济款。在当时，有个很通行的口头语用来形容那些困难的生产队，说他们是"吃粮靠返销，生活靠救济，生产靠贷款"，这里的贷款说的就是长期实行的救助型农贷。再加上人民公社化以后极"左"思潮的猛烈冲击，片面强调"以粮为纲"的方针，从而使得农村基本上没有什么商品生产和商品交换，淤塞住了农村的商品流通和货币流通渠道。可想而知，一个没有商品和货币正常流通渠道的农村，银行信用还能做什么呢？也只能是用作救济款。

在讨论农业银行的经营方针和发展方向时，有人认为要想使农业大力发展，需要国家下拨大量支农款，有了钱，银行就好办事了；甚至有人还作了初步匡算，实现农业现代化需要 3600 亿元贷款。这种想法实际上是要国家倾尽国库买来一个农业现代化，而就当时国力来说，恐怕就是倾尽国库也拿不出那么多钱。

1979 年 9 月，在北京召开的中国农业银行第一次全国分行长会议上，提出了发展农业生产不能全靠国家拿钱，要自力更生，大力发展商品生产。1980 年 4 月，在苏州召开农业银行分行长座谈会，进一步明确和落实支持农村发展商品经济的方针。这一方针立即遭到了强烈反对。不仅是银行内部，还有地方政府和农村基层干部，都认为这不符合我党的一贯方针，而是地主老财"嫌贫爱富"的思想，说这是只能"锦上添花"，不再"雪中送炭"，丧失了阶级立场。还有人说，一个社会主义的银行竟然提出要支持商品生产、发展商品经济，这不符合马克思主义的基本理论。因为那时，党中央还没有在文件上公开明确地提出过"有计划的商品经济"。[①] 更重要的是，地方政府

---

① 刘鸿儒. 刘鸿儒论中国金融体制改革：下卷［M］. 北京：中国金融出版社，2000：583.

苏州会议期间，刘鸿儒在住所苏州阊门饭店留影。

和农村基层干部不能一下子认同这个"发展商品经济，增强造血功能"的提法，这其中还有个非常现实的老大难问题摆在那里：公社化和"大跃进"造成了一大摊呆账和烂账，农民不仅没有能力偿还，而且也没有意愿去偿还。刘鸿儒在基层调查时，亲眼看到有的村头上趴窝着一大堆农机具，都是各级领导瞎指挥时强迫生产队购买的，根本不能用。农民说："你们要，就把它们全部拉走，我们用来抵债。"这些还只是有形的烂账，此外还有那一大堆无形的烂账，即干部瞎指挥让农民一会儿"旱田改水田"一会儿"水田改旱田"所借用的贷款。那钱基本上就当是水漂儿了。你叫农民怎么还？但又不能全部豁免。因为放款的时候说的就是贷款，而非财政拨款。尽管银行和财政是"穿一条裤子"的，但毕竟是一条裤子的两条腿！桥归桥，路归路。如果贷款全部豁免，就没有银行存在的必要了，统归于财政或者把银行叫作"第二财政机构"好了！如果真的这样做，那会给农民造成一种错觉，就是贷款也是国家的，可以不还。当时在河南的一些地方曾经流传过这样一句话，说某些人是"敢借敢花敢不还"。对此，周恩来总理早在 1962 年就曾批评过，说银行豁免农贷是不认真负责的。

那么，究竟该怎么办呢？刘鸿儒认为，贷款就是贷款，有借有还，是信贷的一个重要原则，也是它的根本属性。如果没有了这一属性，也就没有信用和银行了。因此他在讨论中提出，可以把这笔账由总行统一挂起来，等到银行经营好转时，再逐步进行冲销。

农业银行如果不依靠财政，不做第二个财政机构，仅靠支持农民发展商品生产，能不能支撑其运作和发展？对此，大家在会上讨论时也是众说纷纭。说到底，当时大家对走这条路缺乏信心。因为我们的银行长期以来都不是这样做的，国家的计划经济体制也不是这样做的。归根结底还是那句话，存在决定思维。要想把这种长期存在的固定思维方式转变过来，就需要明确地指出一个，最好是能让众人亲眼看到一个新的经济发展现实，哪怕仅仅是一个苗头也好。全国农业银行分行长座谈会之所以选择在苏州召开，就是因为苏州地区的农村商品经济比较发达。读者们可能都还记得，当时苏、锡、常（苏州、无锡、常州）的社队经济（后来改称为乡镇经济）发展得很快，形成了当时我国经济生活中的一大亮点，全国各地的人们都纷纷前往那里取经。分行长会议期间行里便组织大家下基层参观访问，切身感受商品经济的大潮给农村带来的巨大变化。后来，总行又组织业务骨干到全国各地去作调查研究和进行大力宣传，把支持发展商品生产作为农业银行的立足点和起跑线，用增强"造血"功能的办法来支持农业发展和改善农民生活，不再做发放救济款的第二财政机构。有的地方政府听到后深有感触地说，这回银行是要动真格的了，不再雪里送炭了，我们必须自力更生，自找路子来脱贫致富，不能只做伸手干部，全仗着"等、靠、要"了！

有人在农村经济体制改革较早的安徽凤阳和山东平原等地作实地调查，非常清楚地看到发展商品经济给农村的商品与货币流通所带来的惊人变化。过去在农村，货币流通只有一个市场与"半块现金流通渠道"，因为国营商业只在向农民销售消费品时收取现金，而同时农民无任何商品可售卖，因此只有向国家提供农副产品时才有商品交换行为，而国家多是通过银行转账方式付款,所以说是"半块现金流通渠道"。因此,商品流通和货币流通就像是冬天里的黄河,只有一条狭窄的细流。现在,农民手中有了多余的粮食和农副产品,许多地方又大力发展社办企业,可以将这些农副产品与社办企业生产的工业品都拿到市场上去卖,从而使得可供交换的商品日益丰富,随之而来的是货币流通量的大幅增加和日益增长。根据安徽凤阳的例子进行初步核算,过去每个生产队手里才保存有 120 元的现金,而现在平均每户都保存有 120 元的现金,可想而知,货币流通量的总和将是过去的几十倍,乃至上百倍。山东平原县的调查结果也印证了这一发展趋势。如果我们还用方才的那个譬喻来说,这时农村里的商品货币流通,已经成为江南水乡,已是河湖港汊、沟满渠盈了。

刘鸿儒还亲自到吉林省德惠县作了调查,走访了三十余户人家。改革开放以前,那里虽然是个产粮大县,但仍然是家家没存款、户户没现金,人们只能用省下来的几个鸡蛋到供销社换点盐吃,所以有人俏皮地说这是"鸡屁股银行"。此时,那里的情况则是地里的粮食大幅增产,社办企业迅速增加,大大小小的机构单位都需要占用一定的周转资金,而农户家家手里都持有一定数量的现金,准备盖房子和购买耐用消费品。

商品和货币流通如此迅猛地增长,在其基础上所产生的银行信用,能不蓬蓬勃勃地发展起来吗?过去,农业银行是在枯瘦如柴的农村市场上运作,银行的业务量少得可怜,仅有的一点点贷款还大部分都用于救济上,因此那时候只需要人民银行一家金融机构就足够了,另外再设农行必然是机构重叠,人浮于事。现在的形势大大变化了,商品经济迅猛发展,商品和货币流通量都在上百倍地增加,银行人员即便规模日增犹感跟不上形势发展,哪里还有人浮于事之虞呢?农业银行的机构设置,再不是多此一举的事,而是唯嫌其数量太少、业务品种太单一了。

由于农业银行的经营思路摆正了,发展方向找准了,银行的业务也就迅速发展壮大了。1980 年农行的各级机构只有 2.8 万个,干部职工 23.1 万人,存款 368 亿元,贷款 512 亿元;而到了 1995 年底,已拥有机构 6.7 万个,干部职工 56 万人,存款增至 8022 亿元,增长了 31 倍,贷款增至 6901 亿元,增长了 34 倍。业务也从单一化转向多样化，除办理一般性的存、贷业务之外，还开办了国际金融、信托投资、租赁、证券等新兴业务，为将央行与商业银行机构和机制分开的金融体制改革拉开了序幕。

刘鸿儒在农行的创建过程中，扮演了一个文武兼备的重要角色。"文"的方面，他是行长方皋的得力助手，还兼任着办公厅主任职务，搞调研、提方案、出主意、写文件，建立起一套完整的银行办公体系；"武"的方面，管行政、搞后勤、办食堂、找住房、置办设备、购买汽车、招收员工，样样他都用心用力。总行绝大部分新员工是他亲自招进来的。这些新员工当中，大多数是老三届插队的知青，刚刚返回城市，生活困难，别的方面还好凑合，而没有住房便是最大的难点。但刘鸿儒不惜费尽一切力气，硬着头皮去帮助大家解决这最棘手的住房问题。因此，这些新员工对刘鸿儒都怀有深厚的感情。

1980 年 8 月，刘鸿儒接到电话通知，原来中央来了调令，让他返回人民银行任副行长。方皋行长主张给他开个欢送宴会，他坚决辞谢了，但是，农行办公厅里那些他亲自从老三届知青中招进来的员工们却自发地执意要为他饯行，令他盛情难却。在简单的欢送宴会上，大家举杯痛饮，虽然话都不多，但新员工们诚挚的寄语和不舍的眼神，都体现出他们对刘鸿儒朴实而真挚的感情，大厅里流动的暖意为他的农行生涯画上了一个温馨的句号。

第九章

历史的重托

1978 年党的十一届三中全会上，提出了干部队伍要"年轻化、知识化、革命化"的号召，这是确保我党保持旺盛活力、蓬勃朝气的有力举措。

这时，在人民银行主政的李葆华同志，在重新组建人民银行领导班子时，便竭力响应党在新形势下所发出的战斗号召，大胆将符合党中央提出的三项要求的年轻干部选拔进领导班子。当然，他的这个大胆，是在全面考察、精心遴选、统筹兼顾、按部就班的基础上进行的。刘鸿儒的条件客观摆在那里，不论从哪个方面来看，他都是最为适当的人选之一。1980 年 8 月，刘鸿儒被破格提拔为人民银行副行长，这是行长身边最重要、最得力的助手岗位。

刘鸿儒的升迁是时代的际遇，也是葆华同志慧眼识才的选择。李葆华在识辨人才和重用人才方面，表现出了不同寻常的胆识，除了提拔重用刘鸿儒外，他在一般干部的选拔任用方面也下了一番功夫。在人民银行这个特殊单位里，真正的好伯乐不仅要能识别千里马，还要能解决"千里马"的搭配与组合问题。

人民银行之所以特殊，是因为与国务院其他各部委，特别是那些工业、交通等部门不同，人民银行里的干部，下从科长、副科长起，上至行长、副行长，大部分都是从革命根据地和解放区里来的老干部。早在广东海陆丰根据地时起，我党就建立起了属于苏维埃政权的银行；在井冈山时，更是由毛泽民同志亲自担任中华苏维埃共和国国家银行行长这一职务。这二十多年的革命斗争锻炼出了一大批既有革命和军事经验又掌握娴熟银行业务的干部。从新中国成立后直至"文革"前担任人民银行行长和副行长职务的曹菊如和黄亚光，都是从井冈山时期便跟着毛泽民搞银行业务的老银行人，长征路上也正是他们十几个人肩挑着钞票印版爬过雪山越过草地的。

而在工业和交通部门里，情况就大不相同了，作为"科技含量"较高的新兴产业部门，这些部、委里面工作的老同志，不管是长征式的，还是"三八式"的，除了一些老的专家学者之外，其余业务骨干力量都是新中国成立后历届毕业的大专学生。在那些单位里，干部的更新换代自然很有顺序。而人民银行里的情况便有些特殊，许多中层领导干部的革命资历很深，一般都是抗战爆发前后参加革命的，其中尤以 1938 年我党在华北地区建立多块抗日根据地时吸收的财经干部数量最多，所以人们统称他们为"三八式"。他们经过了八年艰苦环境的锻炼，已然个个精通银行业务，而且都是在创建发行各解放区独立自主的货币和与敌伪货币作斗争中颇有贡献的人。新中国刚成立时他们都还很年轻，在之后很长一段时间里，他们都还只能做南汉宸、曹菊如、黄亚光、陈希愈等老一辈革命银行家的助手和部下。后经十年"文化大革命"，时间不觉蹉跎而过，当"文革"后想要恢复正常建制时，这些"三八式"的老同志在年龄上便有些偏高了，有的已经接近于离退休年龄。他们在业务上确实是承上启下的台柱子，长期以来银行里就有"四大才子"与"五大才子"之说，指的就是这些业务台柱子，而银行业务技术性和政策性都很强，离开了这些台柱子还真有些不行。因此在那时，仅就工作需要来说，还真有个断档与续档的问题。

这时就是考验领导干部实际领导水平的时候了，而在妥善安排好新老干部搭配方面，葆华同志统筹兼顾的能力则体现得淋漓尽致。他在大胆提拔刘鸿儒和另一位年纪稍轻的女同志邱晴（著名哲学家吴江的妻子）担任副行长的同时，又接连提拔了三位业务工作能力很强的老同志韩雷、尚明、陈立任副行长。这也是刘鸿儒所极其期望的，在葆华同志找他谈话时，他便极力推荐将韩、尚、陈等人提拔上来，使备受"文革"冲击的银行干部队伍能够有序传承下去。

韩雷是行内有名的大秀才，他的情况我们前面已经说过了，他是刘鸿儒的老领导，是他发现了刘鸿儒这个人才，他除了年龄偏大之外，不论从德、才、资哪个方面来看，都是足以膺任副行长职务的。

尚明的情况也是一样，在人民银行里他与韩雷齐名，一向被人誉为"四大才子""四大金刚"或"四大台柱"。早在延安时期，他就在边区政府财政厅厅长南汉宸的身边工作，抗战胜利后，南汉宸带领一大批财经干部，途经敌人一道道封锁线去支援晋察冀解放区的财经建设时，便是由他与后来担任过人民银行副行长与财政部部长的吴波同志两人带队的。平津战役后，又是他第一个冒着敌人炮火去接收敌伪银行，出任天津分行行长职务。人民银行总行由石家庄迁京后，他一直担任办公厅主任、国外业务局局长等要职。人民银行"三大案件"期间，尚明受到错误牵连，长期受到不公正的待遇，其工作能力受到压制而得不到发挥。"文革"后期"三大案件"得到平反，尚明便晋升到副行长的岗位上。虽然他像韩雷一样年龄偏大，但对这样德才兼备的老干部作出安排，大家也很认同。

陈立同志则是出身于新四军的年轻干部，长期在华中银行工作，后跟随陈毅元帅走进大上海，并参加了封锁证券大楼、打击银元投机等"没有硝烟的战斗"。1953年大区撤销后他来到北京，担任过总行党委副书记和计划局局长等要职。相比较而言，他的年龄倒是偏小一些，正是年富力强之时。

刘鸿儒就是在这一历史条件下走上了我国金融业最高领导层的工作岗位的。自此，他便作为人民银行党组副书记、副行长，一干就是十年。起初是葆华同志任行长，后来又连续换了吕培俭、陈慕华和李贵鲜三任行长，如此，刘鸿儒便接连担任四任行长的助手。人民银行的工作不好做，特别是改革开放后银行工作在社会经济生活中分量越来越为重，而改革形势也对银行工作提出了更高的要求。中央领导往往对人民银行的工作有新的设想和考虑，所以就连续地换帅。人民银行的一把手不好做，而作为一把手助手的常务副行长，其工作也很难做。刘鸿儒就在这一工作岗位上干了十年。

1981 年 8 月，在承德参加人民银行行长会议。中间者为陈立（时任人民银行副行长，工商银行成立后任首任行长），右一为刘鸿儒。

这里再宕开一笔，讲讲葆华同志退休后的故事。1982 年 4 月的一天上午，中央领导找他谈话让他退下来，他二话没说回到办公室整理好应当交接下去的文件，下午就拎个手提包到新华书店买书去了。当时，人民银行还为他留了一间办公室，但他从来不去，从不干涉新的领导班子的工作。余下来的时间，就是在家看书、写东西。他下定决心要将他父亲李大钊同志在"五四运动"前后所写的全部文章再重新精读一遍。由于抗战期间他一直在晋察冀中央分局里工作，先后担任过边区党委组织部长和北岳地区党委书记等要职，因此，20 世纪 80 年代时任高级党校校长的王震同志找到他，让他牵头负责整理晋察冀边区的有关史料。他除了读书和写材料之外，闲下来也侍弄一些花草和下下围棋。说起围棋，倒也有件逸闻趣事。"文革"前，他常去陈毅家里下棋，陈老总一高兴就把自己最喜爱的一副围棋送给了他。"文革"期间，他被抄了家，许多东西都被抄没了。别的东西他都毫不吝惜，只有陈老总的这副围棋难以忘怀，割舍不下，时常地还在念叨着。后来，夫人帮助他下大力气去寻找，终于把棋盘找了回来，原来是被保姆拿回家去做擀面板了。只可惜那两盒制作精致的棋子不知散落何方，再也找不回来了。

让我们再把时间倒回到1980年的8月。此时，作为中国农业银行副行长的刘鸿儒，在一片金色的秋阳下，正前往东北农村对发展商品生产后农村经济的变化开展实际调研。从他的出生地吉林省榆树县出发，经德惠县，步步向北，一直走到他少年时期渡过最艰苦岁月的北安县，一路上，伴随着清爽的凉风、瓦蓝的青天和缱绻的白云，辽阔无边的松嫩平原在他身边恣意延展。初秋的太阳给人一股暖融融的舒适感觉，就像在阳春三月一样。在阳光下，一切物体都透露出一层只有在这个季节里才能见到的鲜明与亮丽。抬眼望去，万山红遍，层林尽染，而近在身边的田垄上，它的色彩更是迷人，无论平地还是坡岗，都闪烁着一望无际的纯金色的光泽。撒在这块黑油油土地里的种子，经过一夏的发育生长，开花结果，已经到了颗粒饱满的时令，在大地上扬花吐穗，稻田如同海水一般腾跃起伏。

这一路上的所见所闻，也处处令人兴奋。从事农村金融工作的他敏锐地感受到了党的新经济政策使农村市场发生了巨大变化，银行发行的货币汩汩不停地流通到原先闭塞的村镇，农民手里的现金在不断增多。此时的刘鸿儒不禁心生出一种像包产到户的农民望着自家地里丰收的粮食一般的喜悦。

当车子向北安方向开去的时候，望着路旁满眼的稻谷飘香和大豆高粱，抚今追昔，刘鸿儒不禁百感交集。再次来到北安城外十几里地的关东军油库检修厂时，那里早已是"物非人亦非"了！当年的劳工营，现已改造为我军总后勤部下属的920汽油仓库，门前的铁丝网和鬼子兵哨卡岗楼早已拆除，盖起了一栋栋宽敞明亮的楼房。陪他一同前往的是中学时期的九位同学，他们在这昔日的人间地狱门前，留下了合影照片。同学们对刘鸿儒道："谁能想象得到，天地间还真有这梦想成真的事儿！你今天不但是读了书，而且还出国留洋，当了博士！"

回到哈尔滨农行省分行研究工作时，刘鸿儒接到了北京的电话通知，告诉他上面来了调令，将他由农业银行又调回人民银行，担任副行长，而且告诉他，先不要回北京去交接工作，可径直去大连参加全国人民银行分行行长会议。他是个组织观念很强的人，接到通知后，立即由东北的边城来到了海滨城市大连，正式就任新的工作岗位。

1980 年 8 月，旅顺口。正在哈尔滨考察的农业银行副行长刘鸿儒接到调任人民银行副行长的调令后，直接来到大连参加人民银行分行行长会议。右三为陈希愈副行长，右四为刘鸿儒，右五为办公厅主任韩雷，右六为李非副行长。

英国有一位伟大哲人培根曾经说过一段极其富有人生哲理的话："幸运所需要的美德是节制，而厄运所需要的美德是坚忍。""节制"的寓意很深，但最重要的一点便是自控和自知。培根还通过具体事例阐明了这一观点。他举了古罗马一位将领的例子："泰摩索斯总把他在政治上的成就说成：'这决非幸运所赐，而是因为本人高明'。结果他以后再做什么事却很少成功了。"而另一位古罗马的将领苏拉，"则不敢自称为'伟大'，只称自己为'有幸的'。从历史可以看到，凡把成功完全归于自己的人，常常得到不幸的终局。"① 刘鸿儒便是一个很懂得节制的人，他认为按照自己的身份和能力，能得到组织上破格提拔和重用，并不是因为自己真有什么超人的本事和实力，而是因为革命进入新长征阶段的客观形势需要，自己赶上了中央决定破格提拔一批年轻干部这一契机。因此，他在分行长会议上，用心听取别人讲话，用心领会会议精神。特别是，想到今后自己要领导那么多拥有真才实学的老干部，最好的办法就是谦虚谨慎，真心实意地向同志们学习，少说多做，用实实在在的行动和业绩来回报组织对自己的栽培，回报那些过去领导过自己、培养过自己的老同志。刘鸿儒的自控与自知，使他成长得更快，也因此得到了"幸运之神"的更多垂青。

就在这次分行行长座谈会上，葆华行长传达了邓小平同志于 1979 年 10 月 4 日在"中共省、市、自治区委员会第一书记座谈会"上提出的"必须把银行真正办成银行"的指示及国务院关于银行改革的要求。邓小平同志的原话是这样说的："现在对财政、银行，有很多反映。有的好项目只花几十万元，就能立即见效，但是财政制度或者是银行制度不允许，一下子就卡死了。这样的事情恐怕是大量的，不是小量的。卡得死死的，动都动不了，怎么行呢？当然也有成千万元的项目，那就必须慎重一点了，但是成千万元的项目也有很快见效的，财政、银行应该支持，这样就活起来了。这不是个简单的财政集中分散的问题。必须把银行真正办成银行。现在每个省市都积压了许多不对路的产品，为什么？一个原因就是过去我们的制度是采取拨款的形式，而不是银行贷款的形式。这个制度必须改革。任何单位要取得物资，要从银行贷款，都要付利息。"②

当下刘鸿儒听到这个传达之时，深觉震撼，不过还觉得不够解渴，为了详细领会精神，厘清邓小平同志说话的前因后果和词句的深意，他又到机要处找到了那次会议的简报，反复阅读，领会贯通。他深深地感到，这是邓小

---

① ［英］弗兰西斯·培根. 培根论人生［M］. 何新. 译. 上海：上海人民出版社，1983：31、28.
② 邓小平文选：第二卷［M］. 北京：人民出版社，1994：200.

平同志发出的要对银行体制进行彻底改革的第一声动员令，是要求财经工作者对几十年来卡得死死的财政银行制度实行彻底松绑的第一声进军号。

邓小平同志的这段话之所以能深深地触碰到刘鸿儒的内心，还在于他对于此中的含义有着较他人更多的实践体验和理论认知。从他的个人经历来说，他一进大学之门学的就是苏联计划经济理论体系，全部信用高度集中于国家银行手中，按统一计划分配与使用全国的资金。后来，组织上送他到中国人民大学进修，听苏联专家授课。毕业之后返回母校，他又对自己的学生讲授这套理论，并当上了经济系的副主任。但他始终觉得对于这个体制构建的始末了解不足，认识不深，他不仅想知道苏联的社会主义银行制度是怎么组织和运行的，而且还想弄清楚它是怎样形成和构建起来的，亦即"既知其然，更知其所以然"。所以他主动向组织提出申请，要去苏联做研究生，彻底弄清我们依照苏联体制建立起来的银行结构和运行机制。他在苏联学习了四年，回国后在人民银行计划研究部门、综合部门以及领导管理岗位上工作了很长时间，前前后后加起来总共有三十余年，应当说，他从理论到实践两个方面对于我国实行了多年的依照苏联模式构建的社会主义银行体系是感受至深的。

他在求学于苏联货币信用学领军人物阿特拉斯教授时，就有一种疑惑或者异议，即，百余年来，很多人，特别是当时苏联的经济工作领导者对于马克思、恩格斯关于货币商品和银行的理论也许并没有真正地理解，因此对于现代形式的银行这一15世纪以来首先在意大利兴起的资本主义怪物，在某种程度上存有一定戒心。诚然，马克思在《资本论》中说过，银行与信用"成了一种非常有力的使资本主义生产超出它的固有限界而进行的手段，是引起危机和诈欺的最有效的工具之一"。[①] 但同时他也明确地指出，银行制度，"在我们是说它的形式组织和集中两点的时候……是资本主义生产方式一种最人为最发展的产物"。[②] 据此，他曾在《共产党宣言》《共产党在德国的要求》《法德农民问题》等多处都提出，无产阶级夺取政权后，必须夺取银行，成立国家银行代替私人银行。

---

① 马克思. 资本论：第三卷 [M]. 北京：人民出版社，1966：711.
② 同上。

恩格斯的讲话也常常被人错误地理解，他说："一旦社会占有了生产资料，商品生产就将被消除，而产品对生产者的统治也将随之消除。"① 但许多人没有注意到，在许多国家里无产阶级夺取政权后并不能占有社会的全部生产资料，只能占有大工业生产的这一部分，而如同汪洋大海一般的小农经济是不能国有化的，只能通过合作化使其成为集体经济，因此必将长期存在两种所有制。在这样的经济环境里，商品货币和银行对于无产阶级国家将作为不可缺少的经济杠杆而长期存在，这也是历史发展的必然。

从历史教训上看，由于对马克思主义经典著作的片面错误理解，法国无产阶级在巴黎公社成立后，没有立即占领法兰西银行，只派了一个代表过去监督。当时法兰西银行掌握着三十亿法郎的现金、银行券、有价证券和金锭。它在公社存在的七十二天内，只提供给公社一千六百万法郎，而提供给凡尔赛的反革命活动经费高达两亿零五百八十万法郎，后来又把印钞板运到凡尔赛，大量印刷纸币，支持反革命活动。巴黎公社由于经费严重缺乏，一些重大的革命活动受到限制，也不能采取措施减轻人民的税收负担，引起了小资产阶级的不满。恩格斯在总结巴黎公社的经验教训时指出："最令人难解的，自然是公社把法兰西银行视为神圣，而在其大门外毕恭毕敬地伫立不前。这也是一个严重的政治错误。银行掌握在公社手里，这会比扣留一万个人质更有价值。这会迫使整个法国资产阶级对凡尔赛政府施加压力，要它同公社议和。"②

苏联十月革命前后，也有着不同程度的类似情况。虽然列宁多次讲过："没有大银行，社会主义是不能实现的。"③ "统一而规模巨大无比的国家银行，连同它在各乡、各工厂中的办事处——这已经十分之九是社会主义的机构了。这是全国性的簿记机关，全国性的产品的生产和分配的计算机关，这可以说是社会主义社会的一种骨干。"④ 但是，俄国在十月革命之前，资本主

① 马克思恩格斯选集：第三卷 ［M］. 北京：人民出版社，1972：323.
② 马克思. 法兰西内战 ［M］. 由中共中央马克思 恩格斯 列宁 斯大林著作编译局编译，人民出版社，2018：12.
③ 列宁选集：第三卷 ［M］. 北京：人民出版社，1972：311.
④ 同上。

义生产还不甚发达，因此在革命党人的意识形态中，"自然经济论"一直占据重要的位置。新建立起来的革命政权对于今后要长期保持货币和银行的意义一直持消极态度。这在胜利后的几次党代表大会决议中都曾有过反映。他们曾几次提到要积极创造条件准备消灭货币，因此苏联在相当长的一段时间里，实行的是产品交换制和实物供给制，一直到1921年实行新经济政策之后，才全面地建立起有商品、有货币的社会主义经济体。但是，由于当时的国际环境，必须强化计划管理以便加快建立起强大的重工业体系，以抵御国外的武装干涉，因而在当时的那种经济体制下，商品、货币之间的关系是很不充分的，与之相适应的银行体制自然也是不充分的，在大多数情况下，都是用计划手段来限制价值规律的作用。"斯大林晚年承认了两种公有制之间，存在商品生产和商品交换。但同时又认为全民所有制内部流通的生产资料不是商品。"[①] 在这样一种商品货币关系基础上建立起来的苏联银行体制，该是怎样的一种体系和模式，它与真正的银行有着多么大的距离，那就可想而知了。由于整个社会的经济制度是以国家计划为主要手段来规定生产数量和调配生产要素，所以那时特别强调的是"有计划按比例"，实际上即高度的集中统一与全面的国家垄断，银行的机制和功能就只能限制在这一框架之内。超出这个框架之外，即超乎计划所规定的指标之外的一切活动，都被认为是资本主义盲目自发的行为，这便使得银行本来就具有的可以形成"一种非常有力的使资本主义生产超出它的固有限界而进行的手段"[②] 都被认定为是不利于国民经济有计划按比例发展的，因而被取消或削减下去。由于苏联是第一个建成社会主义经济体制的国家，所以一直被认为是社会主义建设的普遍标准。在东欧和亚洲的一些社会主义国家里，该经济体制被普遍地搬用，我国当然也不例外。这种高度集中统一的计划经济，后来人们统称它为"苏联模式"。

现在看来，"苏联模式"的银行是畸形的（当然，在当时的国内外条件下，它还是有利的，曾经发挥过重大作用），它既是非常瘦身的，又是高度垄

---

① 杨求淳. 在改革开放这一大标题下，金融体制改革是大题目中的小题目 [N]. 21世纪经济报道，2008–12–09.

② 马克思. 资本论：第三卷 [M]. 北京：人民出版社，1966：711.

断与集中的。我们说它瘦身，是因为它取缔了资本主义市场经济运行中那些灵活变通的商业信用、消费信用和证券的贴现与再贴现，将凡是属于国家计划外的一切资金调剂与横向流通统统地予以严格限制，这时银行的机制和功能只限于对社会生产与分配的簿记核算，顶多再加上货币监督一条，所以后来我们说它只是货币发行公司和金库，就是对这种现状的忠实描述。而与此同时，我们又说它高度垄断与集中统一，那便是全国只有一家银行——上下垂直领导的国家银行，在我国称为人民银行。除此之外，别无他家分店，尽管当时也有一两个专业银行名义上独立出来，例如在苏联有建设银行和贸易银行，在我国有建设银行，但它们实质上是属于财政部的一个分支机构。

在苏联经济模式中，国家对于社会扩大再生产的资金分配，总是尽量通过财政手段，而少有银行信用手段。因为，国家作为计划经济的主体，总感到财政是由国家直管的，它的收支是透明的，而银行虽然也是由国家直管，但它的信用活动总有些社会性，是不很透明的，因而银行资金的运行总有些不确定因素，即便是在计划经济条件下也是如此。因此国家便规定，企业不仅将全部赢利都上缴财政，而且固定资产折旧和大修理资金的提成也都要上缴财政；而企业扩大再生产中所需用的资金，包括固定资金和流动资金两大部分，甚至大修理所用的专项资金，全部都由财政供给，银行只对企业超过定额所需的季度性和临时性的流动资金部分发放贷款。这样一来，原本是作为调节社会全部资金而兴起的现代银行，在苏联模式的计划经济条件下，其运行机制和功能便被削减了一大部分。所以邓小平同志提出的"必须把银行真正办成银行"，那真是振聋发聩的一声惊雷，不，应当说是一声"春雷"，因为它解开了困扰人们将近半个世纪的禁锢，消除了百余年来理论上的困惑，他以超人的胆识拨正了风帆，使社会主义银行驶进它本来应该运行的正确航道上。

更令刘鸿儒受到震动的是，邓小平同志竟然在改革开放刚刚提出之时便首先且明确提出银行体制改革的这一总体方向，高度重视银行在国民经济中的枢纽地位，指出银行必须作为整个社会经济体制改革的突破口，较之其他行业要先迈出一步。这一切都让刘鸿儒清楚地感知到，当下，身为银行业新任领导的自己正处在一个历史的紧要关头，面临着的是一个非常恢弘壮丽的伟大时代。

李葆华行长在传达了邓小平同志的这一最新指示之后，又当即宣布，银行党组决定由刘鸿儒具体负责金融体制改革方面的工作。刘鸿儒"文革"前后便在综合处和银行业务组工作，通晓大局，业务精通，理论基础深厚，是负责这项具有承前启后重大意义工作的最得当的人选。

改革是一场革命，确实不是一件简单和容易的事。改革的最大难点，在于我们必须探索出一条新路，需要突破理论、习惯、体制等各方面的禁区和束缚。改革对于国民经济的各个行业来说，都是艰难的，而对于银行这个作为经济体制改革重要引擎、在许多地方要掌管着总闸门的部门，它的难度要远远地超过其他领域。又因为事事要走在头里，因此必须要有着敢为天下先的勇气，需要大胆地革除旧的、昭布新的。在半个世纪前，苏联将资本主义社会的银行体系改革成为苏联模式的银行体制，那是没有任何前例可以参照与遵循的，是完全凭着革命者的探索创新精神而实现的；而今天的我们，要将已经运行了三十多年的苏联模式下的银行体制再进行变革，办成一个真正的银行，依然是没有任何前例可以参照与遵循的，也只能完全凭着革命者的探索创新精神，凭着决心、勇气、高度的负责精神，如临深渊、如履薄冰地缜密部署，周详落实。

历史证明，旧的制度、旧的规范是长期运行的结果，已使人们形成了固定的思维格局和社会既定秩序，形成了一种习惯，还形成了各行业、各地区、各部门，特别是各个不同阶层人群之间的利益关系。对旧体制的任何层面的变动和改革，都必然会激起一些既得利益的部门、地区和阶层的强烈不满，引起一些人或明或暗的抵制与抗争。英国哲人培根说得透彻："初生的婴儿总是不美的，革新中的事物也是如此。因为革新正是时间所孕育的婴儿……既成的习惯，即使并不优良，也会因习惯而使人适应。而新事物，即使更优良，也会因不习惯而受到非议。对于旧习俗，新事物好像一位陌生的不速之客，它引起惊异，却不受欢迎。"[1]

---

[1] [英] 弗兰西斯·培根. 培根论人生 [M]. 何新. 译. 上海：上海人民出版社，1983：15、16.

1980 年 8 月，刘鸿儒在长白山召开的人民银行分行宣传工作会议上讲话。

当时，极"左"思潮遗留影响还未退散，针对运行已久的苏联模式的任何一项改革，都如不速之客，都如洪水猛兽，在很多人眼中都有政治上的、思想理论体系上的异类嫌疑；而对国民经济枢纽部分的银行改革，就担着更大的风险，正如后来刘鸿儒总结这段历史经验时所说的："金融改革每走一步都是迈向市场经济的最敏感的高端领域，势必会涉及'姓资姓社'的问题。"①

刘鸿儒接受了这一历史重托，自 1980 年以来（实际上，他在 1979 年担任农业银行副行长时起，便已经在建立专业银行方面致力于金融体制改革这项伟大事业了），十多年里兢兢业业，坚持不懈，紧紧抓住时代脉搏，将银行体制改革一步一步地推向前去，可以说是几经风雨，几历难关，在突破中受

---

① 刘鸿儒. 变革——中国金融体制发展六十年［M］. 北京：中国金融出版社，2009：353.

长白山上与参会同志合影。前排左三为刘鸿儒，左二为时任中国金融出版社社长朱川。

1980 年 11 月 17 日观看人民银行上海分行职工演出。右一为李非副行长，右二为刘鸿儒，右三为上海分行行长王爱身。

到阻制，于阻制中再寻突破，为创建而谨慎地颠覆，从颠覆中积极地创建。他和同事们一起，通过无数次的激辩与抗争，才摸清了一条条变通而行的出路，找到了可以以点带面的突破口，逐步实现邓小平同志所指示的目标："必须把银行真正办成银行"，从而彻底改变了"我们过去的银行是货币发行公司，是金库，不是真正银行"那一旧的银行体制。

"十年格物，一朝物格"，这是金圣叹用来形容《水浒传》作者施耐庵写作此书时的苦难历程的。这句话，用来形容刘鸿儒十年来对于金融体制改革的追求精神也是很恰当的。十年来，他对金融体制改革中的每一条、每一项、每一招、每一步，无不殚精竭虑地格物致知，上下求索，那种求真务实、穷尽事理的精神，在与他一起工作过的人中有口皆碑。而自 1990 年起，他又花了十年时间探索中国的股份制改革和资本市场建设。后来，他将这二十年来金融体制改革所走过的艰难历程和其中的酸甜苦辣各种滋味，汇集成了三部沉甸甸的著作：《刘鸿儒论中国金融体制改革》《突破——中国资本市场发展之路》和《变革——中国金融体制发展六十年》。

第十章

从银行体制改革的根本抓起

党的十一届三中全会所催生的改革开放的浪潮，洪流滚滚，汹涌澎湃，而银行又是国民经济的一个枢纽环节，客观形势要求它不仅要紧紧地跟上这一浪潮，而且还要尽量地走在前面，使整个国民经济的链条转动能够得以协调。而非常可喜的是，邓小平同志在1979年10月的讲话中已经把这个关键性的问题说得很清楚了，他明确提出"必须把银行真正办成银行"，在很多场合的讲话和文件中，邓小平同志都鼓励银行战线走在改革开放的前沿阵地。东风拂来，益然万象，哪里容得草木不发芽不开花呢？不过，此时接手银行改革工作的刘鸿儒，也倍感职责压力特别沉重，因为千头万绪，条线纷繁，应该先抓起哪一条为是？

经过反复考虑，思之再思之，刘鸿儒最后终于想通了，千条万条，还是要从最根本之处抓起，打好金融改革的根基：从指导思想抓起，努力吃透中央改革开放精神，特别是"必须把银行真正办成银行"的这一指示。这是一个总纲，银行体制改革，毫无疑问，必须沿着这个总纲所指示的方向，一步步地往前走，这才能够目标明确，方向对头。

1979年2月5日至18日，中国人民银行召开了全国分行行长会议。经过认真地学习和讨论，大家逐渐认识到了，当前的改革开放形势，迫切地要求银行必须急速地改变过去那一套传统做法，把信用放宽搞活，把原先财政、银行分工所限定的那一狭窄的资金投放与运用的管理制度搞活。银行应当利

陪同时任中共中央总书记胡耀邦（中间者）调研。左一为刘鸿儒，右一
为姜羽（时任商业部副部长）。

用自身筹集资金与投放和组织货币流通的方便与有利条件，大力支持企业发
展生产，同时加紧改革和完善银行的管理体制。会后，人民银行立即将自己
的认识整理出一份会议纪要，上报给国务院，国务院很快便批转了这份报告，
并且在批转的报告中明确指出：全党必须十分重视提高银行的作用，努力学
会运用银行的经济杠杆作用，促进国民经济的高速发展。

根据十一届三中全会关于加快农业发展的决定的精神，国务院又于1979
年2月23日发布了《关于恢复中国农业银行的通知》。

后来，随着利用外资和对外经济往来事业的发展，国务院于1979年3
月13日又批转了中国人民银行《关于改革中国银行体制的请示报告》，将
中国银行从中国人民银行分设出来，仍称中国银行，独立地经营外资、外
贸和对外经济往来方面的存、放、汇业务，同时，还成立了国家外汇管
理局。

1979 年 3 月 18 日，《人民日报》发表了题为《全党要十分重视提高银行的作用》的社论。文章中特别强调地提出，人民银行是国民经济的一个综合部门，是党和国家管理经济的重要杠杆之一。要求各级党委都要支持银行的工作，充分尊重银行工作的自主权。而且明确提出，银行管理体制的改革，应当有利于银行对各项经济活动实行有效地促进和监管，有利于本身的经济核算，有利于银行干部的稳定。

1979 年 4 月 25 日，中国人民银行发出《关于恢复国内保险业务和加强保险机构的通知》，将保险业务从人民银行管理体制中独立出来。

1979 年 10 月 9 日，经邓小平同意，国务院特批设立中国国际信托投资公司，请荣毅仁出来担任董事长兼总经理，这是新中国成立后的第一家信托投资业务机构。其他金融机构，如城市信用社等也陆续诞生了。

从上述过程中可以清楚地看出党的十一届三中全会以后党中央和国务院对银行工作的重视。而上述银行体制变动的有些文件，就是刘鸿儒亲自起草的，或者是起草人之一，所以，他对此的感受格外地深刻。回忆当时，他虽对于银行改革的美好前景充满了信心，但在当时只能摸着石头过河，改革的方向并不十分明确，所以，在所有的文件和社论中只讲到了要充分发挥银行的经济杠杆作用和监管国民经济发展的活动，基本上还没有能够突破计划经济时代的传统认识框框。

不过，他心里边却已经明确，银行体制改革的工作尽管有一千条一万条、一千项一万项，而最中心的则是要紧紧地抓住邓小平指示的这个纲，努力地把银行同商品经济、市场经济联系起来。因为，客观形势的发展已使人们清醒地认识到，要想贯彻"必须把银行真正办成银行"的指示，必须要建立起与商品经济、市场经济体制相适应的金融体制。

1980 年 6 月 7 日，中国人民银行行长李葆华在向国务院汇报银行工作时，着重地谈到了银行的改革工作，并于 7 月提交了一份《关于银行改革汇报提纲》。8 月 15 日、16 日和 23 日三个上午，国务院召开了财经小组扩大会议，专门讨论了银行改革和银行工作。出席会议的有国务院主要领导同志和国务院有关部门的领导同志。

会上，国务院主要领导同志明确地指出，经济体制改革以后，一是钱多了，二是分散了，所以，需要通过金融机构来调节。当时在农村，实行以家庭为主体的联产承包制，农民富裕起来了；在城市里，由于对企业放权让利，促进了经济发展，企业手里头的资金也松动了，从而使分散在社会上的资金越来越多，财政集中的收入所占的比例则在不断相对地下降。所以，应当通过银行运用信用手段来加以调控，合理有效地满足社会对于资金的需求。因此，摆在当前一个最根本的问题，便是银行必须迅速地改革，以适应迅速发展的客观形势的需要。但是，受着长期的传统思想的拘囿，人们对于这一客观形势的变化与客观需求，并不是一下子就都能认识得清楚的，这就在客观上提出了两个很现实的问题：一是财政与银行的关系怎么处理；二是银行怎样才能适应经济体制改革发展的新情况，把信用搞活。

当时主持经济工作的是国务院副总理姚依林同志，他也提出：银行要搞活，而且必须努力地搞活。在当前财政有困难的情况下，及时地把银行搞活，这有利于我们迅速地渡过财政难关。他明确提出，要给银行自主权，给予银行更多的活动领域，要求银行能够承担更多的担子。他要求银行到社会上吸收资金，对一些属于基建性质、周期不长而又有利润的项目，财政拨款可以减少，尽量地将其转为银行贷款，应当说，而且可以肯定地说，这是没有什么危险的。

总的来说，当时国务院领导层的意见，大体上可以概括为：要扩大银行业务，让银行发挥更大作用。银行可以提高存放款利率，从而充分发挥银行利率的杠杆作用；要给银行经营自主权，并要求它主动地承担风险。

后来，在1982年3月，时任总理在五届人大四次会议上所作的政府工作报告中，提出了十条经济方针，其中有一条，就是必须加强和发挥银行聚集、调动和统一管理信贷资金的作用。

为什么领导层这样地重视银行改革呢？刘鸿儒发表文章分析道：第一个原因就是，随着整个经济体制的巨大变革，特别是农村经济的大力改革，社会结构发生巨大变化，多方面都搞活了，就显出过去的银行制度跟不上社会经济发展的新形势，卡得太死。

1981 年 3 月，刘鸿儒（右二）在丹东参观工厂。

**1982 年 3 月，刘鸿儒（左二）率工作组赴云南研究人民银行和
农业银行基层机构的设置问题。**

第二个原因就是，农村实行经济体制改革之后，公社、大队集体经营已经转化为以单一农户为主体的经营管理方式，农村资金包括生产经营资金、生活资金，都由生产队转到个人手里来了，因此农村储蓄存款，无论是储户基础还是储蓄量，都增加了起来。

第三个原因就是，企业也在深入改革，扩大经营自主权。企业留存给自己的钱逐渐多了，这就使得财政能够集中使用的钱逐渐地少了，财政遇到了新难题，大管家的钱口袋没法儿像过去那样扎得紧紧的了。自 1980 年以来，财政收入占国民收入的比重逐年下降，从 1979 年至 1981 年三年间，通过企业基金、利润留成、盈亏包干等形式，国家留给企业的财力已经达到 280 多亿元。这样，国家预算外资金就几乎占到了国家预算收入的一半。

在这几年里，国家为了解决多年积累下来的问题，不断提高农副产品价格、调整了部分工人的工资、安排大量返城知青就业、解决困难职工的住房问题，从而多支出了 1 400 多亿元。这样大量的资金需求，显而易见，靠财政是无法完全解决的，而此时银行却有能力提供相应的资金。因为这时，国民收入中通过财政不能集中的初次分配的那部分，在使用前可以说绝大部分都存在银行里，这样的一个客观形势变化，就使得银行有能力发挥其调控社会资金供求平衡的作用。

领导的殷切希望，时代的迫切呼唤，使得刘鸿儒更深层次地思考了这样一个问题：为什么我们的银行工作长期固守苏联模式，把计划经济与发展商品生产、商品经济严格对立起来，甚至比苏联走得更远，更加向自然经济靠近？

我们银行体制的缺陷似乎已经不能简单地归因为照搬苏联模式。实际上，当时的苏联，特别是 20 世纪 50 年代以后，曾经推出了一系列有利于发展商品经济的办法与措施，当时我们并没有认真地去学，去借鉴；而搬用过来的恰恰是适合于单一的计划管理和资金大锅饭的供给制部分。1958 年"大跃进"以后，则是更为变本加厉地极端化，朝着更"左"的方向不遗余力，其结果只能是步步滑入自然经济。

对此，在 1979 年 11 月召开的中国金融学会上的讲话中，刘鸿儒对中国经济极"左"地自然经济化的原因，作了深入细致的分析。他认为造成这种现象的主要原因是我们超越历史条件，过早地否定了货币和货币经济。

苏联在"十月革命"胜利后，对于货币存在的客观必然性、货币是不是资本主义的东西，以及社会主义货币是不是真正的货币等问题，讨论了多年。列宁最初认为货币是资本主义经济的范畴，而在革命胜利后之所以要保留货币，只是因为技术组织上的一些问题一时解决不了，今后要努力创造条件取消货币。在新经济政策实行一段时间以后，到1921年末，实践证明一切商品交换都成为买卖关系，是离不开货币的，列宁考虑在苏联那样的小农经济国家里，有必要也有可能利用货币发展社会主义经济。到20世纪30年代，在苏联党内外、在学术界和理论界，又展开了一场大规模的讨论。有一种意见认为，苏联经济应当进入取消商品货币的阶段，在社会经济生活中，货币近似劳动券，只是一种名义上的计算单位。1934年斯大林严肃地批判了这种"左"派清谈，肯定货币还会长期存在，直到共产主义第一阶段即社会主义发展阶段完成为止。斯大林还肯定，资产阶级这些工具（包括商品和货币）的职能和使命现在已经发生了原则性的、根本性的变化，变得有利于社会主义而不利于资本主义。第二次世界大战之后的经济恢复时期，苏联又开始热烈地讨论这个问题。作为讨论的结果，斯大林在《苏联社会主义经济问题》一书中明确指出，由于存在两种社会主义所有制形式，从而便决定了商品和货币的长期存在。不过，他还是留下来一个长长的尾巴，说生产资料不是商品，只是"括弧中的商品"，亦即名义上的商品，实际上还是计划分配的产品。当时，也还有人提出社会主义的货币不但阶级本质变了，而且也不是真正的一般等价物了。但这类观点只是少数，大多数的经济学家（包括苏联科学院经济研究所所长恰托夫斯基等在内）都从自然经济的拘囿中解脱出来，强调要充分发挥价值规律作用，运用好商品与货币。

我国长期以来，在这个问题的认识上没有实现这样的突破；不仅没有突破，而且走得越来越"左"，严重地与价值规律相背离。在完成生产资料的社会主义改造以后，我们便不承认我国经济是社会主义初级阶段的商品经济，不承认我们仍处于不发达的社会主义阶段，不承认全民所有制企业之间还存在着利益上的差别，否定价值规律在生产中的调节作用，更是忽略了货币的一般等价物性质，往往认为它只是计划和计算的符号。陈伯达、"四人帮"就是利用这种理论上的极端，从各个方面来鼓吹"货币无用论"，大力推行其极"左"的路线的。他们制造了各种思想混乱，妄言信贷、利息、利润等经济杠杆都是资本主义的坏东西，只有供给制才是具有"共产主义因素"的好东西。当时社会资金的集中和分配，主要通过财政渠道，所用的主要方式，便是无偿调拨，因而对于信用活动的进行，千方百计地加以限制，银行的信贷规定只能作为辅助渠道，活动范围限制得很小。对于利息，则更是不将其作为经济杠杆运用，误认为利率越低越能体现社会主义优越性，"文革"期间曾经一度大肆喧嚷储蓄存款可以不要利息。我们知道，银行是经营货币、信贷的，既然否定了货币、信贷、利息的作用，相当于从根本上否定了银行的作用。当时，尽管银行机构还存在，但它实际上已经沦为一个空壳，它的机能仅仅只能起会计结算的作用。

刘鸿儒的上述观点，在其理论著作《变革——中国金融体制发展六十年》中，都有详细的论述，书上忠实地记载了他当时的观点和看法，现在回头来看，其先见性和正确性都得到了实践的证明。

1979 年，受银行里几位老行长的重托，刘鸿儒编写了一部总结我国银行工作几十年来的发展历程以及主要经验教训的书——《社会主义货币与银行问题》。书中对新中国成立以来银行的各方面工作作了深层次探讨与研究，并提出了要按银行规律办事，把银行真正办成银行的三点建议：一是扩大银行贷款范围，除了流动资金外，基本建设投资银行也可以贷款，从而需要重新调整财政与信贷的关系；二是用经济办法管理信贷，讲求资金的经济效果，重新调整银行与企业之间的关系；三是提高银行管理水平，重新调整银行系统内部关系，主要是增设各类专业银行，并且十分超前地提出了"开展业务竞争，把金融搞活"的主张。

1980 年，他调到人民银行任常务副行长，主管银行体制改革之事。根据一年来的研究思考和农业银行支持发展商品经济的经验，他得出一个结论：银行的产生、存在和发展基础，不论是在社会主义社会里，还是在资本主义社会里，都必须植根于发展商品经济。

于是，他便在1980年12月于上海召开的金融学会上发表了让所有与会者都大吃一惊的讲话。在讲话中，他进一步地明确了金融体制改革的指导思想和发展思路，其根本点就在于发展商品经济。银行的信用，利率、存款、放款、结汇等，都应当按照商品经济条件下的价值规律行事。

他在讲话中强调说，随着经济管理体制改革的推进，积极地、有步骤地改革银行体制，已成为关系到银行全局的重要课题。要搞好改革，首先要弄清楚银行与商品经济的关系。商品经济是不同于自然经济的，它有着自己的活动规律。而发达的商品经济必然是货币经济、信用经济。银行是经营货币和信贷的特殊企业。有了商品生产和商品交换，才有货币和信贷，也才有银行。反过来，银行的发展又促进了商品经济的发展。

我们大家都知道，一直到1984年党的十二届三中全会上才正式确认：我国社会主义经济是有计划的商品经济。而刘鸿儒早在1979年便打破了当时的理论禁区，提出我国经济是统一的商品经济，并认为这是经济体制改革的基本出发点，这委实是不易的。后来的发展证明，把握了发展商品经济这个根本，便抓住了改革的基本出发点，便吃透了邓小平同志"必须把银行真正办成银行"的指示。方向明确了，决心自然也就坚定了，银行体制改革的相应措施、办法、步骤、路线，也就容易逐步地寻找到了。

那么，怎么样改革银行管理体制，才能更好地发挥银行调节经济的作用，取得最佳的经济效果，促进社会主义商品经济的迅速发展呢？为此，他当时提出了八条思路，应当说，都是具有相当分量的。

第一，改革国家资金管理体制，扩大银行贷款范围，把银行信贷从分配资金的辅助渠道改为主要渠道，通过资金的调节与控制，有效地调节社会经济活动，同时促使企业精打细算，尽可能地用较少的资金取得最大的经济效果。第二，改革信贷资金管理体制，改革前的很多年里，我们违反客观规律，先定基本建设投资规模，再定财政收入，财政有困难就挤银行，银行收支不平衡就发票子。因此，信贷收支成了无底洞，货币发行失去严格控制。刘鸿儒认为，银行应当根据货币流通规律先确定货币投放和回笼的数量，然后确定信贷收支，并通过控制信贷收支来控制货币发行，借以保证市场货币的基本稳定。第三，应适应社会化大生产逐步专业化、系列化的发展趋势，改组金融体系。银行的设置要逐步走向专业化，设立若干专业银行，独立经营，自负盈亏，各银行业务范围允许有一定的交叉和竞争。在设立若干专业银行并允许有限度竞争的情况下，单设中央银行，负责协调、统筹和管理全国的金融机构。第四，银行管理的资金增多了，贷款范围扩大了，对银行的管理办法需要因势而变。应当尽快改变从前那种主要依靠行政手段的做法，改为主要依靠经济手段和经济法规的办法来管理银行。银行发挥调节经济作用，应主要依靠手中所掌握的经济手段，如存款、贷款、结算、利息等，以便能够使其充分地发挥经济杠杆作用。第五，银行应重视存款，特别是要重视吸收存款，更多地吸收社会上的游资和外汇存款，支援国内建设。第六，探索合理有效地用好信贷资金，彻底地改变过去对贷款对象限制过死的状况，贷款的发放，应主要看经济效果大小，把微观经济效果和宏观经济效果统一起来。第七，要根据经济发展的需要和平均利润水平、物价水平的变化，灵活调整利率，使利率成为真正的调节和启动经济发展的一个有力杠杆。第八，也是改革的最关键的一条，就是尽量地扩大银行的自主权，实行独立经营，使其具有适应新形势的灵活有效性，上述所说的各项改革，方能取得足够的力量。银行要做到这一步，关键是人才的培养教育。要想真正办成银行，没有真正会办银行的人才是不行的。现在应当立即补充人员，办好各类学校和业余教育，培训干部。特别是各级领导干部，都要尽快成为内行。

在明确上面所述的改革方向以后，一个现实的问题就是当前如何起步？刘鸿儒指出，必须逐步地前进，步子要稳，首先解决"桥"和"路"的问题，采取一些过渡措施。要经过周密的调查研究，制定全面改革方案和近两三年必须采取的措施和步骤。看准一项，改革一项，有的要经过试点，摸索和积累经验，为全面改革创造必要的条件。要注意研究新情况，解决新问题，对出现的问题，要认真分析原因，正确总结经验，沿着正确的方向走下去，绝不能退回到老路上去。

这就是刘鸿儒将发展社会主义商品经济作为银行体制改革的根本与基点，从而设计与规划出的改革总体方案与构想。

第十一章
银行与财政关系争论的背后

邓小平同志在 1979 年 10 月的那次讲话中明确指出"必须把银行真正办成银行",他提到,"有的好项目只花几十万元,就能立即见效,但是财政制度或者是银行制度不允许,一下子就卡死了"。这里讲的财政制度或者是银行制度不允许,主要是指财政与银行的分口管理制度不允许。因为按照当时的制度规定,财政与银行在资金使用上有一条明确的界限:银行的资金只能用于企业的流动资金方面,而所有固定资产投资,包括大修理资金在内,一律由财政供给。楚河汉界,各守一方,绝对不能逾越。事实上,银行对于向一些中小型基建投资项目发放贷款是有意愿的。

老经济学家孙冶方早有卓识远见,提出要把价值规律作为社会主义经济的一条红线,他早在 20 世纪 50 年代就已窥见并且指出了这一财政拨款制度的弊端。他通过无数次的实地调查,清楚地看到了这一制度所造成的许多匪夷所思的怪现象。他说,这种企业的利润和折旧费全部上缴财政,然后由财政统一拨款进行固定资产更新的制度,把企业卡得死死的,使企业没有一点积极性,也造成了惊人的浪费。他在上海造船厂里就看到一个怪现象,船厂正为客户修理两条大船,修理中要更换 80% ~ 90% 的钢板和 50% 的角铁,修理费用几乎可以购买一条新船。而修好的船只性能很差,远远落后于当时世界先进水平,这种船,若在国外早就当作废铁拆卖了。可船主却坚持要花大价钱来修,宁愿修出一个新的"老古董"来。在上海机床厂调查时,孙老又发现有一台新中国成立前就使用的龙门刨还在进行大修理。这台机器个头大，开动时需要很多人力，三台这样的机器性能也抵不上一台济南机床厂新生产出来的机器。孙老问："既然如此，为什么还要继续使用这台旧机器呢？"厂里的人说："不用不行呀，它的折旧费还没提完呢！"孙老又问："可是你们这样全面的大修理要用好多钱，与买一台新机器的价钱差不多！"厂里的人说："那就管不了啦！上边的制度就是这么规定的，大修理费用不管花多少钱，财政上都能报销；而如果要买新机器，那要等到了财政所规定的折旧年限时，才能给你固定投资拨款！"孙老又问："你们不好去银行贷款吗？"厂里的人说："不行呀，银行制度规定，它们只管流动资金方面的事！"这位老经济学家就将他所见到的这些弊端写成报告上报给中央，并建议改变这一制度，一切依照价值规律行事。想不到，他竟因为这几份报告惹起了祸端，被扣上了"修正主义"的帽子，定性为"中国的利别尔曼"（苏联著名经济学家、统计学家，他发现苏联的财政、银行分工体制卡得过严过死，不利于价值规律的发挥，于是，早在60年代初就提出了改革意见，苏联政府后来部分采纳了他的意见，采取了许多改革措施，当时，我国正在与苏联进行全面的理论论战，便把利别尔曼作为经济学界中的头号修正主义者）进行批斗，罢官撤职，下放农村劳动改造，"文化大革命"期间又坐牢七年之久。孙老的悲剧深深地印刻在每个经济工作者的脑子里，谁还敢再触犯这个界限呢？

在20世纪50年代末，曾经有过一场由《红旗》杂志发起的各产业部门发展方向的全民大辩论，轰轰烈烈，影响面非常广。当时，渔业部门提出的课题是"养、捕之争"，造纸业部门提出的课题是"草、木之争"。在当时那种生产力发展水平下，在我们国家，渔业是应当以远洋捕捞为主呢，还是以淡水养殖为主？造纸业是应当以草浆为主呢，还是以木浆为主呢？大家争论不休。当时，在银行界里也有人提出了"基、流之争"，即银行贷款是只对企业的流动资金放款呢，还是也可参与基本建设？辩论得十分激烈，辩论结果也各自不同。在那个强调一切都要"全民大办"的年代里，由于淡水养殖和草浆造纸更适合全民大办，所以"养、捕之争"与"草、木之争"的结果，自然"草"和"养"都占了上风，"木"与"捕"都退到了"二线"。可与之相反的是，在"基、流之争"中，虽然基建投资允许银行贷款的意见更具有全民性，却没能占到上风。可见，财政动员与分配资金的垄断地位是根深蒂固的，被认为是社会主义制度优越性的体现，是实现国民经济有计划按比例高速发展的物质保证。动摇了财政的垄断地位就等于动摇了社会主义的基本原则。

20年过去了，日居月诸，斗转星移，社会政治、经济都发生了强烈的震荡和变革，但当我们的金融制度改革再一次提出要触动"基、流分工"这个界限时，却仍然激起了一片反对的声浪。多年来已经扭曲了的是非界限，仍然阻碍着人们的判断，所以一涉及"基、流之争"，涉及贷款发放给公（国有企业）还是给私（私营企业）时，争讨辩论就依然不绝。从业务部门到整个理论界、学术界，都参与到这次大辩论中来；而辩论的议题已由"基、流之争"，提高到"大财政、小银行"还是"大银行、小财政"。

《财政研究》是当时经济学界很有影响、很具权威的杂志，在财政部和财政研究所里拥有许多高水平的专家学者，如许毅、王琢、黄菊波等人，他们于1982年4月2日的《财政动态》上全面批驳了"要由银行信贷解决基建投资"的观点，指出：1979年和1980年企业存款和居民储蓄的余额总共增长了962亿元，但这些钱却是"笼中虎"，万万不可随意放出来，万万不能用于投资基本建设和技术革新改革。为什么呢？因为当年货币超额发行30多亿元，居民的储蓄存款虽然增多了，但那些钱不是企业收入的增长，也不是人民生活水平提高的结果，而是商品供应不足才导致这部分钱沉淀下来，这些存款随时都可能转化成抢购市场的冲击力量。如果银行将这些钱用于基建投资放款，就会使潜在的危机变成现实。现在银行强调存款余额增加，银行的钱比财政多，但那是财政制度还不够完善的结果。为了改变这种局面，他们提出五条措施：第一，银行自有资金和货币发行应向财政上缴相应的占用费；第二，银行的所得税率应当由当时的20%提高到50%；第三，美国的货币发行权是属于财政的，今后中国的货币发行权也应交还财政；第四，保险业应当依旧划归财政部门管理；第五，要求银行上缴部分自有资金。

银行方面对此问题也辩论得十分激烈，上自行长下至广大银行干部，特别是人民银行金融研究所里的一些同志，都参与了辩论。他们实地调查，结合国内外的实例，生动有力地论证了由银行发放中短期贷款才是最有效的。他们用大量的实地调查材料证明，长期以来由财政拨款投资基建的做法收效甚微。因为对于企业来说，财政拨款不仅白占用，而且不用归还，所以人们总是尽量多要投资，不怕形成重复建设，也不怕因此造成资金与物资积压。在当时，有句流行的话叫作"头戴三尺帽，不怕拦腰砍一刀"，意即上报计划时尽量多报些，即便拦腰砍去一半，还是会比实际需用的数量多。据统计，从1952年到1978年，国家基建投资高达6000亿元，而真正形成固定资产的仅有4000亿元。也就是说，三分之一的投资都打了水漂儿，巨额投资流向何方？固定资产投资的回报期限越来越长，一般都要十年以上。而银行发放的中短期贷款，对于企业来说，既需要还本，又需要付利息，所以需要借款的企业都是精打细算地申贷，精打细算地使用。没有效益或投资回报期长的项目基本不会申请银行贷款。根据银行对辽宁、四川等地许多企业的实地调查，申贷项目的投资回报期一般都在一年左右，最快的只有七八个月。

当时商品短缺、急需国家增加日用生活品供给，在供不应求的卖方市场情况下，银行的中短期贷款远比财政拨款周期短、见效快、效益高，而当时的客观现实一方面是财政资金紧张，拿不出钱来，另一方面是银行储蓄存款猛增，手里有足够的钱，足以支持迫在眉睫的社会主义建设。为什么不可以打破多年来的陈规戒律，用银行贷款去支持那些亟待开发的中小企业呢？

此外，还有一个非常现实的情况：自从实行了家庭联产承包责任制改革，农民的生活明显富裕起来，家家户户手里都有了余钱；而在城市里，由于扩大了企业自主权，企业在留下大部分的折旧基金以外，还可提留相当数量的企业基金。这样一来，农民的储蓄和企业的存款均得到了迅猛增长。过去，居民储蓄存款每年只增长十几个亿，至多也就几十个亿，从来没有超过一百亿元，而1979年银行存款竟然猛增至204亿元，1980年又上了一个大台阶，达到322亿元；企业存款则在1979年就已达468亿元，1980年又猛增至561亿元。与此同时，由于对企业实行了部分放权，从而使得财政手里的钱相对减少。新中国成立以来，财政收入占国民收入的比重一直在30%以上，当时有所谓"三分天下"的说法，而到了1980年，该比重逐步下降，1980年下降为28.7%，1981年进一步下降为26.2%，那时的资金分配格局已构成了一个极不等边的三角形。三角形的底边代表市场对发展轻工业商品日益增强的需求；而三角形的另外两条边，则代表着供应发展资金的两个渠道——财政和银行。在当时的历史条件下，等边三角形发生了严重倾斜，变得严重不等边：银行这条边的拉力日益增强，财政那条边显得相形见绌，对于缓解市场需求已是杯水车薪。于是，客观上要求打破原先的资金供应体制，改革已是刻不容缓。

事实上，由银行发放贷款有着天然优势。银行的分支机构遍及城乡，城市里有街道办事处，农村里有乡镇营业所和信用社，全国共有3万多个分支机构，他们每天都为各企业办理存放款和汇兑业务；每个银行的信贷员都熟知企业的生产经营状况，知道哪个投资项目由哪个企业来承办更为有利。相比之下，财政下边是没有腿的，对企业的情况，特别是经济体制改革后迅速变化的市场情况以及企业经营情况，都不甚了解，即使了解也不甚及时，投资拨款不会比银行更加有效合理。

对于财政方面人士所说的"银行用超量发行的30亿元货币来发放中短期基建贷款很不妥当，潜伏着一定危机"的说法，银行方面通过对体制改革后的市场变化与货币流通的新趋势所作的调查研究，给予了有力的批驳。他们用大量的事实材料论证了按过去1:8比例的传统方法计算出来的货币发行量，现在已经不适用了。现在，城乡居民和新建的乡、镇企业都增大了手中的货币占有量，原来十分不畅的货币流通渠道大大地畅通了。变化了的经济形势，要求必须用新的计算方法来匡算市场所需的正常货币流通量。原来所计算出来的多发30亿元，实际上并不是多发，而是正常的信用发行。

当时，国务院在讨论这个问题时，中央的许多领导同志，包括陈云同志和胡耀邦同志，都赞赏银行的同志们根据变化了的实际情况作出的大量实地调研，并一再地提醒大家要细心谨慎，要仔细核算一下市场上的实际货币需要量。后来的实际情况证明，从1981年下半年多投放出去30亿元一直到第二年一月货币开始回笼时为止，半年多来，市场一直是相当平稳的，多放出去的 30 亿元人民币，顺畅地从正常的流通渠道中安然过境，储蓄余额不仅没有下降，而且还有增长。这好比是水库安然渡过涨水期，秋后一路顺畅地流至下游的各个急需用水的地方。

在讨论改革方案时，国务院几位主要领导同志都仔细地听取了各方意见，逐项地进行分析，筹谋规划。当时，国务院经济研究中心主任是年高德劭的薛暮桥同志，他发表了许多很有见地的意见。他认为，现实的情况是，财政金融体制已经到了非要改革不可的时候了，那种大家都吃财政"大锅饭"的体制不利于经济体制改革的深入。他也认为，银行有非常细密的分支机构，通过它来分配中小型基建这部分资金，会使用得更好，能够较快地收到效益。经过各方面的分析与比较，最后大家都同意薛暮桥同志的意见：今后的基建投资要逐步缩小国家财政拨款的范围，对当前的中短期基建和技术改造所需要的资金，尽量地让银行多承担一些。如果怕银行不会管理，财政部门可以派一部分人来充实和加强银行机构。会议还进一步地指出，既然定额流动资金也要收取利息，这部分资金也可以让银行来承担。如果不采取这些断然措施，想办法尽量地减轻财政在这方面的负担，财政的赤字便永远难以减少下去。

刘鸿儒在回顾这场大辩论时说："这场争论对改革当时传统体制，发挥银行作用起了重大作用。在这场广泛讨论的基础上，理论界集中各方面意见，提出了金融体制改革的基本观点。" "这次争议之后，银行贷款范围扩大了。"[1] "银行贷款已经成为分配资金的重要渠道。过去国家用于扩大再生产需要的固定资金和流动资金，基本上都是通过财政拨款进行分配的。经济改革后，通过银行分配（银行贷款）的流动资金和固定资金迅速增加。在固定资金和流动资金增加总额中，1978 年以前财政拨款在 50% 以上，银行贷款最高不到 20%。近几年发生了很大变化，1982 年财政拨款的比重为 31.6%，企业自筹占 31.2%，银行贷款达到 37.1%。可见，银行在分配资金上有着举足轻重的作用。"[2]

关于银行与财政关系的讨论，表面上看来是"大财政、小银行"还是

---

① 刘鸿儒. 刘鸿儒论中国金融体制改革：上卷 [M]. 北京：中国金融出版社，2000：25、26.
② 刘鸿儒. 刘鸿儒论中国金融体制改革：上卷 [M]. 北京：中国金融出版社，2000：114.

"大银行、小财政"的争论，实质上是国家经济建设资金管理体制应当怎样进行改革，财政与银行两条渠道怎么发挥各自作用的问题。在传统的计划经济年代，老一辈无产阶级革命家、国务院主管财政银行的副总理李先念，在银行与财政部由于业务划分发生争执时，经常说的一句话是："你们吵什么，还不是资金从我的这个口袋，放到另一个口袋里了嘛！"这就形象地说明当时的资金筹集与分配都是国家计划安排的。可是到了改革开放初期，银行这个口袋里的钱忽然地多了很多，而这钱又都是有借有还的，是各有其主的钱，国家对它不能随意地调拨与使用，这就势必要对银行这个口袋里的钱另外安排，给银行开个口子，对它准予放行，从而也就打开了一条投资的新渠道。所以，国务院领导看得非常清楚：银行这个口子一开，不能再像过去那样由国家计划统一安排了，不能再像过去那样由财政一家包揽天下了！这样，财政的职能也就自动地"回归"其本位了。

这场激烈争论其实还是能不能够向着商品化、市场化的方向大胆地迈进的问题。如果财政不让路，银行永远只能是一个会计出纳和发行库。银行要真正变成银行，必须突破这道难关。所以，当时这场争论不是简单的两家分工的讨论，而是银行要不要改革和怎么样改革的重大问题。实际上，刘鸿儒早在1979年和1980年发表的讲话和文章中，都已概括地表达了自己的思路："国家经济建设资金，由过去主要依靠财政拨款改为主要由银行贷款。"对于这项改革，不只是财政部门，经济各界和理论界很多人都在担心，担心放出银行储蓄存款这个"笼中虎"，会不会加剧长期以来的"投资饥饿症"，会不会恶化"文革"留下的通货膨胀恶根？说实话，当时刘鸿儒心里的底气也不是很足的。他深知，这样重大的变革，只是从理论上作的那些讨论还远远不够，必须要作深入实际的调查，用事实说话，为此，他在这两年的时间里，亲自组织了两次货币流通情况调查和一次储蓄存款专题调查。

"文革"时期，国民经济已到了崩溃的边缘，存在严重的通货膨胀，主要表现在商品供应严重不足，凭票分配，而且在当时，即使有了票，也要排长队。记得每到春节大年三十，北方人的习惯是不管怎么穷，大年夜必须有条鱼，用以表示"富贵有鱼"，因此刘鸿儒的"首要任务"就是清晨天不亮就到西四鱼店，手持鱼票排队买鱼。有一次，一位留苏的同学陪着他一直排队到 11 点，才用了两家的鱼票买到几条带鱼。这事也让他回忆起 1969 年中央决定由人民银行写一篇《人民币是世界上最稳定的货币之一》的文章。为此，总行急着把正在外地出差的他叫回来赶写这篇文章，还请黄涤岩同志（当时在国外业务局工作，改革开放后任中国银行香港总处主任）帮他完成这个任务。时间紧，任务急，他们连续三天三夜写出了初稿。最难办的是，当时货币、物价是卡死的，所以说我们是世界上"最稳"的货币，这的确是事实，但是商品严重短缺，表面上没有通货膨胀，而实际上却是"中国特色"的严重通货膨胀。文章怎么写呢？说实情犯纪律，只说物价平稳会出笑话。那真是左右为难的事。当然，这篇使他左右为难的文章，最终经上级领导的帮助修改，还是以化名在《人民日报》上发表了。

那么，我们在计划经济年代里，是怎么计算货币流通量的正常值呢？换言之，正常的标志是什么呢？

我国进入第一个五年计划时期以后，实行高度集中统一的计划管理，物价由国家统一管理，不准根据市场的供求自由涨落，在这种情况下，物价水平的涨落已经不能灵敏反映货币正常需要量的多少了，亦即不能像一般的市场经济国家根据物价水平来衡量市场货币流通是否正常。计算货币量是一个相当难以解决的问题。幸亏，当时中国人民银行总行计划局局长陈穆（曾任人民银行华东区行行长）是一位很有能力的老同志，他组织局里的人研究历史数据，提出了用现金流通量和商品零售额相比较的计量方法。1959 年，根据历史上各年份的经验数据，他提出了 1:8 的概念，即现金流通量（全年平均数）与商品零售额之比需 1:8（亦即 1 元货币流通量需有其 8 倍的商品零售额）以上。从此，人们便将其视为检验货币流通量正常与否的唯一标准。后来，经过 1960 年至 1964 年的整个国民经济调整时期，事实证明这个经验数据是完全可以作为参考的。所以，银行在 1964 年总结历史经验时，刘鸿儒和邵平（时任人民银行办公厅综合处处长，20 世纪 80 年代初调任中共中央研究室副主任，刘鸿儒时为综合处副处长）起草文件时，经过研究论证，再次肯定了 1:8 这个经验数据，同时，又加上现金流通量同商品库存和农副产品收购总额作比较。因为，当年商品零售额上去了，如果吃了库存，下一年的日子就不好过；供应市场的商品中主要是农副产品以及以农产品为原料的工业品，农业收成和农副产品收购状况决定市场货币流通状况。当时提出"4、5、8"的经验数据，即每流通 1 元现钞，需要收购 4 元农副产品、有 5 元商品库存和 8 元的商品零售额。

党的十一届三中全会以来，我国城乡经济发生了深刻的变革，反映在货币流通领域里也出现了一系列新的情况。就市场货币流通正常标志而言，1981～1982 年以后，货币流通量和社会商品零售额的比例数据呈现不断上升趋势，在货币流通状况比较正常、市场商品丰富、物价稳定的年份里，货币流通量与商品零售额的比例不是 1:8，而是 1:7 至 1:6，甚至降到 1:5。但是，这时的市场状况却是很正常的，市场繁荣，物价也稳定。这是怎么回事呢？

为了弄清楚影响货币流通正常标志改变的各种经济因素，刘鸿儒报请中国人民银行党组批准，决定组织各地银行进行调查测算。第一次是 1981 年六七月之间，他亲自到吉林省德惠县的一个大队里去蹲点了一个多礼拜，并连续召集了 13 家省（市）分行和 7 家县（市）支行汇报市场变化情况。这次调查的结果，他写成正式书面材料，上报给了国务院，并在《中国金融》杂志上以专题文章发表。刘鸿儒在报告中指出：当前市场货币流通出现了新变化，因此要改变货币流通正常标志。刘鸿儒认为，起着重大影响作用的经济因素，主要有四个：

一是随着我国商品生产的发展，商品流通的扩大，商品量大大增加了。特别是农业和轻工业生产上升很快，据统计，1980 年比 1978 年农业和轻工业产值增长 21.6%，社会商品零售额增长了 35.6%，这就需要相应增加流通中的货币量。二是经济体制改革和经济结构的变化，使得不经常参与商品流通的铺底备用金大大增加，从而增大了全社会的货币容纳量。三是随着城乡居民收入的大幅度增长，消费水平提高了，消费结构发生了变化，等待购买高档耐用消费品、修建房屋的货币存储量增多了，这也需要占用一定数量的现金。当年在河南淮滨干校时，刘鸿儒曾亲眼看到农民拿着鸡蛋到供销社去换食盐，大队是结标单位，农民手中真是没有一点儿现金，但是农村改革开始后，发生了很大变化。四是物价上涨吃掉了一部分货币。据统计，全国零售物价总指数 1980 年比 1978 年上涨 8%，主要是因为提高部分农副产品收购价格（这是缩小工农业产品价格"剪刀差"的一项重要政策，是合情合理的），必然也要吃掉一部分货币。

归根结底，这四个方面的变化说明，我国经济商品化、市场化程度的不断提高，有力地推动了国民经济的货币化进程。与此同时，过去在产品经济管理制度下习惯于从静止状态研究经济，试图找出死公式以长期套用的做法，也已不再符合千变万化了的商品经济发展新情况，因此，应当学会在动态中研究经济，在变化中研究变化，不能也不可能再用固定的数据作为规律去鉴别复杂多变的经济生活。

1982 年 10 月，刘鸿儒又组织 22 个省市、25 个地市县的人民银行和农业银行分支机构，进行了第二次货币流通状况调查，更广泛、更深入地研究了新变化。在这个基础上，他建议改变只计算现金货币量的传统做法，提出了在中国运用货币供应量和货币政策的新思路。

除了货币流通量的调查外，刘鸿儒还专门地进行了储蓄存款调查，这也是当时争论的焦点。

财政部以及其他方面的人都很担心，银行用储蓄存款来扩大贷款范围，会不会加剧通货膨胀，因而坚决反对把这只"笼中虎"放出来。为此，刘鸿儒报经党组批准，组织了相当规模的储蓄存款调查，并于 1982 年 7 月在成都召开了研讨会。他在会上作了发言，根据全国各地的调研结果，有理有据地回答了人们所担心的各种问题。[①] 他明确指出，银行增收的各种存款，绝不是"笼中虎"，而是踏踏实实可以周转使用的资金。之所以作出这样的判断，是因为储蓄存款形势发生了新的变化，主要是城乡储蓄存款出现了快速稳定增长，随着人民群众的收入提高和消费结构的改变，开始出现储币选购的新局面，而且在银行信贷资金来源里，储蓄存款所占比重迅速提高，从 1979 年至 1981 年，在财政增拨流动资金比较少的情况下，银行的各项贷款共增加了

---

① 1982 年 7 月在成都召开了储蓄理论会，研究储蓄的新变化，会议讲话整理稿发表于《四川金融研究》1982 年第 5 期和《中国金融》1982 年第 17 期。

914亿元，其中有三分之一是靠增加的储蓄存款。这在新中国成立后的历史上是没有过的。

当时认真研究市场货币流通状况和储蓄存款的变化，目的是制定正确的货币政策。货币政策就是为了贯彻稳定货币的目标，而在不同时期里能够及时地采取相应的政策。刘鸿儒认为这是银行工作的重要任务；而对于中央银行来说，应该是长期的中心任务。

1980年底，中央决定要采取进一步的调整国民经济的措施，适当压缩基建规模，紧缩财政开支，控制银行贷款。这次调整和1962年的调整，是大不一样的，一是要保证生产上升而不是下降；二是对居民消费不是压缩而是提高；三是工业的调整不是简单的关、停、并、转，而是保证许多大型建设不能减掉，与此同时，小型生产日用品的企业又要大力发展。这时，如果我们像以前那样，简单地抽紧银根，压缩消费，必然会造成生产萎缩，达不到稳定货币的目的。因此，根据新的情况、新的调整精神，人民银行在货币供应上采取了新的供应措施，在努力保证发展商品生产、搞活经济、提高经济效益的前提下，使货币流通同商品流通相适应。实践证明，人民银行及时调整的新的货币政策是正确的，取得了明显的效果。据统计，到1982年6月底，用于日用消费品工业的贷款是89亿元，相当于同期国家预算给轻、纺两部门投资的两倍。1981年比1979年轻工业产值增加了695亿元，增长35%。市场紧缺的消费品有很大增长，银行贷款在这方面起了一定的作用。

当时，刘鸿儒指出，能够在不同的情况下，及时地调整货币供应政策，在财政有困难、货币发行过多的情况下，一方面增加一些贷款，支持发展商品生产，把经济搞活；另一方面促进货币回笼，保证物价基本稳定，这是很不容易做到的。但是银行的同志们做到了——经济发展了，市场好转了，也没有出现大的风波，没有造成严重的通货膨胀，这是很了不起的事情。

毫无疑问，这些调查研究以及由此带来的思想认识上的变化，对于人们从旧的规范、框架和模式中走出来，破除思想藩篱，坚定信心，努力实现邓小平同志"必须把银行真正办成银行"的指示，起到了相当大的作用。

1982年9月1日至11日，中国共产党第十二次代表大会召开。刘鸿儒不是会议代表，只是列席参加了有关会议，当时，中央各部委选入中央委员的人数不多，一般地都是一个部委一人，而这次人民银行却破例地有两人，一位是时任人民银行行长吕培俭，被选为中央委员，另一位便是刘鸿儒，他被选为中央候补委员。在临开大会之前，新华社找他作了一次专访，并在《人民日报》上发表专稿，题为《从学徒到副行长》。直到这时，他才开始察觉到，这是党对他这个年轻干部特别予以的历史重用。在大会上，邓小平、叶剑英、陈云着重讲了新老交替、培养年轻干部的重要意义和具体建议。刘鸿儒深深地体会到，他是幸运的一代，遇上了新老交替这样一个大好时机，得到了党的重用和提拔，今后一定要加倍努力把金融体制改革的工作做好、做出成效来。

邓小平同志在大会开幕词中有两段话，给他留下印象最深。一段是"八大以后社会主义改革和建设二十多年的曲折发展也深刻地教育了全党"。其中的那句"曲折发展"，生动地概括了前三十年的历史发展进程。另一段是"把马克思主义同我国的具体实践结合起来，走自己的道路，建设有中国特色社会主义，这就是总结长期历史经验得出的基本结论"。一句"走自己的道路"指明了未来的发展方向，亦非常明确了身为一个改革者的历史使命。

1986 年 9 月，在国际货币基金组织和世界银行年会上。右一为财政部部长王丙乾，右二为刘鸿儒。

第十二章

中国式的央行制度

在党的十一届三中全会以后，陆续地分设出了三家专业银行——农业银行、中国银行和建设银行。银行与商品经济关系、银行与财政关系的大讨论明确了金融改革的指导思想，摆正了银行在资金聚集和分配中的地位，也有力地指导并推动了银行体制改革向前大踏步地发展。

新分设的三大银行——农业银行、中国银行和建设银行，自从独立出来之后迅猛发展，各家银行虽然口头上反对提竞争，实际上却是在变着花样地争夺地盘、争抢业务。当时政策上明确规定，各家银行的信用活动是按照专业化方向发展，每家银行都有自己的主业，清楚地划分了各自的活动范围。但实施起来，却完全变了样。农业银行通过各种渠道开始走进城市，有的以信用社的名义在城市里设立网点，牌子上故意将某某农村信用社的"农村"二字拿掉。中国银行按规定主要办理对外业务、外贸企业贷款，现在却积极开展国内其他业务，扩大国内网点。建设银行本来是归财政部管的，专门办理基本建设投资拨款业务和建筑企业的贷款，而建行领导为着扩大业务，急着要改变现状，专门派其副行长周汉荣来找刘鸿儒，提出要开展国内存款，特别是居民储蓄存款业务。刘鸿儒表示可以，但是建行在体制上必须离开财政部，划入银行序列进行必要的业务管理，执行统一的信贷政策和货币政策。建行答应后，双方达成协议，上报给国务院批准，正式地把建设银行变成同农行、中行一样的国有"专业银行"。

各家银行展开竞争后，先设网点，后开展业务，这中间也出过许多笑话：建设银行河北省有的县支行，由于基本建设业务很少，其他业务又抢不到手，有的职工没事干，就去养猪、养鸡。当然，这只是少数例子，但也说明，各行在"搞竞争"的时候，主要还是在争地盘、建网点。这主要是因为当时各家银行还是"吃大锅饭"的体制，不能精打细算。当时，还出现了一个自嘲的说法，"农行是穿草鞋的，人行是穿布鞋的，中行是穿皮鞋的"，这反映出他们对各行分工的不满。

随着业务的发展和竞争的激烈，各家银行对人民银行的意见越来越大。有人说，人民银行是"既当裁判员，又当运动员"，如何能够超脱得了？处理不公，监督不当，是在所难免的。当时的情况是，在农业银行和中国银行分设后的一段时间里，人民银行手中还握有城市业务和工商信贷业务，可以说银行业务的重头戏还没有分出去。这样一来，它既是中央银行，作为国务院的主管部门执行金融业监督管理职能，大权在握，同时又经营商业银行的信贷业务，使各专业银行处于劣势地位。而从政府角度来看，这种状况也不利于全国金融宏观调节和管控。人民银行既然同其他几家银行一样忙于具体业务的发展，又如何能够顾得上全面执行中央银行的职责？它的央行职能无法充分发挥，各专业国有行便不免要各行其是，使整个银行体系置于"群龙无首"的状态。

到了1982年，客观形势的发展，使得事情到了不得不解决的时候了，在这种状态下，人民银行的尴尬地位，用一句俗话来比喻，就是"背着兄弟媳妇过河，费力不讨好"。不急速地加以改变，金融业的进一步发展和深入改革便举步维艰。

其实，刘鸿儒早在1979年至1980年，就已经提出建立中央银行制的构想了。在这两年所发表的讲话和文章中，他多次明确提出国家可以多设银行，业务可以有一定的交叉，允许银行间展开竞争。"而在设立若干专业银行并允许有限度竞争的情况下，便一定要单设中央银行"。

人民银行总行的领导层，对于这一改革目标是明了的，也是坚决的。1980年6月到8月，国务院领导同志多次讨论银行改革问题，并作出了重要指示。在此期间，中国人民银行党组也作了多次研究，并提交了《关于银行改革汇报提纲》，明确写道："目前，已经设立了农业银行、中国银行、建设银行，今后，根据经济发展需要，还可以增设工商信贷银行、储蓄银行等专业银行，加上各种信托投资公司、各种专业保险公司和农村信用合作社，组成统一的金融体系。"汇报提纲中较具体地提出了强化中央银行职能的一些设想。因此，由国务院体制改革办公室起草的《关于财政金融体制改革问题（征求意见稿）》中也写道："目前，中国人民银行既有中央银行的性质，又直接经营对机关、企业、城乡居民存放款业务。今后，应另成立工商银行和储蓄银行（或成立工商银行兼管储蓄业务），明确中国人民银行为银行的银行，主管货币发行，调节全国信贷资金，规定利率、外汇汇率，制定货币政策和信贷政策，掌握信贷收支和外汇收支平衡，以利于人民银行集中力量调节货币流通，搞好综合平衡，抓好经济信息等工作。"

改革的目标是建立中央银行制度，但在当时却不能一步到位，因为条件还很不具备。具体来说，建立央行制度不是简单的机构调整和银行的职能分工，而是要参考西方发达国家已有的一套成熟做法，形成一整套的央行运作与管理体系。例如，央行应是政府的银行、发行的银行、银行的银行，它不是国家机关，但却起着调控整个国民经济的作用。它的主要手段是靠经济方法来运作，因此它的前提条件必须是金融机构多样化，它的经济基础是商品经济高度发展。这些条件虽然当时的中国尚不充分地具备，但是可以结合实际情况运用，逐步地实行和增强它的一些职能，也可以允许有我们自己的特色，但对于相关的基础条件和基本原则，则必须创设，必须坚持。

20世纪80年代初，改革刚刚起步，中央文件中还没有正式提出社会主义经济是商品经济，更不用说市场经济了。金融市场根本没有形成，央行的经济手法如何运用？人们的思想和理论，基本上还在传统的计划经济框框里，所以从1981年开始，理论界和实际部门对于建立中央银行制度，曾经展开了激烈的讨论，形成了三种意见：有的主张维持现状，有的主张回到大一统的人民银行，完全主张建立央行制度的并不占多数。对此，刘鸿儒在《变革——中国金融体制发展六十年》一书中作了详细的论述，他毫不避讳地指出，当时在人民银行和各家专业银行的领导层中，认识的片面性占了主导地位，大家都在政府机关的框架内，各自争执着自己这块地盘上权力的大小和增减。专业银行都说自己是国家银行，不承认是专业银行，都认为同人民银行的关系是平起平坐，不承认有领导与被领导的关系。人民银行的同志则认为：人民银行和专业银行同列为国务院直属单位，人事权统归国务院；人民银行既没人事权，又没有可用的有效的经济杠杆，所谓的调整和管理权限，自然也就全部落空。

在这种情况下，国务院只好先从加强人民银行的某些中央银行职能入手，借以缓解当前的矛盾，并在实践中不断探索改革之路。

1982 年初，姚依林副总理传达了国务院关于银行改革的指示，提出了建立中央银行的原则。根据国务院指示，由人民银行组织"银行机构改革小组"，负责集中各方面意见。组长是时任人民银行行长的吕培俭，刘鸿儒任副组长与具体执行人。改革小组多次召集各专业银行深入讨论，在会上，各家银行一致认为，要坚持集中统一的方针，各级政府和财政系统不能办银行。讨论银行设置时，分歧很大，建设银行主张仍归财政部领导，中国银行和农业银行则主张成立金融委员会，统一领导金融事业，实际上是不愿接受人民银行的领导。为了防止银行之间不协调对经济生活带来不利影响，刘鸿儒主持拟写了向国务院的请示报告，采取进一步强化央行职能的措施，党组讨论通过后报国务院。1982 年 2 月，国务院批转了中国人民银行《关于人民银行的中央银行职能及其与专业银行关系问题的请示》。

在这个文件中，明确地指出：中国人民银行是我国的中央银行，是在国务院领导下统一管理全国金融的国家机关。它的主要任务和职责是：

第一，负责拟定金融工作的方针、政策、法规，制定需要全国统一的金融规章制度，制定银行的人民币存款、贷款利率，按规定报经国务院批准后执行。

第二，按照国务院批准的计划，印制和发行人民币，调节市场货币流通。

第三，综合平衡信贷计划并组织执行，统一调度信贷资金。

第四，审核金融机构的设置和撤并，确定各金融机构的业务分工，协调

和稽核各金融机构的业务工作，管理金融市场；审查批准外国金融机构在我
国设立或撤销机构，并依照法律对其进行管理和监督。

第五，统一管理外汇、金银，管理国家外汇储备和黄金储备，制定人民
币对外国货币的汇率。

文件中对各专业银行之间的分工也做了具体的划分，明确地指出在上述
五个方面，各家银行都要接受人民银行的领导和监管，并对各专业银行的分
工有了许多细化的规定。但是，在执行过程中，原有的矛盾并未因之解决，
而且，还有发展的趋势。这就使得人民银行不得不继续深入地研究建立中央
银行制度的方案。

在1982年下半年与1983年上半年，刘鸿儒组织力量到世界发达国家去
访问、调查他们在建立央行体制方面的成熟经验，回来之后，他们把国外借
鉴过来的经验，与中国当时市场经济尚未形成的实际情况相结合，提出了建
立中央银行制度的方案。

一般来说，社会主义国家在历史上没有中央银行的体制，自然也就没有
这方面的经验。有鉴于此，人民银行决定着重地研究西方国家中央银行形成
的历史及其发展过程，以及发展过程中的经验教训。他们一方面查找有关文
献资料，邀请国内外专家来中国作讲座和专题介绍，另一方面不断地派团出
去实地考察。刘鸿儒在出国开会过程中，曾经重点地对美国、德国、日本和
匈牙利进行了深入的了解，并将其考察研究的成果，陆续地报送给上级领导
参考，与此同时，又撰写各种专题的文章在《中国金融》等杂志上发表，最
后综合起来，编成了一本《漫谈中央银行和货币政策》出版。

通过这一系列的走出去、请进来的深入考察，广大银行干部全面系统地
学习、借鉴和钻研了国际经验和央行制度理论，最后，"银行机构改革小组"
组织大家结合中国20世纪80年代初期的实际，进行了全面探讨，大家的认
识也开始趋于一致。刘鸿儒在这一过程中提出了三点主要结论：

第一，建立中央银行制度是金融改革的大势所趋，理所必然，是以计划
经济转为商品经济和市场经济的客观需要，是改革金融体制中首先的，也是
主体的构成部分。否则，宏观经济调控、货币发行的稳定、金融体系的形成

为建立央行制度，中国研究、借鉴日本中央银行——日本银行的经验较多。1982 年起中日每年互派央行业务代表团，有计划深入交流，坚持十次。图为 1982 年刘鸿儒率团进行第一次互访。从左至右依次为：刘鸿儒、日本银行总裁三重野康、王雅范（中国人民银行外事局翻译，后任国家外汇管理局司长）。

1986 年 9 月 30 日，刘鸿儒（左二）与国际货币基金组织总裁德拉罗西埃（右一）夫妇在一起。

1983 年 3 月，刘鸿儒（左二）率团到匈牙利考察银行改革。匈牙利是当时推进改革较早的社会主义国家。

1983 年 9 月，匈牙利派国家银行行长率团回访中国，交换银行改革思路。前排左一为刘鸿儒，左二为人民银行上海分行行长王爱身。

与发展都将难以推进。

第二，健全有效的中央银行制度，是以中央银行为中心的多家银行、多种金融机构并存、相互之间存有竞争机制的新的金融体系。否则，央行就难以运用经济手法，发挥其自身的职能作用。

第三，在中国改革初期，在我们刚从计划经济向市场经济过渡的情况下，全面仿效西方的央行体制是不现实的，我们在当下里只能建立具有过渡特色的中央银行制度。这个特色具体地表现为：

双重目标：发展经济，稳定货币。

双重身份：代表国家管理金融，执行发行的银行、政府的银行、银行的银行的职能。

双重调控：先以直接调控为主，逐步地转向间接调控为主。

双重手法：以行政手段为主，逐步转为经济手段为主。

双重地位：作为央行的人民银行，是国务院的组成成员，归国务院领导；央行具有其一定的独立性，独立于政府主管部门，独立于财政（不得向人民银行透支），独立于地方政府。

这些思想和研究成果由刘鸿儒向总行领导和国务院作了汇报和口头上的表述。与此同时，他又写了一些公开文章，旨在促进讨论与沟通，以求得广泛的认知和共识，进而推进改革。

1983 年 6 月，姚依林、段云同志找到刘鸿儒和另外一位副行长邱晴到国务院去谈话，他们提出来一个具体方案，想另外成立一个中央银行，力求把这个央行搞得小一点，灵活一点，其功能主要是协调和监管。当时，刘鸿儒一个明显的感受是，这不有点像国务院财贸办公室一样的"金融办"了吗？他与邱晴回去之后，谈及此事时都说："这不成了我们银行里的金融研究所了嘛！"后来，他们向姚依林汇报说："建立中央银行制度是大势所趋，不过，人们当前最担心的是把人民银行架空，宏观调控失灵。因为当时金融机构少，三大专业银行是直属国务院的总局级的机构，人事权都掌握在国务院手里，当下里经济手段又没有，人民银行说话大家不听，便一点办法也没有了。"姚依林同志开玩笑地说："你们怕各专业银行变成老虎，那你自己就想法变成狮子。"

按照国务院领导同志提出的方案，单独成立中央银行后，原来的人民银行留下来，承办工商信贷和储蓄存款业务，成为专业银行。刘鸿儒回到总行开展党组讨论，讨论中，大家认为还是应由人民银行作为中央银行，另设工商银行为好。理由有两个：一是人民银行发行的人民币流通多年，改名后再改印票子比较困难；二是人民银行1948年成立，几十年来是唯一的国家银行，人人皆知，现在突然变成了专业银行，就不容易被群众理解和接受。最后，国务院领导接受了这个意见。按刘鸿儒个人的想法，叫中央银行也可以。因为在国外，中央银行一般是以国家名称为首，如日本银行、英格兰银行、德意志银行、法兰西银行等。中国历史上，中国银行是以国家命名的，曾经发行过货币。1928年，国民政府财政部部长宋子文提出将中国银行改为南京政府中央银行，时任中国银行负责人的张嘉璈不同意，他认为，中国银行已深入民心，一旦改名，必致减弱人民信任，不但无法改变十多年来与政府过于密切的关系，而且中国银行的基础也将被摧毁无余，于是婉言拒绝。宋子文只得另行成立中央银行作为国家最高金融机关，而将中国银行改组为"政府特许之国际汇兑银行"，并保留了货币发行权。

在中央银行与专业银行的关系上，最初讨论时，专业银行不愿意受中央银行领导，中国银行和农业银行要求国务院成立金融委员会，统一领导中国金融事业，意思是直接由国务院领导。人民银行的意见是，专业银行作为企业要由中央银行领导，应该建立中央银行领导下的各专业银行分工，并且强调地提出，中央银行的领导是实体的，不能是虚的，也不能搞成"协商会议"。在20世纪80年代初，在各种经济手段都不可能运用的情况，如再没有行政领导关系，就更执行不了中央银行的职能了。因此，专业银行在行政上应归中央银行领导，做到五个统一：统一政策、统一计划、统一资金调度、统一基本制度、统一人事管理，而且各级人民银行都对同级专业银行实行统一领导。

国务院领导最后明确指出，由中国人民银行专门行使中央银行职能，这是机构改革的一项重要措施，也是经济体制改革逐步向政企分开、用经济办法管理经济的一个重要试验。人们的习惯办法是行政办法，统管人、财、物、供、产、销。现在要用经济办法管理，确实是一个重大的改革。人民银行的主要任务，是作为国务院领导和管理金融事业的职能部门，集中力量研究和做好全国金融的宏观决策，对信贷资金实行集中统一管理，更好地发挥中央银行的经济杠杆作用，为四个现代化建设服务。人民银行与专业银行在行政上不是隶属关系，但在业务上是领导与被领导关系。明确这一条，并不意味着谁大谁小、谁高谁低，而是主要通过经济办法来实现对经济的管理，并加上必要的行政手段。

明确了人民银行的职能定位后，其他相关问题纷至沓来，逐步进入讨论范围。

在专业银行的设置上，最初的意见倾向于再分设工商银行和储蓄银行，使人民银行专门执行中央银行的职能。后来再深入研究，发现储蓄存款业务涉及各家银行的经营范围和资金来源，如果单设储蓄银行必然要作较大的调整，各专业银行改为依靠储蓄银行供应资金，这也不利于各专业银行开展业务，难以做到独立自主经营。最后大家意见一致，都主张不单设储蓄银行。

关于专业银行的分工，当时人民银行从便于管理的角度，强调分工，主张专业银行必须在业务管理上真正地做到"专"，把本专业范围的工作做深做细，努力提高经济效果，不能贪大求全，导致最终向综合性银行发展。各专业银行可以有小的业务交叉，但不能过分强调交叉，互相"挖""挤"，谁也管不了谁。这样不仅不利于信贷的统一管理和平衡，发展下去势必导致信用膨胀，无限制地扩大货币发行。在这个思想指导下，"银行机构改革小组"提出了如下建议：

第一，农业银行面向农村，在县以下开展业务活动。

第二，中国银行作为外汇专业银行，经营外汇，办理国际结算和外汇贷款，主要在国际金融领域里发挥作用。

第三，工商银行办理城市工商业的存款和贷款。

第四，建设银行除管理基建业务和基建拨款外，主要办理长期基本建设贷款。

但是，各专业银行都反对这种意见，不同意分工过细，主张向综合银行方向发展。如农业银行就不同意把农业银行说成是"农业信贷的专业银行"。

对于分支机构设置及其相互关系，在讨论中，大家一致认为各家银行，特别是各专业银行，应按经济区域设置机构。但是，这是难以做到的，因为各级地方政府管经济、管企业、管各种经济组织都是按行政区划设置的，如果只是银行按经济区域设置机构，就难以运转，各级政府也不能接受。

按照原则要求，各专业银行的分支机构，应当以业务需要和经济效益为前提来设置，但是实际上，各行都急于抢占地盘，跨界设点。曾经一度出现工商银行下乡、农业银行进城的热潮。建设银行也不问有没有固定资产投资业务，也在各地普设分支机构。这仍然是官办银行的一种表现。

关于人民银行与各专业银行分支机构的关系，人民银行主张应是领导和管理关系，而专业银行则持反对意见，主张二者只能是业务关系。最后，在原则上定为人民银行负责协调、指导、监督、检查专业银行以及其他金融机构的业务活动。

在外汇管理职能的转移方面，多年来，都是人民银行"一统天下"，外汇管理职能也由人民银行统一承担，1979 年中国银行分设以后，将外汇管理职能一起带走。在 1983 年人民银行专门执行中央银行职能时，主张外汇管理应由中央银行承担，但中国银行主张维持原状，以利于对外代表国家开展国际金融活动。最后，由国务院作出规定，国家外汇仍由中国银行经营，但外汇的行政管理与立法则划归国家外汇管理局。对于同外国政府签约，规定可以由人民银行办理，如果经国务院授权或受人民银行委托，中国银行也可以单独出面办理，这样的安排，主要是为了对外维护中国银行的信誉，不要使外国人感到中国银行的职权被削弱。

在关于成立理事会的问题上，讨论中大家都强调要保持中央银行执行货币政策的独立性。要从中国的实际情况出发，人民银行作为国务院领导和管理全国金融事业的国家机关，不可能脱离政府。因此，有的专家建议成立有权威的理事会，由人民银行及有关部委及专业银行的负责同志参加，共同对重大问题作出决策。但银行界，特别是人民银行的同志认为，这种做法脱离实际，难以操作，人民银行作为国务院的一个部门，直接对国务院负责，理事会悬在中间，很难发挥作用。

在如此这番讨论的基础上，1983 年 7 月 7 日，姚依林、田纪云、张劲夫三人根据中央财经领导小组讨论的精神，又作了进一步的研究，联名给中央财经领导小组上报了《关于设置中央银行的几点意见》，提出：单设中央银行势在必行，工商信贷业务应从人民银行分出来，另成立工商银行，暂不成立储蓄银行。于是，国务院于 1983 年 8 月，决定成立中央银行筹备小组，由人民银行行长吕培俭任组长，刘鸿儒任常务副组长。小组成员由人民银行、财政部、经贸委的部分同志和专家组成，负责研究设计方案。1983 年 7 月 16 日，吕培俭行长给田纪云副总理写了一个报告，提出人民银行与工商银行的筹备人选，工商银行的筹备工作由朱田顺、陈立、张肖三位同志负责，并获得了批准。

1983 年 8 月 20 日，吕培俭行长又向田纪云副总理报告了中央银行筹备小组第二次会议上讨论的情况，其中，讲到了几个有争议的问题：例如，建设银行办理的一般性技术改造贷款，现交工商银行办理，这一条是中央财经领导小组同意的，不能变；又如，有的部门认为，外贸贷款是工商信贷，应交工商银行办理，但中国银行不同意。

1983 年 9 月 17 日，国务院正式下发《关于中国人民银行专门行使中央银行职能的决定》，即国发〔1983〕146 号文件。至此，中央银行制度正式建立了，中国工商银行也正式成立，于 1984 年 1 月 1 日正式挂牌。

当时，对于专门行使中央银行职能，国务院领导尚把希望寄托在理事会上，而人民银行的领导层则认为，用经济办法虽然是正确方向，但在经济手法不具备的条件下，仅依靠理事会调节矛盾容易落空。理事会由人民银行、各专业银行、保险公司的领导人参加，还有财政部、国家计委、国家经委的一位副主任作为成员，有点像联合国，或者是什么邦联，这样做的结果，势必使各家的重大事项都要请示国务院直接决定。当时，刘鸿儒作为主管理事会工作的常务副理事长，召集理事会会议不过三次，就开不下去了。后来尽管理事会活动得以恢复，但是其使命已经大不相同了。

在理事会无法发挥实际作用的情况下，人民银行控制资金总量，成为其行使央行职能的最有效办法。所以，国务院在上述决定中规定：人民银行必须掌握 40% ~50% 的信贷资金，用于调节平衡国家信贷收支。刘鸿儒当时作为一名理论研究者、央行体制问题专家，把这一条用经济办法管理全国金融机构的举措作了进一步说明。他用国外事例说明，发达国家的中央银行通常运用的是三大工具，俗称"三大法宝"，主要是公开市场操作、利率和存款准备金这三项。现在我们定的这条集中控制信贷资金的办法，可以命名为"存款准备金"办法，它规定各专业银行吸收的存款，必须按一定比例存入人民银行，其比例由人民银行核定，人民银行可以根据银根松紧的需要随时调整。各专业银行信贷资金不足时，可以向人民银行申请贷款，人民银行发放这种贷款，是各国央行的通用职能。正因为它有这种职能，所以被称作"银行的银行"。我们与世界通行的央行制度所不同的是，发达市场经济的国家央行，所用的存款准备金是"成本控制"，不付利息，增加商业银行成本，现在已很少用了，多数的国家都用利率和公开市场操作这两大工具。我们用存款准备金的办法进行"资金控制"，用存款准备金的数量来调控专业行发放贷款的能力，借贷双方都有利息往来关系，对专业银行的放款成本影响并不很大。其他两大法宝，将逐步推行，使其在调控整个国民经济上能够起到越来越大的作用。

刘鸿儒后来在其发表的文章中，详细地阐述了这其中的道理。他认为1983 年确立中央银行制度是一项重大改革，也可以说是革命性的突破。有了这项改革，金融体系才建立了轴心，或者说是领导核心，其他金融改革才能逐步推进，整体金融改革方案才有条件形成。不过，当时由于缺乏经验和必要的外部环境，所确定下来的中央银行制度还只能是个发展方向，其基本框架和主要内容尚需在改革实践中逐步地完善和充实。1986 年 1 月 7 日国务院发布的《中华人民共和国银行管理条例》和 1995 年 3 月 18 日全国人大通过的《中华人民共和国中国人民银行法》中，都对中央银行制度作了进一步规定。创建央行的历史过程，后来刘鸿儒在其所著的《变革——中国金融体制发展六十年》一书中，作了较为详细的论述，这本书至今仍被很多读者视为经典。

1986 年 10 月 15 日, 刘鸿儒 (左三) 陪同谷牧副总理 (左五) 接见德国专家, 听取对中国改革开放的意见。

1986 年 10 月, 刘鸿儒 (左一) 会见英国中央银行——英格兰银行行长 (右一)。

事实上，在讨论确立中央银行制度的同时，各项金融改革工作也正在积极地加速推进，都取得了较大的成果。

1983 年，人民银行党组决定由刘鸿儒和陈立副行长主持人民银行与工商银行分家事宜，具体地解决建立工商银行的实际问题。陈立是银行系统里一位资格很老的同志，早在抗日战争期间，就在新四军的华中银行里工作，刘鸿儒从苏联回国到银行工作时，他曾任人民银行总行机关党委副书记和计划局局长，曾是刘鸿儒的领导。他为人随和、乐观、大度、正派，两个人的关系一直相处得很好。在研究如何分家时，刘鸿儒一再强调，要接受 1979 年与农业银行分家时的经验教训，这次无论如何也要想办法减少矛盾，减少损失，减少那些伤害双方职工感情的事。他们认为最有效的办法，就是先从总行开始，把识大体、顾大局的基本精神传达、解释清楚，以免下边产生不必要的矛盾。何谓分家的大事呢？也就是最容易出现矛盾的问题，不外就是人事安排、财产划分、机构设置三件事。从总的方面来看，只要总行方面协调得好，下边就不容易产生矛盾。

不过，有一件事还是出现了反复。当时本来商定，县一级机构在经济不发达的地区暂不单设中国人民银行县支行，有关业务都由工商银行代理。但在实施的过程中，却出现了工商银行"代而不理"的情况。例如，代理发行库运输钞票之事，这在当时来说是一件重体力活，工商银行职工不愿"代理"，而这项业务又涉及各银行的正常业务，也涉及金库的安全。这样的重托，哪个县的工商银行愿意挺身出来不顾一切地代而又理呢？另外，县政府领导也认为，县里不设中央银行分支机构，会使各家银行和金融机构处于"群龙无首"的状态，由县政府来协调金融方面的工作又不太方便。在这种情况下，人民银行的各县支行只好陆续地恢复起来。可是这时的办公用房、用具和人员，都已划归工商银行了，让人家把这些已得的东西再腾出来，那是很不现实的了！于是被迫无奈，各地新设立的人民银行分支机构改革只好从零开始。

由此不难看出，有些改革尽管方向是对的，但实施起来却需要天时、地利、人和才能达到目标。在市场发达的国家，各商业银行都以代理央行业务为荣；而在当时的中国，各专业银行都是吃"大锅饭"的官僚机构，喜欢同人民银行讲平起平坐，其"利益均沾"的原则是绝对不容侵犯的。发达国家里，地方政府是不管经济和金融的；而在我国，地方政府什么都管。从这些小事上就可以看出来，在我们这个由计划经济开始向市场经济转型的国家里，央行制度的建立，是知难行也难呀！

忙完工商银行分家，刘鸿儒又花了很大力量去研究解决人民银行的机构建设和各项职能健全的问题。作为中央银行，其分支机构应当怎样建设？这也是个很复杂的问题。他考察过日本和美国，他们都是按照经济区域设置的，同地方政府没有领导或指导的关系，不存在地方领导干预金融事务的情况。但是，这在我国是绝对做不到的，因为我们的地方政府不仅管政治，也管经济；既然管经济，当然离不开金融。因之，我们就不能像他们那样按经济区域设置，只能是按行政区域设置分行和支行。到了20世纪90年代后期，朱镕基任国务院副总理兼任中国人民银行行长时，才对此作出了明确的决定，按大区设分行，把各省的分行降为中心支行。实际上有许多事情，还按行政系统办事，但中央政府下令不许地方政府干预银行事务，还是一大进步。

那么如何定位央行与中央政府的关系呢？刘鸿儒仔细地学习和研究了各发达国家中央银行的做法，发现他们都是从法律和组织结构两个方面，把中央银行与政府分开，彻底地保障了它的独立性。20世纪年代初，刘鸿儒负责主管人民银行与国际货币基金组织相关的工作，每年都到华盛顿去开年会，他曾专门去纽约拜访了时任美国联邦储备银行主席的沃尔克。沃尔克是出了名的金融大家，嘴上常含着烟斗，风度潇洒，气度不凡，说起话来幽默深沉，眼角上常带着自信的微笑。他掌管美国央行成绩显著，因之在各行各业里都有很高的威望。

80年代中期任职美联储主席时，沃尔克对中国的改革，包括金融改革，非常重视，刘鸿儒每次去拜访他，都得到他的热情接待，并作为贵宾宴请。遗憾的是，那时候的中国在国际经济和金融事业中的地位和话语权与现在不可相提并论，经济实力落后，没有条件和资格和人家共同讨论国际经济问题，所以，每次见面都只是讨论金融改革和中央银行建设问题。

1986 年 10 月,刘鸿儒(左二)在华盛顿与美联储主席沃尔克(左一)交流。

1991 年 8 月 8 日,刘鸿儒(右二)会见德国中央银行——德意志联邦银行行长维辛斯基(右一)。

有一次，刘鸿儒问沃尔克："美联储与财政部是什么关系？"

他答："是独立的。"

刘鸿儒问："你个人与财长经常协商吗？"

他答："协商、讨论问题是有的。"

刘鸿儒还问："你听总统的领导吗？"

他答："总统先生不管联储方面的工作，我们是独立运行的。"

刘鸿儒又问："你听国会的吗？"

他答："我向国会报告工作，但联储该怎么做，都由我们自己决定。"

这一次谈话，令刘鸿儒对美联储的独立性有了非常深刻的印象。

久而久之，两人见得多了，自然熟络起来，谈话也轻松了许多。有一次，沃尔克饶有兴趣地告诉刘鸿儒，说他个头高大，在大学里读书时，还是个很不错的篮球队员呢！他还说，美国人因为英语走遍天下，便变得非常自信，很少去学什么外语。

在中国，中央银行是政府的组成部分，行长是由党中央和国务院任命的。金融业的大政方针，都由国务院决定，像利率和汇率这样的经济杠杆，人民银行都要报请国务院才能决定。这是因为中国的政府管企业、管经济、更管金融。这也就决定了我们的央行，不可以也不可能学西方国家那样来强调央行的独立性。那时，人民银行曾经研究过相对独立性的问题，国务院也准备给人民银行一定的决策余地。不过，这个问题关系重大，只有在深化改革中，才能走出适合中国国情的路来。

第十三章
定方案　抓试点

金融体制改革，也同我国的经济体制改革一样，是一个步步深化的过程，更是一个艰难曲折的历程。1984 年 10 月 20 日，在党的十二届三中全会上通过了《中共中央关于经济体制改革的决定》（以下简称《决定》），明确了我党在新时期里进一步深化经济体制改革的决定及其有关的重要战略部署。不过，其中关于财政金融方面只有这么一句话："在改革价格体系的同时，还要进一步完善税收制度，改革财政体制和金融体制。"

刘鸿儒深深地领会到了党的重大决心，也深知进一步深化改革的难度之大，但是，他对于《决定》中在金融体制方面只提了一句"在改革价格体系的同时，还要进一步完善税收制度，改革财政体制和金融体制"，觉得很不过瘾，怎么只把金融改革与财政改革连到一起稍带上了半句话？在他的思想中，金融改革是那么艰难而复杂，任重而道远，需要多说上几句才是。于是，趁一次汇报工作的机会，他向时任国务院总理说出了自己心中的想法，他笑着说，你的这个想法，实际上也正是我们的担心之处，也正是改革的难点之处。财政是个透明的玻璃杯，收入多少，支出多少，盈余和赤字多少，都看得清清楚楚；而银行是个不透明的杯子，天天有存有取，有贷有还，是不断滚动的，所以改革起来就要格外地谨慎，弄不好便会出现个"黑色星期五"！

他所说的"黑色星期五"，是美国在 1929 年 10 月的一个星期五突然爆发的史上最严重的金融、经济危机，它带来的战栗和恐慌至今仍令人心有余悸。

1985 年 3 月，在全国人民代表大会上做关于金融情况的汇报。

总理对刘鸿儒说，中央文件之所以要那么写，正表示我们须要谨慎地加快改革步伐，表示我们一定要把金融体制改革做好的决心。

当下，国务院便决定成立一个"金融体制改革研究小组"，并指定刘鸿儒作为组长。为了能够与财政方面的改革协调配合、互相促进，中央又指名财政部副部长谢明加入。新中国成立后，谢明一直担任财政部经建司司长，主管我国经济建设资金的使用和企业财务管理方面的工作，有着丰富的实际工作经验。为了增进这个小组的开拓意识，总理点名让当时在国家经济体制改革委员会工作的三位年轻专家学者周小川、楼继伟、宫著铭加入小组。总理还建议在研究讨论时，吸收中国人民银行研究生部高年级的几个学生也参加进来。根据这项指示，刘鸿儒与校方商定，决定让81级与82级入学的高年级学生都来参加各项调研，并由吴晓灵、李弘为代表参加研究小组的各项活动。这样，一个由老、中、青三结合的金融体制改革研究小组就如此组建起来了，表现出一种前所未有的朝气蓬勃的风貌。

"路漫漫其修远兮，吾将上下而求索。"这是爱国诗人屈原在问天问地的求索中，从内心深处发出的一句催奋励志的心声。而在此时此刻的刘鸿儒心中，也激荡起这样一种声音，也正感受着和体验着这样一个心路历程。

我这样地将今人比古人、将古人的话与今人的探索历程作比较，乍看起来确实是有些漫无边际，但实际上却也是很贴切的。刘鸿儒在金融体制改革中所走过的路，不只是漫长而修远，而且常常是迂回而曲折的。摸着石头过河，没有现成的改革蓝本，刘鸿儒与他所主持的金融体制改革研究小组便要经常地深入下去，到各地方去作调查研究，请国际上有名望的专家学者来讲金融学原理和实际经验方面的课，同时，还要不时地组织国内各界专家开会研究讨论，努力地汇集起各方的智慧，以便探索出一个切实可行的改革方案来。

在这期间，他特别重视年轻人的想法，特别是那些年轻的专家学者和尚在完成学业的中国人民银行研究生部里的学生们。他们思维敏捷，创造力强，学习新事物和国际经验很快，他们的这种独创精神一经与成熟的专家学者们的丰富经验结合起来，那种相得益彰的效果便是十分惊人的。因此，刘鸿儒

　　1984 年，为研究制定金融体制改革总体方案，刘鸿儒和当时中国人民银行研究生部学生吴晓灵、李弘到湖北第二汽车制造厂考察座谈。右一为刘鸿儒，右二为吴晓灵（后任人民银行副行长），右三为庞则义（时任刘鸿儒秘书），右四为李弘。

在工厂负责同志陪同下调研工厂。前排中间者为刘鸿儒。

经常同他们去到各厂矿企业和金融机构等基层单位里作调查，同他们一道研究深化金融改革的各种方案，做着各种理论层面上的和实践层面上的试验。

在1984年5月安徽合肥召开的中国金融学会年会上，研究生部82级的蔡重直、齐永贵、波涛、万建华代表一部分同学提出了一个意识非常超前的金融改革战略方案，其中心思想便是以金融市场为突破口，大跨步地推进中国金融与国际接轨。

为什么说这是意识非常超前的一个方案呢？因为它的突破口就选得离开人们的传统观念很远很远。"金融市场"，在当时人们的思想观念中，从两个方面来讲都是禁区，都是最容易与那个"姓资"的资本主义联系到一起的。首先是"市场"二字，在当时西方经济学的各种教科书中，都是用来区别两种社会制度的重要标识，人们都将资本主义称为"市场经济国家"，而将社会主义称为"计划经济国家"。其次，金融市场的核心部分是资本市场。不言而喻，在资本市场上运作的主要对象，就是资金。而什么是资金呢？记得在一次经济学讨论会上，有一位人民大学的教授不无刁难地问一位与会的银行同志："什么是资金？"银行是经管资金的部门，他这样问，那是因为在我们当时的政治经济学教科书中，都忌讳谈社会主义下的"资本"二字，都将它称为"资金"。我们不能像在《资本论》中那样将企业的全部资本科学地划分成"不变资本"与"可变资本"，"固定资本"与"流动资本"，而是一律改称为"资金"，因为"资本"是与剥削紧密联系在一起的，资本的每一个毛孔中都流淌着工人的鲜血。社会主义当然不能称作资本，只能化名为"资金"，这样它就与剥削脱钩了。而今，年轻的学者竟然提出要以"金融市场"作为突破口，岂不是要引来滔天的物议与非难吗？！

感谢那个全民思想解放的时代，后来，经过多次研讨，锐意改革的年轻人的创见竟然占到了上风。1984年12月，金融改革研究小组在听取各方面意见的基础上，提出了一份包括四大改革目标、八大重点的深化改革方案，经人民银行党组讨论通过后，上报给国务院。事前，刘鸿儒还将它提交到全国分行长会议上研究讨论过，一切都很妥当。然而，正当他们信心满满要进行最后冲刺时，客观形势却风云突变。1985年1月，刘鸿儒第二次向国务院总理汇报时，总理在总体上认可了这个方案，但是表示当下却不能施行。因为当时最棘手的事，是处理前一年信贷失控造成的严重通货膨胀，主要任务是救灾抢险，而不是如何进一步地深化改革。虽然这一次通货膨胀并不完全是由于上一次金融体制改革不到位所引起的，但也不能不说它总是一个原因之一。

原来到了1984年时，各专业银行虽然已从组织框架中都独立出来了，但是资金尚未分开，因此都做好了准备要在1985年初开始分账。正是由于这个原因，在1984年底之前各家银行都想加大放款力度，想用既成事实的年底基数，在分家时好多得一些份额。而且此时，各企业的"投资饥渴症"尚未得到有效控制，基建项目争着上马，你有多少钱他都愿意接受，于是便造成了这场严重的通货膨胀。

总理找到了刘鸿儒，让他赶紧采取个补救的措施。刘鸿儒提议马上召开电话会议，尽快地控制信贷投放。总理说，电话会议之后还要层层下达，等传达到基层，恐怕要到一季度末了！远水怎能解得了近渴？刘鸿儒想了想又说，要不就发个电报，对各基层行都下达严控贷款指标的命令。总理觉得这还可以，便点了头。当时我们的经济，基本上还是在计划管理的框架中运转的，因此，有了这个行政命令，信贷失控很快就被控制住了，通货膨胀的势头便也随之而压了下去。

然而，用计划经济方法的调整，却常常像是"两面打"的魔棍一般，你把它这一端的问题制止住了，另一端却又因之而出现了新的毛病。由于信贷收缩的势头过猛，而又都是采取不分对象的"一刀切"，所以，有许多经济效益很好、只需要稍用一些资金扶持便可投产的产品线也被卡死了；有的只剩下一个尾巴便可收工的工程也停了下来。总理很是为之着急，又把刘鸿儒找来，让他想办法解决一下这个问题。刘鸿儒接受任务后，亲自组织了一个工作组下去调查，寻找解决办法。他们到了浙江，因为杭州附近萧山县的乡镇企业办得好，发展得很快，所以急需资金的问题也就更为突出。刘鸿儒同乡镇干部和企业的同志们一起座谈，提出一种解决思路，那就是由人民银行发行一种金融债券，利息比银行一般的存款利息要高一些，然后用出售债券所得的资金给企业发放特种贷款，其利息当然也要比银行一般的贷款利率要高些。刘鸿儒问乡镇干部和企业代表，企业能否接受这种资金调剂办法？乡镇干部和企业负责人讨论了一会儿回答说：可以。他们表示，只要在资金运用上作些内部调整，把自有资金用于较长期限的项目上去，把从银行借用过来的这种贷款集中地用于周转快的项目，偿还期比较短，这样，既解决了临时的资金需要，所担负的利息也不会太重。

1985 年 3 月，受国务院委托，刘鸿儒到浙江省萧山县研究发行金融债券，用作特种贷款支持乡镇企业。右一为工商银行杭州市分行副行长廖秉和，左一为刘鸿儒。

工作小组回来之后就整理了一个办法草案，经人民银行党组讨论同意后，上报国务院，很快便得到了批准。于是，人民银行便于 1985 年 7 月 5 日，联合了工商银行、农业银行共同发出了《1985 年发行金融债券、开办特种贷款办法》的通知。债券由工、农两个专业银行发行，很快便筹得了相当数量的资金，他们就用这笔钱为乡镇企业和城市集体企业解了燃眉之急，使断了链和即将断链的资金周转又迅速地恢复起来。人们意想不到，新中国的第一个"金融债券"，就这样产生了！

由此可见，许多改革方案都是客观形势倒逼出来的，坐在屋子里想破头也想不出办法的棘手问题，一还原到现实生活中去，就即刻迎刃而解了。中国金融体制改革的进程中，这样的例子还有很多。后来，有许多地方的企业受到金融债券的启发，也发行了自己的债券和股票。这样，金融市场上的两种重要的金融工具——债券和股票，便如初春雨后的小草，自发地破土萌生了。

1985 年春，以刘鸿儒为首的金融改革研究小组所提出的《金融体制改革总体方案》，经过实践检验作了多次的修改之后，终于定了型，上报到国务院，基本上得到了认可。它的基本目标，刘鸿儒概括为以下四点：

第一，建立一个分层次的、以间接调控为主、宏观调控有力而又灵活自如的金融调控体系，促进社会资金的有效筹集和运用，保持社会总供给和总需求的基本平衡以及货币的基本稳定，推进经济协调增长和经济结构的合理化。

第二，建立一个以银行信用为主体、多种渠道、多种方式、多种金融工具聚集与融通资金的信用体系，推动资金的横向融通和流动，逐步形成以中心城市为依托的不同层次、不同规模的金融中心和适合我国国情的金融市场。

第三，建立一个以中央银行为领导，国家银行为主体，保险机构以及其他金融机构并存和分工协作的社会主义金融体系（原来的设计方案中提出，要以央行为主导，商业银行为主体；但是几个国有银行都不同意，说他们也是国家银行）。中央银行的职能必须强化，各类银行和各类金融机构逐步企业化，既能保证国家的资金政策畅通无阻地贯彻落实，又能使各金融企业独立自主地筹集资金、运用资金，使权力、责任、风险和利益逐步统一起来，在适当的竞争中增强金融企业内部的经济动力、活力和外部压力。

第四，建立一个以现代科学技术为基础的金融管理体系，干部素质要有显著提高，并具备一批高级金融管理人才，采用电子计算机等现代技术，做到管理科学、信息灵敏、客户方便、经济效益好、为经济发展提供优良的金融服务体系。

在总体改革方案的设计与确定过程中，他们始终以三个方面作为重点：发展金融市场、推动专业银行企业化和建立以间接方式为主的金融宏观调控体系。这三大重点是互为依存、互相促进的，而其中，金融市场的形成又是整个金融体制改革的中心环节，是重中之重。

为什么说金融市场是中心环节呢？因为，党的十二届三中全会已经明确了我国的社会主义经济是在公有制基础上的有计划的商品经济，改革探路者都已心中有数，未来的目标是从计划经济转向市场经济体制。金融市场是市场经济的重要组成部分，当时刘鸿儒发表文章形象地说：商品市场的形成，从纵向分配转为横向流通，必然需要资金及整个金融活动，其中包括投资信贷等，也相应地从纵向分配转为横向流动。这是物资运动和货币运动为一个不可分离的共同体所决定的，这个道理也可以比作一个硬币的两面。有了金融市场，包括借贷市场、货币市场、资本市场、外汇市场、黄金市场等，各金融机构作为中介才能发挥更大作用，金融宏观调控才能更为有效。

关于三个重点之间的相互依存关系，他在当时又作过如下的论述：

在实物管理体制下，资金随着物资走，货币、价值只是结算的工具，银行不具有宏观调节的职能。而随着经济管理体制的改革，情况就不一样了，商品物资的流动，将主要不再是通过指令性计划直接调拨，而是计划指导下的市场交换。这就有一个货币媒介问题，货币作为商品流通的工具，必须先行。因此，金融市场的形成就成了市场体系形成的一个先决条件。其次，金融市场又是金融宏观调控的条件，为金融的宏观调控提供了弹性。我国的宏观管理长期存在的弊端，就是一控就死、一放就乱。有了金融市场，就为企业、政府和金融机构开辟了一条新的筹资渠道。当宏观紧缩时，不会形成"急刹车"；当总量需要控制时，也不会影响结构调整。这就是网开一面，让投资者和经营者有路可走，不至于"憋死"。为使宏观调控有弹性，建立金融市场固然重要，但是必须以搞活金融企业，特别是实行国家专业银行的企业化经营为基础。因为，如果金融机构不作为真正的企业来经营，中央银行与专业银行之间，银行与企业之间，以及专业银行内部上下级之间的关系就不能理顺，资金供给制和吃"大锅饭"的状况，就不能根本地改变。一方面，专业银行及其基层行都会躺在国家身上，没钱向上要，对发展横向融资没有迫切需求；另一方面，在经营成果与自身利益不挂钩的情况下，不论是拆借或者是采用新的融资工具去融资，都没有内在的动力和要求。银行是我国金融市场的主体，不从专业银行内部经营上着手改革，金融市场就不可能得到充分发展。事情是非常的明显，一个是金融市场，另一个是专业银行的企业化，这两件事做好了，微观就搞活了。但是，微观的搞活必须与强化和完善金融的宏观调控体系相适应。如果因为微观放活而造成通货膨胀，那就没有达到改革的目的。管与放是相互制约和相互推进的关系，改革每深化一步，二者便会在新的基础上得到统一。一方面，搞活微观要服从于宏观管理；另一方面，不失时机地将宏观管理中的直接控制逐步向间接控制过渡，这是金融市场的形成和专业银行企业化所必备的前提。只有把这两方面的改革相互配套地推向前进，一个新型的金融体制才能够建立起来。

但在当时，虽然已经明确建立金融市场是改革的核心，但如要将它作为改革的突破口，条件还不具备。

这里，要说说当时的社会背景和大多数人的思路。前面讲过，当时，刘鸿儒的一些学生，极力主张要以金融市场为突破口来启动我国的金融体制改革。刘鸿儒没有完全采纳，除了人们在思想上还难以接受资本市场外，更主要的原因是，还不具备客观经济条件。我国的经济改革是从农村开始刚刚进入城市，市场经济还没有形成，国民经济总体上仍然是计划经济为主体的；局部地来说，银行体系内部也不具备相应的条件。它们刚刚从一家银行分设为三家专业银行，并没有多种金融机构，几家大银行也还是官僚体制，靠吃"大锅饭"过日子。贷款沿用"资金供给制"的老办法，从上到下没有市场意识和市场需求。改革小组学习借鉴发达国家的经验得出的结论是：金融市场的形成是以金融机构多样化和企业化为前提的。总之，在当时的条件下，不可能以金融市场作为突破口，进行整个金融体制改革；所以当时的要务是，先动手狠抓银行改革，创造条件，逐步探索建立金融市场。刘鸿儒曾多次讲过，从当时看，改革前十年的重点应当是抓银行改革，后十年是抓金融市场。

然而，经济形势的变化很快超出了预期和规划，国务院领导不得不考虑加快建立资金市场。

是什么样的变化使得资金市场这项改革迅速提速了呢？那时候，中央控制通货膨胀抽紧银根，这一紧缩不要紧，却犹如打破了跷跷板的平衡一般，按下银行贷款这一头，那一头便立刻翘了起来，社会上各种名目的筹资活动马上浮出水面并且愈演愈烈，有的地方农民自己合伙集资投入乡镇企业，有的地方企业内部职工集资，还有的地方，自发地发展出各种经济联合体，集资形式更是五花八门。这些广泛的、名目繁多的资金筹集活动，游离于正规的银行信用体系之外，不受计划指令的控制，一方面导致宏观调控难以奏效，另一方面无人管理，风险隐患很大，因而在当时被称作"乱集资"。

这些自发的、自下而上的横向资金联合浪潮汹涌而来，逼迫中央不得不正视客观存在着的融资需求，另外，中央为治理通货膨胀而紧缩银根，又出现了"一刀切"的问题，严重影响了刚刚兴起的经济改革和发展。因此，在刘鸿儒主导的研究小组刚刚提交金融体制改革总体方案之后，国务院又指示他们着力解决资金融通的问题，研究如何建立有效又可控的资金市场。

刘鸿儒立即组织专家反复研究，于1985年4月拿出了《关于我国社会主义资金问题的研究提纲》，后又在此提纲的基础上，写出了建立资金市场的总体方案，上报给国务院。在这份方案里，刘鸿儒明确回答了我国要建立什么样的资金市场，并从我国正在经历的改革条件出发，完整地规划了资金市场发展的条件和步骤。

他在研究提纲中写道："资金市场（指金融市场），有多种分类方法，如果按期限分，有短期的叫货币市场，包括票据贴现、短期贷款和金融机构之间的拆借等；长期的叫资本市场，包括股票市场、债券市场、期货市场、股权转让市场以及长期贷款等。"这样的表述意在指明，虽然方案写的是资金市场，而实际上规划的，就是金融市场。

在这份提纲中，他较早地提出应当推行股份制，发行股票、各种债券等融资工具，将其发展纳入金融市场规划。他明确写道，国营、集体企业和多种经济形式的联合体，都可以向企事业单位和个人发行股票，国营大、中型企业除向本企业职工发行股票外，也可以向社会发行股票，只要将全民所有的股份掌握一定的比例，就能控制企业的决策权，不会改变国营企业的性质。除了股票外，他还主张发行多种形式的债券，生产煤、电等紧俏原材料的企业可以发行与实物分配相结合的债券；效益明显的建设项目，比如高速公路和航运，可以发行债券；生产耐用消费品的企业可以发行中短期债券；甚至还可以成立房产金融公司，发行购房专用债券；国家可以发行中长期建设公债，用于补充重点建设项目的资金不足，也可以发行一年期的短期国库券，解决财政赤字问题。他还设想成立退休基金会，以此为载体，建立国家的社会保险基金，从而增加社会经济活动中的资金供给。

为了发展和应用这些融资工具，则需要设立多种金融机构，比如：建立长期信用机构，发展多种形式的储蓄机构，成立存款保险公司，加强对存款的监督管理。刘鸿儒还进一步地提出，应在一定条件下设立证券交易所。

接着，从我国经济体制改革的实际情况出发，刘鸿儒又务实地规划了一条渐进式的资金市场发展路径。他主张，先建立和发展短期资金市场，是较为稳妥的，在此基础上，再逐步发展长期资金市场；对于长期资本市场，也需要逐步摸索前进，他建议继续发行金融债券、公司债券和股票，但对于股票和债券的转让，由于涉及一系列重大政策和法律问题，仍需要继续研究。

在刘鸿儒组织专家广泛讨论研究资金市场问题的同时，国务院发展研究中心也在组织经济理论界的专家学者，研究股份制经济和金融市场问题。讨论的结果，很明显是"两头沉"的：亦即大多数的人都认为，股份制经济是社会主义商品经济迅速发展的必然结果；但另外的一部分人则担心，股份制的投资方向和投资规模难以控制，管理不善便会出现争投资、争物资的现象。而对于开放证券市场，则有更多的人认为，大方向是对的，但目前条件不成熟，特别是法律条件不具备时，绝对不能开放证券市场。

如何在争论中将改革推向前进，作为一个务实的改革者，刘鸿儒意识到，必须正视人们的忧虑，将改革思路向人们作出更加清晰的阐释，以便使改革获得更加顺利的推行。

刘鸿儒在关于建立资金市场的提纲中写道，建立资金市场，必须进行有效控制，需要强化中央银行职能，加强宏观调控。中央银行可以运用经济的（比如变动存款准备金率、调整再贷款利率、采取再抵押再贴现和买卖债券等方式）、行政的（比如央行每年根据国家经济计划和经济决策制定金融政策，明确支持什么限制什么，对金融机构政策执行情况进行稽核等）以及法律的（比如制定银行法、外汇管理法、公司法、破产法、票据法以及有关证券管理等法律和法规）手段，来调节和管理资金市场。

经过 1985 年上半年这样的一番大讨论，以及刘鸿儒主持起草的关于建立资金市场的方案，终于使中央放下心来，资金市场的发展最终被写进党的文件。

1985 年 9 月召开的全国党的代表大会审议通过了《中共中央关于制定国民经济和社会发展第七个五年计划的建议》。在"七五"建议中，正式引入了刘鸿儒领导的研究小组提交上去的经人民银行党组讨论通过的《金融体制改革总体方案》的基本内容，并加上了"促进资金市场的逐步形成"的内容。

不过，作为党中央的文件，在文字表达上更加严谨，特别是对于当时十分敏感的"资本市场"，一律改为"资金市场"，且加上了一些严谨的缓冲语，巧妙地减轻了其冲击力度。刘鸿儒是参加这次会议的代表，他又与文件起草组的一些人关系比较熟，于是便去找他们商量，说，你们不用"资本市场"几个字是可以理解的，因为多少年来的传统观念，一直是把资本当成罪恶、当成剥削的手段。苏联人为了避嫌，将"资本"改换成"资金"，我们在实行苏联模式时也都跟着这么说。但是，在俄语中有"资金"这个词，英语中却没有，文件要用多种文字发表，在英语中可就无法表述了。为了避开这个重大理论方面的问题，也为了在会议上容易通过，是否可以改"资金市场"的提法为"金融市场"？因为金融市场含有资本市场的主要内涵，可能会更好一些，并且"金融"同样是一个中性名词，它既便于大会通过，而在英语中又有相应的词，很好翻译。但是，这个建议并没有被采纳。可见，理论禁区、传统观念，在人们的心目中是多么的牢固，要想突破它，哪怕是小小的一角，也要经过多少曲折与迂回。

还有一个问题，也一直是争议不休，沸沸扬扬，几上几下。1984 年 7 月，刘鸿儒在长春召开的一次中国金融学会年会上介绍金融体制改革思路时，曾经提出了银行之间可以业务交叉与进行合理竞争，当场就引起了一片哗然（其实，他早在 1981 年于上海召开的全国金融年会上就已讲过）。因为，在人们的习惯意识中，总是把竞争认作是资本主义经济所固有的。因为，资本主义社会是以私有制为主体，天然地存在着竞争，而盲目竞争的结果，必然带来周期性的经济危机，对社会生产力破坏很大。有人更是坚决反对说，我们是社会主义国家，怎么能够把这个祸患引到我们的社会中来，纳入有计划按比例的社会主义经济体系中呢？甚至还有一位分行行长怒气冲冲地说："都说要消除垄断，我不知道垄断有什么不好？实际上，有社会主义垄断，也有资本主义垄断。资本主义也不排除垄断嘛！"

刘鸿儒于 1984 年 7 月 25 日在长春召开的中国金融学会年会上讲改革思路，提出银行之间可以业务交叉，进行合理竞争，引起强烈争论。

在 1985 年的这一次党代会上，当讨论到"七五"计划建议的原稿中有"允许业务交叉与合理竞争"一语时，工商银行和中国银行的代表都是坚决地反对的，其他的几家银行也不怎么赞成。最后，在一片激烈的反对声中，方案勾掉了后面的四个字："合理竞争"。

虽然道路崎岖坎坷，但金融体制改革的总体方案终于被公众认可了，被以合法的形式通过了。不过，目前这还仅仅是个框架，是个目标，是一幅长轴画卷的草图，而将其怎样地描绘出来，凸显出来，怎么着色，怎么勾连，使图中的每一个人物都能够有鼻子有眼地活跃起来，那还得看你怎么去落实、怎么样地去试点、怎么样全面铺开地实行。真同俗话说的那样：小耗子拖木锨，大头还在后头呢！刘鸿儒深知这一点，他头脑非常清醒地认识到："目标有了，要达到目标并不容易，要探索这条路怎么走，而且走得稳，尽量少走弯路。"[1] 看起来他很明智，他没说"不走弯路"，而是说"尽量少走弯路"。很显然，在未知领域的开拓者的眼中，不走弯路那是不可能的！人们能够努力争取做到的，只能是少走弯路，或者是走了就尽快地返过头来。

怎么样去贯彻落实呢？他向人民银行党组建议，采取先试点后铺开的办法。"以点带面"，这是我党在多年的社会主义革命与建设中摸索到的一条最为成功的经验。于是，在他的建议下，人民银行同国家经济体制改革委员会联合组织改革试点，主要是在银行企业化管理和金融市场方面，作一些局部的探索。他们先选择了广州、重庆、武汉、沈阳、常州 5 个城市作为试点。当时，刘鸿儒既是中国人民银行主管金融体制改革的副行长，又兼任国家经济体制改革委员会副主任，所以试行起来也还方便，有能量将人力和物力聚集起来，将措施推行下去，将工作布置开来。第一次试点工作座谈会，他就选择于 1986 年 1 月在试点城市之一的广州市召开。会上决定首先在这几个城市里对信贷资金实行条块结合、分层次管理的方法；准予在金融机构之间试行同业资金拆借，拆借的期限和利率由拆借双方协商确定；对个体工商户与个人推行支票结算，开办保付支票；试办旅行支票；扩大票汇流通面；创造

① 刘鸿儒. 变革——中国金融体制发展六十年［M］. 北京：中国金融出版社，2009：75.

相应的金融工具，开展各种金融服务。总之，尽量地使试点城市里的银行和保险公司，都能办成内有动力、外有压力、充满活力的责权利相结合的、相对独立的金融企业。在专业银行内部，则实行各种形式的责任制。

半年之后，他又于8月18日在北京召开了第二次金融体制改革试点座谈会，集中力量检验与总结了上半年试行信贷资金条块结合管理、扩大金融业务面的结果。查验的结果表明，这些措施都是很得力的：普遍地开展了金融机构之间的同业拆借，不仅没有破坏金融市场的秩序，而且大大地促进了资金的横向流通，促进了社会资金的灵活有效运用。由于普遍地开展了票据承兑和贴现业务，资金的周转一般地都加快了2~3天，而在那些成立了票据交换中心的城市里，周转得更快。融资工具也开始多样化起来，代理企业发行股票和债券，这种资本主义金融市场上最普遍运用的直接融资方式，也如同破土滋生的萌芽，随着一场春雨应运而生了（我们虽将资本市场掩掩遮遮地改换名称为"资金市场"，但它还是为直接融资创造了相应的条件，虽然是很简陋的、很狭窄的生存空间），有的城市甚至形成了一个小规模的短期资金市场。① 这真的就像那巧解九连环似的，只要解开了一个锁扣，那互相套锁得紧紧的九连环都随之一环一环地解了开来。

另外，金融机构的对外业务开放了，其自身的体力自然也就会同时相应地增强了，正如一个人的人体一般，身体强壮了，它的各关节、各经络也就因之而运动得更为灵活有力了。这正如他在总结中所说："金融机构内部实行了多种形式的责任制，调动了职工的积极性。"

事情本来就是这个样子的，许多事情，都是相辅助成的嘛！

会议在总结前一段试点成功的基础上，决定乘胜前进，再进一步地加大金融体制改革的力度，其中包括，逐步地扩延短期资金市场的活动地盘——在全国范围内的由时间差、地区差所形成的业务空间里，各金融机构为了把自己的运转资金充分地用活，都在努力地进行着同业拆借。在有条件的城市里，还可以逐步地推行商业信用票据化，逐步地开展票据承兑、贴现和再贴

---

① 刘鸿儒. 变革——中国金融体制发展六十年 [M]. 北京：中国金融出版社，2009：76.

武汉试点中出现了资金市场，实为拆借市场。1986 年 12 月，刘鸿儒在武汉市资金市场现场调研。右三为刘鸿儒，右二为人民银行武汉市分行行长李麦秋。

现等业务，也可以票据为抵押发放贷款。这样，便可以大大地拓宽纵向与横向流通的渠道，让从前瘦身的银行开始逐步地正常增重。而对于股票、债券的转让等业务，因纯属于资本市场上的运作方式，暂时还只能规定在个别城市里进行试点，以待进一步地摸索经验。会议还决定扩大试点的城市，由原来的 5 个增加到 13 个。

在 1986 年底，他又于 12 月 15 日在武汉召开了第三次金融改革试点城市座谈会。会上全面地总结了一年来试点工作的经验，大量的、活生生的事实都证明了，原来所设定的目标和路线图是正确的。只要今后努力地创造与再创造，一定会使我国的银行办成真正的银行，使金融机构成为真正的融资企业。座谈得出了一个共识：下定决心，加快专业银行企业化的步伐，继续开拓和发展金融市场，改革中央银行的宏观调控功能。会议最后决定，将试点城市由原来的 13 个，进一步扩大到 27 个。

改革试点的初步成果，还不仅仅表现在试点数字增加上、表现在那些拓宽起来的金融业务上，依据刘鸿儒的认识，更重要的是"在于认识的提高和经验的积累"[1]，它让更多的人认识到，金融业是以条块结合为主的，银行、证券、保险是联结国民经济的一条纽带。

在总结试点的同时，刘鸿儒欣喜地发现，各地越来越多的企业自行发行了股票和债券，更令他惊讶的是，在这个自发发展的、还相当初级的市场上，竟然又自发地出现了股票、债券的二级市场。

1986年8月，沈阳市信托投资公司开设了两个窗口，代客买卖股票和债券。鲁迅称赞第一个敢吃螃蟹的人是勇士，沈阳信托投资公司便被业内称为"第一个敢吃螃蟹的人"。只是，这个吃螃蟹的勇士并算不得强大，它就像中世纪的货栈一样，只在窗口上挂着一个小黑板，上面写着买价和卖价，计算用的是算盘，交易则凭着两双手。就是这样一个小小的窗口，每天撮合着少则几股的股票交易，却惊动了负责金融体制改革并在上面作顶层设计的人们，刘鸿儒也在第一时间里带领工作组到现场去参观。

刘鸿儒去的时候，公司门口人头攒动，有来买卖股票的，更多的是好奇的围观群众，也有深知其意义之重大闻讯而来的国内外媒体记者，参观的人越来越多，形成了潮涌一般的人流，以致后来不得不派出警察来维持秩序。刘鸿儒深切地感到，这个交易市场虽然是自发的，甚至是弱稚的，但是它就像那"野火烧不尽，春风吹又生"的野草一般，不顾一切地奋力生长，真实地宣示着自己强大的生命力。

事情的发展都是这样，有一便有二，一切合理的东西从零产生之后，是绝不会停止于一的。同年的9月，也就是在沈阳的二级市场出现一个月后，在上海又出现了第二家——工商银行上海信托投资公司静安证券部也开设窗口进行证券柜台交易。其原始程度，也与沈阳的那个差不多，只交易两只股票（飞乐音响股票和延中实业股票），它们甚至还编制了全国第一个股价指数——静安指数。

---

[1] 刘鸿儒. 变革——中国金融体制发展六十年［M］. 北京：中国金融出版社，2009：76.

1986 年 8 月 15 日，刘鸿儒在沈阳市信托投资公司参观证券转让交易。右一为刘鸿儒。

1986 年 8 月 15 日，在沈阳调查证券二级交易市场时与人民银行辽宁省分行领导在一起。左五为刘鸿儒，左一为分行副行长赵锡安，左二为马德伦，左三为张志平，左四为分行行长鲁志宏，右二为夏斌。

1986 年 11 月，中国人民银行和美国纽约证券交易所代表团联合召开金融改革论坛，刘鸿儒主持了这次会议。会议期间，邓小平同志曾接见纽约证券交易所董事长 John J. Phelan（约翰·范尔霖）率领的美国代表团。美方对中国证券市场的发展非常感兴趣，得知我国已经发行股票，他们特别提出想要一张。起先拿来的是北京天桥商场的股票，刘鸿儒拿过来一看，不仅定期、定息还分红，股票不像股票，债券不像债券，这太不规范了，怎么能送给外国人！刘鸿儒紧急打电话给人民银行上海分行——上海是股票试点较早开始的地区，试点也相对规范些——要求他们马上找一张规范的股票送过来。最终，人民银行上海分行派周芝石副行长专程到北京送来上海飞乐音响发行的 50 元面值股票（1984 年 11 月由上海电声总厂发起的上海飞乐音响股份有限公司向社会公开发行股票），刘鸿儒看了看，还比较规范，便拍板定下了这张股票，最终由时任人民银行行长陈慕华赠送给了美方代表团。为了表明这张股票的"真实可靠"，股东一栏里写着周芝石的名字，范尔霖一看，当即便说："我的股票就要用我的名字，我亲自去上海更名过户。"① 1986 年 11 月 23 日，范尔霖本人亲自到仅有两只股票交易的柜台——工商银行上海信托投资公司静安证券部——办理了过户手续。从此，这张送出的股票，被视作新中国"第一张规范的股票"。更为重要的是，在外国人看来，它是社会主义中国股份制发展的重要见证，因而被当作珍贵文物收藏在美国纽约证券交易所，同时，也将中国发展资本市场的信号带到了全世界。

在 1987 年 4 月的一次国务院常务会议上，有人反映说，一些不法分子到农村里去以大大低于票面的价格收购农民手里的国库券，然后拿到城里来高价卖出，从中牟取非法利益。虽然屡次打击，但却是"道高一尺魔高一丈"，国库券黑市屡禁不绝。国务院领导同志听到了这个反映，便说："由他们非法地收兑，还不如我们合法地收兑。我们多开设几个国债交易市场，他们也就没有活动余地了。"于是，国务院决定先在沈阳、上海、深圳、广州、重庆、哈尔滨、武汉 7 个城市，开办 1985 年和 1986 年国库券个人认购部分转让业

---

① 李章喆. 终于成功——中国股市发展报告 [M]. 北京：世界知识出版社，2001：78.

　　1986 年 11 月 13 日，邓小平同志接见中美金融市场讨论会代表。前排左四为国务委员兼人民银行行长陈慕华，左五为美国代表团团长、美国纽约证券交易所董事长约翰·范尔霖，右五为刘鸿儒，右六为美国驻中国大使。

　　中美金融市场讨论会期间，邓小平同志会见约翰·范尔霖（右一）。

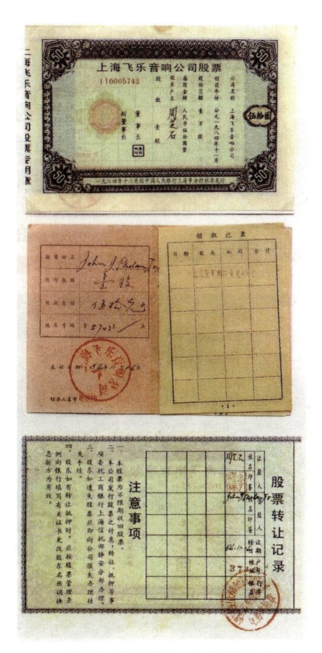

中方赠送给美国代表团的飞乐音响股票，目前存于纽约证券交易所。

范尔霖到访工商银行上海信托投资公司静安证券部。

1986 年 11 月 13 日，刘鸿儒代表中国人民银行与美国代表团签署金融合作协议。

务，开设了几个国债交易市场进行试点，到了年底时，已在全国各地广泛地铺开了。刘鸿儒参加了这次会议，回去立即报请中国人民银行党组批准，决定在人民银行各省及计划单列市分行建立证券公司进行国库券的转让业务，并专门拨出一笔 30 亿元的资本金。就这样，1987 年，第一家证券公司——深圳经济特区证券公司——在人民银行的牵头下诞生，此后，一批证券公司陆续成立，它们后来成为我国资本市场中最重要的市场主体，所经营的品种，也由单纯的国债，逐步地扩展到企业自行发行的股票和债券。

一年来的金融改革试点工作的成功，和各地兴起的股票、债券市场的经验，为之后更进一步的深化体制改革打下了一个良好的开端。1986 年末，人民银行和国家体改委一起联合向国务院报告试点情况，并提出了下一步改革建议，得到国务院领导的重视。

在 1987 年 3 月召开的第六届全国人民代表大会第五次会议上的《政府工作报告》中，充分地肯定了前一段时间里金融体制改革所取得的成绩，并明确地提出，1987 年还要适当地加快金融改革步伐，重点是要进一步强化和改进中央银行的宏观调控职能，积极发展多种金融组织，有效地利用多种金融工具，开辟多种信贷业务，在各金融组织间适当地开展竞争，有步骤地发展不同层次、不同融资方式的金融市场。

这样，以"四大目标"为金融改革总体方向的改革方案，至此方算基本上定了型，并得到了上上下下和业内外人士的普遍认同。下一步，就是怎样贯彻落实和在落实中进一步深化的问题了。有了这样一个初步基础，刘鸿儒应《红旗》杂志邀请，写了一篇反映金融改革初步成果的文章《我国金融体制改革的基本思路》，发表在该杂志的 1987 年第 14 期上。

正如古人所云："为山者基于一篑之土，以成千丈之峭；凿井者起于三寸之坎，以就万仞之深。"[1] 古人也说过："财物货宝以大为重；政教功名反是，能积微者速成。"[2] 股票、债券、资本市场、金融市场，就这样一点一点地生长着、积蓄着力量，在此后终将聚少成多、积微成著，最终疏导细流汇而成川了。

---

[1] （北齐）刘昼. 刘子·崇学.
[2] （战国）荀卿. 荀子·强国.

第十四章

最重要的试验田是深圳

　　金融体制改革总体方案中的许多思路和做法，例如，建立多种金融机构、引进外资银行、发展多种金融工具、开办多种信贷业务、各家金融机构独立经营并开展合理竞争，以及建立资本市场等，都是刘鸿儒作为国务院特区工作组成员多年来在深圳蹲点试验中摸索到的经验。此时的他，又在改革试点推行的过程中，采取了双轮驱动的办法，即，方案中有些做法在内地推行不开，阻力很大，他就先在深圳推进，在深圳取得成功经验后再拿回内地试。他管这种方法叫作"倒逼机制"。因为，深圳经济特区一开始就建立起市场经济制度，不受全国统一政策和制度的限制，因之，它作为改革开放的窗口和试验田有许多便利的条件。正因为这样，他便在深圳开发出许多个"全国第一"来，例如，第一家完全由企业法人持股的股份制商业银行——招商银行，第一家股份制保险公司——平安保险公司，引进第一家外资银行——南洋商业银行，开办第一家证券公司——深圳经济特区证券公司，等等。此外，他还做了一件外界人士很少知道的探索工作——试验发行特区货币！不过后来由于种种客观原因没有成功，这个事儿我们后面会细讲。

　　说到这里，顺便讲一讲特区设立的艰辛历程。溯本求源，深圳经济特区的建立，是与习仲勋有着很大关系的。1978年4月，习仲勋任广东省委书记，6月他主持省委扩大会议，研究将宝安县改为深圳地级市，并决定将深圳、珠海和汕头三地对外开放，建成出口加工区。当年11月，他在中央工作会议上讲述了上述规划方案。1979 年 4 月下旬，中央召开专门讨论经济建设的工作会议，会议期间，广东省委的两位主要负责同志习仲勋和杨尚昆再次提出，希望中央下放权力，让广东在对外开放中拥有较多的自主权，批准他们提出的要在汕头、珠海、深圳建立出口加工区的建议。邓小平等中央领导同志对此都一致表示赞成，并责成谷牧同志协助广东、福建两省提出具体的实施方案，然后上报给中央批准。

谷牧率工作组在广东、福建两地作了详细的调查，广泛地听取了各方面的意见后，形成了一个初步方案上报党中央国务院。谷牧向邓小平同志作了汇报，谈到准备划出的四块地方应当如何命名时，邓小平同志明确地说：还是叫特区好，陕甘宁开始时就叫特区嘛！中央没有钱，可以给些政策，你们自己去搞，杀出一条血路来。1979 年 7 月 15 日，中共中央发文确定：对广东、福建两省的对外经济活动实行特殊政策和灵活措施，在深圳、珠海、汕头、厦门创办出口特区。1980 年 3 月，谷牧同志主持两省工作会议，会议上明确改名为"经济特区"。1980 年 8 月 26 日，第五届全国人大常委会第十五次会议通过并公布了《广东省经济特区条例》，批准建立深圳、珠海、汕头、厦门经济特区，国务院随即相继批准上述四个特区的位置和区域范围，其后，各特区的建设陆续开工。

在此之前的 1979 年春，担任农业银行副行长的刘鸿儒已经来到了宝安县，考察过这里的农村金融工作。刘鸿儒还记得，当时的县政府和农业银行，都一律是土黄色的二层小楼。县里也没有什么工业，占地较大的只有向香港出口生猪的几家服务单位。当时，逃往香港的农民很多，使这里的农业和渔业生产都受到很大影响，经济很不景气。一年之后，刘鸿儒调回到人民银行，参加了由谷牧同志负责组建的国务院特区工作组，主要任务是调查研究特区的发展道路问题。刘鸿儒是金融界的代表，而银行又是开发一个经济特区所绝对缺少不了的，所以刘鸿儒便一直跟随在谷牧身边，往来如梭地奔走于深圳和北京两地之间。

头三年里，刘鸿儒几乎一年之中至少有三分之一以上的时间住在深圳。那时，深圳也还土得很，满城也找不到一家像样的宾馆，市里为他们安排的

1991 年 5 月 27 日，在日本召开的中日经济知识交换会议期间，刘鸿儒（左一）与谷牧副总理（中间者）、日本前外相大来佐武郎（右一）合影。

最好住处，就是原宝安县政府的招待所，也是一幢土黄色小楼，房间里没有空调，夏天热得喘不过气来，晚上蚊子又多，根本睡不好觉。伙食供应也很差，吃的都是"全素斋"的饭菜。后来梁湘同志从广州市市长的岗位上调来当书记，他利用原来的老关系，从广州调运过来一些猪肉和蔬菜罐头，大家的生活这才略微有些改善。

刘鸿儒参加了以谷牧同志为首的国务院特区工作组后，作为金融部门的代表，主管特区金融体制建设和金融改革开放的试验。在共事中，他从这位老同志身上，学到许多宝贵的工作方法和经验，他将此视为"一生都受用不尽的精神财富"。

谷牧同志是老一辈的无产阶级革命家。他在读小学六年级时，就被吸收加入共产主义青年团，经历了几十年的艰苦奋斗，最终成长为我党重要的中央领导干部。1975年被任命为国务院副总理，1980年被选为中央书记处书记。从1978年底到1988年初的十年中，分管对外开放工作，把邓小平的对外开放思想和中央对外开放决策，一步一步地落到实处，闯出了一条社会主义制度下对外开放的新路。可以说，谷牧同志是中国对外开放、建立经济特区方面的一位出色的设计师和开拓者。刘鸿儒跟随谷牧同志开会、调研，听取国内外专家的经验介绍和建议，在长期的共事中，他深感谷牧不愧为老一辈领导中出色的改革家，佩服他创新意识强，政策水平高，对重大问题思考缜密，善于听取大家意见，尤其是与他不同的意见。他把部下当朋友，平等对待，感情真挚。后来，他们两人甚至成了好朋友。谷牧喜欢饮酒，他俩成了"酒友"。

说起两人的"酒谊"，这里便宕开一笔，谈几件趣事。原来，谷牧念小学的时候，每天从家到学校路过酒作坊，常常进去看热闹，时间长了，工人师傅喜欢上他了，常给他几口酒尝尝，次数多了就觉得喝酒好玩，酒量也就大了，遂养成了喝酒的习惯。刘鸿儒也喜欢喝酒，两个人共同语言就比较多了。谷牧的爱人怕丈夫年岁大了，饮酒过量，便委托刘鸿儒在出差期间帮他控制饮酒，一餐不可超过三小盅，有一两左右。刘鸿儒执行得比较"灵活"，因为谷牧同志自我约束得比较好，甚至，他经常会在酒桌上帮刘解围。有一次深圳市长向刘鸿儒敬酒要求贷款，谷牧用开玩笑的方式为其解围说，"喝酒时答应的事是不算数的啊"！回京以后，刘鸿儒想请谷牧到家里喝酒，但谷牧是中共中央书记处书记，警卫局保卫工作严，不经批准是不允许在外边吃饭的。谷牧想了想说，"有办法，我只带秘书和一个警卫去，不用报告"。当时，刘鸿儒住在崇文门东大街临街的公寓式高楼，条件不好，但谷牧同志坚持来刘鸿儒家喝了一次酒。这事让刘鸿儒很是感动。

还有一次，刘鸿儒到浙江绍兴酒厂参观，厂长领他看了地下存放的一大桶1938年产的酒，并说经市委书记批准，可以送他一瓶。他拿回北京后，一直舍不得喝。在国务院开会见到谷牧同志时，便讲了这瓶酒的来历，并通过司机送给他。过了一段时间，谷牧又遇到刘鸿儒，说他碰巧也去了一次绍兴酒厂，那位厂长同样讲了这样的话，谷牧是山东人，讲话很直，便问了酒是不是假的，于是人家不敢把酒送给他。谷牧很喜欢古董，有一次刘鸿儒到他家汇报工作，谷牧要送给刘鸿儒一些秦砖汉瓦。但看到刘鸿儒的表情，就直言不讳地说："你不懂，就别浪费这么贵重的东西了。"谷牧九十四岁生日时，刘鸿儒到医院为他祝寿，长期在他身边工作的老部下到了十几位。他很高兴，有说有笑，并同大家一起合影留念。

在谷牧同志主持下，国务院于1981年5月27日到6月14日在北京召开了广东、福建两省工作会议，重点讨论了经济特区的工作，定了十条：特区建设要因地制宜作出规划，进出口货物实行特殊的关税优惠，简化对外商进入特区的手续，用工实行劳动合同制，特区的对外贸易在统一政策指导下自主经营，特区的某些设施允许吸引外资进行建设，特区管理机构以精简、高效的原则设置，加强法制建设。涉及金融方面的有两条：一条是以人民币为主，外币限制在特定范围内使用，同时研究在深圳发行特区货币的可能性，可以有步骤、有选择地批准外资银行到特区设立分支机构；另一条是多方面筹措资金，主要利用外资，同时增加国家银行对特区的贷款，特区土地开发收入可以全部留用。

经济特区的出现，立即引起了党内外各方面的争论。有的老同志到深圳看了以后，流着眼泪说：除了五星红旗以外，全都变了。有的老干部痛心疾首地说：外币流通，本币受挤，这还得了！1981 年第四季度，广东、福建、浙江三省沿海出现了走私贩私泛滥的严重情况，对特区的争论更加激化了。在巨大的压力之下，谷牧同志带领工作组深入研究改进措施，并上报中央书记处书记，以取得领导支持。1984 年 1 月 22 日到 2 月 26 日，邓小平视察广州、深圳、珠海和厦门，为深圳题词："深圳的发展和经验证明，我们建立经济特区的政策是正确的。"他指出："我们建立经济特区，实行开放政策，有个指导思想要明确，就是不要收，而是放。"① 对经济特区的功能和作用，则更进一步地明确指出："特区是个窗口，是技术的窗口，管理的窗口，知识的窗口，也是对外政策的窗口。"② 从此，经济特区建设迎来了温暖的春天。

中央决定建设的四个经济特区中，把重点放在深圳，那是因为深圳靠近香港，条件有利。按当时的计划，是想在靠香港地区划出 327.5 平方公里，作为经济特区，在边界建了铁丝网并设关口，准备一线放开直通香港，二线封关与内地隔开，以利于加强开放步伐。后来实践证明，这个设想不切实际，二线并没有真正地启用。这里还要特别指出一点的是，在深圳特区划定范围之前，国务院已于 1979 年 2 月批准交通部香港招商局在蛇口两平方公里土地上投资建设工业区。这个工业区是由时任香港招商局领导职务的袁庚同志建议兴建并由他负责主持具体的创办工作的。他长年在香港工作，具有丰富的市场经济和管理企业的经验，几年来在蛇口工业区推进改革，大胆试验，创造了"蛇口模式"。他提出的口号是："时间就是金钱，效率就是生命，顾客就是皇帝，安全就是法律，事事有人管，人人有事管。"用人上进行民主选举，实行人才招聘，推行工程招标，进行分配制度改革，实现住房商品化，建立社会保障体系等，一系列在国内闻所未闻的开放政策都是在这里首先提出的。这些口号和改革措施现在看来是如此简单易懂甚至理所应当，但在 20 世纪 80 年代初的中国大地上，它引起的震动是不可想象的。不管是政界，还是学术界，所有人都在争论蛇口是在走什么道路。在巨大的压力下，袁庚同志坚持改革不动摇，为深圳经济特区建设和全国改革开放提供了宝贵经验。

---

① 谷牧. 谷牧回忆录 [M]. 北京：中央文献出版社，2009：346.
② 谷牧. 谷牧回忆录 [M]. 北京：中央文献出版社，2009：346.

他被誉为"中国改革开放的先锋",后人把他的故事拍成电影,广为传颂。刘鸿儒和他相互配合,推进了多项金融改革,二人也由此建立了深厚友情。

刘鸿儒作为国务院特区工作组成员到深圳后,做的第一件事,就是强化机构建设,包括分设工商银行,大力开办和创建新的金融机构,建立中国银行和建设银行深圳分行及中国人民保险公司分支机构等。刘鸿儒考虑到深圳经济特区将实行相对独立的、市场化的经济管理体制,按中央领导同志的要求,应像香港那样,走"小政府大社会"的道路,与之相适应的,人民银行分行必须是相对独立的,担负地区金融宏观调控任务和金融监管的职责。为此,他建议并报总行批准,中国人民银行深圳分行升为一级分行,定格为正局级单位,与深圳市政府的部、委办同居一级单位,这样也就便于同政府有关部门协商工作,同时也能使其在金融系统之内处于领导地位。那么,谁来当行长呢?这个人选很重要。经与有关方面反复商量,最终选派时任中国银行广东分行副行长的罗显荣同志出任人民银行深圳分行行长一职。刘鸿儒以前同他并不熟悉,听人介绍说他具有丰富的银行工作经验,在香港的中资银行工作多年,更重要的是他的领导能力强,善于抓大事顾大局,团结人、会用人,善于沟通和协调各方。罗显荣到任后,成立了人民银行分行筹备组,其成员包括人民银行总行杜志岳、深圳市政府财贸处肖少联、中国人民保险公司深圳分公司梁清瑞。当时人民银行大楼还未盖起来,就先在国贸大厦租了一层楼。

人民银行深圳分行建立后,急办的第一项业务,就是深圳市政府提出的基础设施建设贷款。国务院特区工作组支持市政府的要求,刘鸿儒经过反复研究之后决定建立专项贷款,于是上报总行批准后实行。刘鸿儒同市长反复讨论,要求他们一定按期归还,好借好还,再借不难嘛。事实上,他们很讲信用,说到做到,体现了改革者的新面貌、新作风、新精神。这种专项用于基础设施建设的贷款,后来成为一种贷款模式,此后全国各开发区建设时均照此办理。

更为重要的是,如何确定深圳经济特区的银行体制改革方案。刘鸿儒经过周密的调查研究,也借鉴了香港、蛇口的许多经验,经过与各方面的多次探讨，最后针对深圳的具体情况提出了几点建议，经总行审核后以深圳市政府的名义上报给国务院。国务院于 1984 年 5 月以专文形式批复了深圳市政府《关于改革深圳市银行体制的几点意见》。其主要内容为：一是实施资金切块，各家银行吸收的存款都留给深圳市各家银行独立运用，并允许各行向国内外银行拆借资金；二是改革经营方式，凡适合特区需要的业务品种和经营方式，由人民银行分行提出方案，报总行备案后即可试行；三是可试行与内地不同的利率政策；四是为协调全市金融活动，建立由人民银行分行召集、各金融机构和有关政府部门参加的经常性的联席会议制度。这些改革措施，在 20 世纪 80 年代初是大胆的革命性的改革，对特区金融的快速发展起了重大作用，也为内地金融改革发出了积极的可喜的信号。

在深圳特区创建的几年里，刘鸿儒推行了一系列重大金融改革实验，由此出现了多项改革历史上的"第一"，这些难能可贵的"第一"，对于今后各经济特区的创建提供了宝贵经验，也对国内金融体制改革起到了示范与试验田的作用。

第一个创举，便是引进了第一家外资银行。1981 年 7 月中央文件中规定允许外资银行在深圳设立分支机构。但是，引进什么样的银行，有什么风险，对于中资银行有多么大的冲击，如何依法监管等，这些涉及国际事务的问题，影响极大，客观上要求必须稳妥处置，否则，影响的就不只是深圳一家一地，而是关系到整个中国金融体制改革的前途了。为此，刘鸿儒找银行部门的同事和香港金融专家反复商量，决定引进南洋商业银行先行探路，等到这项实验有了经验，再正式订立法规推行。为什么要选南洋商业银行呢？因为这家银行是我们管理下的银行，更重要的是银行创建者、董事长庄世平老前辈，在香港德高望重，具有丰富的银行工作经验。他也是老华侨，对内地金融改革与发展非常热心，并具有独到见解。刘鸿儒多次登门拜访，虚心请教。刘鸿儒与他商定：请南洋商业银行首先到深圳来设立分行，在实践中摸索经验，根据运行中遇到的问题，帮助特区借鉴香港的做法制定引进外资银行的监管方法。

这个外来者，还一度遭到国内同行的排斥。中国银行深圳分行的同事就曾担心外资银行抢了他们的饭碗，刘鸿儒反复向他们讲清一个道理，按市场化原则进行的金融体制改革，是要建立多样化的金融机构体系，应当鼓励竞争；只有在竞争中不断地创新，不断地提高工作效率，才能促进经济和金融事业的发展。在取得了这样的共识之后，1982 年 1 月南洋商业银行深圳分行试开业。

有了南洋商业银行成功进驻的经验之后，刘鸿儒组织制定了外资银行监管法规。之后，汇丰银行等外资银行也陆续地进入深圳。接着，全国各内资银行也都跟着来深圳设立机构。这样一来，深圳这么个小小城镇在 20 世纪 80 年代后期很快变成了全国银行和其他金融机构最多的城市。发展的结果出乎很多人意料，各大国有银行谁的饭碗都没丢，相反都"吃"得更好了、更饱了，竞争使得蛋糕做大了，大家都分享到了发展的成果，都有了明显的获得感，这也就为全国建立相互竞争的多样化的金融机构体系，提供了具有充分说服力的实践样本。

刘鸿儒的拓荒者精神，又表现在他在深圳开办了第一家完全由企业法人控股的商业银行——招商银行。前面说过，改革急先锋袁庚以过人的胆识与魄力在蛇口工业区做了许多让人不敢想象的创举，使蛇口在深圳特区各项改革中事事处于领先。在金融方面，他与刘鸿儒进行了多次磋商探讨，主张先建立财务公司，摸索经验，刘鸿儒表示同意，并支持中国人民银行研究生部毕业的学生刘渝出任财务公司总经理。一年多的实践后，刘渝去北京找到了同学万建华（也是人民银行研究生部的学生），向他说明了财务公司运转一年的业绩后，万建华便建议他搞个商业银行，刘渝还当场给袁庚打电话说明了这个想法。征得袁庚同意后，两人找同学草拟了报告和定名为招商银行的章程，袁庚并就此事与刘鸿儒商量。刘鸿儒对于这个想法给予了积极支持，他认为从推进国内金融体制改革的需要出发，很需要做这样一个试验——建立一个股东全是企业、没有政府入股的股份制商业银行，并直接引进香港的运营做法。获得刘鸿儒的支持后，他们将报告上报人民银行批准。1987 年 4 月 8 日，招商银行正式开业。招商银行先后聘请香港招商局的王世桢出任行长，又请来国际业务专家、中国银行武汉分行副行长薛禹润来做副行长，此后，万建华也以第一副行长身份加入，很快搭起平台，各项业务得

1988 年 10 月 31 日，刘鸿儒（左一）听取招商银行王世桢行长（左二）汇报工作。

1992 年招商银行五周年行庆宴会。从左至右依次为：江波（香港招商局负责人）、张鸿义（深圳市副市长）、刘鸿儒（国家体改委副主任）、袁庚（深圳蛇口开发区创始人）、白文庆（人民银行副行长）、罗显荣（人民银行深圳分行行长）。

到迅速发展。

招商银行很快发展成为全国领先的商业银行。但在其初期的发展中，创新者招商银行遭遇的最大难题，就是外部改革环境不配套。例如，自身按照市场化要求运作后，往往遇到监管部门的批评。在当时，人民银行是唯一的金融监管部门，金融监管制度都是针对四大国有银行的，股份制商业银行是进行市场化运作的试验单位，在许多方面与人民银行监管要求对不上号，因此出现了很多矛盾。例如，银行对职工不发实物，不分住房，完全实行货币化管理，这虽然是件好事，但有人批评他们工资水平过高，反对的呼声一度很高。刘鸿儒得知后，劝王世桢一定要顶住，并耐心向领导同志作解释以争取理解和支持。在刘鸿儒看来，这些矛盾实则是一种倒逼机制，是加快推进银行体制改革的宝贵的催化剂。

刘鸿儒的再一项贡献，就是在深圳创建了第一家向社会公开发行股票并上市的股份制商业银行——深圳发展银行。自从李灏同志从国务院副秘书长调任深圳市委书记以来，他十分重视金融改革工作，多次找刘鸿儒商量，要建立一家特区的商业银行。当时，刘鸿儒也正想探索建立一家公开发行股票的商业银行，两个人的想法不谋而合，于是马上动手搞方案。深圳市提出的方案，是以原特区内的六家信用社为基础，然后以公开招募方式融入资金作为股份。这个消息传到农业银行总行，不料却"大水冲了龙王庙"，掀起了一场轩然大波。因为信用社归口农行管理，六家信用社划归深圳发展银行，自然是侵犯了农行的管辖领域和农行的利益。时任农行行长向时任人民银行行长（由国务委员兼任）提出了反对意见。人民银行行长找来刘鸿儒谈话，批评他这件事处理不当。刘鸿儒对她解释说，特区内已经没有农村业务，建立股份制商业银行正是顺应形势变化的需要，应当支持。没想到行长却认为刘鸿儒态度不好，竟然决定不让刘鸿儒再管深圳的事了。情况发生如此突变，刘鸿儒马上给李灏书记打电话，告诉他实情，现在只有抓紧时间直接向领导同志做工作。最终，经过李灏的不断游说，领导最终还是同意了。

深圳发展银行是1987年5月开业的，首任行长是人民银行研究生部毕业生刘自强。作为第一家公开发行股票并上市的银行，深圳发展银行改革的步子迈得太大，各种压力和难题迎面而来。压力之下，刘自强主动找到老师刘鸿儒，请他帮忙给些发展上的建议。在刘鸿儒眼里，这是一项具有重大创新意义的改革，对于大型银行的股份制改革和整个金融体制改革，都带着明显的方向性的示范作用，因此不遗余力地给予支持。刘鸿儒向他建议，向全国发展，建成全国性银行，还建议他建造银行大厦，不能长期租房办公，因为这是银行信誉的标志之一。后来，深圳发展银行大厦破土动工，刘鸿儒亲自参加，以实际行动表达了对于这一小小的但承载着重大使命的创新者的支持。

刘鸿儒在深圳还有一项重要创举，就是开办了第一家证券公司——深圳经济特区证券公司。1987 年国务院决定开展国库券交易试点，在全国省会城市和计划单列市由人民银行牵头建立证券公司，这一决定在深圳特区先走一步。1987 年 9 月，由人民银行牵头，深圳市十二家金融机构合资创办深圳经济特区证券公司，人民银行深圳分行派廖熙文出任公司总经理。廖熙文也是人民银行研究生部毕业的学生，刘鸿儒作为老师，既对他提出严格要求也努力支持他的工作，嘱咐他事事多留心，多创新，多总结，以便从中挖掘出能向全国推广的经验来。深圳经济特区证券公司最初的业务主要是买卖国库券，1988 年 4 月开始，公司开始挂牌交易深圳发展银行、万科等公司的股票，成为了我国证券市场柜台交易的先驱。

刘鸿儒还在深圳开办了第一家股份制保险公司——平安保险公司。在国内推进的保险业改革中，遇到的最大问题是如何突破垄断局面。全国当时只有唯一的一家保险公司，那就是中国人民保险公司，它是国有独资，而且是政企合一，政策制定和运营都由它统一办理。在计划经济年代里，财政对企业是统收统支的，一切风险都由财政负担；个人收入水平很低，职工有困难由财政补助，不需要发展商业性保险，因此，当时只要有一家保险公司就足够了。20 世纪 80 年代改革开放以后，急需发展多样化的保险公司，但是中国人民保险公司却坚持由它一家经营，不主张走多样化的保险公司之路。因此，想要突破这个框框，就只能在深圳经济特区搞试验了——在这里搞试点，大家都不好反对，这是一个得天独厚的优势条件。而且，蛇口工业区的袁庚改革意识极强，他要求先在蛇口搞个试点，建立起第一家股份制保险公司。而这也正符合刘鸿儒的整体改革设想。他们两人一拍即合，从两个方面一齐努力，双管齐下，很快就成功地完成了这个试验。1988 年 3 月 21 日，人民银行总行正式批准成立平安保险公司。刘鸿儒和金融管理司的同志商量，特区的事就要"特事特办"，最终，以最快的速度办完审批手续，然后由他签字下达了批准文件。

1989 年 3 月 22 日，刘鸿儒（右二）在深圳蛇口平安保险公司听取马明哲总经理（右三）汇报工作。

在平安保险公司的改革试验中，大家都充分地认识到机制的重要作用，认识到应该大力地支持推进股份制改革，实现股权多元化。于是刘鸿儒又与袁庚商量，鼓励平安保险公司在蛇口试行全国第一个职工股，支持它搞横向发展，设立信托公司、证券公司。而当公司发展到一定程度时，刘鸿儒又鼓励它们搬到深圳去，由那里面向全国发展。1995 年刘鸿儒从证监会退下来以后，还和袁庚一起挂名平安保险公司的名誉董事长。那一年，刘鸿儒应公司邀请，为其题词："在竞争中求生存，在创新中求发展"。这句话言简意赅，却是刘鸿儒在深圳推进改革的最深刻的心得体会，也是深圳精神得以发扬光大的最本质特征。

除此之外，在刘鸿儒的支持下，深圳特区还涌现了不少全国"第一"的重要改革试验，如：第一个筹备并试营业的证券交易所——深圳证券交易所；第一个实行土地拍卖和楼宇按揭贷款；第一个建立外汇调剂中心；第一个推行银团贷款，等等。总之，20世纪80年代在深圳所推进的这一个个改革试验，为全国的改革树立了样板，提供了实践经验，立下了汗马功劳。

这里，再说说关于特区货币的故事。刘鸿儒作为国务院特区货币研究小组组长，经历了特区货币的整个研究、讨论、制订方案的过程。特别使他激动和难忘的是，他因此到老一辈无产阶级革命家、中共中央副主席、党内著名经济专家陈云同志的家，直接汇报，听取指示。

1984年5月，为研究特区货币问题，刘鸿儒（中间者）到香港南洋商业银行听取庄世平董事长（左一）的意见。右一为王庆彬（特区货币研究小组成员）。

据中央文献研究室编写的《陈云传》，陈云同志在回忆这件事情时说："我虽然没有到过特区，但我很注意特区问题。1984年，我专门把谷牧和刘鸿儒找来谈特区货币问题。我讲，如果大家坚持要搞，我提出两条：一条是特区货币发行权属于中央；另一条是封关以后，特区货币只能在特区流通，不能在其他地方流通。那时，特区货币都印好了，后来，特区领导同志自己感到这件事不那么简单，就搁置起来了。"

刘鸿儒解释说："是特区货币的版制作出来后，印出了票样，并没有把特区货币印出来。"

特区货币是怎么提出来的呢？当时的设想是：一线放开，二线封关。"一线放开"是指海关放开深圳和香港之间出入口货物关税的政策。除烟酒、高级化妆品、少数机电产品外，其他商品一律免税自由出入；"二线封关"，是指在特区和大陆之间用铁丝网屏障隔离开，实行严格管理，所有商品一律按照全国海关统一规定的关税纳税。

外商以及港澳商人看到了中国建设经济特区的商机，蜂拥而至，但人民币不能自由兑换、汇率不能自由浮动、资金更不能自由进出，给外商带来很多不便。与此同时，港币从各个管道流入特区，在市场上流通，并且日益盛行。另外，当时还处于商品短缺时期，1980 年发行了专供外国人在免税店购买特殊供货商品的外汇券。这样一来，三种货币同时流通，出现了同一种商品多种价格并存的局面，而且人民币地位下降，港币"受宠"势头上扬，港币对特区的影响加大。

这些现象使得特区金融改革得到了越来越多人的重视。1981 年春，深圳市委第一书记吴南生提出发行特区货币的意见，经广东省委同意正式上报中央。

这一年的 7 月 19 日，中共中央国务院批转《广东福建两省和经济特区工作会议纪要》，其中关于特区的货币流通的指示是：特区目前以人民币为主，外币限制在指定范围流通使用，同时由人民银行负责研究，提出首先在深圳发行特区货币的方案。

从这时起，刘鸿儒代表人民银行，在谷牧同志领导下，开始组织各方面专家研究特区货币的可行性和具体方案。当时各界争论很大，有支持的，有反对的，也有主张慎重的。

1983 年 4 月 4 日，国务院副总理田纪云召集会议，宣布成立"国务院特区货币研究小组"，由刘鸿儒任组长，他指出，小组的任务不是研究发不发特区货币，而是研究如何发行最好，并要求小组立即开展工作。刘鸿儒立即组织小组成员进行调查，他们先到深圳与香港边境调查居民生产生活情况。当时边境的居民在深圳住，每天过境到香港一侧去耕地，持有特殊证件，出入自由。他们调查到一位农民家，主人说，请你们等一会儿。很快，他带回很多进口饮料招待他们，并解释说这是刚才去香港买的。这给刘鸿儒留下的第一印象，是边境两地往来这么密切，割断港币进入特区是不可能的，应该区别对待。接着他们到珠海、汕头、厦门三个经济特区又作了调查，听取各方面的意见，得出的结论是：地域不连接，经济发展水平差别很大，特区货币只能限于深圳特区。接下来，小组到香港、澳门重点研究港币与澳门币的关系。当时澳门发行了货币，在市场上计价、流通，但因经济基础薄弱，地区小，经济总量小，港币仍处于主导地位，这一点引起了他们很大关注。

1984 年，小组深入研究并草拟特区货币发行方案，他们提出的方案，前提是深圳经济特区"特"在"二线封死、一线放开"，与内地隔开，真正成为独立的经济区，并实行市场经济体制。特区货币发行方案提出：实行独立的外汇制度，采取一揽子浮动汇率，以人民币汇价为依据，不同任何一种国际货币挂钩。纸币图像有多种方案，最后从国家博物馆选出黄帝（轩辕氏）像，大家认为黄帝像能很好地代表中国，容易被各界认可，海外影响也比较好。票面额共五种：伍百元背面图是长城，一百元背面图是颐和园，五十元背面图是桂林，十元背面图是庐山，五元背面图是华山。

《袁庚传·改革现场》（1978—1984 年）一书中也提到特区货币的故事①。1984 年 11 月 26 日，国务院时任总理视察蛇口与深圳。其间，深圳市市长梁湘和蛇口工业区负责人袁庚向他汇报工作，谈到特区货币时，梁湘说，"特区货币问题讨论了两次，花了好多时间。"

时任总理问："刘鸿儒不是到深圳来了吗？"

袁庚站在一旁说道："他那个意见分析得很精辟，真正摸到特区的底的是他。"

---

① 袁庚传·改革现场（1978—1984 年）[M]．深圳：海天出版社，2016：471.

梁湘也表示："他提出了一个问题很重要，那就是体制。"

时任总理说："现在正在搞银行改革，经济要搞活，金融不改革是不行的。我已经开了三次会了。现在正在起草文件。"

于是，我们又回到了前面的场景——1984年11月27日，陈云同志在中南海的家里接见了谷牧和刘鸿儒。

这是刘鸿儒第一次面对面地见到陈云同志，这次汇报给刘鸿儒留下了非常深刻的印象，即便是在20多年以后，当时的一些细节依然印刻在他的脑海中："陈云同志坐在沙发上，我们向他汇报时，他听得非常认真，从不打断你，一直等你说完，然后思索一会儿，再提问，提的问题切中要害。"

对于发行特区货币，陈云提出了两点意见：第一，发行权归中央，第二，只能在特区流通。

那天，陈云跟谷牧、刘鸿儒一共聊了一个多小时。当时，陈云同志已经八十岁高龄，但神清气朗、面色红润，"思维很敏捷，记忆力非常好"。

刘鸿儒向他汇报特区货币的票额情况时，陈云便说起1955年发行第二套人民币时票额确立的事情。那时，国家经过三年经济恢复和"一五"计划的顺利实施后，全国财经工作实现了统一，金融物价基本稳定，财政收支平衡略有结余，并结束了延续12年之久的通货膨胀。有人建议最高票额为100元，但陈云觉得面额过大，他说，"我觉得10元就不小了。"

陈云同志还提到在陕甘宁边区时期，不同边区均有自己的货币，边区之间也存在比价和兑换的问题，于是成立了货币兑换所。陈云对货币兑换所主任崔平印象很深，便问刘鸿儒，"崔平现在还在不在？"刘鸿儒告诉他，崔平现任中国银行副行长，研究特区货币时请他参与过，还听取了他的意见。陈云听了很高兴。

陈云一生主持财经工作，坚持"不唯上、不唯书、只唯实，交换、比较、反复"的十五字方针。后来，陈云用毛笔字给刘鸿儒题词："实践是检验真理的唯一标准"。刘鸿儒把这幅题词用镜框镶了起来挂在家中墙上，以此勉励自己。

就在特区货币的准备工作紧张有序进行的时候，特区经济也在不断发生新的变化。"二线封关"的政策在实施过程中逐渐被废弃，特区与内地联系日

刘鸿儒把陈云副主席给自己的题词用镜框镶起来挂在墙上。

趋紧密，对外贸易不断扩大。外汇券逐渐退出历史舞台，港币占特区货币流通总量比例不断下降，而人民币却在市场上占有着越来越重要的位置。

这时，特区货币是否继续发行的问题重新被审视。

"深圳作为改革开放的试验田，'对外开放的窗口'功能并没有变。但是，实现'二线封关'的政策等于把内地同特区隔绝开来，离开了内地的支持，经济特区的优势也就失去了。"刘鸿儒说。深圳特区在经济建设的实践过程中，对"二线封关"的思路提出了重新调整的要求。

在当时的经济条件下，综合考虑各种因素，特区货币被暂缓发行。

"如今，深圳经济特区的发展有目共睹。实践证明，它背靠内地，面向香港，从两地引进资金、人才，利用两头的优势发展自己是非常明智的选择。"刘鸿儒说。特区货币是为特区经济发展服务的，提议发行特区货币的设想是为了服务当时"二线封关、一线放开"的经济建设方针，而后来，特区经济建设思路发生了改变，提出"利用两头优势发展自身"的发展思路后，特区货币也就没有必要发行了。

建设社会主义市场经济，以及推进中国金融改革都是"前无古人"的开创之举，其中的困惑与明朗、迷惘与坚定、痛苦与欣喜，也许任何的语言都难以穷尽，每一个前进的步伐中都包含了无以计量的艰辛劳动，而特区货币的故事，也只是金融改革中一段关于"问题—假设—求证—结论"的试验，体现着这个时代的鲜明逻辑。

第十五章

寻求国有银行改革的突破口

通过金融改革试点，刘鸿儒深深地感到，最大难点还是四大国有银行的改革。金融体制改革迈出的第一步是从分设四家国有银行开始的。从农业银行到中国银行，再到建设银行和工商银行。开始分设时，领导的想法只是多设几家专业银行，用以支持国民经济的迅速发展，所以，从一家银行变成五家银行。这时，人民银行作为中央银行已经明确了它的性质和地位，但四家专业银行仍然是国有独资，属国务院直接领导。因此，它们仍然保持着官僚机构的特点，互相间争抢地盘、不讲效率、吃"大锅饭"，不良贷款像种韭菜一样，割了一茬又一茬，同时，这四大专业银行控制着整个金融体系中各项存款的87.27%，各项贷款的97.62%，是中国金融界的绝对主力军。因此，四大专业银行的这种面貌不改，金融体制的改革就动不了，迈不开大步。

在先前的试点中，曾设想在中心城市先走一步，推进基层银行的企业化经营，但因为旧有的条条管理的缘故，上边不动，下边也动不了。刘鸿儒曾和首任工商银行行长陈立同志到一个营业部里找工作人员商量，让柜台五个人的活由三个人去做，节省两个人的开支拿出一部分奖给留在柜台上的三人。他们说，这是好办法，但工资总额是由总行按人头层层分下来的，基层无权作变通改变。刘鸿儒在成都调查时，发现有一个办事处电灯泡坏了，但即使是这么小的东西也必须拿到市分行换新的。看起来，基层单位的授权是很有限的，因此，由基层行改起是很难行得通的。当前的现状，就是这四条巨龙牢固地盘踞在金融市场上，按自己的老规矩兴风施雨，按部就班，很难触动。但是，不改动它们的现行体制与做法，就很难使整个金融体制改革向前推进，还会对整个国民经济的体制改革带来不利影响。

怎么办呢？此时，刘鸿儒心中已逐渐地清晰起来，进一步推进整个银行的体制改革，首先必须从国有专业银行改革为股份制商业银行做起。

这个思路他已经思考了好几年。1979年11月，他在中国金融学会年会上的讲话《社会主义银行在现代化建设中的作用》中，便已提出：所有银行都要实行企业化管理，把责任制、经济利益和经济效果有机地结合起来，做到内有动力，外有压力，改变全国银行统收统支、经营好坏一样吃"大锅饭"的状况。

1985年刘鸿儒在关于金融体制改革的论文中，再一次明确地提出：银行股份制的问题必须加以解决，政府、企业、个人都可以入股，在董事会下建立总经理负责制，自主经营。

目标虽已逐步明确，但在当时却是很难做到的。原因很简单：条件不具备。股份制尚未列入中央文件，只是在集体企业和乡镇企业以不同形式出现，这时，要想四大国有银行和国有大中型企业实行股份制，可谓微风撼大树。

但改革不能停步。路是人走出来的，改革者的任务就是探路。刘鸿儒请来国际专家开会，听取他们的意见。有的专家建议，可以把四大银行切开变成多家银行，相互之间便可以开展竞争。这个建议虽不可取，但从中也受到了启发：可否可以先建立一些小银行和其他金融机构，形成由外及内、由表及里的一个小小的竞争局面？而更重要的是，通过这些小型银行的建立，从中可以探索出建立商业银行的路子来。一旦积累起足够的经验，事情也许就迎刃而解了。况且，金融机构的多样化也是改革的方向之一。

刘鸿儒把这个思路形象地说成是"以农村包围城市"。意想不到的是，这个口号竟得到领导和同志们的赞成和支持。正如上一章所讲的，他首先在深圳试点，在1987年初先后创立了两种类型的股份制商业银行：一是公开向社会发行股票的银行——深圳发展银行，二是以企业法人为主体没有国有股份的股份制银行——招商银行。初步实践证明，股份制的银行由于真正运用商业银行模式经营，产权清晰，制约力强，真正能够自主经营、自担风险、自负盈亏、自我约束、自我发展，具有较好的经营管理水平，因此，股份制是国有银行改为商业银行的必由之路。

同时，在深圳，以引进外资银行作为试点，刘鸿儒等改革者又从中学到了如何办好商业银行的经验和具体经营管理办法。1982年1月南洋银行的入驻以及后来汇丰银行等多家外资银行在深圳建立了分支机构，它们为我们研究和借鉴国外商业银行营运机制提供了活样板。

样板有了，刘鸿儒就开始将深圳的成功经验推行到内地来，于是，1987年在北京建立了中信实业银行，在上海恢复设立了交通银行。

中信实业银行可以说是一个全面地贯彻了商业银行制度的新型银行。1984年底，随着经济发展的需要，中国国际信托投资公司董事长荣毅仁向中央专函要求在中信公司系统下成立一个银行，全面经营外汇银行业务。经国务院和中国人民银行同意，先成立银行部，扩大经营外汇银行业务，为成立银行做好准备工作。当时，中信公司主管银行业务的雷平一先生曾经找过刘鸿儒商量，希望人民银行予以支持。刘鸿儒说，办商业银行有个重要原则，不能把吸收的社会存款交归主管公司独家支配和运作，因为有利益冲突，容易出现金融安全问题，只有将吸收社会的钱为社会办事，受社会监督，才是安全的。因此要想发展公司的银行部，必须将其办成真正的银行，依据相关的法律法规管理。在改革大趋势下，在中信公司银行部的基础上最终成立了中信实业银行，并从独资逐步转化为股份制金融企业。

另一家是在上海恢复设立的交通银行，它的试验曾走了一段弯路。

交通银行是一家有着百年历史的银行。新中国成立后，各私营银行也经历了社会主义改造，1952年交通银行并入中国银行，只在港澳地区和国外保留了分支机构，其总行设在中国银行总行的管理处。上海提出要恢复交行后，1986年7月24日，国务院正式批准重新组建交通银行。刘鸿儒因为主管改革工作，负责和上海市政府协商，帮助制订方案，配备人员和其他有关的具体工作。刘鸿儒从总行找了几位上海籍同志，包括会计司司长沈润章，又找到曾经担任过办公厅机要室主任、后在外汇管理局任处长的尹宝玉等人，一起协助起草方案。方案提出来后，同上海市政府商量，几经方案修正、人员遴选，最后，大家一致同意请人民银行上海分行行长李祥瑞出任交通银行首任行长。李祥瑞是从银行基层做起的，业务熟，能力强，很稳重，改革意识强。刘鸿儒在总行时，曾经几次安排他出国考察，因之对国际金融也比较了解，另外，李祥瑞在上海金融界威望很高，是个最佳人选。此外，刘鸿儒还与上海市委商量，请上海几位金融界的老专家做顾问，定期商讨发展事宜。

1987 年 4 月 1 日，刘鸿儒（中间者）与上海市委书记芮杏文（左一）、副市长黄菊（右一）在一起。

上海最初申请国务院批准恢复交行，主要目的是推动改革开放，但并没有什么具体要求，刘鸿儒在研究方案过程中，逐步地形成了一些新的试验想法，想借此机会探索在中国建立商业银行的不同模式，并以此来回答业界和理论界中争论的问题。他的一些想法，都是先同李祥瑞同志商议，然后列入方案，经上海市政府和总行审定，再经国务院批准，最终正式实施。但是，在这个过程中，有很重要的两条创新措施却没有成功，走了弯路。

1987 年 4 月 1 日，刘鸿儒（左二）参加交通银行由北京迁至上海以及上海分行开业招待会。

1991 年交通银行全国会议期间，刘鸿儒（中间者）与第一任行长李祥瑞（左一）和第二任行长戴相龙（右一）讨论交行工作问题。

第一条：试验多功能的商业银行。

所谓多功能的商业银行，即指"万能银行"，这样的银行可以从事存贷款、投资以及其他投资银行的业务，形象一点地来说，很像"金融百货公司"，什么东西在这里都可以买得到。在刘鸿儒与国际专家商谈时，以德国为代表的一些专家们，极力地主张要办这类多功能的银行。他们说，我们德国的银行多利用自身的信用去办理证券的发行与承购业务，它们不仅供给企业运营资金，而且还供给企业设备资金。一方面，"万能银行"模式使客户在一家银行里就可以办理各种业务；另一方面，银行也能因此节省大量的人力物力，大大提高运作的效益，也能更好地为客户服务。而这样做，并不会影响到金融当局的宏观管理。刘鸿儒听了之后，感到有些不踏实、不托底，就问："这样做，恐怕宏观上控制不住，会出现通货膨胀！"他们都认真严肃地说："我们从来没有出现过这个问题！"

而以日本为代表的专家们则主张分业管理。他们说，日本金融制度的特点，就是实行严格的业务领域限制，长、短期金融业务一定要互相分离，银行与信托要相分离，银行与证券也要相分离。普通银行应以吸收存款为其主要资金来源，而投资银行则是通过金融债券和信托等渠道筹措资金，证券业务则要由专业机构——证券公司——办理。

刘鸿儒在1984年研究金融改革方案时也深入地讨论过这个问题。当时，从中国的现实条件来考虑，他认为实行分业经营有利于加强宏观调控的实施。这是因为：首先，固定资产投资膨胀是我国多年来未解决的老问题，"投资饥渴症"根深蒂固；其次，我国的宏观调控能力较差；再者，我国的市场条件尚未发育成熟。总之，综合各种条件来看，不便于马上建立综合性的、多功能的银行。因此，中国从1984年拟定金融改革方案时，就确定了实行分业经营和管理的原则。

而在改革中，刘鸿儒很想以个别银行为例，进行多功能经营试验。于是，在交通银行恢复时，他曾提出将其作为多功能银行的试点，已批准给交通银行的业务范围比较广，可经营长期融资，甚至保险业务。但那几年，固定资产投资膨胀严重，通货膨胀加剧，宏观调控的难度加大，需要强化金融宏观

1988 年 10 月 24 日，刘鸿儒（左三）陪同李鹏总理（左二）视察工商银行三里河储蓄所。

管理，于是，便取消了这一试验。其保险业务独立出来，成立了中国太平洋保险公司；其证券业务也分设出来，成立了海通证券公司。可见，方向性的试验，条件不具备时是不能办的。

而后来的情况又发生了变化，全球银行业多已走上混业经营道路。1996 年他在日本一桥大学讲学时，曾经访问了一些专家。他问，现在为什么日本又改为混业经营了呢？他们回答说，业务发展变化大，现在想分也分不开了。

第二条：股份制结构中增加自然人股。

这一条在上报给国务院的《关于交通银行体制改革方案》中已经写上了，并得到批准，但在实施中却遇到了问题。李祥瑞行长经过反复测算和研究，结论是做不到。原因很简单，一个自然人持有交行股份，首先或者说最起码的，要取得等值于同期储蓄存款的利息，然后再得到比利息高的分红，否则，不如把钱存在银行，稳定收益，不担任何风险。这样算下来，交通银行承担不了，不可能有这么多的分红。而这里的关键问题，是交通银行的股份当时不允许在证券交易中上市。如果股份制变成发行股票上市交易，投资者可以从股价中得到收益，交通银行就没有那么重的分红负担了。为什么没允许交通银行公开发行股票上市呢？当时，他们曾经仔细研究过银行股票上市的问题。刘鸿儒曾经向他在香港银行工作的学生询问，在国际市场上银行股票上市有多大风险？学生回答说：由于多家银行竞争，存款和贷款之间的利差逐步缩小，利润空间收缩，银行股票并不火爆，风险不大。考虑到中国的实际情况，银行少，处于半垄断状态，竞争没展开，而且政府规定存贷款利息，存贷款之间利差大，利润率高，股票上市风险大。所以，那时只批准深圳发展银行先走一步，以探探路子。在当时要让像交通银行这样的大型银行试行，确实需要看看再说。

随着改革的深入，在 1988 年又建立了两家股份制商业银行——广东发展银行和福建兴业银行。中央对广东、福建两省实行特殊政策，除建立经济特区外，还允许在政策放开方面更灵活一些，所以就让它们先走一步。由于已在深圳建立了招商银行和深圳发展银行，广东省政府就提出要在广州建立一家银行，名字叫广东发展银行。得到中央批准后，人民银行指定刘鸿儒协助广东省政府落实。广东省常务副省长杨文源具体负责此事，他找刘鸿儒商量方案，挑选人员。因为有了深圳的经验，建立此行的方案也就比较好办，所不同的是，政府国有股份占的比重较大。关于行长人选，杨副省长主张由人民银行找人，刘鸿儒选了几个他都不满意，最后他选了广东省物价局局长当了行长。福建省得知广东建行消息后，也提出要建立一家兴业银行，且也想办成股份制的。方案和人选都是福建省政府自己定的，刘鸿儒没有具体插手，只是最后帮助修改了方案，上报国务院批准。

至此，在 1987 年和 1988 年两年之内，共建立了六家股份制银行。从经营效果看，这些银行解决了一系列国有大银行吃"大锅饭"的根深蒂固的弊端，也证明了股份制是唯一正确的选择。在此期间，还试验了几种商业银行模式，积累了许多经营管理的经验。但是，"商业银行"这个名称在当时是不能用的，因为它仍然被列入资本主义范畴。刘鸿儒召集这六家银行开会，交流和总结试运行经验，并问大家应当叫个什么名字为好？最后决定，采用"综合型银行"这个名字，用以对应国有专业银行，开会时，也称作为"新建银行座谈会"。1992年以后，又建立了中国光大银行等多家股份制银行。直到1993年，"商业银行"这个词才允许写入文件之中。1995年颁布的《中华人民共和国商业银行法》才以法律形式肯定了商业银行的地位和职能，之后，又出现了一大批股份制商业银行。

在"以农村包围城市"的思路中，除建立股份制银行外，刘鸿儒还按金融改革总体方案的设计，积极推进了金融机构多样化的改革。

股份制商业银行初建时不能称"商业银行"，只能称"新建银行"，定期开会交流经验。1990年4月，在广州召开"新建银行"座谈会合影。前排左一为金建栋（人民银行金管司司长）、左二为刘鸿儒（体制委副主任）、左三为陈元（人民银行副行长）、右二为唐庚尧（光大银行行长）、右三为戴相龙（交通银行行长）；后排左二为刘自强（深圳发展银行行长）、右二为伍池新（广东发展银行行长）、右四为洪允成（中信实业银行行长）。

1990 年 9 月 8 日，刘鸿儒（右三）与人民银行、农业银行相关领导一起参加农村信用社改革与发展座谈会。右二为马永伟（农业银行行长）、右四为陈元（人民银行副行长）、右五为王景师（农业银行副行长）、右六为付丰祥（体改委宏观司司长）。

第一个探索是信托投资公司。

它是在成立地方银行的呼声中应运而生的。中国的特色，是地方政府管经济，在改革开放的大政方针下，各地经济发展很快，纷纷提出要成立自己能说了算的地方银行。他们认为，现在的国有大银行条条管得严，地方要办的事情又多又急，光靠这几家大银行满足不了需要。这个需求在不发达地区则更加强烈。新疆维吾尔自治区党委书记王恩茂曾找刘鸿儒说，他们的存款存在银行都被调走用于发达地区了，心里很不平衡。刘鸿儒说，银行吸收的存款是要付利息的，当地没项目，银行贷不出去，只存不贷是既浪费又有损失，总行自然要将这部分钱用于有好项目的地区。王恩茂书记坚决反对，要求贯彻落实中央的民族政策，发展地方金融，成立地方银行。宋平同志 20 世纪 80 年代初担任甘肃省委书记时，也专门找刘鸿儒说过这个问题，一再强调为了支持不发达地区，应当成立地方银行。当时，人民银行领导层不主张成立地方银行，担心地方政府在"投资饥渴症"驱使下，会把老百姓的存款用去投资项目，盲目发展，贷款收不回来，银行被挤兑，出现金融危机。但老是这么硬顶，也不是好办法，必须设法疏导。这时，就有了开办信托投资公司的思路。

早在 1979 年 10 月，荣毅仁先生已得到特批率先成立了中信信托，各地政府其实都在盯着，"为什么我们不可以办呢？"当时人民银行研究的结论是，信托投资公司的业务范围可以控制一下，这样风险会小一些。总行这么一松口，各省市便纷纷搞起这种公司来。后来人民银行发现，各地政府办的信托投资公司容易失控，对其监管有难度，刘鸿儒就提议请总行决定，由各大银行建立一批信托投资公司，直接派人领导，方便管控。但事与愿违，后来接连地出现了人们最担心的问题：地方政府把信托投资公司当成"钱口袋"，盲目上项目，扩大基建投资。国务院不得不三次下令，进行整顿。刘鸿儒在人民银行工作期间，就亲自主持过两次整顿工作，问题是整顿完了还会再犯。这是因为什么呢？定位出了问题。

对于信托业务，刘鸿儒作了很多研究，并到日本进行了具体考察。各个市场经济发达国家的信托公司，都是受托理财的金融机构。新中国从荣毅仁建立信托公司起，就加了投资二字，逐步地变成了无所不包的投资公司，而信托则已不是主要业务了。从而，各地建立的信托投资公司也照此办理，而且不断地扩展业务范围，突破了财政资金不足、银行不能贷款的限制，地方上可以自主筹措资金，上项目，搞建设。这样盲目扩大投资的结果是通货膨胀的压力增大了，中央政府不得不下令整顿信托投资公司。严重的是，有的中外合资的信托投资公司不得不清盘，例如，广东国际信托投资公司等，结果造成了不良的国际影响。这样，到了 1995 年全面整顿后，留下的只有 239 家。1999 年新一轮全面整顿后，逐步收缩为 59 家，并定位为资产管理业务。实际上，整顿之后，问题并未得到根本解决，许多这类公司建立的时候就是定位不清，仓促上马，后续的问题自然是绵延不断。

第二个探索是企业集团财务公司。

在 1987 年 4 月的一次国务院会议上，时任总理说，上海当时工业局下属的企业集团有很多企业，每个企业之间的财务往来很频繁，每笔账都通过银行办理既费时又费工，他们自己搞了个结算中心，办理的效率很高。同时，有的企业有余钱，有的企业缺钱，有个时间差，它们之间互相不能借款，只能通过银行存贷款，审批难、效率低，可否搞个专门的金融机构办理此项业务？刘鸿儒当场回答说，已经形成的大企业集团，可以建立财务公司，但只能对内部各企业服务。总理同意了。刘鸿儒说，此事得回去报告党组，搞个管理办法。这一年7月，中国人民银行批准了第一家企业集团财务公司，后来增加到70多家。但在实施中，这些集团都想突破限制，面向社会投融资，人民银行没有同意，一直坚持到现在，其管理办法经多次修改，仍定为企业集团成员之间互相提供财务服务的非银行金融机构。

第三个探索是建立城市信用社系统。

20世纪80年代初，河南郑州市出现了城市信用社，专为城镇个体户和小企业服务。刘鸿儒专门去作了调查，认为这是补充银行建点不足的新鲜事物，便立即召开了现场座谈会。此后，其他许多城市也忙着跟进，很快建立了不少这种信用社。刘鸿儒到上海城隍庙去看了一下那里的信用社，他们为外地采购的客户服务很细。有的个体户带来一堆零钱，信用社工作人员为其耐心地整理，虽然占用了很多时间，但在这整段时间里便相当于无息存款，信用社可以用于周转贷款。他还去武汉市汉正街作了调查，发现那里有一条街全是销往全国各地的小型布料批发市场，这里的城市信用社为这些个体商贩服务，并吸收各位店家作会员，"大家事大家办"，很是兴旺。他当时便想，能否把这种信用合作社逐步地完善，形成为一个支持小企业和个体商贩的金融系统。但后来的发展却变了形，一些地方政府插手指挥，另有一些不法私人投资者挤进来唯利是图，破坏规章制度，使许多信用社经营困难，信誉下降。后来，地方政府"开动脑筋"，有的想使其往银行方向上转，办成信用合作银行，有许多将其重组为城市商业银行。这些城市商业银行，虽然还是股份制的，但以利润为中心，同样一笔业务，对小企业费时费功风险大，谁也不愿意干，偏离了刘鸿儒心中的理想状态——信用合作社吸收社员入股，为社员服务，利益共享、风险共担。

1991 年 4 月 28 日参观武汉市汉正街城市信用社后，刘鸿儒（右二）与
人民银行武汉分行行长张静（右一）交换推进改革试点的意见。

第四个探索是只存不贷的邮政储蓄业务。

1985 年紧缩银根，为了减少 1984 年信贷过松带来的通货膨胀的压力，大
家便把增加银行储蓄存款定位为当时的主要任务目标。在 1985 年第四季度的
国务院会议上，时任总理提出，邮政系统机构遍布城乡每个角落，可以允许
邮政办储蓄存款，这比银行优势大得多。总理问刘鸿儒是否可以做，刘鸿儒
当场表示可以，但得回去向总行汇报，再提出一个方案和具体办法上报国务
院。他回去后仔细地研究了历史，原来，早在 1930 年我国就成立了邮政储金
汇业局，只是新中国成立后于 1950 年把它给撤销了。同时，他还研究了国际
经验，特别是日本的做法。他在日本有个好朋友，是日本央行总裁三重野康。
三重野康对刘鸿儒说，日本的邮政储蓄存款由财政支配，用于政策性金融机
构的资金来源，问题是，这么大数量的金融活动，不列入中央银行的货币政
策调控范围，很不利于央行的宏观经济调控，中国要吸取这个教训。刘鸿儒

听了感触很深，他非常重视这个日本朋友的意见，归来后便在上报国务院的方案中，明确地规定邮政系统吸收的存款应当全部存储于人民银行，统一使用，人民银行根据缴存存款的平均余额，付给邮政系统手续费。方案报请国务院批准后，邮电部和人民银行联合发文，规定从1986年4月1日起，正式开办邮政储蓄业务。后来，由于体制上政企不分、业务上只存不贷，不便于邮政储蓄业务的开发，于是在2006年底实行邮政体制全面改革，正式成立了邮政储蓄银行，既办存款业务，也办贷款以及为居民服务等各项银行业务。

第五个探索是建立政策性金融机构。

除了以上四类机构或业务外，这一阶段，刘鸿儒还重点研究了政策性金融机构的问题。因为在当时，国有银行承担着大量政策性贷款的任务。国有企业发生困难时要靠银行支持，职工发不出工资也要靠银行，甚至有的地方职工子女上学买不起课本，也向银行贷款。国有银行如果不能摆脱此等政策性贷款的负担，就不能真正走上商业化道路。有鉴于此，刘鸿儒从1984年制订金融改革方案开始，便借鉴了国际经验，特别是日本的经验，仔细研究后决定建立政策性金融机构体系，实行政策性业务与商业性业务分离。当时也曾考虑，先在每家银行内部将政策性业务和商业性业务分开，待条件具备时再组建独立的政策性银行。想法是很好的，但是没办法实行，主要原因有两条：一是没有专项资金来源，日本有专项财政性资金，而中国当时并不具备这个条件；二是财政性业务和商业业务在各级政府的干扰下难以分清。这里有一个故事：北京市在筹建亚运会时，北京市主管领导曾经找刘鸿儒做过长谈，不断地劝说和动员银行给予支持，发放大量贷款。刘鸿儒说，这种项目的贷款如果还不了，我就要犯历史性错误了。他们说："到那时你不是行长，我们也不是市长了，还管得了那许多!"可见，人们对于贷款的性质是没有正确认识的，许多人甚至认为，还得了的是商业性的，还不了的就是政策性的。有些政策性的贷款银行顶不住，只好无可奈何地发放。这么个棘手的问题怎么解决呢？最好的办法就是增强银行的独立自主经营能力，抵制外界压力。从建立股份制商业银行的实践来看，较好的、也是唯一的办法，就是改组为股份制，由广大股东和董事会来增强银行的自主经营能力和抵制外来干扰的能力，从而强化银行的风险控制和监督能力。

政策性银行的想法最终得以实现。1994年，国家开发银行、中国进出口银行、中国农业发展银行陆续成立，但都是在政府部门的要求下建立的，同原定金融改革方案思路并不完全一致。

现在，当我们再回头来看最初"以农村包围城市"的思路，主要是设立多家股份制商业银行，并发展多样化的金融机构和业务，形成同四大国有银行的对峙、对比、对照，以此来促使国有银行自觉自愿地走上股份制商业银行的路子。后来的实践已经证明，这条路线是富有远见的，从2003年开始，中国银行、建设银行、工商银行、农业银行都先后起步，进行了股份制改造，并在国际金融市场公开发行股票上市。

第十六章

改革思想的困惑

当中国以市场化为导向的金融体制改革步步探索、步步深入的时候，1989 年"六四"事件发生，政治风波蔓延到经济领域，矛头直指市场化，在批判资产阶级自由化的声浪中，正在探索中行进的整个经济体制改革和金融体制改革面临"踩刹车"甚至"开倒车"的危险。

有的报刊整版发表批判经济体制改革的文章，有的部门负责人接待外国代表团时，直言市场化就是资产阶级自由化，实行股份制就是私有化。著名经济学家薛暮桥在他的回忆录中讲道：有的同志对改革的正确方向发生怀疑，他们重新提出坚持计划经济体制的问题，并且把"市场取向"和建立社会主义市场经济的主张，当作否定四项基本原则的资产阶级自由化来批判。他们认为，市场经济只能以私有制为基础，向市场经济过渡就是"取消公有制"，是"改变社会主义制度，实行资本主义制度"。[①] 有的报纸发表文章，质问改革者"是推行资本主义改革，还是推行社会主义改革"，主张改革者要问一问"姓资还是姓社"，如果不问"姓资姓社"，就会把改革开放引向"资本主义的邪路"。[②] 在金融界，则批判、否定十年来银行改革的方向，在很长一段时间内甚至连商业银行的概念都不能提及。

在这样的思想动荡下，整个经济体制改革和金融体制改革的进程放慢了。

---

① 薛暮桥. 薛暮桥回忆录 [M]. 天津：天津人民出版社，2006：333、334.
② 陈锦华. 国事忆述 [M]. 北京：中共党史出版社，2005：213.

　　这时，中央已决定调刘鸿儒任国家经济体制改革委员会副主任，从兼职变成专职。在 1989 年之后空前紧张的政治气氛中，对于去体改委专职搞改革，刘鸿儒是困惑的，他困惑于改革中究竟该如何处理政治与经济的关系，甚至怀疑改革还能不能继续下去。

　　从 20 世纪 80 年代初期开始，刘鸿儒在一线搞改革，天天看到的是经济发展的需要，听到的是改革的呼声，研究的是市场经济规律和改革的措施，心里想的是创造条件加快改革的步伐，但每一项改革具体到要不要改、怎么改、什么时候改，却并非经济因素、经济规律所能够单独决定的，更准确地说，一项改革决策的作出，常常是政治需要和经济需要平衡、角力的结果，在过去将近十年的改革生涯中，刘鸿儒愈发感觉到，改革中最难掌握的，是推进改革的合适的度，是在政治舞台上面对复杂情况的应对艺术和处理复杂人际关系的水平。此时，他自然而然地想起了当年人民银行朱田顺副行长曾经告诉过他的一段话。朱田顺是抗战时期参加工作的老干部，经历过复杂政治环境的历练，之前任交通部副部长，对于像刘鸿儒这样的在解放战争时期参加工作的年轻干部很是关心和爱护。他曾对刘鸿儒说，自己从延安工作以来体会到，我们党的干部有两种：一种是懂政治并善于从政的，另一种是懂业务不善于从政的，他还感叹二者兼备不易。刘鸿儒当时听得似懂非懂，这句话也就这样轻飘飘地留在了脑海中。可是现在，在这样空前紧张的政治气氛中，这句话突然从脑海深处翻腾出来，刘鸿儒才真正体会到其中所蕴含的深意。事实上，在此后的数年中，当刘鸿儒所主管的改革领域在政治上愈加敏感，他对于改革中政治与经济的纠缠交错有了更加深刻的认识，对于金融改革中政治与经济关系的把握也更趋成熟。他把这种关系称为改革中的"政治经济学"。

　　现在，怀着对改革的困惑，经过反复思量，刘鸿儒决定找新上任的总书记江泽民汇报自己的思想疑虑——毕竟心里明白才能更好地上任工作。

　　江泽民同志在任国家进出口委员会副主任时，曾陪谷牧同志做对外开放和特区工作，因而与同样陪同谷牧同志做特区工作的刘鸿儒有了工作上的交集。江总书记后来任上海市委书记期间，多次找刘鸿儒讨论金融改革的相关问题，接触多了，相互也就熟悉起来。刘鸿儒请中共中央办公厅的一位处长送去一封信，请求见一面。很快，他接到通知，地点就定在江总书记的办公室。

刘鸿儒至今仍清晰地记得那次见面。江总书记很热情，刘鸿儒一到，他便在办公室门口将刘鸿儒迎了进去。

坐下来以后，刘鸿儒开门见山："我知道总书记很忙，不想多占用您的时间，就直接汇报想不明白的问题。"

刘鸿儒问："现在推进的经济体制改革是不是错了？我们这些跟着中央积极搞改革的人是不是也错了，我们还要继续改下去吗？"

江总书记听了以后，明确地回答说："现在搞的经济体制改革全是邓小平同志的思想，没有错，今后我们要坚定不移地把经济体制改革推进下去。"

其后，江总书记又谈了许多与改革相关的问题。江总书记明确的答复，使刘鸿儒心头的阴霾逐渐散去，他的心里立刻明朗起来，马上坚定地表示：这样我们心里就有底了，还要继续把改革工作做好。

离开办公室时，江总书记突然说："鸿儒，给志玲问好。"刘鸿儒爱人王志玲与江总书记曾是第一机械工业部的同事，两人的办公室就在一条斜对角线上。这个问候，让刘鸿儒感到意外而温暖——没想到江总书记这么忙，还记着在一机部一起工作过的老同事。

这次谈话之后，刘鸿儒又找出邓小平同志6月9日在接见首都戒严部队军以上干部时的讲话。其中，邓小平明确表示："改革开放这个基本点错了没有？没有错。没有改革开放，怎么会有今天？""要说不够，就是改革开放得还不够。""以后我们怎么办？我说，我们原来制定的基本路线、方针、政策，照样干下去，坚定不移地干下去。"[①] 既然邓小平同志已经讲清楚了，为什么一些人还批判经济体制改革的思想和做法呢？因为统一思想认识不易，达成改革共识不易，推进改革自然更是不易！刘鸿儒已经预见，未来的改革路上，一定还会遇到各种沟沟坎坎，但他，已经做好了克服各种预想不到的艰难险阻的思想准备了。

---

① 邓小平文选：第三卷 [M]. 北京：人民出版社，1993：306、307.

在体改委时期的刘鸿儒。

刘鸿儒是 1990 年初到体改委上班的, 这个机构的历史并不长。1980 年 5 月, 国务院成立经济体制改革办公室, 后因权威性不强, 国务院报经全国人大通过, 于 1982 年 5 月正式成立国家经济体制改革委员会, 目的是有一个利益超脱部门, 协助总理做改革方案的总体设计和协调工作, 为了增强其权威性, 由总理亲自兼任主任。从其后的经济体制改革历程看, 利益超脱加上权威性, 体改委的确是不辱使命。从 1982 年设立到 1998 年改为体改办 (国务院经济体制改革办公室) 之间的 16 年中①, 由体改委所推进的各项改革, 切实推动了我国由计划经济向市场经济的转变, 为此后搭建起市场经济的初步框架奠定了坚实的基础。

在体改委这样一个以推动改革为使命的机构里, 那个时代的改革者获得了前所未有的支持。在王波明的记忆里, "我们联办这些人经常去体改委, 不

① 国家体改办又于 2003 年并入国家计划委员会, 成立国家发展和改革委员会。

1991 年 1 月，国家体改委主任陈锦华（右四）以及副主任贺光辉（左三）、刘鸿儒（左四）、高尚全（右三）、洪虎（左二）会见各省市体改委学员。

是汇报工作，主要是想干什么事，在业务层面寻求支持"，而体改委"也总是从善如流，而且坚决支持，那时候在体改委的支持下，我们这些搞改革的人很过瘾，没有废话，没有扯皮，说做就做"。①

1990 年的体改委，主任由李鹏总理兼任，安志文任副主任、党组书记。安志文是我国有名的改革家、经验丰富的老革命，曾任国家计委、建委副主任和六机部部长等职，改革开放后是中央高参，任中共中央财经领导小组顾问，为改革开放作出过很大贡献。1990 年 8 月，安志文因年龄关系退下来，作为顾问协助工作，陈锦华被任命为体改委主任、党组书记。

---

① http：//finance. sina. com. cn/china/gncj/2017 - 09 - 03/doc - ifykpysa2910821. shtml.

刘鸿儒到任后，分工主管财政金融改革和分配制度改革，随着形势的发展，他倾力主抓了两件事：一是住房制度改革，二是股份制和资本市场改革。

为什么要改革住房制度呢？当时，我国对城镇职工的住房实行福利分房、收取低房租的制度，实际上就是国家把住房问题"包下来"，年轻人分配到单位工作，首先要分配住房，这是从新中国成立以来就延续下来的政策。但是随着就业人数和家庭人口的快速增加，政府拿不出那么多钱来建房，收到的房租连房屋维修都不够，有人开玩笑说"一个月房租还不够买一盒好香烟的价钱"！在这种情况下，房子供应很快严重不足，找房子、分房子成了各个单位负责人最头疼的事情；更糟糕的是，这种福利分房制度，还助长了以权谋房等寻租问题，社会反映很坏。

邓小平同志视察北京市居民住房之后，曾明确地提出："城镇居民个人可以购买房屋，也可以自己盖。不但新房子可以出售，老房子也可以出售。可以一次付款，也可以分期付款，10 年、15 年付清。住宅出售以后，房租恐怕要调整。要联系房价调整房租，使人们考虑到买房合算。因此要研究逐步提高房租。"①

根据邓小平的指示精神，国务院成立了住房制度改革领导小组，开始研究、改革福利分房制度，目标是住房商品化。体改委副主任安志文、国务委员兼国务院秘书长陈俊生和建设部部长林汉雄先后担任组长，办公室设在建设部。1991 年 3 月陈锦华接任组长后，办公室便改设在体改委，刘鸿儒和建设部新任部长侯捷为领导小组副组长，刘鸿儒负责日常工作，协助陈锦华调查研究，明确指导思想，主持拟定房改方案和相关政策。

在充分调研和各方协商的基础上，领导小组最终确定租、售、住、建并举的思路——逐步形成一个提高租金、促进卖房、回收资金、促进建房的良性循环机制。

实行住房商品化，就是把现有住房卖给职工，新建的住房不再分配而是出售。问题的关键是，买房的钱从哪里来？最终，大家在讨论中明确，设立住房公积金是个好办法，能体现国家、单位、个人三者共同负责的原则，国

---

① 陈锦华. 国事忆述 [M]. 北京：中央党校出版社，2000：241.

1991 年 5 月，刘鸿儒（左一）参观深圳复式住房，深圳市副市长李传芳（右二）介绍情况。

1991 年 6 月，召开住房制度改革会议。左二为刘鸿儒，左三为侯捷（时任建设部部长）。

家和单位都是公家，要把原来财政和各单位分散的住房建设资金集中起来，用于住房制度改革。政府为什么要出钱？因为长期以来实行低工资政策，工资中没有包括国家应给个人住房所需要的资金，同时，要增加个人投入渠道，调动个人积极性，这是住房商品化的发展方向。

为了解决钱的问题，刘鸿儒着重抓住房基金和住房金融，他和办公室的同事一起，研究制定住房资金管理办法，并组织金融部门的力量，研究提出了住房贷款办法，商定建立住房银行的方案。此外，刘鸿儒还在时任上海市市委书记朱镕基的邀请下，到上海调查研究，帮助总结上海房改的经验。

1992 年初，刘鸿儒率团到马来西亚考察，马来西亚的做法引起了他格外的关注。马来西亚和新加坡都提出"居者有其屋"，特别注重研究解决低收入人群的住房问题。他们是怎么解决的呢？马来西亚政府明文规定，在批给开发商土地时，必须在总面积中划出 20% 至 30% 的土地用于建造廉价房。在保证开发商保本微利的条件下，廉价房的标准、出售价格、卖给谁，都由政府决定，其余土地则由开发商建造高级商品房，价格随行就市，政府不再干预。

刘鸿儒亲自参观了廉价房并访问了住户，他看到住房条件很好，而且住户很满意。他们又找来开发商座谈，印象很深的是，一位华人开发商告诉他们，建廉价房保本微利不吃亏，更重要的是体现了对社会公益事业的贡献，是光荣的社会责任。除了廉价房外，这位开发商又带领考察团参观了刚刚建好的"罗马花园"，这是一个高档公寓，售价很高，可以看得出来，政府、开发商和住户是共赢的。

一番实地考察之后，刘鸿儒非常欣喜，他看到了政府不花一分钱，只靠一项政策就解决低收入普通居民住房问题的可能性，如果这项政策能够在中国实施，无疑将大大纾解当下中国的住房难题。回京后，刘鸿儒马上向已是国务院副总理的朱镕基作了口头汇报。朱镕基非常重视，要求刘鸿儒写个书面报告报上来。出国考察团成员、房改办处长关敬如起草了报告，经修改审定后直接呈送朱镕基办公室。没想到不到半个小时，朱镕基便批了一大段文字出来，主要内容是：这个办法可以借鉴，开发商提供一定比例的住房，由政府掌握作为经济适用房，以解决低收入者购房问题。朱副总理还指示，这

1992 年初，刘鸿儒（右二）率团考察马来西亚住房制度，一位张姓华人企业家（右一）向他介绍经济适用房和高档住房的开发情况。

个批示连同报告呈送国家体改委和建设部协调落实。

在朱副总理的批示下，住房制度改革向着刘鸿儒期望的方向发展下去。1993 年 6 月 24 日，党中央、国务院联合发出《关于当前经济情况和加强宏观调控的意见》，第十二条为"加强房地产市场的宏观管理，促进房地产业的健康发展"，其中即明确规定："所有房地产开发公司都要承担百分之二十以上的微利居民住宅建设任务。"

然而，令刘鸿儒感到万分遗憾的是，如此有效的一项政策，由朱镕基副总理亲自批示的政策，由中央和国务院公布了的政策，最终竟石沉大海！至于原因，则很简单，各地方政府卖地抓收入，"批地"成了"土地财政"，在利益驱动下，低收入群体的住房问题被排挤。当这个问题不断积累，到了迫不得已、不得不解决的时候，从找土地到筹集资金，都只能由政府背起来，举步维艰。这件改革中的憾事，令刘鸿儒颇为感慨——改革一定要有长远目标，要看长远利益，否则就会顾此失彼，留下后患。

除了住房制度改革外，刘鸿儒在体改委的大部分时间花在财政金融改革上。在一个偶然的场合中，一位外国记者尖锐的提问，意外引发了他对改革路径的思考。

1989 年 1 月，刘鸿儒作为中国代表团团长，率团参加瑞士达沃斯世界经济论坛①，论坛期间，他作了关于中国治理通货膨胀和深化经济体制改革的演讲。意外地，美国《华尔街日报》的记者突然向刘鸿儒提了一个问题，一个无关演讲主题的问题。

他问："刘先生，你会不会有一天承认公有制是失败的？"

好一个敏感和尖锐的问题！这个问题一经抛出，会场里立刻安静下来，大家纷纷将目光投注到刘鸿儒身上。

刘鸿儒当然知道这个问题的分量，他必须给出一个有力的回答。但他心里也明白，如果用常说的社会主义制度优越性来回答，说服力比较差，他想了想，决定另辟蹊径，有针对性地来回答。

刘鸿儒说："我去过很多欧美发达国家，也去过亚洲、非洲、拉美不发达的国家，私有制有成功的，比如你们发达国家，其他多数国家也有实行私有制但并未成功的。"

这是一个漂亮的回击。

刘鸿儒继续说："中国实行以公有制为主体的多种所有制并存的体制。我们正在推进经济体制改革，探索公有制的实现形式，相信会取得成功的。"

散会后回宾馆的汽车上，刘鸿儒颇为风趣地对同行的代表团成员说："怎么样，我的回答还可以吧？"

有人不服，打趣地说："如果我是记者，就再追问一句：私有制有成功的，公有制为什么没有成功的？"

刘鸿儒哈哈一笑："我们正在改革探索，需要时间呐！"

---

① 其前身是 1971 年由日内瓦大学教授克劳斯·施瓦布创建的"欧洲管理论坛"，1987 年更名为"世界经济论坛"，总部位于瑞士日内瓦。由全球政要、学者和顶级企业家参加，讨论世界经济领域存在的问题，近些年中国政府领导人时常到会演讲。

　　1989 年 1 月 26 日，刘鸿儒（左三）代表中国主办方——中国企业管理协会向达沃斯论坛主席克劳斯·施瓦布教授（左四）赠送纪念锦旗。

　　1989 年 1 月 29 日，刘鸿儒（主席台中间者）在瑞士达沃斯论坛上发表演讲并回答记者提问。

　　这段问答和讨论，说说笑笑过去了，但却令刘鸿儒陷入了更长久、更深入的思考。

　　回顾中国的经济体制改革，第一个内容是从封闭走向开放，争论不是很大，进展比较顺利；第二个内容是从计划经济走向有计划的商品经济，直至后来的市场经济，争论很大，但邓小平同志把市场定性为既可服务资本主义、又可服务社会主义的手段，争论一段时间后也顺利向前推进了；第三个便是所有制问题。从计划经济转向市场经济，苏联用的是"休克疗法"，一次到位，不维持社会主义制度，一夜之间变成私有制社会，这条路我们不能走。中国已经在政治上明确，坚持社会主义基本原则，维护社会主义制度，在这个前提下，改计划经济为市场经济，不全盘私有化，但允许并鼓励私有经济的发展，从单一公有制改为以公有制为主体的多种所有制并存。这是一条具有中国特色的社会主义市场经济之路。

　　但是怎么走呢？正如20世纪80年代那首风靡大街小巷的《西游记》主题曲所唱的——"敢问路在何方"，改革家刘鸿儒也在心里一遍一遍地发出这样的探问，中国市场经济改革中公有制的实现形式，到底是什么呢？刘鸿儒逐渐在心里明确，自己调入体改委，工作重心应是探索公有制的实现形式。实践证明，最好的形式就是股份制，也就是后来说的混合所有制。

　　在体改委的改革岁月里，党组和陈锦华主任把股份制改革和股票试点的任务都压在他的肩上——实际上，股票与股份制，正如一枚硬币的两个面：股票的发行，以企业的股份制改造为前提，股票市场的发展，必然要求股份制的规范运行；股份制的发展，需要股票市场为之服务，没有股票市场，股权没有退出机制，股份制就难以推行，股票市场与股份制，二者密不可分。刘鸿儒协助陈锦华主任，同洪虎（历任体改委秘书长和副主任）、孙树义（时任体改委生产司司长）、孙效良（时任体改委委员）等同志一起，在股份制改革和股票市场的探索推进上并肩战斗。

　　说起刘鸿儒与股份制改革的交集，则要追溯到20世纪80年代初。

　　在20世纪80年代，金融改革中围绕着要不要恢复、发展股票等"资本主义的东西"在争论不休时，对于资本市场的提出仍然是小心翼翼地遮遮掩掩着，同时在经济领域，一场关于"姓资姓社"的争论也正在激烈地展开。这，便是股份制。

1984 年 10 月，党的十二届三中全会通过《中共中央关于经济体制改革的决定》，明确提出社会主义经济是公有制基础上的有计划的商品经济，并把增强企业活力作为经济体制改革的中心环节。在此决定发表前后，党中央和国务院连续发出了十几个文件，扩大企业自主权，推动企业之间的横向经济联合。"忽如一夜春风来，千树万树梨花开"，此后，一些企业开始冲破地区、部门、所有制的界限，相继组建了多种形式的联合体，并逐步从单纯的生产技术协作，发展到相互以资金、技术、设备等投资入股，还有一些企业，用股份制形式集资搞技术改造或组建新企业。也就是说，随着经济体制改革的深入和商品经济的发展，股份制，开始由农村的乡镇企业，大量地出现在城市的中小企业中。

这种新的企业组织形式，极大地增强了企业的经营活力，很快便引起理论界的关注。一些学者在研究后建议，将股份制应用到国有企业改革中来，并利用股份制对中国经济结构进行微观再造。这些学者中，比较早的有童大林和厉以宁。童大林时任国家体改委副主任，他坚定地认为经济体制改革必须以发展商品经济为方向，反对把商品经济与资本主义画等号。他在 1986 年 8 月 18 日的《人民日报》上发表了题为《股份制是社会主义企业的一个新基点》的文章，明确、系统地表达了对于股份制改革的支持。著名经济学家、时任北京大学经济系主任的厉以宁，积极主张将股份制作为我国经济体制改革的目标和方向，他在 1986 年 9 月的《人民日报》上发表了《我国所有制改革的设想》，从理论上详细地讨论了我国改革以后的所有制体系以及股份公司的构造。

刘鸿儒是股份制改革较早且重要的支持者和推进者之一。20 世纪 80 年代初，他作为人民银行副行长主管金融改革，股份制改革并不在他的主管领域之内，也不便公开发表观点，他对股份制改革的支持，更多地体现在金融改革方案的设计和金融改革环节的实际推进中。早在 1984 年完成的金融体制改革方案中，他便提出允许企业以发行股票、债券的方式直接融资；在经济特区试办证券交易所，取得经验后再向大中城市逐步推广。1985 年 4 月，在向国务院提出的关于建立资金市场的方案中，进一步提出国营大、中型企业也可以向社会发行股票，只要将全民所有的股份掌握一定的比例，就能控制企业的决策权，不会改变国营企业的性质。同时，在银行体制改革实践中，刘鸿儒最早提出股份制是国有银行改为商业银行的必由之路，是银行所有权和经营权分离、政府和金融企业分离的较好形式，他以"农村包围城市"的办法，在 1987 年和 1988 年两年之内率先建立起六家股份制商业银行——不论理论界的争论是如何昏天黑地，股份制的实践，在他的推动下已然起步。

1993 年 4 月，刘鸿儒（中间者）与电力工业部部长史大桢（右二）、国务院政研室主任王梦奎（左一）等到三峡考察，推进电力企业股份制改革。

股份制改革正式获得官方文件支持是在党的十三大。1987 年 10 月，中共第十三次代表大会报告中提出："改革中出现的股份制形式，包括国家控股和部门、地区、企业参股以及个人入股，是社会主义企业财产的一种组织形式，可以继续试行。"

但是如何试行，如何解决认识不一致和当时出现的各种问题，需要有个方案。体改委由此起草了《关于国有企业试行股份制的实施方案》，组织专家和企业负责人进行讨论，这便是 1988 年 12 月 8 日至 10 日的西直门会议。

对于争议中的、刚刚开始的股份制试点，西直门会议有其特别重要的意义。这是一次专门研究股份制的会议，也是一次高规格的会议。当时参会的，不仅有体改委的领导，还有国务院各部委的领导，以及理论界人士，如著名经济学家蒋一苇、萧灼基等，还有来自实践一线的部分股份公司，如金田股份、真空电子的总经理。中央财经领导小组秘书长、国务委员张劲夫也参加了这次座谈会。他在发言中指出："经济上的问题只能用经济的办法来解决……发达国家的办法是采用股份制。股份制它不姓'资'，而姓'商'……对当前的搞股份制的热情要正确引导，要试点在先。我很愿意和大家一起搞一点调查研究。"[①] 他对于股份制的理解和肯定，向与会代表传递了这样的信息：高层对于股份制试点是支持的。

这一年，刘鸿儒是中国人民银行副行长兼国家体改委副主任，他参加了这次西直门会议。刘鸿儒和张劲夫曾经有过工作上的交集，从心底佩服他"对经济体制改革思想领先、务实创新"。张劲夫同志对于股份制改革的肯定和支持，又一次让刘鸿儒深感鼓舞。尤其是，他提出"股份制在争论中才能发展……有些问题不是改革造成的，恰恰相反，正是改革不彻底造成的"，他的这番洞见，为刘鸿儒在体改委下一步的工作打开了思路，他开始着手对股份制改革作更深入的探索。

西直门会议之后，体改委拟定了送审的股份制实施方案，起草并向国务院上报了《国务院关于企业进行股份制试点的通知》，并发出《关于切实加强组织领导保证股份制试点健康发展的通知》等，开始研究股份制试点的具体方案和政策界限，引导股份制试点走向规范化。

现在，新任体改委专职副主任的刘鸿儒，解除了思想困惑，他已经在心里准备好，要以"千磨万击还坚劲，任尔东西南北风"[②] 的魄力和韧性，把股票市场和股份制改革继续深入推进下去。只是没想到，马上，他便迎来一场意外艰险的考验。这，就是"深圳股票热"。

① 李章喆. 终于成功——中国股市发展报告［M］. 北京：世界知识出版社，2001：98、99.
② （清）郑燮. 竹石.

第十七章

资本市场的信念与承诺

1990年5月，本是春暖花开的季节，深圳的股票市场却异常燥热起来。

深圳市股份制试点启动于1986年，是我国最早进行股份制试点的地区之一。那年，深圳市依据特区的特点和条件，颁布了《深圳经济特区国营企业股份化试点暂行规定》，并选择少数企业进行股份制试点。1987年，深圳发展银行向社会公开发行了第一只股票，1988年4月，深圳开始试点股票上市。到1990年5月，深圳市共有股份制企业200多家，其中，深圳发展银行、万科股份有限公司、金田实业股份有限公司、蛇口安达运输股份有限公司、原野实业股份有限公司5家企业公开向社会发行了股票。

深圳股票市场并不是一开始就是那么火热的。1987年深圳发展银行首次向社会公开发行股票时，认购者寥寥，拖了一个多月才发出去。时任深圳发展银行行长的刘自强，也是刘鸿儒在人民银行研究生部的学生，曾私下里请求老师刘鸿儒带个头，买些股票以示支持。刘鸿儒主管此事，自然是回绝了。最终，深圳发展银行的79.5万股只卖出了七八成。很多老人恐怕还记得，当年的股份制企业，在街上张贴招股章程，开着大卡车，卡车上系着高音喇叭，高音喇叭里不遗余力地向人们宣传股票投资的种种好处，就像兜售一件普通商品一样。

1989年上半年后，随着股份制的实践，人们逐渐加深了对股票投资的认识，尤其是，在近邻香港投资气氛的影响下，深圳人很快便接受了股票，况且，几家上市公司都是经过筛选的经营效益很好的公司，分红、派息非常可观，再加上股票交易后可观的买卖差价，投资者实实在在尝到了甜头，股票开始被人们所接受和看好。

人们有一天突然发现，原本躺在抽屉里的股票，价格一下子翻了好几倍，一些人用几千元购买股票，一夜之间就成了身价几十万元的富翁。深圳仿佛在一夜之间醒了、沸腾了！该如何形容这狂热呢？1989年2月，金田实业股份有限公司首次发行1070万元股票，不到两个小时便被一抢而空；1990年3月，原野实业股份有限公司首次发行1650万元股票，预交款达到3836万元，比发行定额多出一倍多，只好按预购款收据号码举行公开抽签……在严重的供需失衡下，股票价格节节攀升，远远偏离了实际价值。到1990年年中，当时深圳公开发行的5只股票，其票面价格已经比最初的发行价格上涨了好几百倍，最高的安达股票每股8.76元，比发行价格上涨776%，最低的原野股票每股53.21元，也比发行价格上涨432%，其价格上涨速度之快、幅度之大，令人咋舌。

值得注意的是，高分红、高派息、高价差的股市暴利在推高场内交易的同时，也使场外非法活动异常猖獗。股票发行少而求购者众多，于是很多人趁机高价倒卖股票；证券公司营业网点少，很多人等不及过户便在马路边直接交易起来。根据当时审计署和人民银行联合调查组的调查，1990年5月下旬到6月中旬，每日有成百上千人站在证券公司门前围观或私下交易，非法场外交易不断滋生各种欺诈行为，更加剧了股市的混乱。特区证券公司所在的红荔路周围，自发形成了黑市。月光下，一边是股票黑市交易，一边宣传车的高音喇叭反复播放着：小心受骗，不要参与股票黑市交易。①

紧接着，"深圳股市能赚钱"的消息不胫而走，以深圳为圆心，股市信息不断向外扩散，逐利资金不断向内涌入，深圳股票市场风险不断积累、蔓延、扩散。

深圳股市风险引起国务院高度重视，受国务院委派，刘鸿儒率领由国家

---

① 禹国刚. 深市物语 [M]. 深圳：海天出版社，2000：100.

体改委、中国人民银行和国家外汇管理局的同志组成的联合调查组，于 1990 年 5 月 10 日至 21 日率先赴深圳进行调查。

在三下深圳的那些天里，刘鸿儒边走边看边想。他看到了深圳股市的癫狂，也看到了在这癫狂的外表下，最为可贵的变化。

他对实行股份制后的部分企业进行统计，结果显示与改造前的基期相比，实行股份制后企业实现利润、上缴税金、外汇收入和净资产均大幅增长。他又深入上市公司去调查，金田股份的高管人员这样向刘鸿儒描述企业股份制改造后的变化。他说，1982 年金田公司刚刚成立的时候，只有 5000 元的开办费，1988 年进行股份制改造时固定资产净值为 339 万元，股改两年后，固定资产净值增长了 5.6 倍，和金田公司同属于纺织工业的另一家企业，原来和金田一样的规模，实行的是老体制，几年下来，已经远远落后于金田。①

高管人员继续解释说，过去企业经营者只是对上级主管部门负责，亏损了可以用假账掩饰，可以靠上级补贴。但是现在不行了，实行股份制后，众多股东利益集中系于企业一身，这就好像人人船上都载有货，人人都关心船的沉浮，企业发展、积累增加、股本升值，已成为所有股东的共同关注、共同追求；而且按照规则，上市公司还必须定期在报纸上公布经营业绩和财务状况，过去的两本账、造假账行不通了。他们感慨：现在可以说，公司时时处处处于广大股东和社会的监督之下，企业经营的内部约束和外部约束都大大增强了。

看起来，实行股份制后，企业有了积累和发展的主体和动力，自我发展能力和自我约束动力明显增强，初步解决了传统体制下企业缺乏长期发展机制的问题，这是一条让全民所有制企业自负盈亏、改制增效的有效途径。

刘鸿儒在调查中还了解到，深圳市几年来累计发行的股票，绝大部分吸纳的是个人消费资金，这表明，发行股票已成吸纳社会闲散资金、使消费资金转化为生产资金的有效途径。看来，股份制不仅有利于在微观上转换企业经营机制，也有利于在宏观上转换经济管理和结构调节机制。由此，刘鸿儒

---

① 刘鸿儒. 突破——中国资本市场发展之路：上卷 [M]. 北京：中国金融出版社，2008：66.

在心里已经确定，股份制改革，不仅仅是企业自身发展的需要，也是解决国民经济发展问题的需要；不仅仅是战术上的需要，也是战略上的需要。

于是，在狂热的深圳股市风暴中，在对股份制改革和股票市场愈加猛烈的抨击中，刘鸿儒在后来提交给国务院的报告中冷静而坚定地写道："从总体上看，深圳市企业股份制与证券市场发展基本上是健康的，成绩是主要的。"

当然，这绝不是刘鸿儒所看到的全部，深圳股票热所暴露出来的问题，也是绝不容忽视的。

其中最要紧的是，人们对一些现象议论纷纷。有人通过股票买卖，一夜暴富，不劳而获，社会上黑市交易、投机之风盛行。有的企业变相贱卖国有资产，国有资产变为私有，并且股票经过上市混合交易，私股比例在不断上升，公股比例在不断下降，有人便说：看吧，股份制不就是私有化或最终导致私有化吗？

这引起刘鸿儒的极大重视。调查后，他向国务院提交报告，其中提到的第一个问题即是"关于坚持公有制为主体的问题"。他建议，"除了确定实行拍卖的国有小企业以外，其他国有企业在改成股份制时，公有股份所占比例不得低于51%。具体占多大比例，应根据企业在国民经济中的地位、作用，由负责审批股份制的政府部门来确定。"① 刘鸿儒希望，通过明确的制度安排保证、并向人们宣示，我们正在进行的股份制试点，是以公有制为主体的，是"姓社"的。

此外，针对当时深圳股票发行和交易中的不规范问题，刘鸿儒也提出了建议。比如采取国际上通行的溢价发行办法，增强股票发行的透明度，让投资者切实感受到股票投资的风险；在股票交易方面，建议先利用筹建中的证券交易所整套运转机制，对股票实行公开报价和统一交易；针对股价高涨带来的暴富问题，建议出台印花税和股息收入调节税，用税收杠杆调节私人收入过高的问题；他主张对市场进行必要的干预，建立股票价格涨落停牌制度，鼓励机构参与股票买卖；对于当时个人投资者过多、部分党政干部参与买卖股

---

① 刘鸿儒. 突破——中国资本市场发展之路：上卷［M］. 北京：中国金融出版社，2008：68.

票而引起的群众不满问题，他建议建立信托基金，他甚至设想，所有个人买卖股票全部通过基金进行；他还建议加强对证券市场的管理，将相关方面的管理部门都充实进来，同时尽快制定证券市场管理法规，对市场进行依法管理。

作为长期指导股份制和证券市场改革的专家，刘鸿儒的这些建议得到深圳市政府的高度重视。时任深圳市副市长、主管金融工作的张鸿义在多年后回忆："这份调查报告很全面和专业，是国家主管部门对证券市场的首次系统调研和指导。它奠定了市政府1990年5月28日通告及其后一系列整顿完善市场措施的基础，对推动试点深入和提高是一有力的促进、指导和支持。"①

在刘鸿儒5月深圳调查之后，《人民日报》驻汕头、珠海、深圳经济特区的首席记者王楚针对深圳股市狂热写了一个情况反映，总编室把这个情况反映改写为《深圳股市狂热 潜在问题堪忧》，收入《人民日报》"情况汇编"第346期报送中央。文中这样写道：一些企事业单位常因炒股票人走楼空；知情人常与炒卖人员内外勾结牟取暴利；香港商人、内地客户纷纷携巨款坐镇深圳操纵股市；内地流入深圳炒卖股票的资金至少5亿元，一些企业动用生产资金和技术改造资金炒股票。

在这份内参中，有四位中央领导分别作了批示。有的说，应该立即停止股票上市，绝不可狂热泛滥成灾；有的则建议通知深圳市立即总结经验，建立制度，使试点能健康地进行下去。最后，国务院总理李鹏批示，由吕培俭（时任审计署审计长）速派人到深圳调查处理，由李灏同志（时任深圳市委书记）配合。1990年7月3日至17日，审计署会同人民银行组成联合调查组入深，对深圳证券市场的发展提出建议。

应该说，这是在市场发展的倒逼下，管理者针对自下而上自我演进的股票市场缺陷进行的一次自上而下的"制度供给"。这些制度建议的提出和实施，使股票市场发展的基础性原则开始形成，并为此后深圳、上海乃至全国股票市场的规范化发展，奠定了制度基础。

股票试点是改革者需要胼手胝足、躬身攀爬的一座刀山，正如深圳市委

① 张鸿义. 深圳证券市场创建和决策记忆. 2018：8.

的一位主要负责同志所感慨的，这是一项最伤脑筋、风险最大而知识最少的改革，因其涉及政治问题的敏感性、牵一发而动全身的复杂性，一些试点地区的党政负责人、试点企业领导者忧心忡忡、倍感压力，有的甚至打起了退堂鼓。

这里，还有一个关于一瓶茅台酒和政治经济学的故事。

1990 年 10 月，深圳市政府派出一个由主管副市长、人民银行深圳分行行长等人组成的汇报团进京向人民银行总行、国务院体改委汇报，请求在一些问题的看法上和舆论宣传上给予认同，并争取上级部门的支持。

然而事与愿违，他们在人民银行总行汇报时，听到的是不认同的声音，得到的是不支持的意见。

他们一个个垂头丧气，怀着一肚子苦水来到了刘鸿儒家里——从特区初创之日起，刘鸿儒作为国务院特区工作组成员，每年都有很大一部分时间待在深圳，所以深圳的上上下下对他都很熟悉，尽管平日里工作起来刘鸿儒要求很高，但私下里平易近人，大家都管他叫"刘头"，心里话都愿意和他说上一说，因此，大家在北京受了这么一番挫折，便找到刘鸿儒来吐苦水了。

看到他们个个都是那么个愁眉苦脸、一筹莫展的样子，刘鸿儒就留下他们在家里吃晚饭，并拿出一瓶积存多年的茅台酒来招待他们。

刘鸿儒一边劝酒，一边为他们做思想工作。

他说："你们知道，我们在学校里学的那门功课为什么叫'政治经济学'吗？"他有意地盯着他昔日的老部下、时任深圳人民银行行长和金管处的处长问，"在西方国家里，现在都叫'宏观经济学'和'微观经济学'，在我们社会主义国家里，一直是把政治放在首位的，所以叫'政治经济学'。一件事情来了，都先从政治角度上来考虑，然后才从经济角度上来权衡。经济体制改革上的事情，也是这样。从经济角度上看，是需要的，是应该推进与发展的；但从政治上看，从意识形态上看，如在一定条件下很难被人接受，那时，经济就要服从政治。如果政治压力很大，有的经济体制改革就不得不推迟，有的甚至会夭折，这也是势所难免的。"

讲完了政治与经济的关系，刘鸿儒将话题转向眼下深圳的问题上来。

他说："深圳股市风波的压力很大，而尤其是在此需要十分注重社会稳定的时候，更要从政治角度上来考虑问题，这也是可以理解的，不可能要求每个人都挺身而出，不怕丢官，不怕受到牵连，那样想，也是不现实的。"

"但是，我们就要因此而回避改革吗？如果用积极的态度去化解政治风险，会不会效果更好呢？"刘鸿儒连着抛出两个问题，大家陷入了沉默。

他转而向大家打气："我们自己一定要坚定信心，因为深圳市的股份制改革和股票试点，是特区经济发展的客观需要，是在党中央、国务院的方针政策指导下进行的。三年来改革的实践，已经证明它的重大效益，这也是大家有目共睹、有眼皆能看得见的。对于股票试点，我们谁也没有做过，既然是尝试，就既要允许出问题，又要允许别人责备，更重要的是，我们要积极地想办法，以更大的耐性、更强的韧性和更多的智慧去探索问道。"

最后，他对这些一线的改革者提出了要求，他说："这场风波的出现，说明它的运行还很不健全，很不完善，需要我们根据已经暴露出来的问题，尽快地加以整治管理，制定出一系列完整的、科学的规章制度来！"

从政治到经济，从改革顶层设计到基层实践，从当前到未来，刘鸿儒一口气说了这么多，大家且谈且饮，一瓶茅台酒在不知不觉中也被喝光了。他的这一番细致的、入情入理的开导，使得大伙儿的苦闷心情稍得一些消除，思想上稍得一些宽慰，他们由此所获得的对改革的认识、对"政治经济学"的理解，在此后漫长的改革岁月里，将比那瓶茅台酒更值得细细品味。

深圳股票热充分暴露了股票试点中的种种乱象，再加上爆发在"六四"风波之后，因而显得尤为敏感。从企业界到理论界，甚至在高层，对于股份制改革和股票试点的观点开始更加分化，忧虑、质疑，随时都可能化作一股狂风暴雨，将刚刚开始的股份制和股票市场浇灭在试点中，这也正是刘鸿儒极为担心的。

股票试点仿佛在一时间走向了生死攸关的关口。

当刘鸿儒在热情鼓励深圳的同志们坚持试点的时候，他自己，也在寻找突破的契机。然而，谁又能够想到，这个契机，竟然会在一个历史的必然性与偶然性的戏剧性的结合点上，降临了。

1990 年 11 月，深圳和珠海举行特区建立十周年大庆，中央领导和各部委的负责同志都出席了庆典仪式。总书记江泽民于两天前就到了深圳，听取了广东省委和深圳市委同志对深圳股市风波的汇报，提出了许多问题，大家都说刘鸿儒是这方面的专家，建议江总书记找他谈谈话。

在珠海的庆典会上，于前排就座的江总书记忽然转过身来，向着坐在后排的刘鸿儒小声说："在回京的路上，我们可以就股市的问题谈一谈。"

1990 年 11 月 28 日，珠海经济特区十周年庆典主席台上的约定。

一道门缝儿，就这样忽地启开了。

会开完之后，大家返回广州，在回广州的这段旅途中，江总书记因为要听取地方上的汇报，刘鸿儒就没有机会发言。到了广州，转乘去往北京的飞机，刘鸿儒被召唤过去，这才有了机会作了一次专题汇报。在座的有田纪云、温家宝，还有各部委的一些负责同志。

这次的约谈，主要是由江泽民问，刘鸿儒答，那情形，仿佛回到了三十多年前他在莫斯科大学的口试考场一般，只不过，当下里的主考官不是莫斯科大学的名牌教授，而是党中央的总书记，讨论的不是理论问题，而是实实

珠海十周年庆典后，在从广州飞回北京的专机上，江泽民总书记（左一）找刘鸿儒（右一）谈股票市场的问题。

在在的改革实践问题。

江泽民总书记问得十分细致，而且边听边做记录，刘鸿儒则一五一十地作答。

总书记问："股市里面的钱，都是哪里来的？"

刘鸿儒答："95%都是散户的钱，是老百姓掏钱买的股票。"

总书记问："这会变成国有企业的私有化吗？"

刘鸿儒答："不会，因为我们卖出的只有少部分的股份，绝大部分仍属于国家和集体单位，所有制的性质不会因为发行股票而改变。"

总书记问："股票涨价以后，是谁赚了，谁受损失了？"

刘鸿儒答："只要是股票不停地上涨，所有人都有收入，因为都是低买高卖的，不会有人受损失。只有在股价低落的时候，才有人赔钱。"

总书记问："谁赔了呢？"

刘鸿儒答："就是那些在高价位子上买进股票，而现在又急于卖出的人。

这就好比击鼓传花一般，早传出去的人就没有事了，而敲鼓的时候花落在谁的手里，谁就会被套住了。但是，即使被套住了，问题也不大，还可以照样领取股票的分红，等到股票再涨起来的时候，仍可以不亏本地卖出去。股票和期货不一样。"

总书记问："股价为什么这么高？"

刘鸿儒答："深圳现在只有5家公司上市，又是小企业，股票量很小，而当时大家有一种错觉，认为买股票就能发大财，求买的人不断增多，即所谓求大于供，这是股价连续走高的原因。我们没有股票市场的法律和制度，也没有相应的监管，难免造成这种供应偏离、需求过大的奇缺状态。只要我们有组织地推进股份制改革和股票市场的发展，就会逐步改变这种供求不平衡的状态。"

总书记又问："有些干部、共产党员买了股票，赚了大钱，该怎么办？"

刘鸿儒答："干部、党员参与股票市场买卖，是当时股票卖不出去，要求政府官员带头的结果。当然也有少数政府工作人员借机搞腐败，这是要严肃处理的。西方国家对此不限制，政府官员是可以买卖股票的，但是必须公布，要透明。"

在这两个多小时中，江总书记就这样不停地问，刘鸿儒就不停地回答。最后快下飞机的时候，刘鸿儒说："无论如何，股票市场的试点还是应该继续试下去的！否则我们在全国、在世界面前，都无法交代。那就等于向世界上传递出去一个信息，说我们的改革开放，半道里停下来了。改革不能后退，开弓没有回头箭。现在，在没有取得足够的经验之前，股市暂可以不扩大。"

接着，他几乎使出了心底最后的力量，以最庄重的语气说道："请相信我们这些老共产党员，是不会随便去搞私有制的，我们会有办法探索出一条适合于中国国情的社会主义资本市场发展道路的！"

同时，考虑到股票试点面临的政治敏感性，他也不得不说："在社会主义制度下建立股票市场，是前人没有做过的事情，我们没有经验，也缺少知识，难免会出现这样或那样的问题，希望不要一出问题就戴政治帽子、上政治纲，那我们谁也不敢干了。"

在刘鸿儒庄重的承诺之后，江总书记最后明确表示，可以把上海、深圳这两个试验点保留下来，但是暂不扩大，谨慎进行，摸索经验。

后来者说：是刘鸿儒的庄重承诺影响了中央决策。

刘鸿儒说：是党中央的英明决定，保留了这片改革成果。

向社会公开发行股票的试点，除上海和深圳外被要求暂不扩大。最根本的原因，还是关于"姓资姓社"争论不休，这些争论，使从决策者到实践者，大家心里都不踏实。

1992 年 11 月 21 日，刘鸿儒（右二）陪同江泽民总书记（右三）视察上海期货交易所。右一为上海市市长黄菊。

1990 年 12 月，时任总理李鹏到天津视察无缝钢管厂，指明由刘鸿儒陪同——当然，并不是为了解决钢管厂的问题。一路上，李鹏总理非常关心股票市场，向刘鸿儒问了很多问题，刘鸿儒则抓住这个机会，向总理解释股票市场。令他印象最深的是，总理问：老百姓买股票赔了钱，不找市场找市长怎么办？刘鸿儒解释说，投资者交易和承受力的增强有个过程，开始的时候只想赚钱而不想担风险，赚钱了不吭声，赔钱了就闹，但时间长了，投资者的承受力就增强了。他特别向总理建议，对于监管部门而言，重要的是健全立法，增强透明度，使投资者了解风险在哪里，收益在哪里，自己应当如何对待未来的风险；政府保护投资者的合法权益，但不是保证每个投资者每一块的投资都赚钱。

股票试点被要求"谨慎进行"。在深圳试点刚刚经历了一场非理性的狂热后，有这个惨痛的经验教训在先，国务院决定委派刘鸿儒率国家体改委、中国人民银行、国家外汇管理局的有关人员组成调查组，于1990年12月14日至21日，赶赴另一个试点——上海进行股份制改革和股票市场调查。相比深圳，上海股票市场要更加规范一些，但是公股比例下降、私股比例上升的问题同样存在。第二年的1月4日，刘鸿儒提交了调查报告，其中，他再次提出国有企业转换为股份公司时，公有股（包括国家股、其他公有制企事业单位股）所占比例必须保持绝对优势，最低不得少于51%，具体比例由负责审批股份制的政府部门确定的建议。[①]

大量的不能流通的公有股与少部分可流通股并存，这便是日后被诟病的中国股市的股权分置问题，这样的制度安排，被认为大大降低了中国股票市场的效率。

刘鸿儒并不回避这样的批评，但是他坦言，在人们关于"姓资姓社"的争论还未取得统一的情况下，这是不得已而为之的办法——如果没有明确的制度安排向人们宣示，我们正在进行的股份制试点，是以公有制为主体的，是"姓社"的，那么股票市场便根本难以存在。

然而，在资本主义、社会主义泾渭分明、严格对立的意识形态里，思想禁区是那样的牢固而难以突破，即使在最早的上海、深圳，股份制试点已经进行了8年、股份制实验的成效已然显现，即使中央已经明确表达了对于股份制试点继续进行的肯定态度，对于股份制与私有化的关系，还在一些高层人物的思想里胶着着。

---

① 刘鸿儒. 突破——中国资本市场发展之路：上卷 [M]. 北京：中国金融出版社，2008：92.

那是 1992 年 2 月 10 日，全国人大财经委员会听取体改委陈锦华主任和刘鸿儒关于股份制改革和股票市场发展的汇报。刘鸿儒负责起草汇报提纲，并在会上就股份制试点的基本情况作了汇报。

听取汇报的委员们，都是国务院财经部门刚刚退下来的部长，他们中的很多人与刘鸿儒一起共事过，相互比较熟悉，"姓资姓社"的问题，被明确地、尖锐地提了出来。

一位委员毫不客气地指责道："我们研究了各国的股份公司情况，搞股份制，没有一个不是搞私有化的！"

还有一位委员质问："你们为什么不把亏损企业拿去上市卖股票？"

看起来，在认识层面上解决"姓资姓社"的问题，已经成为那时最重要、最紧迫的问题。

社会主义能不能实行股份制，或者，股份制能不能坚持社会主义方向？对这个问题，刘鸿儒从理论上给出了明确的、肯定的回答。

刘鸿儒坚决反对将私有化与股份制画上等号。他说，股份制只是一种企业财产组织制度，起源于资本主义商品经济社会，但并不是资本主义国家所独有的，资本主义可以用，社会主义也可以用；有资本主义的股份制，也有社会主义的股份制。两者的区别在于，是以私有制为基础，还是以公有制为基础。他举例说，英国工党上台就搞国有化，保守党上台就搞私有化，不管是国有化还是私有化，大部分企业采取股份制的组织制度并没有变化，因此，实行私有制还是公有制，完全是一个政治决策问题，与股份制没有必然的联系。

回到中国的股份制试点，刘鸿儒强调，实行股份制后，特别是向社会公开发行股票的股份公司，从原来单一的全民所有制企业，变为全民、集体、私人都有股份的多种所有制，股份制，只不过是把多种经济成分在社会上的共存变为在一个企业内部的共存。股份制试点情况已经表明，吸收多种经济成分的资金到以公有制为主体的股份企业中来，更有利于发挥公有制经济的主导作用；通过制度安排，所有试点企业都已经做到了股权结构上的以公有制为主体，那么可以毫不含糊地说，我们的股份制改革，是坚持了社会主义方向的。[①]

股份制改革坚持社会主义方向，是刘鸿儒坚守的红线，但是，这条红线设置在哪里，随着改革的深入，刘鸿儒的想法也在不断变化。刘鸿儒后来曾在向李鹏总理和朱镕基副总理口头汇报时讲过自己的观点。他说，国有企业股份制改革时，实际只要掌握控制力即可，不必固守51%以上的绝对比例。比如，一个企业原有资产账面为5000万元，重新评估为7500万元，再向社会发行2500万元新股，国有资产一分没卖。如果国有股占30%就能实现绝对控股，7500万元国有股可以用3000万元作为第一大股东，剩下的4500万元国有股权就可以流通出去，吸引更多的社会资本，发展更多的股份制企业。后者中国家再占30%，还是第一大股东，再吸收70%的社会资本。这就像滚雪球一样，以国有股为轴心，吸收社会资金，投入基础设施、重要产业的发展中来，对公有经济、对国家经济建设都是件大好事。他特别向领导说明，实质就是把国有资产的一部分转换为货币形式，让国有资产挪个窝，但通过这个方式，一分钱的国有资产都没有卖出，也不妨碍公有制的主体地位。

领导说：既然这是好事，为什么不做呢？刘鸿儒说：没有中央红头文件，就硬说这是出卖国有资产，谁敢呐！

可见，认识上的偏差所导致的结果，是多么迥异。

1992年春节前夕，邓小平同志开启了他的南方之行。在深圳，他提出了那个后来被无数次引用的著名论断："证券、股市，这些东西究竟好不好，有没有危险，是不是资本主义独有的东西，社会主义能不能用？允许看，但要坚决地试。看对了，搞一两年，对了，放开；错了，纠正，关了就是了。关，也可以快关，也可以慢关，也可以留一点尾巴。怕什么？坚持这种态度就不要紧，就不会犯大错误。"

在中南海怀仁堂，由江泽民总书记主持的高干会议上，刘鸿儒第一次听到了这段话，感觉像"一块石头终于落地了"。

在刘鸿儒听来，邓小平同志关于证券、股市的论述，虽寥寥数句，却是

---

① 刘鸿儒. 突破——中国资本市场发展之路：上卷 [M]. 北京：中国金融出版社，2008：160.

字字珠玑，"只有亲身经历过，才能体会到它的分量"，刘鸿儒将邓小平同志的这番谈话，视为决定资本市场命运的谈话。

要知道，当时的刘鸿儒，是顶着巨大的政治风险，才有了对江泽民总书记以一名老共产党员的党性而作出的承诺。与江总书记的谈话之后，股票试点继续进行，但争论并没有完全结束，思想也没有完全统一。现在邓小平同志南方谈话后，关于资本市场"姓资姓社"的争论，可以就此休止了，推进股份制改革、进行股票市场实验，终于没有思想顾虑了，终于可以坚决地、大胆地尝试了！

既然改革的总设计师已经为股份制和股票市场实验清除了思想上的障碍，作为这项改革的践行者，刘鸿儒便下定决心，自己必须以更大的勇气、更加义无反顾地投入这项改革的实践中了。

当然，他的工作，也很快就发生了显著的变化。

邓小平南方谈话以后，全国各界，特别是理论界和新闻媒体开始重视股份制改革和股票市场的发展，刘鸿儒，这位深耕股份制改革这块沃土的体改委副主任，立刻成了公众追逐的"明星"。那时，中共中央宣传部、中央党校、各大新闻媒体，都纷纷邀请刘鸿儒去作报告，介绍股份制改革和股票市场的情况，回答他们关心的问题。后来，刘鸿儒将报告的主要内容整理成《关于我国试行股份制的几个问题》，发表于 1992 年 6 月 23 日的《人民日报》。

在这篇文章中，他先引用了马克思在《资本论》中的一段话："资本主义的股份企业，也和合作工厂一样，应当被看作是由资本主义生产方式转化为联合的生产方式的过渡形式，只不过在前者那里，对立是消极地扬弃的，而在后者那里，对立是积极地扬弃的。"[1]

刘鸿儒对这番有点晦涩难懂的话又作了一番解释：这说明股份制的出现是生产社会化的结果，而股份制又进一步推动了生产力的发展，资本主义的股份制没有从根本上消灭私有制性质，但由于股份制采取了社会资本和社会

---

[1] 马克思恩格斯全集：第五篇．第二十七章 [M]．北京：人民出版社，1974：498.

企业的形式，而与私人资本和私人企业相对立，是由资本主义生产方式转为联合生产方式的过渡形式。由此，刘鸿儒进一步写道，从马克思主义理论看，马克思并没有把股份制说成是资本主义社会所特有的，社会主义也可以用它来组织现代化的大生产，在坚持生产资料公有制为主体的条件下，股份制和股票市场完全可以为发展社会主义经济服务。①

但是，说到底，《资本论》中马克思的这段话并没有直接讲股份制社会主义社会也可以用，为了拿出最令人信服的依据，刘鸿儒又下了一番功夫去研究和查找资料，终于在1858年4月2日马克思致恩格斯的信中找到这样一句话："股份资本，作为最完善的形式（导向共产主义的）及其一切矛盾。"为了准确地引证这句话，刘鸿儒还特别查找了《马克思恩格斯全集》第29卷第299页的原文，包括德文版、俄文版和中文版，并特别请专家对翻译的准确性进行了一再的商讨，最终，他们一致认为中文的翻译是准确无误的。

即使是这样一段如此重要的话，却险些没有被刊登出来。文章刊发前，《人民日报》的编辑发来文章校样，请刘鸿儒确认。刘鸿儒一看，编辑同志不多不少、不偏不倚，正好删掉了引证的这句话，刘鸿儒急了，马上拿起电话，要求编辑同志把这段话补上去。他解释说，正是这段话明确指出股份制在社会主义制度下是可以利用的，是导向共产主义的，全文丢掉都可以，唯独这句话万万不能丢！

刘鸿儒工作中的另一个变化是，邓小平同志南方谈话统一了认识后，以前想做、有必要做、但是时机不成熟的事情，现在似乎都水到渠成了，其中最重要的，就是规范股份制改革。

在对深圳、上海股市的调查中，企业股改上市中的种种乱象，诸如国有资产被低估、流失等，以及由此导致人们对于股份制和股票试点的担忧和质疑，使刘鸿儒愈发坚定，认识统一于实践，要取得共识、统一思想，必须搞好试点；而搞好试点的关键，则在于规范化。

一方面，从世界范围来说，股份制的产生、发展到逐步成熟，经历了一

---

① 刘鸿儒. 突破——中国资本市场发展之路：上卷 [M]. 北京；中国金融出版社，2008：172、173.

个漫长的过程。在这个过程中，不断出现问题、解决问题，逐步形成了反映客观规律的股份制的基本规范，中国发展股份制，必然也要遵循这些基本规范。另一方面，股份制源于西方资本主义国家，与它们相比，中国有着自己特殊的国情，那就是，中国不会放弃公有制，因此中国的股份制，首先应当满足我国以公有制为主体的社会主义制度的要求。刘鸿儒说，中国要探索的股份制发展模式，固然要满足中国要求、保持中国特色，但也必须适应国际惯例和客观规律，他甚至高瞻远瞩地指出，只有规范化的股份制，才能走向世界。他打了一个比方：各种国际体育比赛，都必须有统一的比赛规则，如果有哪一个国家想搞一套特殊的比赛规则，那他就只能自绝于国际社会。股份制也是一样的道理。

邓小平同志南方谈话不久后的 2 月 29 日，体改委和生产办（国家经贸委并入国家计委后，属于企业管理的部分，成立了国务院生产办公室，1993 年又并入体改委）在深圳组织召开了一个颇具规模的"股份制企业试点工作座谈会"，与股份制改革相关的方方面面都参加了，包括国务院有关 13 个部门和 14 个省、自治区、直辖市的体改委、经委（计经委）的有关负责人，上海、深圳两市人民银行和深圳国有资产管理部门的负责人，还有企业负责人以及专门从事股份制研究的理论工作者。这次会议的目的，就是完善和规范今后的股份制试点。

在这次会议上，体改委主任陈锦华、副主任张彦宁都作了发言，刘鸿儒在会议的开头和总结部分作了两次发言。他批评了一些企业在股份制改革中只重视筹集资金而忽视按照股份制的要求规范企业制度的做法。他提醒，不要把股份制的"经"念歪了，这样的路走不长。他要求从股份公司的组织和运作、政府对股份公司的管理以及股票市场的组织和运作三个方面，把股份制改革彻底规范起来。在最后的总结中，刘鸿儒再一次强调规范化，强调股份制试点的思想应当是：不求多，务求好，不能乱；一定要胆子大，步子稳，搞就搞好。

会议结束后的 4 月 2 日，刘鸿儒向国务院作了汇报，朱镕基副总理主持会议。会议确定了股份制试点"大胆实验、加强指导、慎重稳妥"的方针，并正式印发文件，进一步推动股份制试验。

其后，由体改委出面组织有关部门，历时五个月，循着股份制规范化的思路，共同梳理、制定了有关股票发行与交易管理、工商注册、会计制度、财务管理、物资供销管理、土地资源管理、劳动工资管理、企业人事管理等方面的法规，开始从宏观到微观，为股份制试点规范化搭建起一套涵盖各个层面和环节的制度框架，并为后来的股份制改革及股票市场发展奠定了最重要的制度基础。

正如刘鸿儒回答《华尔街日报》记者所说的那样，中国推进经济体制改革，探索公有制的实现形式，需要时间。直到1997年党的十五大才正式明确："公有制实现形式可以而且应当多样化。一切反映社会化生产规律的经营方式和组织形式，都可以大胆利用。要努力寻找能够极大促进生产力发展的公有制实现形式。股份制是现代企业的一种资本组织形式，有利于所有权和经营权的分离，有利于提高企业和资本的运作效率，资本主义可以用，社会主义也可以用，不能笼统地说股份制是公有制还是私有制，关键看控股权掌握在谁手中。"2003年党的十六届三中全会通过《中共中央关于完善社会主义市场经济体制若干重要问题的决定》，进一步肯定了股份制："积极推行公有制的多种有效实现形式，大力发展国有资本、集体资本和非公有资本等参股的混合所有制经济，实现投资主体多元化，使股份制成为公有制的主要实现形式。"股份制改革由党的文件正式确立为公有制的主要实现形式，要不要实行股份制、要不要建立股票市场的争论，便也彻底休止了。

的确，这是一个需要投入非凡的勇气、智慧、信念和时间来求索的过程，也是一个不断以理论创新推动制度创新和实践创新的过程；也正是这个伟大的探索过程，成就了股份制，这一中国过去三十年来最为成功的改革。它成功的意义在于：经由股份制改革，中国启动了经济、金融各项制度全面变革的序幕；经由股份制试点，为建立有计划商品经济的新体制探索了道路、提供了经验，也使中国的经济改革和市场化进程成为不可逆转的趋势，并由此积淀了中国从计划经济向市场经济过渡、转轨过程中宝贵的变革财富。

第十八章

力推证券交易所

在 2002 年 2 月的全国金融工作会议上，朱镕基总理告诉刘鸿儒，说他看到一个材料上写深圳证券交易所的成立在上海证券交易所之前，他问这是怎么回事？因为朱镕基曾向邓小平同志专门汇报过上海证券交易所成立的事情，对此比较了解。刘鸿儒回答说，深圳证券交易所是试营业在先，上海证券交易所是正式开业在先。

正所谓"上海开业先试试，深圳试试再开业"。

事实上，在建立证券交易所的思路被提出后，最先获得动议的，既不是上海证券交易所，也不是深圳证券交易所，却是"北京证券交易所"。

1984 年明确了要建立社会主义有计划的商品经济新体制后，刘鸿儒带领金融体制改革研究小组，提出金融改革的初步方案，其中，他们明确提出了建立证券交易所的建议："允许企业用发行股票、债券的方式直接融资。在经济特区试办证券交易所，取得经验后再向大中城市逐步推广。" 1985 年研究资金市场时，刘鸿儒认为，既然发展长期资金市场，要允许企业发行股票、债券融资，那么自然需要为股票、债券的持有者提供买卖转让的便利，这样，股票、债券的融资方式才能打开，资金市场才能形成。对于股票、债券买卖转让的方式，刘鸿儒设想，除了个别成交，在发行单位过户，或者由银行、信托投资公司、证券公司作为中介办理买卖转让外，在一定条件下，还可以考虑设立证券交易所。只不过，在当时治理通货膨胀的大背景下，关于金融市场的问题，并未被提上讨论日程，设立证券交易所的想法遂被搁置下来。

其后，股票试点在存废争议中日渐发展起来，有了股票发行，便自然有了股票交易的问题，建立证券交易所的呼声也越来越高。当时在理论界，有不少人从宏观经济学的角度加以论述，指出证券交易所对于发展一个国家的经济和促进资金融通，都是绝对不可缺少的。有人甚至引述我国经济学泰斗马寅初在20世纪一战期间我国现代工商业步入发展黄金阶段时提出要建立证券交易所的讲话："试问有什么方法可以使营造公司不冒危险呢？我想只有一种方法。就是将变动的危险推在交易所经纪人的身上……所有危险，都归其余经纪人代负了。没有了他们。大生意不能做了，世界就无进步，所以世界愈文明，经纪人与交易所愈不能省。"①

到了20世纪80年代，纽约证券交易所从华尔街梧桐树下的店头市场到成为正式的场内证券交易所，已经过去了近两百年，美国证券交易所也已经成立了六十多年。一些在海外工作的国人亲眼目睹并亲身经历了统一、规范的场内交易对于美国股票市场发展的推动作用，他们带着满腔热情，希冀把海外资本市场发展的经验借鉴过来，在中国资本市场的建设中一展抱负。他们最初的设想是，在北京成立一家证券交易所——"北京证券交易所"。

1988年7月9日，在各界的推动下，中国人民银行在北京万寿宾馆召开"金融体制改革和北京证券交易所筹备研讨会"，会议的内容之一，便是讨论设立北京证券交易所的方案。

会议最后，由当时主持金融体制改革的人民银行副行长刘鸿儒作总结。尽管刘鸿儒早已认识到统一、规范的场内交易的重要性，但是凭借多年在经济改革中练就的敏锐政治嗅觉，他颇为审慎地告诫大家：在中国的经济体制改革中，建立股票市场，不仅是个经济问题，它又是一个在政治上异常敏感的问题；不仅在国内是一件重大的事情，在国际上也将引起密切关注。因此，

---

① 马寅初演讲集：第一集［M］. 北京：商务印书馆，1929：45.

这个事已远远超出了人民银行的管理范畴，是否要做、是否能做，应当由中央直接来作判断。最后，他建议写一份更详尽的报告，上报中央，由中央决定。

同时，这次会议还决定，组建证券交易所研究设计小组，研究、推动证券交易所的建立①。很快，证券交易所研究设计小组写出了《中国证券市场创办与管理的设想》，其中包括了《关于筹建"北京证券交易所"的设想》《关于证券管理法的基本设想》《关于建立国家证券管理委员会的建议》等子报告②。

1988年11月9日，证券交易所研究设计小组在国务院第三会议室，向中央财经领导小组和国务院领导同志做了汇报并进行了讨论。主持这次会议的是国务院副总理姚依林、国务委员兼中央财经领导小组秘书长张劲夫，出席会议的有中央财经领导小组的几位顾问：安志文（原国家体改委副主任、党组书记），吕东（原经委主任），杜星垣（国务院秘书长），李冬冶（原冶金部部长），周建南（原机械工业部部长），还有来自财政部、国务院发展研究中心、国家体改委、经贸部、人民银行、国家计委、工商管理局等有关部门的负责同志，以及一些从国外回来的年轻专业人士。刘鸿儒因在外地出差，请假没有参加。

当时的中国，有价证券发行量已达近千亿元人民币，上海、深圳、沈阳等城市已经进行了三年多的股票市场试点，全国有60多个城市开办了国库券转让市场，有数千家企业已经或正在进行股份制改制。研究设计小组认为，如果没有一个以城市为中心的网络系统，如果没有一个置于严格监管之下的证券交易市场，势必出现黑市交易，冲击正常经济秩序，因此，应该着手开办证券交易所，这也是企业股份化的必然出路。在他们的设想中，应该有一个（逐步可以建成几个）交易所为中心的市场体系，这个交易所，首先设在

---

① 研究设计小组由8人组成，分别是中国人民银行总行综合计划司司长宫著铭、经贸部部长助理周小川、中国新技术创业投资公司总经理张晓彬、中国人民银行研究生部博士生蔡重直、纽约证券交易所经济师王波明、对外经济贸易大学副教授高西庆、北京大学法律系副教授陈大刚、中国新技术创业投资公司工作人员许小胜。

② 陆一. FT中文网：http://www.ftchinese.com/story/001043840.

北京是比较合适的。①

对于正在争论中的股份制，在这次会议上大家取得了一致的看法。张劲夫说，现在全民所有制转向大集体，财产权没有法人代表是根本问题。股份制是个核心问题，研究、探讨公有制的优越性有文章可做。姚依林说，不管有什么问题，股份制也要搞出来，这样经济的灵活性可以大大增加。②

研究设计小组关于设立证券交易所的动议，也获得了与会者的支持。安志文总结了两点，得到了大家的一致赞同：一是条件不完全成熟，二是非搞不可。条件不成熟是指当时股份制试验刚刚开始，企业股份化的条件还不完全成熟；但是又非搞不可，因为股票交易已经开始，需要及早解决交易市场的问题。他进而提出三个问题：一是全国性的交易在北京好还是上海好，二是筹备工作何时可以开始，不一定半年、八个月，一年搞清楚也行，三是筹备以谁为主。张劲夫建议体改委牵头，尽快提出方案，提交财经领导小组讨论。③

这次汇报之后，1989年3月15日，作为推进证券交易所研究设计工作的具体机构，证券交易所研究设计联合办公室（"联办"）正式成立，在这支队伍中，汇集了一批海外归来的优秀的证券专业人才。

然而，由于种种原因，联办在北京设立证券交易所的理想中途夭折。但是其后，由他们所引领的改革思潮仍然在影响着证券市场，并且他们中的很多成员，先后被刘鸿儒招贤纳入后来成立的资本市场监管部门——中国证监会，更是直接影响着中国证券市场的改革和发展。

自上而下的改革尝试遭遇挫折，而深圳和上海，却被股票试点的浪潮推动着，自下而上地真刀真枪地干了起来。

最先筹划设立证券交易所的是深圳。

早在1988年5月，当时的深圳市委书记兼市长李灏率团赴英国、法国和意大利进行考察。在伦敦的一个主题为吸引外商投资的座谈会上，有证券投

① 刘鸿儒. 突破——中国资本市场发展之路：上卷［M］. 北京：中国金融出版社，2008：104.
② 刘鸿儒. 突破——中国资本市场发展之路：上卷［M］. 北京：中国金融出版社，2008：105.
③ 刘鸿儒. 突破——中国资本市场发展之路：上卷［M］. 北京：中国金融出版社，2008：105.

资基金经理告诉李灏，欧美国家各种基金的数额很大，他们很愿意向中国，特别是深圳等沿海城市投资，但是一般不投资于实业，他们建议中国尽早建立规范的证券交易机构，为他们提供进入中国市场的切入点。从欧洲回到香港，李灏会见了香港新鸿基证券公司董事长冯永祥。冯永祥说，搞股份制，实行商品经济，少不了按国际规范运作的证券交易所。

其时，正在进行中的深圳股票试点，只有三个交易窗口（深圳经济特区证券公司、深圳国际信托投资公司证券业务部和中国银行深圳分行证券业务部），并且身兼接受委托、交易和过户登记三职，三个窗口因此总是挤满了人。在狂热的股市投机氛围中，很多人等不及排队，干脆就在马路边私下里交易起来，由此衍生出场外交易、黑市交易、内幕交易和证券欺诈等乱象，市场一时混乱不堪、危机四伏。分散进行的柜台交易已到了非改革不可的地步。

一边是外资投资深圳特区的需要，一边是分散柜台交易带来的股市混乱，内外因素促使深圳市政府决定筹建证券交易所，将股票交易纳入统一、规范的轨道中来。

然而，当时的股份制试点，既缺乏思想认识上的统一，更没有明确的中央政策支持，继续向前推进设立证券交易所，无疑是一个大胆的尝试。

他们没有想到的是，就是这样一个大胆的、前景并不明朗的尝试，带来了中国资本市场划时代的改变。

1988 年 11 月，深圳市政府决定成立一个领导小组，主持证券交易所的筹备工作。当时确定由主管金融的副市长张鸿义任组长，作为证券主管机构的人民银行深圳分行的王喜义副行长和代表市国有资产管理机构的深圳市投资管理公司的董国良总经理任副组长。但是这个领导小组叫什么名字却让大家犯了难。据王喜义回忆，当时小组提供给市里讨论决定时的名字叫"深圳资本市场领导小组"，讨论中，有的市领导提出："内地有人说我们的改革开放是搞资本主义，你们还公然往'资本'上靠？"有的领导说："内地有人在质疑深圳的红旗还能扛多久，我们为什么不离'资本'这个词远一点？"当时大家议论纷纷，众说不一，最后还是把意见反映到李灏书记那里，他考虑各方

1990 年 12 月 8 日，深交所试营业后一周，刘鸿儒（右四）带队视察深交所。右一为人民银行深圳分行行长王喜义，右二为深圳市副市长张鸿义，右三为人民银行深圳分行副行长肖少联，右五为深交所副总经理王健。

1991 年 7 月 3 日，深圳证券交易所开业庆典。从左至右依次为：尚明（人民银行副行长）、李灏（深圳市市委书记）、陈慕华（全国人大常务委员会副委员长）、朱森林（广东省省长）、郑良玉（深圳市市长）、刘鸿儒（国家体改委副主任）、曾定石（广东省副省长）和郭东坡（国务院侨务办公室主任）。

面意见后，拍板决定叫"深圳证券市场领导小组"①。

　　领导小组很快投入工作，他们采用"拿来主义"，移植、借鉴多个海外证券市场的法律法规，结合深圳实际，撰写了特区证券市场法规草案，其中包括：《深圳市人民政府证券交易委员会组织大纲》《深圳特区证券市场管理暂行规定》《深圳特区股票发行暂行办法》《深圳证券交易所股份有限公司可行性研究报告》《深圳特区债券发行暂行办法》《深圳证券交易所股份有限公司章程》等②。这些法规草案，为深圳证券交易所搭建起初步的制度架构。

　　深圳证券交易所的筹建在一步步行进中，1989 年 9 月 8 日，《关于筹建深圳证券交易所的请示》上报深圳市政府审批，再报中国人民银行总行。同时，深圳股市也在不断蹿火，引起中央高度关注。1990 年 5 月，刘鸿儒赴深圳调查股票市场。针对当时深圳股票场外交易、黑市交易泛滥的情况，刘鸿儒认为，除了采取临时性的行政性干预措施，让火爆的市场快速降下温来，从长远来看，更重要的是，应以经济规律替代行政命令，以规范化的、市场化的制度来规制股票试点，推动股票试点走向长远健康发展的轨道。因此，他建议实施集中过户、统一交易，他在其后的报告中写道：应利用现已筹建的证券交易所整套的运行机制，对股票实行统一交易；考虑到交易所审批程序问题，可先不用交易所的名称，以"证券调节中心"或其他名称代替，先把这套服务搞起来，起到公开报价和统一交易价格及其他服务的作用，与此同时，抓紧时间按程序办理"证券交易所"的审批手续。

　　刘鸿儒的这个建议，为深圳市证券交易所的成立，自上而下地助推了一把。

　　深圳股市经历风波之后几乎陷入停顿，未来迷惘不清，有人甚至断言，深圳股市就要被关了。1990 年 10 月，深圳市政府派出主管副市长一行向人民银行总行和国家体改委进行汇报。汇报中，深圳提出希望人民银行总行同意深圳证券市场从整顿转入正常发展阶段，尽早审议批准他们起草的有关证券法规和建立证券交易所的申请。人民银行总行和国家体改委回复："交易所按

---

① 王喜义. 血路——深圳金融改革拓荒者足迹 [M]. 北京：中国金融出版社，2011：44、45.
② 禹国刚. 深市物语 [M]. 深圳：海天出版社，2000：129、130.

1993 年 1 月 3 日，证监会首任主席刘鸿儒摇响深交所第一代开市钟。

深交所开市钟已从第一代发展到第四代（摄于 2017 年）。

上海方式尽快报批。①"②

11 月，也就是江泽民总书记在飞机上与刘鸿儒谈话后，深圳股票试点被保留了下来，深圳证券交易所的筹备工作得以加速进行。1990 年 11 月 22 日，市委书记李灏、市长郑良玉、副市长张鸿义前往筹备中的深圳证券交易所了解情况，交易所筹备组负责人王健和禹国刚当场做了演示。

李灏书记问："准备工作做得怎么样了？今天我们可是来拍板的！"

禹国刚当即信心满满："我们一切都准备好了，早就等急了，只要你们一声令下，我们就冲锋陷阵！"

张鸿义紧跟不放，急切地询问："你们打算什么时候开业？"

禹国刚说："只要你们敢拍板，我们明天就能开业！"

看到一切准备就绪，李灏书记说： "明天开始试营业，我们来敲开业钟③！"

站在一旁的人民银行深圳分行行长王喜义急忙提醒："人民银行总行的批文还没有下来。"

李灏说："就由你深圳分行下批文④！"

李灏书记看着交易所内电脑显示屏上不停闪动的各种光亮和数据，临走的时候还是嘱咐了一句："还得准备得好一点。"

最后，大家当场商定于 12 月 1 日深交所正式试营业。

1990 年 12 月 1 日，深圳证券交易所敲响了新中国股票交易市场的第一场开业钟。就这样，深圳证券交易所在还没得到上级批文、只有人民银行深圳分行批准的情况下，开始了交易所集中交易。

直到 1991 年 7 月 3 日，深圳证券交易所经过七个月的试运行，才得到中国人民银行总行批准而正式成立。而此时，上海证券交易所已经迎头赶上，于半年前率先成立了。

---

① 刘鸿儒. 突破——中国资本市场发展之路：上卷［M］. 北京：中国金融出版社，2008：81.
② 上海于 1990 年 9 月 19 日向国务院提交了设立证券交易所的请示报告。
③ 禹国刚. 深市物语［M］. 深圳：海天出版社，2000：158、159.
④ 王喜义. 血路——深圳金融改革拓荒者足迹［M］. 北京：中国金融出版社，2011：54、55.

相比较深圳证券交易所成立的一波三折，上海证券交易所的成立，则顺利得多。很多年以后，回忆起这段历史，时任中国人民银行上海分行行长的龚浩成说："如果地方没有朱镕基，中央没有刘鸿儒，上海证券交易所是搞不起来的。"①

20 世纪 80 年代末 90 年代初，同全国绝大多数城市一样，财政收入是上海市经济、社会发展的主要资金来源。价格闯关，保持基本消费品价格稳定和充足供应需要财政补贴，城市基础设施建设需要财政投入，企业亏损需要政府补贴⋯⋯财政日益捉襟见肘。提高财政收入，要先把企业搞活了；要把企业搞活，首先要把金融搞活，促进企业提高经营管理能力和生产能力。这使 1988 年刚刚到上海工作的朱镕基感叹，"像现在的企业，有一点点困难都来找我们，这样搞下去不行②"。

如何把上海的金融搞好？一些境外的金融、实业专家，如香港日本劝业角丸证券（亚洲）有限公司总经理毛玉亭、美国国际集团（AIG）董事长格林伯格都曾向朱镕基市长建议恢复、重建上海金融中心，而发展证券市场、建立证券交易所，便是题中应有之义。

其实，在此之前，上海市体改委、人民银行上海市分行，都曾谋划过证券交易所，只是考虑到当时上海金融商品还不够丰富，企业财务也没有公开，以及外汇管理方面存在的实际情况，认为成立证券交易所的条件尚未完全具备，当前的主要工作仍是收集资料、了解情况，并积极创造条件③。

并且当时，对于证券交易所的设立，两个重要的部门——上海市体改办和人民银行上海市分行，还存在很多方面的分歧。在证券交易所的主管机关方面，上海市体改办认为，应该设立证券交易委员会作为管理机构，而人民银行则认为应该由人民银行来管理，原因是货币、信贷活动与证券市场活动紧密联系，不可分割，共同构成金融宏观调控的整体，人民银行要强化完善

① http://news.sohu.com/20091130/n268572412.shtml.
② 朱镕基上海讲话实录 [M]. 北京：人民出版社、上海：上海人民出版社，2013：403.
③ 刘鸿儒. 突破——中国资本市场发展之路：上卷 [M]. 北京：中国金融出版社，2008：106、107.

宏观金融管理，就必须对货币信贷及证券市场实行统一协调管理，甚至当时还有一种说法，即人民银行总行就要成立证券管理局。在交易所的组织形式上，上海市体改办的观点是交易所应当采取公司制的股份化模式，而人民银行则认为应该采取非营利性的会员制模式。在证券交易所设立的时间上，上海体改办坚持应该马上设立，而人民银行则认为当前仍应积极准备。

因此总体上，在那时，设立上海证券交易所的设想，只是在改革者的脑海里不疾不徐地酝酿着。

朱镕基特别征询了资本市场资深专家、体改委副主任刘鸿儒的意见。他说："我跟刘鸿儒同志一商量，他对上海非常支持，表示愿意亲自到上海来，推动这个事情的发展。"① 后来，刘鸿儒应朱镕基要求，就上海证券交易所的筹建，提出了指导性方案。

1990 年 12 月 19 日，上海证券交易所正式开业。前排从左至右依次为：香港贸易发展局主席邓莲如，上海市市委书记、市长朱镕基，上海市副市长黄菊，体改委副主任刘鸿儒。

---

① 朱镕基上海讲话实录 [M]. 北京：人民出版社、上海：上海人民出版社，2013：406.

当时，刚刚成立不久、正在寻求建立北京证券交易所的联办，在得知这一信息后，也马上将目光投向上海。联办主要成员之一、时任中国新技术创业投资公司总经理的张晓彬专门致信朱镕基市长，表示愿意为上海效劳，把证券交易中心、股票市场拿到上海来搞。

加速证券交易所筹建的触发点是 1989 年 12 月 2 日的"上海市金融工作座谈会"。这天，市长朱镕基召集市委常委扩大会议，主题就是上海市金融业的发展和开放问题。参会的除了副市长黄菊和顾传训外，还有金融学术界的部分专家、学者和有关部门负责人，包括上海市政府经济智囊团高级金融顾问、交通银行董事长李祥瑞，人民银行上海市分行行长龚浩成，上海市体改办主任贺圣镐，刘鸿儒也应邀专程从北京飞到上海参加了会议。

朱镕基首先否定了在上海建立金融中心的提法。他认为这样的提法树大招风，容易引起误会，并且"也不是你说中心，上海就是中心了。还要看客观的发展，政策对头、中央支持、各方协作，最后能够发展成为一个中心，那时再叫中心吧"①。刘鸿儒便建议，在"深化改革、发展上海的金融事业、把上海的金融搞活"这个题目下做文章。这个建议得到了朱镕基的肯定。

朱镕基提出，在这个大题目下，有两个现实性的问题需要研究：一是设立外资银行，二是设立证券交易所。

关于设立证券交易所，朱镕基问李祥瑞："老李，你看怎么样？"

李祥瑞答："我看有点风险。"

朱镕基问："什么困难？"

李祥瑞答："主要是政治上有不同看法，有风险。"

朱镕基又问龚浩成："老龚，你怎么看？"

龚浩成说："我觉得老李说的政治风险不是没有。即使不存在政治风险，上海也要有100家到200家大中型企业实行股份制，要有50家到100家股票上市，才能搞证券交易所。"②

① 朱镕基上海讲话实录 [M]. 北京：人民出版社、上海：上海人民出版社，2013：406.
② 龚浩成、金德环. 上海证券市场十年 [M]. 上海：上海财经大学出版社，2001，转引自刘鸿儒. 突破——中国资本市场发展之路：上卷 [M]. 北京：中国金融出版社，2008：107、108.

　　朱镕基说："我看还是要大胆试点，虽然有一点政治风险，但是上海不同于其他地方，不采取一点深化改革的措施，怎么搞得下去啊！我现在是一天一天感到捉襟见肘啊！这两年，政府的亏损补贴直线上升……所以，再不想点措施，从国家来考虑，不只是从上海本身来考虑，上海如何为国家再多做贡献？所以我说，对金融问题的研究，意义非常重大。"①

　　朱镕基对龚、李二人及与会人士说："你们二位不用害怕，出了事我和刘鸿儒负责。你们二位还在二线呢。"②

　　就在这次会议上，朱镕基提出由中国人民银行上海市分行牵头，市体改办和市政府咨询小组各出一人，成立一个"三人领导小组"（最后确定分别为龚浩成、贺圣镐和李祥瑞），领导设立交易所的研究工作。同时在中国人民银行上海市分行下设筹备办公室，主要与上海的各个金融机构和研究机构发生联系，给他们布置任务，组织召开座谈会，出题目、拿成果等。

　　朱镕基特别钦点了两个人。一位是李祥瑞，他当时是市政府市政工作咨询小组成员，又曾任人民银行上海市分行行长，算是老人民银行了，朱镕基说他的参与是"责无旁贷"；另外一位是刘鸿儒，朱镕基说："希望刘鸿儒同志多关心这个事。他是一身而二任，又是人民银行总行出身，现在又是国家体改委副主任，他最适合搞这个工作了。希望他把上海作为体改的试点。"③他还嘱咐刘鸿儒，下次把张晓彬带来，研究证券交易所的问题。

　　就这样，在这次会议上，对上海证券交易所筹建，不仅统一了意见，并且加快了步伐，真正地进入实质性的推进阶段了。

　　1990 年 3 月 29 日，国务院副总理姚依林带队到上海就开发、开放浦东的问题进行调查研究，上海证券交易所的筹建方案被汇报给了其中的金融组，总体上得到金融组成员的同意；1990 年 4 月 30 日，中央给予浦东开放、开发的十条优惠政策正式对外公布，建立上海证券交易所被列入其中；1990 年 6

---

　　① 朱镕基上海讲话实录 [M]. 北京：人民出版社、上海：上海人民出版社，2013：407、408.

　　② 龚浩成、金德环. 上海证券市场十年 [M]. 上海：上海财经大学出版社，2001，转引自刘鸿儒. 突破——中国资本市场发展之路：上卷 [M]. 北京：中国金融出版社，2008：108.

　　③ 朱镕基上海讲话实录 [M]. 北京：人民出版社、上海：上海人民出版社，2013：408.

月，朱镕基在香港访问时宣布，上海将在年底成立证券交易所。据李祥瑞回忆，朱镕基市长曾就成立上海证券交易所的问题向邓小平同志请示过，邓小平同志说："好哇，你们干嘛。"①

由此，在中央的支持下，乘着浦东开放、开发的东风，上海证券交易所的设立进入快车道。

据聂庆平回忆，上海证券交易所的审批非常快，相关请示都是用传真的方法会签的②。9月19日，上海市政府和人民银行上海市分行联合向国务院提交设立证券交易所的请示报告，10月8日，国务委员李贵鲜批示同意，10月14日，中国人民银行总行批复同意设立上海证券交易所，11月26日，上海证券交易所便召开了成立大会。

这一天，新华社从上海发出一则只有寥寥两百字、但措辞极其谨慎的消息："响应深化经济改革的呼唤，我国大陆第一家证券交易所——上海证券交易所今天正式成立，这一绝迹四十多年的证券买卖专业场所于12月19日在上海外滩开业后，将有30种国库券、债券和股票在这里上市成交……"这一消息很快经新华社传遍世界，成为一时极具爆炸性的新闻。

12月19日，上海外滩，这个曾经在上海乃至远东都颇负盛名的金融街，再次吸引了世界的关注——上海证券交易所在这里正式开业。

开业典礼上，朱镕基市长发表致辞。他说："上海证券交易所是我国大陆第一家证券交易所，它的成立具有重大意义。第一，它标志着我国将坚定不移地继续奉行改革开放的政策；第二，它是我们把中央关于开发、开放浦东的战略决策付诸实施的一个重要步骤；第三，它表明，我们在振兴上海、开发浦东的过程中，把发展金融事业放在十分重要的地位，采取国际上通用的形式，利用证券筹集资金，为社会主义建设服务。"③

朱镕基市长宣布上海证券交易所正式开业后，刘鸿儒和黄菊（时任上海

---

① 阚治东. 荣辱十年 我的股市人生 [M]. 北京：中信出版社，2010：59.

② 聂庆平. 看多中国——资本市场历史与金融开放战略 [M]. 北京：机械工业出版社，2012：34.

③ 刘鸿儒. 突破——中国资本市场发展之路：上卷 [M]. 北京：中国金融出版社，2008：110.

2000 年 12 月 19 日，上海证券交易所 10 周年庆祝酒会。右一为朱从玖（上交所总经理），右三为刘鸿儒，右四为李业广（香港联交所主席），右六为毛应梁（上交所理事长）。

2010 年 12 月 19 日，上海证券交易所 20 周年庆典。从右至左依次为范福春、周小川、刘鸿儒、查史美伦、陈耀先。

市委副书记、副市长）走上前来，一道将覆盖在"上海证券交易所"牌匾上的红幕揭下，上海市老市长汪道涵手书的"上海证券交易所"几个大字，就这样呈现在世界面前。

随着徐徐落下的红幕，刘鸿儒的心里也似落下一块大石。

刘鸿儒还记得，当年他去深圳、上海调查股票试点情况，狂热的股民在证券公司门口排起蜿蜿蜒蜒的长龙一样的队伍，对股市风险一无所知的、怀揣着发财梦的人们或明或暗地就地私下交易，看到这些景象，刘鸿儒深感忧虑。而现在，随着上海证券交易所的成立，规范化的集中交易、集中管理，将极大地消除这些潜藏着的风险，对于我国股票市场的发展，是巨大的进步。更为重要的是，中央同意建立证券交易所①，这无疑是一个重大的明确的信号，它表示，股份制改革、股票市场的发展，只能前进，而不可能再回头了。作为这场改革的推进者，在刘鸿儒的心里，没有什么比这个，更令他感到欣慰和鼓舞了。

1990 年的 12 月，被称为股票市场的"金十二月"。这一年的这一月中，深圳证券交易所试营业，上海证券交易所正式开业，由联办发起创立的全国证券交易自动报价系统（STAQ）开通，其后，中国证券交易系统有限公司设计开发的全国证券交易系统（NET）于 1993 年开通。以"两所两网"为标志，中国证券市场从自发形成的地下交易，经过有组织的分散的柜台交易，走向规范的集中交易。

STAQ 和 NET 这两个市场的存在，缘起于公有股的存在及其在股权结构中的高比例限制。

股份制企业中公有股比例过高，公有股"一股独大"，导致政企不分，不利于国有企业经营机制的转换；大量公有股不能流通，又导致其无法实现保值增值，股份制改革的初衷难以充分体现。在此背景下，1991 年末，国家体改委在研究 1992 年经济体制改革工作时，一些同志建议，建立法人股的流通

---

① 上海证券交易所成立之后，1990 年 12 月 30 日，十三届七中全会通过《中共中央关于制定国民经济和社会发展十年规划和"八五计划"的建议》，其中指出："在有条件的大城市建立和完善证券交易所，并形成规范的交易制度。"

市场，把法人股搞活，但是只准法人机构参加，不准私人介入。这一建议获得国务院肯定，国务院在批转国家体改委《关于一九九二年经济体制改革要点》的通知中明确，选择若干有条件的股份制企业和进行股份制试点的企业集团，通过指定的证券市场（STAQ 和 NET）试行法人股的内部流通。

而这两个市场的关闭，则源于一次不相关的会面。

1993 年春的一天，刘鸿儒的一名学生来京办事，顺便拜访老师。见面，刘鸿儒问他来北京干什么？这位学生说，来帮助别人在法人股市场上市。刘鸿儒很惊讶：法人股市场只限于法人股上市、法人机构参加，私人是不允许参加的，怎么现在又扩大了呢？这位学生如实相告：三个人到工商管理局登记一下就可以变成公司，那不就是法人了吗？他又说：花一点钱就可以买一个公司的壳，很方便，现在有很多私人都以公司名义参加进来了。

刘鸿儒一听，震惊极了：这样发展下去，法人股岂不是要变成私人股权了？这毫无疑问触及股票市场发展的根本问题了！

想当初，为了把股票市场保留下来，刘鸿儒不得不建议控制公有股持股比例，才能把政治担忧相对地减弱一点；股票市场发展起来了，对上海、深圳两个交易所左一个法规、右一个法规地进行规范，对上市公司左审查、右审查，即使这样还怕出问题，但是按照现在法人股市场的做法，既无法规又无监管，这样发展下去，问题太大了！

刘鸿儒立即召集证监会负责人商议，最终决定，自 1993 年 5 月 22 日起暂缓审批法人股上市，并向深圳和上海打了招呼，暂不扩大法人股流通试点。

暂缓法人股的上市、流通，这只是权宜之计，从市场长期的规范化发展看，刘鸿儒认为，要实现股票同股同权，确保公有股的保值增值，法人股上市流通势在必行。他因而提出，应当规范法人股发行和交易试点，制定法人股市场管理办法，为法人股市场树立法规依据。他将这些建议向朱镕基副总理写信做了汇报。然而，国务院领导不同意继续试行，两个法人股交易市场就此被永久关闭。

其后，曾有学者从理论研究的角度，提出不同意见，认为如果保留法人股交易市场，到一定条件时，可与上海、深圳证券交易所并轨，就不会留下股权分置的问题。

刘鸿儒能够理解这种观点。然而，在当时人们的思想、认识条件下，刘鸿儒也坦言："实际上，问题并没有这么简单。"

他说，首先，股权分置产生的根源是私有化的担心，而法人股流通市场暴露出的最大问题，就是私人可以以法人的名义进入市场，如果全部股权公开上市、流通，任何人都可以购买，就难以保证以公有制为主体的基本原则的实现，股票市场也就不可能被允许建立和发展。其次，一个企业进入两个市场，一个是法人股市场，一个是流通股市场，必然造成混乱，并不利于企业经营机制的转换和股票市场的发展，风险也很大。最后，法人股在法律上是不清楚的概念，法人股的最终所有者不是国家就是私人，法律上也没有进行界定，因此法人股根本无法成为一个独立的市场。

这两个法人股交易市场关闭后，法人股的流通问题最终在 2005 年 4 月启动的股权分置改革中得到彻底解决，中国资本市场结束了公有股与私人股、流通股与非流通股分置的"中国特色"，进入了股权的全流通时代。

第十九章

踏上火山口

　　1992 年 2 月，深圳市拿到了国务院批准的 5 亿元公开发行股票额度。由于新股发行涉及面广，深圳市成立了一个由副市长牵头的股份制领导小组，并最终确定，新股发行采取发售新股抽签表的方案：发售新股抽签表 500 万张，中签率为 10%，每人一次可持 10 个身份证购买 10 张抽签表，每张收费 100 元，每张抽签表可认购 1000 股。但深圳市政府低估了人们的热情，担心 500 万张抽签表售不完，特别补充了一条：未中签的，还可以参加可转换股票债券的抽签。

　　当然，对于这样一个方案，深圳市政府还有自己的一笔账。当年 7 月 14 日，时任深圳市市长的郑良玉批示："……为避免炒表，票价可提高到百元一张。收入分配：银行管理费、成本费 1 元，其余收入集中建一个科技博物馆，其中附设儿童科技图书馆，能为市民办成一件像样的实事，普及科技知识，对提高人的素质极其重要。收入使用，不要洒花露水，到处给一点，使用效果不好。"①

　　有人也马上算了这样一笔账：花 1000 元买 10 张抽签表就可中签 1 张，1 张买 1000 股，赚 1 万元左右；如果没有中签，还可以抽签购买可转换股票债券。这真真是一个既可以赚大钱又无大风险的方案。

---

　　① 证券办公会议办公室调查组于 1992 年 9 月 8 日报送的《关于深圳市发售 1992 年新股抽签表问题的调查报告》，来源于《突破——中国资本市场发展之路》（上卷），第 198 页，刘鸿儒著。

怀揣股票发财梦的人们蜂拥而至，向发售网点集中。

购买新股抽签表的人们排起长队。

事实上，深圳市政府大大低估了人们的股票发财梦。前几年"股票热"带来的财富效应还历历在目，方案一出，人们迅速闻风而动，整个深圳市乃至全国立刻陷入了癫狂。有的股民深入农村一麻袋一麻袋地收购身份证；为了购买认购证，短短的几天内120多万人涌向深圳，从广州到深圳的火车票从30元涨到300元，从广州直接去不了深圳的，就绕道从珠海坐船，珠海到深圳的船票便从8元涨到30多元，广州到深圳的出租车费，有的高达3000元……

8月6日晚7时许，深圳市人民银行、工商局、公安局、监察局联合发出公告，宣布8月9日至10日在全市300个网点发售新股抽签表。消息一发出，即开始有人在发售网点排队，有的发售网点排队人数达5万人以上。终于等到9日上午9点开窗口卖股票认购证了，结果当天全部卖完，排了两三天队的人们开始由失望转向怨怒。慢慢地，一些关于内部人员走后门买抽签表、私分抽签表的消息不胫而走，这一下子激怒了满怀着期待而陷入失望的人们，许多网点逐渐开始骚乱。

按规定10日下午6时之前应将抽签表回收完毕，但考虑到9日有些网点工作人员忙到深夜，10日上午上班已经推迟，人民银行证券处负责人同人民银行深圳分行一位副行长商量，将交表时间延迟半天，并向基层网点发出通知。不料群众误以为推迟半天是为内部渔利提供时间，人们愤怒的情绪一下子被点燃，晚6时许，陆续有群众开始打着反腐败、反舞弊、要求公正的标语，到市政府门前游行示威。游行示威的人越来越多，人潮将马路堵得水泄不通；少数不法分子则趁机煽动闹事，搞打、砸、抢，冲突开始升级。眼见着股票风波要渐趋蔓延开来，深圳市委、市政府召开紧急会议，决定再额外发放认购抽签表500万张，由此，大多数群众才陆续离开了现场，游行示威逐渐平息。

这便是深圳"8·10"事件。由股市限购抽签表而起，最终却险些酿成政治风波。

正所谓"祸兮福所倚，福兮祸所伏"。也正是此次险些闯下大祸的"8·10"事件，暴露了股票市场的深层矛盾，使高层领导意识到了加强股票市场监管、防范股票市场风险的重要性和紧迫性，它成为一剂催化剂，使中国股票市场从自我演进、分散监管，加速走向了规范、统一监管。

深圳"8·10"事件发生后的两天，国务院原定于8月12日至13日召开的部分省市股票市场试点工作座谈会如期在北京召开，出席会议的有部分省、直辖市和国务院有关部门负责同志。按照原计划，这次会议主要是解决两个问题：一是如何规范股份制和股票市场，慎重推进改革的问题；二是沪、深两市以外的企业到沪、深交易所上市的问题。之前按照规定，只准许沪、深两市的企业在当地交易所上市，这次会议是要解决异地上市的问题。在会上，一些省市领导同志颇为不满地说："上海、深圳两市能吃肉，我们能吃点骨头也行啊！"

处在风暴眼中的深圳自然成了这次会议的热点。深圳市副市长张鸿义参加了这次会议，捅了这么大的娄子，深圳试点的前途和命运将会如何，这是他在心底深深忧虑的问题。他曾主动要求向朱镕基副总理简单汇报一下情况，朱副总理却表示"情况我们都清楚了，不用再汇报了"。在随后的主持讲话中，朱副总理明确地说："国务院对股份制非常重视，多次开会研究，为此伤透了脑筋。前几天深圳出了问题，现在平息了。他们也很辛苦，我们没有过多责怪他们，因为这是改革过程中的事。但要认真研究，总结经验教训，改进工作。"这令张鸿义感动不已。当张鸿义将这番话带回深圳的时候，笼罩在忧虑、压力和不安气氛中的会场，立刻爆发出阵阵热烈的掌声。①

8月13日会议结束的时候，朱镕基副总理再次谈到了深圳"8·10"事件。他说，"这次深圳发行股票认购证中发生的问题，香港报纸把它归纳成为一句话，究其原因，就是不成熟的市场经济所造成的。这种看法不能不引起我们的注意"，"再出事，国内外影响都不好"②。他明确提出，"为了保证股份制和股票市场试点工作的健康发展，必须在国务院的统一领导下，有计划有步骤地开展这项工作"③，他继而在讲话中宣布，国务院已决定组建国务院证券委员会和中国证券监督管理委员会，"今后，无论哪个地区或部门，如果

---

① 张鸿义. 深圳证券市场创建和决策记忆. 2018：32.
② 朱镕基讲话实录：第一卷 [M]. 北京：人民出版社，2011：205、207.
③ 刘鸿儒. 突破——中国资本市场发展之路：上卷 [M]. 北京：中国金融出版社，2008：207.

不听招呼，仍然擅自批准发行股票，就是违反纪律……这要作为一条纪律，希望大家遵守"①。

到这里，让我们稍微暂停来简单回顾一下历史。股份制改革一路摸索，不断发现问题、解决问题，久而久之便形成了各个部门分而治之的格局：人民银行主管证券市场和证券公司，国家体改委负责推行股份制改革，国有资产管理局监管国有资产的变动，国家计委控制股票和有价证券的发行规模，财政部和税务总局从财务会计税收方面进行监管，沪深两个证券交易所归地方政府主管……然而，股份制改革又是一个有机协同、环环相扣的整体，某一环节的摩擦都可能导致整个改革进程不畅，相互扯皮、相互掣肘。因而，统一股票市场监管的呼声，一直不曾中断。1990 年 5 月的深圳"股票热"中，刘鸿儒已经觉察到，证券市场的管理力量分散、缺乏协同，是导致深圳证券市场混乱发热的原因之一，只是鉴于当时的股票试点刚刚开始且处于争议之中，他只是提出，加强对证券市场的领导，除日常管理机构人民银行外，还需将体改委、财政、税收、工商部门充实到管理中，以加强监管协同。后来，随着实践中暴露的问题越来越多，统一监管的呼声越来越高。这年春天的人大会上，有 16 位人大代表提交了一个议案，建议成立专门的证券监管机构。全国政协经济委员会也曾对股份制实践进行过专门的调查研究，以《关于发展股份制经济的意见》一文发表在 1992 年 7 月 23 日的《证券市场简报》上。这篇文章特别提到，建议成立国家证券管理委员会及各级证券管理机构，将分散在各部门的相关职权集中到委员会，由委员会集中统一管理企业股份制改造和各种证券的发行与交易。

然而，对于证券市场的发展，有私有化的担忧，有所谓"亚洲道路问题"的争论——金融对经济的支持，应当主要依靠银行而非证券市场。还有一种顾虑，就是怕资本市场发展后引发新的矛盾和风险，尤其是容易使少数人暴富，带来社会不安定等政治风险，这使得对于证券市场的发展，允许试验，但是限制发展。刘鸿儒还记得，在处理一个文件定稿时，其中"扶持证券市

① 刘鸿儒. 突破——中国资本市场发展之路：上卷 [M]. 中国金融出版社，2008：210.

场发展"中的"扶持"二字，最终还是被删除了。由此可以看出，一方面，经济的发展在客观上需要证券市场加快发展；另一方面，认识上的局限性又在人为地限制发展。

就在这样的客观实践与主观认识的矛盾状态中，怕踩地雷，遇到问题绕着走，实质上的分散监管仅限于修修补补而收效甚微。

1991 年 3 月 7 日，国务院召开研究股票市场问题的总理办公会议。会上，李鹏总理指示，由当时的国务委员兼人民银行行长的李贵鲜同志牵头抓股票市场工作。人民银行考虑到此项工作涉及多个部门，为协调各部门关系，于当年 4 月 11 日上报了《关于建立股票市场办公会议制度的请示》，得到李鹏总理的认可。

根据这个请示，股票市场办公会议由李贵鲜同志召集，与此相关的方方面面——人民银行、体改委、国有资产管理局、计委、财政部、税务总局、外汇管理局共七个部委各派一名副部长或相关司局的司局长，作为办公会议的成员，股票市场管理的日常事务由中国人民银行具体负责。股票市场办公会议直接对国务院负责，主要任务是确定全国股票市场发展的重大方针政策，确定全国股票发行规模，审定股票市场的管理办法，协调各部门的关系。

由于不是专门的监管机构，股票市场办公会没有权力行使统一监管的职能，各个部门分兵把守、各自为政的状态并没有从根本上解决。而且当时上海、深圳两个交易所由地方政府主管，很多事情协调起来则更加不易。1992年邓小平同志南方谈话后，股份制改革和股票市场热浪再起，缺乏统一、严格监管的股票市场便日益潜伏着危机了。直到深圳"8·10"事件爆发，震动了有关部门，也使高层领导意识到了统一监管的重要性和紧迫性，证监会，便在这样一个不期而来的契机下以最快的速度诞生了。

8 月 13 日股票市场试点工作座谈会结束后不久的一天，刘鸿儒接到通知，说朱镕基副总理要见他。

"鸿儒，国务院决定成立证监会，这个新任务，就交给你吧!"刘鸿儒刚刚坐定，朱镕基副总理便开门见山地说。

几乎是下意识地，刘鸿儒脱口而出："这可是个火山口上的工作!"他接着解释道："我相信，无论是请谁出来担当此任，都会感到艰难的；而且，也无力长久地干下去。"

这是他的心里话。那时候的股票市场，时不时地迸发出各种风险事件，动不动就是群众上街集会、写告状信，资本市场的这些改革者们，动辄就被扣上资本主义的大帽子，令人头痛，也令人心惊胆战。对此，刘鸿儒是再清楚不过的了。

"这工作肯定要出事的，你是要找个替罪羊啊！"缓了缓，刘鸿儒又补充了一句。

"责任不要你承担，我来承担！"朱镕基副总理严肃地说。

"出了事，哪能让总理出来承担的？当然要我来承担。"刘鸿儒毫不犹豫地说。

在过去的改革岁月里，朱镕基副总理在国家经委、上海市委、上海市政府等多个岗位上，都与刘鸿儒有过密切的接触和默契的合作，他曾钦点刘鸿儒在住房改革和上海证券交易所的成立方面出谋划策，二人工作往来相处甚洽。刘鸿儒望着朱镕基，这位副总理的眼神中，有信任，也充满坚定和期待。这让他迅速地下定了决心："要干，就得要做好思想准备，勇于承担起风险和各种想象不到的后果！"

1992 年 10 月 12 日，国务院办公厅正式下发《关于成立国务院证券委员会的通知》："国务院决定成立国务院证券委员会（简称证券委），撤销国务院原证券管理办公会议，……国务院决定成立中国证券监督管理委员会（简称证监会），受国务院证券委员会指导、监督检查和归口管理。"根据通知，朱镕基副总理亲自担任证券委主任，委员由 13 个部委（包括最高检和最高法）的负责人组成，负责重大问题的协调和决策；中国证监会负责具体的监管工作，由刘鸿儒任主席。

就这样，刘鸿儒从体改委副主任任上，调任中国证监会，成为这个新生机构的首任主席，专事资本市场监管。随着中国证监会的成立，中国资本市场从盲目发展、分散监管迈步进入有计划的统一监管的新时代，而刘鸿儒，也由此开启了他新的事业篇章，并达到他改革生涯新的声誉顶峰。

对于将要成立的中国证监会，朱镕基定下标准：这是一个小而精的机构，由专家和专业人员组成，职能是根据国务院授权，对证券市场进行稽核、检查和监管。对于朱镕基来讲，刘鸿儒无疑是最佳人选。

刘鸿儒自 1980 年任人民银行副行长，1990 年调任体改委副主任主管金融改革，他一直是股份制改革和股票市场试点的坚定支持者和重要筹划者、推进者；他思维敏锐而开阔，对于金融问题善于观察又精于研究，他一直走在股份制改革的前沿阵地并储备颇丰，对于股票市场，他本身就是专家，可以当之无愧地成为这样一支专业监管队伍的领导者；他务实、敢于创新且胸有韬略，对于改革中政治和经济的微妙平衡有着精准的理解和掌控。因此，无论从哪个角度来说，对于眼前这个最为敏感、最为复杂而又风险最大的证券市场，没有人比他更合适了。

于是，这才有了朱镕基与刘鸿儒的那一场谈话。

对于刘鸿儒来讲，毫无疑问，这的确是一份火山口上的工作。在社会主义国家发展资本市场，理论禁区要突破，传统观念要改变，意识形态要更新，利益关系要触动，制度安排要变革……所有这一切，每一步都不是容易的，而每一步都没有现成的答案，甚至，每一步，都可能潜藏着未知的风险。

在这个摸着石头过河的过程中，市场，在制度变革中不时地处在剧烈波动之中；投资者，从过去三十年高度集中的计划经济体制中走来，习惯了风平浪静的生活，并没有能够适应股市大涨大落的正确的心理预期；这个临危受命的机构，实事求是地说，也缺乏管理这样一个不成熟市场的必要的知识准备。

更何况，它所面对的，还是一个分散的、甚至掣肘的监管权力格局。

根据总体设计，证监会成立之初的证券管理体系分成四个层次：由会计师事务所、律师等中介机构组成的社会监管体系，由证券交易所和证券经营机构组成的证券业协会的自律性监管体系，准政府性质的中国证监会，以及作为政府管理机构的国务院证券委员会。证券委是我国特有的一个层次，之所以单独加设这样一层，主要还是担心证监会成立之初人手有限，监管力量不足，而证券市场政出多门，各部门矛盾又比较多，权衡之下而专门增设的，并由朱镕基副总理亲自担任主任，刘鸿儒兼任副主任，周道炯任常务副主任。

这个具有中国特色的证券市场监管体系，从决定作出到搭建完成，只用了两个月的时间，总体上仍未能彻底改变业务交叉、多头监管的状况：证券委统一协调股票、债券、国债的宏观管理，证监会负责证券市场的具体监管，国家计委根据证券委的计划建议进行综合平衡编制证券计划，体改委负责股份制试点。机构上，证券经营机构、证券业协会还是归中国人民银行管理；财政部归口管理注册会计师和会计师事务所；沪、深证券交易所行政上归地方政府监管，业务方面归证监会监管；证券委归口管理证监会，其下设办公室，工作和证监会基本重复。

这种过渡性质的证券市场监管体系使未来的工作充满了不确定性，与其说这是一场探索和实验，更准确地说，这是一场战斗，而在这场战斗中，刘鸿儒清醒地知道，不仅有可能铩羽而归，而且可能引火烧身、万劫不复。

想到这些，刘鸿儒的脑子里立刻浮现出一句历史名言："改革者没有好下场。"

刘鸿儒决心以一己之力探寻中国特色社会主义资本市场的道路——至于什么下场，以后再说吧！

于是，尽管明知前路艰险，他还是一脚踏了上去。

他又想起1990年11月与江泽民同志在飞机上的谈话，自己曾经以党性作保证庄重地承诺过，会探索出一条社会主义制度下发展资本市场的道路。在那个承诺作出的时候，刘鸿儒已经下定了决心，即使遇到再大的困难、再大的压力、甚至再大的打击，也要拼着自己这条命，义无反顾地把这项改革推进下去。

现在，该去实现他的承诺了！

刘鸿儒本是学计划经济出身，对市场经济在理论上是批判的，没有具体系统地学习过，更加没有实践过，现在要推动中国建立市场经济体制，确实不是件容易的事。但中国的金融改革一环扣一环地行进到了这里，他，也被历史性地赋予了这样一个建立、规范资本市场发展的光荣使命，怎么办呢？

刘鸿儒多年主管改革，被形势推动着研究改革，日积月累形成了自己的一套改革"方法论"——寻找结合部。一方面，在我国所进行的以市场为导向和以解决问题为突破口的渐进式改革中，每当遭遇新的问题，他常常"眼光向外"，充分发挥"后发优势"，从国外市场经济的发展中寻找可资借鉴之处，学方法，也转变观念。怎么学？办法很多，看书、看资料，请国外专家来讲，出国考察，总之，怎么能解决问题就怎么来。另一方面，再"眼光向内"，寻找国外经验与中国现实的结合部，这是最重要也是最难的部分。刘鸿儒说，既要真正理解国外的现行做法是怎样演变过来的，曾遇到什么样的问题，怎么解决的，从中找到对我们有启发的东西，同时也要摸清中国实际，抓住问题要害，"看准病才能对症下药"；如果仅浮在表面上论来论去，搬来搬去，对不上号，效果是不佳的，甚至还会造成不良后果。

依着这个思路，在与朱镕基副总理谈话后、证监会正式成立前，刘鸿儒迅速做了两件事。

第一件事是，邀请台湾资本市场领域的资深人士到北京来开座谈会，请他们介绍台湾地区发展资本市场的经验教训。

在中国以市场经济为目标的经济体制改革中，高层非常重视吸收各个国家或地区的先行经验，尤其是台湾。一方面，台湾在经济兴起时，在市场条件上与大陆颇为相似；另一方面，台湾与大陆同根同源，血脉同宗，文化上也有颇多相似之处。因此，台湾无疑是一个理想的参照和学习对象。

事实上在此次会面之前，刘鸿儒与台湾经济金融界人士已多有往来，比较重要的，是这两次。

1986年，中国经济体制改革遇到了"拦路虎"，价格改革不敢动，形成了官价和市价并存的双重价格体系，社会各界，尤其是经济界和理论界都要求推进价格改革。时任总理一方面组织有关部门研究方案，另一方面多次听取海外专家的意见，他还要求安志文和刘鸿儒带队到香港，请台湾的经济学家来座谈，听取他们对大陆改革的意见。当时，他们请来了邹至庄、顾应昌、费景汉和刘遵义四位在美国著名大学任教的美籍华裔经济学教授（原先主请的台湾"中华经济研究院"院长蒋硕杰，因为台湾当局的限制未能出席）。这个座谈会于1986年3月间开了两天，嘉宾们讲了台湾经济发展的经验和当时国际经济发展的新特点，他们对大陆经济体制改革的建议，集中在开放市场、放开价格方面。这一年的6月，国务院领导同志又在中南海接见了他们，直接听取了他们对改革的建议，刘鸿儒也列席参加了。

另外一次是经历了 1988 年物价改革"闯关"之后，国内各方面对下一步如何改革议论很多，国务院领导决定再次咨询台湾专家的建议，于是又派安志文和刘鸿儒同台湾专家座谈。座谈会在 1989 年 3 月 13 日到 16 日开了四天。这一次，除了邹至庄、费景汉、顾应昌、刘遵义外，台湾"中华经济研究院"院长蒋硕杰和副院长于宗先也应邀参加。这六人都是台湾"中央研究院"的院士，蒋硕杰师从奥地利学派代表人物哈耶克，一贯反对各种经济管制以及对市场的人为干预，在台湾经济理论界影响很大，以他为首的一批经济学家同以王作荣为首的一批经济学家在 20 世纪六七十年代曾展开一次公开论战，人称"王蒋大战"。蒋硕杰提出的台湾经济发展战略和建议受到了蒋经国的重视，对推动台湾经济自由化，促进台湾经济起飞发挥了重要作用。

那次座谈针对大陆提出的问题进行了讨论，比较深入。尤其令刘鸿儒印象深刻的是，蒋硕杰说，任何随意以超额信用扩张货币供给的行为，都应被视为"盗窃性行为"。他们认为，无论在什么社会制度下，经济发展都必须尊重市场原则，在长期实行价格管制的国家里，往往形成一种错误观念，政府官员认为自己对价格的判断比市场更高明、更准确而不愿放弃自己的权力。

这一次，在证监会成立前夕，刘鸿儒就即将展开的资本市场改革再一次寻求台湾证券界人士的帮助，他经何迪介绍，认识了当时台湾著名企业家黄梅邨先生。

何迪是中国著名植物学家、原农业部部长何康之子，也是著名的国际投资银行专家。黄梅邨是台湾著名活动家、企业家辜振甫的外甥，早年留日，后来投身商界，在台湾政界和经济界熟人很多。黄先生常常一袭长衫、一副金丝边眼镜，人称"儒商"，他对大陆的事非常热心，为两岸经济文化交流做了大量工作，后来被推举为中华海外联谊会副会长、北京海外联谊会副会长、北京市政协港澳台侨委员会顾问等。

尽管素昧平生，听了刘鸿儒的想法后，黄梅邨马上出钱请来了几位经验丰富的台湾金融界朋友，就住在北京凯宾斯基酒店，并租了一间会议室专门坐下来谈。这几位朋友分别是：黄古彬（时任台湾"证券管理委员会"第二

1989 年 3 月 15 日，刘鸿儒在香港与台湾学者座谈，征询改革建议。前排从左至右依次为：费景汉、蒋硕杰、安志文和顾应昌；后排左二为付丰祥，左三为杨启先，左四为唐庚尧，右一为许美征，右二为刘遵义，右三为邹至庄，右四为刘鸿儒。

1989 年 3 月 11 日，座谈会前接待单位招商局副董事长袁庚（中间者）与刘鸿儒（左二）、安志文（左四）在一起交谈。

　　2001 年 4 月 7 日，刘鸿儒夫妇与黄梅邨夫妇相聚。从左至右依次为：黄梅邨夫人许佩玉、刘鸿儒、刘鸿儒夫人王志玲和黄梅邨。

　　2001 年 5 月 15 日，老朋友重逢于台北。这些朋友曾在中国证监会成立前夕专程到北京介绍台湾经验，对大陆资本市场发展倾力相助。

组组长）、Tony Huang（时任美国美林证券驻东京首席代表、日本日兴经济研究中心驻纽约首席经济学家）、陈谦吉（时任台湾汇丰证券公司总经理）、陆成坚（时任台湾汇丰证券研究室主任）、彭敬恩（时任台湾汇丰证券研究室副主任）。

三天的座谈会里，刘鸿儒和他的同事们不断提问，台湾专家一一回答，重点是政府、市场、投资者三者之间的关系。他们谈到，台湾的股票市场也是散户多，股价最高时两万两千点，跌到两千点时，散户股民闹事，在"经济部"静坐，要求退股，当时台湾当局退让了一步，决定由政府回购国有企业发行的股票，结果却给投资者形成了"赚钱拿走、赔钱找政府"的错误认识。

当时正值"8·10"事件发生，他们说，台湾也发生过类似问题，解决办法其实很简单，即无限量发行认购表——把认购表直接印在报纸上，任何人都可以把认购表从报纸上剪下来，拿到证券网点，交纳5块钱办理登记，就可以参加抽签了。这样做既没有排队，也没有舞弊。他们还对大陆应该采取什么样的股票发行方式，给出了建议。

黄梅郏和这几位朋友的无私相助，令刘鸿儒非常感动。当时，中国证监会还没有成立，没有经费可供支出，刘鸿儒"囊中羞涩"，只能请他们到家里吃饭以表达谢意。刘鸿儒拿出存了多年的茅台酒，大家非常高兴，连连干杯，不知不觉竟喝了四瓶。夫人王志玲买来"天福号"肘子，大家都说好吃。受此启发，黄梅郏当场表示，他要做个食品系列，让大人小孩都喜欢吃、都能空口吃。没多久，"育青"食品上市了，味道果然不同一般。

此后，刘鸿儒与台湾资本市场人士多有交流，以台湾市场发展为模板，大陆资本市场从台湾镜鉴颇多，刘鸿儒也与这些人一来二往成了好朋友。此后的很多年直到现在，每逢刘鸿儒生日抑或中国传统佳节，几位台湾朋友都会专程来京畅饮，这种志同道合的朋友之情、血浓于水的同胞之情使刘鸿儒非常感动、视若珍宝。以至于虽然多年过去，每每家里有客人来，刘鸿儒都会嘱咐家人切上一盘"育青"食品款待来宾。

第二件事是，刘鸿儒请香港和海外的一些朋友帮助收集、整理了1929—1933年经济大危机以来世界历次股灾的资料，从股灾入手，直面股票市场的要害问题——风险。这份研究资料内容相当翔实，包括了历次大股灾何以发生、危机国家如何应对、新兴市场应该吸取的经验教训等，范围覆盖了几乎所有相关的国家和地区，从成熟市场中的美国、英国、德国、澳大利亚，到新兴市场中的中国香港和中国台湾地区以及马来西亚、韩国。

在此基础上，刘鸿儒结合中国股份制改革以来的问题和教训，写成了近两万字的报告——《股票市场的风险与管理》。1993 年 3 月，在证监会成立后召开的第一次全国证券监管会议上，新任主席刘鸿儒以此为题，向全系统正式发声，提出"防范风险、加强监管"的指导思想。

以《股票市场的风险与管理》作为施政纲领，刘鸿儒意在表达这样的观点：全世界在不同国家、不同历史发展阶段，股灾和重大风险事件会不断发生、无可避免；既然风险不可避免，监管机构的任务是使它少发生，发生后尽量少损失，把维护广大投资者的利益、维护资本市场稳定发展作为监管的永恒使命。

在广泛研究世界股灾的发生及治理过程中，刘鸿儒总结出六条最为重要的经验教训：制定和完善法规，建立健全监管机构，保证上市公司质量，加强对证券商的管理，发挥社会中介服务机构的作用，完善股市的政策和操作措施。对于中国资本市场，他提出八条方针：适当扩大"间接融资为主、直接融资为辅""债券为主、股票为辅"中两个"辅"的比重；坚持以社会主义公有制为主体，保证国有资产的保值增值；发行股票和上市公司必须规范化，高标准严要求，这是股票市场健康发展的基石；从发行到上市到交易，必须高度透明，保护广大投资者利益；科学运用宏观经济手段，促进股票市场发展；积极发展机构投资者，增强市场稳定性；建立专门的监管机构，健全市场监管体系；运用股票市场利用外资，发展国际国内两个市场。

此时，刘鸿儒，这位临危受命的新任证监会主席，已条分缕析，在心中绘就了一幅资本市场发展蓝图，只待跃马扬鞭、不辱使命。

第二十章

开荒　修路　铺轨道

从 1992 年 10 月 12 日发布《关于成立国务院证券委员会的通知》、对外公布机构设置和人员任命后，国务院要求尽快建立机构并开始工作，刘鸿儒便马不停蹄地投入证监会的创建中。从一无所有到搭建起一个全新的机构，着实不是一件容易的事。建立之初，刘鸿儒面临着"一没钱、二没人、三没办公地点"的窘况，他不得不四处奔走，既找地方，又借钱，还要配备人员。别人说，他这是"借钱办衙门"。

对于一个新生的机构，首先的问题是在哪里办公？刘鸿儒从保利大厦租来一层作办公室；财政部拨的开办费迟迟不能到位，刘鸿儒只好到处腾挪、化缘。他找到自己的学生张志平，托关系帮忙借来了 200 万元，又从联办借了 200 万元；还有一个关键问题——人从哪里来呢？最初的人员，基本来自体改委、人民银行和联办。当时国务院领导同志要求人员要少而精，人数不要多，但要多找一些专家型人才，刘鸿儒开始四处网罗人才。有的来自推荐，比如当时的首席律师高西庆、首席会计师汪建熙，还有一批具有海外背景的专家和在国内有实践经验的专家；有的则是证监会"要来的"，那时候，人民银行派来的干部比较少，刘鸿儒要求人民银行派几位司局级的干部过来，这样，夏斌①便来到了证监会；至于占用人数最多的后勤人员，刘鸿儒则直接采用了购买社会化服务的方式，节省了大量人员。

---

① 夏斌任证监会交易部主任兼信息部主任，后任深圳证券交易所总经理。

刘鸿儒把自己定位为"拓荒人"，任务是开荒、修路、铺轨道——他因此被媒体称为"开荒主席"。

第一次证监会职工大会上，刘鸿儒开门见山，没有豪言壮语，却讲得言辞恳切。他讲了两句话，第一句话是："做我们这个工作，要有充分的思想准备，股市下跌快了，下面有意见，怕被套牢；股市上涨快了，上面有意见，怕出风险影响社会安定；不涨也不跌，上下都有意见，人家会说你办的不像市场，因此永远是会有意见的。"第二句话是："我们第一代拓荒人，没有现成的经验可参考，我们的任务就是开荒、修路、铺轨道，基础打好了，后来人就可以稳稳当当地开快车了，这是我们应有的思想准备，也是光荣的职责。换句话说，挨骂是肯定的，挨了骂，但给后来人打下了好的基础，提供了好的条件，开出一条好路来，也是我们的幸福，这是值得的。"

就在《关于成立国务院证券委员会的通知》对外宣布成立证监会的同一天，中国共产党十四大召开。刘鸿儒参加了这次大会。大会首次明确了建立社会主义市场经济体制的改革目标，并在报告中指出："要积极培育包括债券、股票等有价证券的金融市场。"其中的"积极"二字，对刘鸿儒来讲，是格外珍贵的。承认资本市场在社会主义制度下的存在、推动资本市场的发展，一直是他期待并为之鼓与呼的，现在，这个目标正在一步步实现，这对于自己即将投入的资本市场改革，无疑是最大的推动力。但是压力和挑战也是巨大的，几千家企业改制为股份公司，其中一些企业公开发行了股票，进行了股票交易，许多地方展开了股票市场试点；这仍是一个相当初级的市场，因缺乏必要的、强有力的管理而潜藏着危机，此时，各种复杂的、棘手的问题，正一个一个地、急切地摆在刘鸿儒的面前。

刘鸿儒脑海中常常回想起一句话。1986 年，时任中国人民银行副行长的刘鸿儒接待来访的泰国中央银行行长，他很诚恳地对刘鸿儒说："你们中国的经济改革要建立市场经济，我们的体会是，市场经济像一匹野马，很难驾驭。"

刘鸿儒时常回味着这句话。资本市场，是市场经济高度发展的产物，敏感性最高，风险性最大；这匹野马，如何使它能规规矩矩地在正常轨道上奔

1993 年的成都"红庙子"市场。各种证券票证随意上市交易，一度造成混乱，中国证监会和国家体改委于 10 月末进行了专题调查，其后，国务院下令由四川省省长负责限期清理。

1993 年 10 月 30 日，成都调查中刘鸿儒（左一）、洪虎（右一，时任体改委副主任）与有关人员交谈。

1986 年 5 月，泰国中央银行——泰国银行行长甘宗（右一）与刘鸿儒（左一）会谈时说："市场经济像一匹野马，很难驾驭。"

1994 年，参加"第二届海峡两岸证券暨期货法制研讨会"。左二为刘鸿儒，左四为台湾"证监会"主席戴立宁，左五为人民银行副行长陈元。

跑而不至于脱缰呢？他要铺就什么样的道路，才能通往心中的蓝图？

第一条轨道：依法治市。

系统地研究了1929年世界经济危机后的国际资本市场后，刘鸿儒看到，资本市场的发展史几乎就是危机与防危机的斗争史，是资本市场从盲目无序走向公平、公开、公正和规范化、法治化的历史。1929年到1933年股灾发生时，美国几乎没有资本市场管理法规，罗斯福总统上任后的第一步即是制定证券市场管理法规。与美国类似，许多其他国家和地区在借鉴股灾教训后，也都建立了自己的法规体系以应对股市风险。

从国际国内的比较中，刘鸿儒更加坚信，建立中国资本市场的法规体系，依法治市，把股份制改造和股票市场尽快地引向法治化、规范化的轨道，是他这个新任"开荒"主席的首要任务。

事实上，简单回顾一下就会发现，中国资本市场从萌芽到发展，一直沿着"发展—出现问题—规范—发展"的路径在螺旋式地前进着。受制于"社会主义是否与资本市场相容"的争论，我们在市场的倒逼下，不得不被动地补上"制度供给"这一课；也由于我国资本市场的分散试点、分散管理，我们的"制度供给"缺乏系统性和统一性，在证监会成立前，多是试点地区根据本地区的试点情况，制定相关的地方性规章制度，这些管理办法均具有明显的地方特色而缺乏统一性。

1992年邓小平南方谈话充分肯定了股份制和资本市场改革试验后，国家体改委开始尝试进行制度上的统一和规范，先后下发了《股份制企业试点办法》《股份有限公司规范意见》等十几个部门规章。这些地方性或部门性规章，对于规范和推动我国股份制改革和股票市场实验，无疑发挥了巨大的作用。但是现在，已经远远不够了。随着资本市场从分散试点到统一发展，从分散交易到集中交易，从地方分散管理到中央集中统一管理，客观上需要从分散立法走向统一立法，而证券委和证监会的成立，初步理顺了政府部门之间、中央与地方之间在证券监管方面的关系，也为统一的资本市场立法创造了条件。

最先出台的是《股票发行与交易管理暂行条例》。条例共八章八十四条，以实事求是、前瞻和务实的原则，对当时资本市场最为重要、最为紧迫的监管体制问题，股票的发行、交易、保管、过户、清算问题，保障国有股权利问题，证监会的调查和处罚职权问题等，作出了明确的规定。在这个条例正式颁布前，时任国务院法制局工交劳动法规司副司长的桂敏杰还曾专门写信给当时的香港执业御用大律师、香港联交所理事梁定邦，特别向他征询对条例的意见，梁定邦又邀请时任香港"证监会"公司融资部副总监的查史美伦律师，香港联交所法律顾问、香港大学法律系教授何美欢，时任香港联交所上市科副总监顾希雍律师一起开了三次研讨会，他们一致认为，该草稿"反映了股票市场的实践，包括了市场管理方面的一般性要求，是可以被任何股票市场所接受的"[1]。

这是自我国改革开放以来，第一个由国务院颁布的股票发行与交易的基本行政法规，在这部条例之后，我国股份制试点和股票的公开发行交易，纳入了全国统一的轨道。1993年也是证券市场法规建设颇有成效的一年。除了《股票发行与交易管理暂行条例》，这一年，证券委还分别发布了《证券交易所管理暂行办法》《禁止证券欺诈行为暂行办法》《关于1993年股票发售与认购办法的意见》，证监会分别发布了《股票发行审核程序工作规则》《公开发行股票公司信息披露实施细则（试行）》《上市公司送配股的有关规定》《新股承销与认购实施办法》，对股票发行、交易的各个环节，作出更为细致的规范。

也是在这一年，《证券法》的起草工作依旧在进行，《公司法》于年底获全国人大常委会通过。

第二条轨道：高度透明的股票发行和上市制度。

根据1992年底《国务院关于进一步加强证券市场宏观管理的通知》，1993年开始扩大公开发行股票的试点，各省、自治区、直辖市及计划单列市和国务院有关部门可以在国家下达的股票发行规模内，各选择一两个经过批准的股份制企业公开发行股票。对于刚刚成立的证监会，马上摆在眼前的一

---

① 刘鸿儒. 突破——中国资本市场发展之路：上卷 [M]. 北京：中国金融出版社，2008：248.

个问题是，试点扩大后，股票究竟该怎么发？

经历了深圳"8·10"事件，刘鸿儒已经深刻体会到股票市场的"蝴蝶效应"：即使一个小小的技术问题，都可能引发股市风波，继而很快演变为社会问题、政治问题，所以，对于证监会成立后的首次公开发行，刘鸿儒在心里高度重视起来，他不得不、也必须闯出一条新路来。

"今年的股票发行，一定要做到公开透明"，这是刘鸿儒从深圳"8·10"事件和国外考察中得来的前车之鉴——深圳为何闹事？群众一肚子气没处发去，发现徇私舞弊后就开始围攻政府；为何能够徇私舞弊？因为透明度不高，容易"暗箱操作"。

刘鸿儒曾就"8·10"事件专门听取香港专家的意见，时任恒生银行董事长李国伟和香港联交所行政总裁袁天凡告诉他，事件发生时，他们通过香港的电视台，每隔几分钟就看一次人们疯狂抢购的报道，看了以后也很着急。他们明确告诉刘鸿儒，这个时候如果主管领导站出来说抽签表敞开供应不限量，提高了透明度，发行问题就会迎刃而解。

股票究竟应该怎么发，才能实现阳光、透明？刘鸿儒在借鉴台湾、香港地区经验和其他专家建议的基础上，开始研究股票发行方案。他们曾考虑过采用香港的办法，即个人认购、预先缴款，由投资者先按认购数交购股款，实际认购数确定以后再把多余资金返还，这也是当时发达市场普遍采取的办法。但仔细研究和考量之后，刘鸿儒认为，这个办法虽然好，但是当时各家银行还没有完全信息化，业务仍靠手工操作，一段时间内大量资金汇入汇出，各家银行都承受不了。最后，在专家的建议下，确定采纳台湾的办法，即无限量发行认购表，先抽签再汇入资金，方案的关键，即是"无限量"。刘鸿儒将这个方案上报国务院后，得到朱镕基副总理的批准。在青岛啤酒 A 股发行时，刘鸿儒对当时的青岛市市委书记俞正声说："老俞，咱俩联手就在你这里做实验。"

深圳"8·10"事件的阴影还未散去，青岛啤酒 A 股的发行无异于一场输不起的战役。刘鸿儒和俞正声反复商量了各个细节，力求做到万无一失，因为他知道，这次发行不能再有任何差错，一旦出问题，整个股票市场就要停下来。事关大局，必须全力以赴。

　　青岛市特别成立了青岛啤酒股票承销领导小组，俞正声亲自任组长。第一次领导小组开会，刘鸿儒专程参会，一向随和的他，严肃地一再叮嘱一定要"精心准备、万无一失"。在领导小组下面，又设立了保卫组、宣传组、监督稽查组，分别由青岛市公安局、宣传部、建管办负责人任组长。股票发行前夕，青岛市委动员了政府、银行、公安、检察院等各个部门、各个环节集中投入、严阵以待；主承销商上海申银证券公司大量印刷认购表，保证供应充分；证监会派出28名干部，由朱从玖（时任证监会办公室副主任）带队，直接奔赴青岛，参与发行准备工作；青岛市委、市政府不断通过电视等媒体向蜂拥而来的、持币待购的人们宣传，一再地说明认购表无限量供应，不要怕买不到，同时也反复地解释，购买的人越多，中签率越低，等于是拿人民币打了水漂。

　　已经是万事俱备了。突然间，朱镕基副总理踩了刹车——他要求推迟发行——还是担心出事。刘鸿儒一再向他报告并保证说，准备工作达到了要求，不会出事，朱副总理仍是迟迟不拍板。刘鸿儒见此情形，马上对俞正声说："老俞，我这儿不行了，你来吧！"俞正声再次向朱副总理报告，说明市委、市政府已全力以赴做好发行准备工作，而且，如果再拖下去，将会影响全市的其他工作。最后，朱副总理拍板发行。

　　尽管，投资者还是如"8·10"事件中那样蜂拥而来，人民币还是大量汇入青岛各个银行，人们的"股市发财梦"还是那样热切，但这次的发行，由于采用了更加公开透明的发行办法，却有了截然不同的结局：人们的抢购热情逐渐平淡下来，没有徇私舞弊和违法乱纪，发行过程秩序井然，发行任务也就顺利地完成了。

　　刘鸿儒悬着的心终于放了下来。至少，看起来，我们的市场终于经受住了考验，实现了股票平稳顺畅安全的发行。更为重要的是，刘鸿儒越来越坚信：除了建规立制，提高市场化水平、增强透明度是防范股票市场风险的另一个要害所在，于是，新任主席刘鸿儒启动的第二项工作，是探索建立高度透明的股票发行制度。

1993 年 6 月，证监会专门召开了一次全国证券机构承销工作座谈会，面对全国铺开的股票发行试点，再加上青岛啤酒 A 股顺利发行的经验，刘鸿儒再一次强调股票发行的基本原则：第一是公开透明，第二是防止徇私舞弊，并重申股票发行中要务必确保"安全第一"："现在我们的发行工作，最基本的要求就是健康、顺利地进行……防止引发社会问题，影响社会稳定，这是最基本的要求。如果说要进行成本与效益比较的话，首先看这两条效果如何……所以我们决心宁可用笨办法，浪费一些人力和纸张，也要保证不出社会问题，这是最大的要求、最基本的目标，在这个问题上，任何人不能动摇。"[①] 他把会计师事务所、律师事务所以及券商等股票发行中介机构比喻为政府不花钱的"经济警察"，强调要在股票发行中更多地发挥这些"经济警察"的监督作用，并对券商提出了"约法三章"：第一，不能徇私舞弊、行贿受贿；第二，从业人员不能买卖股票；第三，证券公司不能违法经营。

在从计划经济向市场经济转轨的过程中，在计划思维仍然发挥着惯性作用的时候，建立公开、透明的股票发行制度，并不是一朝一夕就得以完成的。刘鸿儒常说：改革就是摸着石头过河，怎么理解呢？容易的先改，条件具备的先改，认识到位的先改，不得不改的先改……

不容易而不得不改的问题，更加考验改革者的勇气和智慧，这突出体现在股票发行上市的审核制度上。相比较于股票的发行方式，这是一个更为复杂而棘手的问题，但是对于建立一个公开、透明的股票发行和上市制度而言，又是一个至关重要的问题。

在证监会成立之前，由于担心股票发行上市增加计划外的固定资产投资，当时的国家计划委员会坚持对股票发行作计划管理，实行总规模控制。但是在全国各地的股份制改革热潮之下，各省市负责人大量涌入北京，要求批准股票发行，有的甚至常驻北京，大有不达目的不罢休的势头。这让国务院和有关主管部门感到压力巨大：一方面每个企业都到北京来审批，不公平、不

---

① 刘鸿儒. 突破——中国资本市场发展之路：上卷 [M]. 北京：中国金融出版社，2008：271.

公开，自然容易滋生腐败问题；另一方面也牵扯企业精力，很不经济。因此，在 1992 年 8 月 8 日体改委召开的全国股份制试点座谈会上，刘鸿儒提出建议，向各省、市下达上市企业数量指标，同时规定标准，至于让哪些企业上，则由省、市政府自己确定。这样，就把提出预审企业的担子压到地方政府身上去了。

现在，这些企业名单到了证监会，怎么审定呢？刘鸿儒去香港考察，他特别关注到香港的做法——由香港联合交易所组织一个上市委员会，由社会上的有关专家组成，包括会计师、律师、企业家、学者等，交易所上市主管部门负责初步审查和材料整理，并提交上市委员会讨论决定。刘鸿儒对这种制度安排颇为欣赏，认为它大大增强了股票发行的透明度，大大减少了监管部门权力寻租的空间，便把这个做法带回了内地。他向朱镕基副总理汇报并得到认可后，决定在交易所建立上市委员会来负责上市审查和决定，以代替行政审批。

当时的上海证券交易所和深圳证券交易所，相互之间没有分工、平等竞争，考虑到如果让两个交易所各自成立上市委员会，审查标准就难以统一，因此证监会统一组织成立上市发行审核委员会，由证监会的部分专家和社会各界专家包括会计师、律师等组成。如此一来，便形成发审委审核可以上市的企业、证监会统一分别安排在上交所和深交所挂牌上市的发审制度。发审委大大增强了发行审核的社会性、民主性和透明性，使证监会在股票发行上市中获得相对超脱的地位，也使作为证监会主席的刘鸿儒，感到一丝轻松，"谁想找我走后门发行股票，我就说这个事情我不好管，由发审委决定"。①

循着公开、透明的原则，刘鸿儒主张监管机构不应该也没有必要介入本应由中介机构、投资者和发行人承担的具体事务中，应当转向制定标准和规则，不断增加政策透明度和可预测性，同时加大对欺诈、内幕交易和重大隐瞒等违法行为的处罚力度。但是在短短的三年任期内，他并未能解决这个问题。

---

① 刘鸿儒. 突破——中国资本市场发展之路：上卷 [M]. 北京：中国金融出版社，2008：280.

　　1993 年，刘鸿儒（左一）与美国证监会主席理查德·布雷登（右一）交谈。后排为李青原。

　　1993 年，刘鸿儒参观纽约证券交易所。

2006 年，已经卸任证监会主席一职近十年的刘鸿儒，仍然持续不懈地关注股票发行审核这一最基础、最重要、但问题最多的制度安排。那时候，我国已经在 1998 年的《证券法》中确立了股票发行核准制，彻底取消了新股发行中的额度和指标控制，股票发行中的透明度、市场化有所增强，但仍以实质性审核为主。刘鸿儒以资本市场研究会的名义，发出了进一步改革的倡议。他主张借鉴发达成熟资本市场的注册制思路，摒弃将股票市场作为宏观调控工具的思路，还原发行审核制度的基本功能，将市场的问题真正地交给市场解决。

不容易而不得不改的，还有新股发行价格如何确定的问题。

1992 年 5 月 21 日沪市放开股票涨跌幅限制后，年轻的中国股市在各种内外矛盾的挤压下，陷入"过山车"般的暴涨暴跌。

1993 年到 1994 年期间，江泽民总书记到上海视察工作，其间到上海证券交易所和上海期货交易所调查。刘鸿儒两次陪同，江泽民总书记两次询问了股票涨跌的问题。

第一次正赶上股市二级市场价格上涨较快。

江泽民总书记问："有人反映说发行价格定低了，国有企业吃亏了，这是怎么回事？"

刘鸿儒回答："这是主承销商和发行公司根据市场状况自主确定的价格。发行企业要高价，投资者要低价，中介机构要协调，最后由供求双方协商定价。二级市场价格高，人们才有积极性去购买股票。"

第二次却恰好赶上二级市场价格下跌，有的甚至跌破发行价。

江泽民总书记又问："有的投资者反映，他们买原始股吃亏了，说价格定高了，为什么发行价定这么高？"

刘鸿儒依然回答："这还是市场决定的。政府不能直接参与定价，只能制定规则，负责监管，向投资者公布信息，由投资者选择买不买这种股票，自己承担风险。"

江泽民总书记最后说："我也理解。"

新股发行价格由市场决定，现在看来，是最毋庸置疑的常识，但在那个时候，却是有争议的。

20 世纪 90 年代初期，新生的中国股票市场以散户为主，机构投资者很少，难以形成主导力量，在这种情况下，怎么定价的确是个比较复杂的问题。同时，股票市场对发行规模、上市公司数量实行额度管理，一些公司为了多筹资，主观上竭力提高新股发行价格；股票的供不应求，又使散户投资者形成一种错误认知，认为拿到原始股就能赚大钱，号称"新股不败"，客观上又助长了新股定价畸高，有的甚至远远偏离了企业本身的实际价值。从市场并不成熟、投资者也不够理性的现实出发，很多人主张证监会应该管发行价格，比如规定股价是市盈率的多少倍。

刘鸿儒则坚持，证监会不要干预价格，让市场去定，监管重要的是做到公开、透明：一方面，自主定价，是市场化发展的最基本要求，没有自主定价，就算不上真正的市场；另一方面，市盈率定多少算对的？刘鸿儒认为监管部门并不具备这个"超能力"。

因此，刘鸿儒坚持给予主承销商和发行公司自主定价权，试图把市场引向市场化发展轨道，同时又竭力避免在一个不成熟的市场中推进市场化可能带来的后果——市盈率畸高、新股定价畸高。他和他的同事们不断说服、劝导承销商和发行公司，不要过于短视——上市企业千万不要做"一锤子买卖"，上市时要高价，集中筹集了一笔较大规模的资金，不好好运用，不善于经营管理，也不下力气完善治理结构，业绩下降了，没有条件再融资，结果自己把自己的融资渠道堵死了；要以长远的眼光看待上市融资——上市为企业打开了一条长期的、不断发展的、不断扩大的融资渠道，发行价不要过高，给二级市场留有上升空间，给投资者留有获利的余地，企业本身改善经营，盈利水平提高，股价会逐步上升，投资者信心增强了，可以扩大再融资规模，这才是"双赢"。

第三条轨道：市场化的股票交易制度。

股票交易要充分市场化，要尊重市场规律，不要人为干预，这是刘鸿儒在踏上火山口之前，从世界历次股灾的研究以及台湾专家的座谈中得出的结论，也是证监会建立伊始，就已确定的发展目标。但是，当股票市场风险不断积累、累积，眼看着将要上升为政治风险的时候，他不得不在政治和经济的角力中作出妥协。

1993 年 11 月 12 日，在经历了近一年股市的持续下跌后，朱镕基副总理批转给刘鸿儒一份上海市政府的报告，要求他研究平准基金的问题。深思熟虑后，刘鸿儒在报告中这样回复："我找了一些专家进行了研究，并请教了香港和国外的专家，一致认为这种做法是不可行的，也没有这样做过的案例。它不但解决不了稳定市场问题，还会造成政府包揽市场、群众依靠政府的后果。"①

其后的 11 月 15 日至 22 日，刘鸿儒随江泽民总书记到上海调查，上海市负责同志在汇报中谈到上海股市下跌的问题时，再次提出从上市公司发行股票的溢价收入中集中一部分资金，作为股市的调节基金，用于托市。江泽民总书记征求刘鸿儒的意见，刘鸿儒再次表达了上述观点。

刘鸿儒不遗余力地解释，股价涨跌是股市发展中的自然现象，尤其是在我国，股票市场只是在改革开放以后才出现的一项新生事物，尽管发展很快，但仍处于实验阶段，还很不成熟；股价大幅度涨跌，既是证券市场建立过程中自身发展规律的客观反映，也是证券市场从不成熟走向成熟的外在表现。如果政府在股市狂涨时想压价、股市狂跌时想托市，最根本的原因还是求平稳、怕闹事，这实际上是政府包管市场，不符合市场经济的发展规律，中国股市也不应该再走回到政府包打市场的老路上去。

刘鸿儒对股市涨跌的认识，是清晰、务实而周全的，他深耕资本市场数年，深知在一个社会主义国家里建立资本市场的不易，并深知任何一场政治风险，都随时可能将仍然处于试点阶段的中国股市推向生死边缘。因此，对于股价涨跌的应对，他不得不做出更为周全的考虑。

在其后的一次讲话中，他这样说："当前我国股市的下降，整体看是市场发展过程中价格的调整，但在调整过程中也反映出一些值得注意的问题，如扩容速度、市场供求结构、市场规范化等问题，需要深入研究和提出相应对策，这意味着，市场中存在政策调整的空间和必要性。"

1994 年 3 月 14 日，证监会宣布实施临时性市场干预政策：1994 年上半年

---

① 刘鸿儒. 突破——中国资本市场发展之路：上卷［M］. 北京：中国金融出版社，2008：292.

不发行新股，所有发行股票企业实行辅导制①；两年内不对股票转让所得征收个人所得税；国有股、法人股不上市，不和个人股并轨；不再审批定向募集公司，停止募集内部职工股。

这些旨在调整市场供求关系的"四不政策"取得了短暂的效果，当天上证指数即大涨9.90%。但是，市场很快掉头向下，出现了更猛烈的下跌。

股指一步步下跌，市场压力不断加码、持续逼近。1994年7月23日，一封由时任上海市委书记和市长亲自签名的电报《关于当前股市情况的紧急报告》被呈送到中央领导手中。电报中说：上海股市从1400多点跌到360多点，投资者损失巨大，社会反应强烈，影响市场稳定，希望中央采取措施救市。朱镕基随即把这封电报转给中国证监会，要求加紧研究提出对策。

救，还是不救？刘鸿儒是矛盾和挣扎的。在后来接受记者采访时，他如是描述当时的决策历程："我当时的想法是，市场化水平首要的标志是价格要放开，如果管价格，就没有真正的市场；把价格放开以后，把透明度提高了，法律环境具备了，由投资者去选择买还是不买……低了往上抬，高了往下压，我想这不是我们的方向。"这是经济学家刘鸿儒的坚持。

同时，面对羸弱不堪的股市，潜伏着的几乎要一触即发的风险，政治敏感性又告诉他：应该要救。"因为我们的市场很脆弱，投资者的承受力很脆弱，政府的承受力也很脆弱。应该在特殊环境下采取特殊措施，使得它不要造成更大的压力和社会震荡。"这是改革家刘鸿儒的审度。

随即而来的问题便是如何救市。刘鸿儒再次与台湾"证券管理委员会"的离职官员和专家座谈，重点是从1962年台湾证券交易所成立以来的四次股市下跌中寻找经验。对于股市波动的原因，台湾专家们特别强调，除了受内外经济发展影响，一个重要的原因是股票市场供求不平衡，另外一个原因是缺少中长期投资的机构投资者。在这样一个缺乏长期机构投资者的市场中，当股票供不应求时，股价便会暴涨；当上市公司增加、股票供给增加时，靠散户有

---

① 上市公司辅导制来源于刘鸿儒对台湾资本市场的借鉴，指主承销商对初次发行股票的公司董事、监事、高管人员就股份制、资本市场、股东权益、信息披露等政策要求和法律法规进行培训辅导的政策。1994年5月，国务院证券委第四次会议决定在我国建立上市公司辅导制。

限的资金难以支撑，于是股价大跌。而且个人投资者投机性强，风险意识差，盲目追涨追落，也容易推动股市的暴涨暴跌。针对此，台湾"证券管理委员会"从 20 世纪 80 年代开始循序渐进地吸引岛外中长期投资资金进入股市，先是批准成立四家合资证券投资信托公司在岛外募集资金投入台湾股市，后来开始允许外国机构投资者直接进入。此后，台湾又开始着手组织投资基金，发展本岛机构投资者，并放松对融资融券业务的限制，以此鼓励证券公司入市稳定市场。

"允许外来资金、外国机构投资者进入本岛股市，这相当于向外打开了资本市场，会不会带来不可控风险呢？"刘鸿儒提出了他最为关心的问题。要知道，正是为了防止这种风险，我国才设计出了独特的 B 股①。台湾专家的回答是，当然会有风险，因此对这些外来资金，更要严格控制，比如其资金投向、持有岛内上市公司的股份等，均设置了严格的控制条件，使之处于"证券管理委员会"的严格控制之下。

"这些措施看上去都旨在通过市场力量来调节和改变市场运行，那么，政府有没有采取直接干预措施呢？"同行的大陆人员提出了疑惑。台湾专家明确地、肯定地回答：政府不应直接干预股市，政府更需要做的是，抓立法、执法和培养市场。他们说，这是台湾从历史发展中得来的教训。

1964 年台湾官办糖业公司改为股份公司，其股价受国际糖价影响暴跌，当时许多股民上街示威闹事，甚至围攻了"经济部"。政府迫于压力出资收购了台糖股票，此后也在股市下跌时组织过银行托市，但是"好心办坏事"，换来的结果却是，投资人开始把股价消长系于政府，每遇股市下跌，就会有人到"证券管理委员会"闹事，甚至出现过主管官员被打伤、刺伤的情况。其后，"证券管理委员会"不再干预股市和救市，而着力于市场培育，股民找政府的事情反而少了。

通过向台湾取经，又从各个方面进行了调研后，1994 年 7 月 28 日，证监会拟定《关于稳定当前股票市场的建议》，报送朱镕基副总理。报告写道：

"目前突出的问题是，由于股价下跌的幅度大，时间长，广大股民对股市

---

① 即人民币特种股票，以人民币标明面值，以外币买卖，在中国境内上市交易的外资股。第一只 B 股——上海真空电子于 1992 年 2 月 21 日在上海证券交易所上市。

信心不足，情绪不太稳定。如果这种情况再持续下去，可能会影响社会的安定，也不利于股份制的改革和股票市场实验的进行。因此，我们认为采取一些相应的对策是必要、适时的。这些措施应治标与治本相结合，除了第四次国务院证券委会议的决定外，建议采取如下一些措施……"①

这些建议经过最后研究，归结为"三大政策"，两天后由新华社以《中国证监会与国务院有关部门就稳定和发展股市作出决策》一文发出，经各大媒体转载，迅速在市场上发酵起来。

"三大政策"是：今年内暂停新股发行和上市，严格控制上市公司配股规模，采取措施扩大入市资金范围。8月4日，《上海证券报》又刊发记者文章，进一步阐述了上述第三条的含义：在扩大入市资金方面，要研究采取的一系列措施中，第一条即发展我国的投资共同基金，培育机构投资者；第二条即试办中外合资的基金管理公司，逐步地吸引外国基金投入A股市场，中国证监会已组织力量作更进一步的研究，目前进展顺利；第三条即有选择地对资信和管理良好的证券机构进行融资，中国证监会已着手邀请有关方面人士探讨研究向券商融资的具体办法。

"三大政策"言简意赅，却给了市场巨大的想象空间，它像一针兴奋剂，推动低迷的股市迅速翻腾出狂潮。上海股指一路飙升到9月13日的1033.47点，从7月29日的333.89点算起，短短不足两月内，涨幅达209%，其间股指最高曾达1052点，比333点上升320%；深圳股指蹿升到9月12日的225.62点，从7月29日的96.56点算起，涨幅达133.65%，其间股指最高曾达231点，比96.56点上升245%②。

然而，三大政策中除了临时的行政干预措施得到快速实施外，旨在完善市场结构、健全市场功能的第三大政策，则在延宕多年后才逐渐实现：直到1998年，封闭型基金才开始出现，首只开放型投资基金则诞生于2001年；首家中外合资基金管理公司（国安基金管理公司）于2002年获准筹建；1999年

---

① 刘鸿儒. 突破——中国资本市场发展之路：上卷 [M]. 北京：中国金融出版社，2008：298.

② 数据来源：1994年10月20日刘鸿儒向李鹏总理的汇报，题目为《如何稳定中国的证券交易市场》. 刘鸿儒. 突破——中国资本市场发展之路：上卷 [M]. 北京：中国金融出版社，2008：303.

到 2000 年，人民银行才出台《证券公司进入银行间同业市场管理规定》和《证券公司股票质押贷款管理办法》。

政策迟滞的原因，则来源于认识上的不统一。1994 年 8 月，在北戴河的一次会议上，刘鸿儒提出建立银行向证券公司的融资制度，遭到当时人民银行主管同志的坚决反对，说不能用银行的贷款支持那些炒股发财的人；对于组建中外合资基金的建议，朱镕基副总理后来告诉刘鸿儒，一位老同志就此给中央写信，说这是"卖国主义"。

由于"三大政策"中最具想象力的第三大政策具体实施方案久未出台，股民们开始对政策的稳定性、连贯性和政府的权威性表示怀疑，各种猜测、流言接踵而至。9 月末，沪深股指大幅下滑，至 10 月 17 日，上海股指收盘 616.34 点，比 9 月 13 日下跌 67.67%，深圳股指收盘 148.09 点，比 9 月 12 日下跌 52.35%。

从 8 月至 10 月中旬，沪深股市多次经历大幅震荡，或巨幅上扬或快速超跌，随后进入漫漫熊市。

"三大政策"对股市带来的强力刺激并未持续多久，但是争议却未曾停止。有观点认为，没有"三大政策"，稚弱的中国股市根本经不起如此大的风浪，恐怕早就关之大吉了，那么一切将重新开始。也有观点认为，"三大政策"是"父爱主义"的结果，其产生的政策负效应久难消弭：监管机构出于稳定的考虑，被动地出台相应救市政策，这种人为干预使市场价格高于供求均衡价格，导致市场供求长期失衡，延缓了市场自我矫正和自我复苏的时间。"父爱主义"产生的隐性担保，还导致投资者过度依赖政府，对政府政策信号过度关注，在无形中陷入了恶性循环：投资者受损——求助于政府——政府为求稳定而出台政策——政府过多干预破坏市场内在机制——投资者盲目投资——投资者再度受损。[①]

政府对股市的直接干预，使中国股市烙上了深深的"政策市"的印记，最直接的体现就是利用舆论力量影响股市行情，特别是党中央的媒体——新华社、《人民日报》评论股票指数的高低。

[①] 胡汝银. 中国资本市场的发展与变迁 [M]. 上海：格致出版社，2008：102.

试图以党报舆论改变投资者预期，进而影响市场行情，对这样的做法，刘鸿儒不能接受。1996 年 12 月 16 日《人民日报》评论员文章《正确认识当前股票市场》发表的时候，刘鸿儒已经卸任，他曾向证监会主管领导提出意见，既然要为股市降温，为什么不把法人股拿出来流通呢——既增加了股票供给，又借此机会实现法人股流通，不是"一石二鸟"吗？这位主管领导回复：提过这个建议，但是看法不一致，没有通过。

刘鸿儒说，证监会从成立的第一天起，就一直受到股市行情的困扰，股市大起大落，本是市场自身的供求问题，常常最终上升为政治问题。好处是从中央到地方都很重视股市风险问题，坏处就是政府不断出手干预，结果使市场和投资者都失去了自我修复、自我成长的时机，而在政府的不断强力干预中，反而衍生出更加复杂的政治、经济问题。

刘鸿儒将其总结为：三分业务，七分政治。

在"2002 年中国证券市场高级论坛"上，刘鸿儒谈到中国的政府和市场关系的特殊性。他说，我国股票市场产生于公有制，政府是国有企业的股东，政府同时作为社会公共产品和服务提供者、重大政策制定者、市场监管者、市场组织者和市场投资者参与市场活动，这是最大的中国特色；不同的身份，有不同的行为原则和理性要求，相互之间存在着潜在的利益冲突，因此，政府需要更强的角色感，需要对不同身份以及与这些身份相联系的不同角色，及其所对应的权利和义务，有更加明确和清晰的认识，采取有效手段，防止利益冲突，增强透明度，走向市场化，并受到法规的监督和制约。

中国证监会第四任主席周小川曾经这样描述证券市场上的政府和市场：如果把中国证监会比作足球裁判员，那么裁判员最好不要出身于某一个球队，也不要自己下场踢球。刘鸿儒对此表示赞同，同时，他又说："如果把'证监会'三字换成'政府'二字，则更准确些；如果政治关注和行政干预过度，市场扭曲在所难免。"

正所谓：市场的归市场，政府的归政府。

当刘鸿儒正在资本市场竭力地开荒、修路、铺轨道时，他又带领股改后的国企大军，昂然挺进一个更大的舞台——国际资本市场。

第二十一章

挺进国际资本市场

国有企业走进国际资本市场，追根溯源的话，仍然要从 1978 年，从党的十一届三中全会作出的对内搞活、对外开放的战略决策说起。

改革开放之初，我国外汇短缺，邓小平同志曾说，中国有强大的公有制基础，吸收几百亿、上千亿外资不会影响我国的社会主义经济性质。这一论断，为我国吸引和利用外资打下了思想基础，我国开始摒弃"一无内债、二无外债"的传统观念，打破不向西方资本主义国家借款的思想禁区，充分利用外资，成为一项重要国策。1986 年，国务院成立了外国投资工作领导小组，专门研究利用外资问题。小组由谷牧任组长，周建南任副组长，刘鸿儒也是小组成员之一。在中央的强力推动下，我国利用外资工作大步推开：向外国银行和国际金融组织贷款，在国际市场发行债券，积极鼓励外商来华直接投资……特别是，当时认为，吸收外商投资开办中外合资企业、中外合作经营企业和外商独资企业，既连接了国际市场，又及时引进了先进的实用技术，并且不会造成债务负担，因而成为利用外资的主要形式。

然而到了 20 世纪 90 年代初，随着股票市场的兴起，股权投资，悄然地、意外地成了吸引外资的另一个新的渠道。

1990 年，刘鸿儒南下深圳调查股票热，他发现，试点仅两年的深圳股市，已经吸收了数量可观的外汇资金。当时，深圳通过发行股票筹集外汇资金的方式主要有两种：一种是深圳发展银行发行的外币优先股，主要吸引国内法人企业闲置不用和个人手中留存的外汇资金。作为我国改革开放的桥头堡和著名侨乡，深圳仅个人外币存款一项每年就达 10 亿美元左右，因此看起来，发行外币优先股的做法在深圳是大有可为的。

另一种是深圳万科和深圳原野所发行的外资人民币股票，即以外资兑换成人民币所购买的人民币股票。据当时深圳相关部门的统计，深圳市利用股票协定吸引外资折合人民币达 7000 多万元。调查中，刘鸿儒还了解到，不少台商、港商和其他外商通过各种渠道"伸来橄榄枝"，希望来深圳购买股票，对股票投资表现出很高的热情。

深圳调查之后，刘鸿儒带领调查组又来到上海。他发现，上海也正在经历相似的情况。与在中国开办"三资"企业相比，外商对股权投资表示出异乎寻常的热情，他们说，在中国开办企业，要办那么多手续，盖那么多章，很麻烦，而通过证券的方式，可以随时买卖，这么方便的方法，你们为什么不用呢？

事实上，随着 20 世纪 80 年代国际股权融资热潮的兴起，一些境外资本敏锐地嗅到了中国新兴股市的商机，并已经积极行动起来：世界银行成员机构之一的国际金融公司和美国拜特曼齐资金管理公司正准备在境外发起组建"中国股权基金"，到以上海为主的中国企业投资；法国东方汇理银行也组织了一个"上海基金"，正在国外筹措资金，准备以股权形式来上海投资。另外，港澳地区的一些金融机构也对到上海进行股权投资表达了意向。

而另一边，深圳和上海的一些企业，对于通过股票吸引外资也有着强烈需求。那时候，一些中外合资企业、中外合作企业常常受制于外方，有的外方突然抽回资金，企业经营便立刻陷入困境；还有的外方垄断海外采购和销售权，致使中方利益受损等。这些问题令"三资"企业怨声载道，因此，真空电子器件股份有限公司、上钢五厂等十几家企业都积极要求通过外商股权投资的方式吸引外资。

于是，一边是外资持币待购，一边是强烈的企业融资需求，利用股市吸引外资，已经具备充分的市场基础；对于深圳、上海两市政府而言，尤其是上海，那时的浦东开发正进行得如火如荼，加快基础设施建设、发展地方经济，都需要大量的资金投入，自然对这种市场需求给予积极支持。更为关键的是，通过股市，既引来了资金，又无偿还外债之虞，更加令地方政府跃跃欲试。

　　然而，外国投资者直接投资于 A 股市场，在当时人民币汇率还不能自由浮动、外汇储备短缺的背景下，被认为是风险极大的。1994 年 1 月 20 日，朱镕基在人民大会堂会见美国财政部部长劳埃德·本特森时说的一番话，真实地体现了当时监管者的忧虑。他说："关于开放资本市场问题，这也是我们的金融改革方向。但从目前来讲，我们的立法很不健全，证券市场也很不成熟，投机性很大。目前，发行股票正处于实验阶段，如果在这个时候允许大量的外国机构进入，就会造成中国市场的极大不平衡。你们在证券市场方面有着上百年的经验，而我们只有两年的经验，还得允许我们有一个实验的过程，才能做大量的业务。在这方面，实际上我们与美国的证券机构有着非常密切的合作……我们从合作中学到了一点东西，但要学到更多的东西才能考虑让外国机构进入。总之，中国人基本上还不懂什么叫股票、什么叫资本市场。现在外国传说我们要发行奔驰汽车公司的股票，这只是他们的想法，我们谁也没有讲过这个话。"①

　　深圳和上海继而在已有的外资人民币股票的基础上转而研究、提出了发行人民币特种股票，即境外投资者以现汇（美元）购买、以人民币计值的股票（与境内 A 股相呼应，称为 B 股）的建议。

　　初时，自下而上的带有尝试性质的深圳外资人民币股票在制度安排上是粗陋的。两家公司发行外资人民币股票，一家一个办法，资金来源五花八门，外汇兑换价格不一，股息红利的汇出受到限制。凭着多年的改革经验，刘鸿儒一边大胆鼓励沪、深政府积极利用股市吸引外资，一边设法给出规范化建议，竭力规避不规范可能带来的风险。他在其后的调查报告中提出，应通过基金的方式集中引进外资，以便于进行宏观调控，防止过多外资进入，影响市场和外汇价格；应统一外汇兑换价格，以防止引起市场混乱；为鼓励外资投资外资人民币股票，应允许股息红利兑换成外汇后自由汇出。刘鸿儒的这些建议，被吸收、写进后来两市的人民币特种股票管理办法中。尤其是，在这个调查报告中，刘鸿儒第一次提出通过基金的方式在股票市场引进外资，

---

① 朱镕基讲话实录：第一卷［M］．北京：人民出版社，2011：467.

他的这一建议，成为后来资本市场对外开放的重要思路。

对于沪、深两市提出的 B 股设想，刘鸿儒带领的联合调查组于 1991 年 1 月 4 日的调查报告中，也给予了充分肯定："在国内资金十分紧张的情况下，运用股权投资吸引外资，是一条积极可行的路子……联合调查组认为，上海市有关方面设想的 A 股、B 股方案是可行的，可以进行实验。"同时，他进一步阐述了以基金为主的审慎的外资引进思路："B 种股票要分步实施，渐次推进。初期只应允许境外企业法人、基金购买，试行一段时间、取得一定经验后，再允许境外自然人购买。"①

1991 年 3 月 2 日，遵照李鹏总理的指示，刘鸿儒又请沪、深两市副市长专门赴京做了一次关于股份制试点和股票市场问题的全面汇报。李鹏总理亲自主持，中共中央政策研究室及国务院 12 个有关部门的同志听取了汇报。在这次汇报中，对如何通过证券市场利用外资的问题做了专门说明。两市副市长特别提出："我们得到的好处是引进一批不能抽回的投资，并从 B 种股票交易中收取税收和手续费，这个办法无论在政治上还是在经济上都不会受损失。"

这次汇报之后，就国务院领导和有关方面最关心的几个问题，刘鸿儒主持起草了《关于上海、深圳两市股份制试点几个问题的报告》，向国务院正式做了说明。其中，对于通过证券市场利用外资的问题，他再次建议："通过证券市场利用外资是一条新途径，可在上海、深圳两市进行实验。为了安全起见，可试行 A 种股票和 B 种股票分别管理的办法"。②

B 股建议最终获得高层肯定，制度安排也疾步跟上。根据 B 股的设计思路，B 股在境外发行、境内上市，即按照美国"144A 规则"③，境外投资银行将 B 股以私募方式出售给境外合格机构投资者，B 股发行成功后在中国交易所上市交易；为了实现这一交易，外国投资银行成为上海、深圳交易所 B 股

① 刘鸿儒. 突破——中国资本市场发展之路：下卷 [M]. 北京：中国金融出版社，2008：657、658.
② 刘鸿儒. 突破——中国资本市场发展之路：下卷 [M]. 北京：中国金融出版社，2008：658.
③ 美国证监会于 1990 年颁布实施了"144A 规则"。根据这一规则，发行人可以发行不受美国证监会注册和信息披露要求限制的证券，但这些证券只能在私募市场向合格机构投资者发行，并只能在合格机构投资者之间交易。"144A 规则"的主要目的是吸引外国企业在美国资本市场发行证券，提高美国国内私募证券市场的流动性和有效性。

交易席位特别会员，它们的买单或卖单从国外发到国内，委托境内经营 B 股业务的证券经营机构代理，在上海、深圳证券交易所成交。境外投资者的 B 股股息、红利、交易收入和其他合法收入，可以按照外汇管理部门核定的调剂汇率兑换为外汇汇出境外。这些设计思路，逐条地体现在 1991 年 11 月 22 日上海市人民政府颁布的《上海市人民币特种股票管理办法》，以及深圳市人民政府于当年 12 月颁布的《深圳市人民币特种股票管理暂行规定》中。

1991 年第四季度，经"股票市场办公会议"审议通过，报国务院批准，我国正式开始发行 B 股。1992 年 2 月 21 日，上海证券交易所上市交易我国第一只 B 股——上海真空电子，2 月 28 日，深圳南方玻璃有限公司的 B 股在深交所上市交易。

至此，B 股在我国资本市场粉墨登场。它的诞生，源于我国吸引、利用外资的现实需求，但同时，客观上也推动了我国资本市场迈出了对外开放的第一步，它为国外投资者参与我国资本市场打开了一扇窗，也使我国企业、证券商借助于这扇窗，得以走进更广阔的舞台，去迎接国际资本市场风浪的挑战。

有些人并不理解，为什么要分 A 股和 B 股？刘鸿儒在 1991 年 10 月 21 日召开的"全国证券市场发展政策研讨会"上，阐述了 B 股的政策初衷。他说，在我国实施外汇管制、人民币不能自由兑换的条件下，人民币股和外币股分开，境内市场和境外市场分开，相互之间不流通，就好比搞了个"三八线"，两个市场的严格区分，既可吸引外资、解决外汇平衡问题，又可防止外国投资者对中国股票市场造成冲击；这样的制度安排，在政治上和经济上，都会减少风险。将来条件成熟了，再打开渠道。

因此，B 股成为中国资本市场在特定历史条件下，一个特殊的存在。

也正是因为这个特殊的制度安排，B 股的先天不足从一开始就决定了其多舛的命运。

由于境外发行、境内上市，B 股投资者和企业主体在地域上天然割裂，导致了投融资双方巨大的信息不对称，再加上 B 股企业公司规模小、股票数量少，B 股市场的热闹景象并没有持续多久，便慢慢地失去吸引力，发行量

1991 年，我国首次发行人民币特种股票——B 股，迈出资本市场对外开放的第一步。

1991 年，刘鸿儒在第一只 B 股——上海真空电子股票发行会上讲话。

和成交量均陷入低迷。根据证监会 1995 年《当前 B 股市场存在的问题及其政策意见》的报告：自 1992 年第一只 B 股诞生，到 1994 年底，共有 58 家企业发行 B 股，大部分企业经营效益不佳，企业净资产利润率超过 10% 的仅有 18 家；由于市场低迷，大部分 B 股跌破发行价。

市场低迷至此，融资功能式微，那么，B 股该向何处去？这一时期，关于 B 股的政策思路，是摇摆不定的。

1994 年 6 月 3 日，刘鸿儒在给朱镕基副总理的一个报告中讲到，B 股不够活跃，其市场规模过小、流动性差是重要原因，因此，他建议在完善 B 股法规、加强上市公司监管的基础上，适当增加 B 股的发行。

这一建议得到采纳，国务院证券委决定，1994 年扩大 B 股发行的实验，增加发行规模，企业的选择范围从上海、深圳扩大到全国。朱镕基副总理批

1994 年 12 月 15 日，在香港商讨 B 股的未来。从右至左依次为：童赠银（中国证监会副主席）、刘鸿儒（中国证监会主席）、李业广（香港联交所原主席）、周文耀（香港联交所行政总裁）、郑维健（香港联交所新任主席）。

示："步子宜缓，分批进行，不要一放而乱。"①

然而，扩大发行并没有带来预期的效果。刘鸿儒很快看到，在进一步扩大 B 股发行的过程中，一些券商在销售 B 股时，违规向境内投资者配售 B 股，这使得相当部分的境内投资者通过各种渠道事实上进入了 B 股市场，B 股市场的制度初衷——为国内经济建设吸引外资的功能——愈发衰退，并且，令人担忧的是，境内资金的持续进入，还引发了个人外汇黑市交易、私自套汇等不法行为。雪上加霜的是，美国在经历了 1990—1993 年将近四年的宽松货币政策后开始加息，国际股权市场表现不佳，累及 B 股市场更加低迷，刘鸿儒据此判断，1995 年 B 股的发行可能遭遇困难。

基于此，刘鸿儒建议，暂缓进一步扩大和发展 B 股市场，由国务院明确 1995 年度 10 亿元 B 股规模暂停。

而此时，由国务院批准的境外上市（H 股）正在逐步推进，利用股票市场吸引外资，实际上已经是"两条腿走路"，B 股市场存在的价值则越来越小。1994 年 8 月的一次国务院会议上，朱镕基就曾问："鸿儒，原来没有 H 股时发行了 B 股，现在 H 股规模大了，B 股可以取消了吧？"②

回想 B 股建立之初，作为这一制度的创始人，刘鸿儒曾预言：一个国家不可能长期并存两种类型的股票，因此 B 股只能是一种过渡形式。那么现在，该是 B 股谋变的时候了。

证监会于 1995 年起草的《当前 B 股市场存在的问题及其政策意见》中，提出了几种思路：第一，立即取消现有的 B 股，由发行公司购回 B 股，或将 B 股并入 A 股。第二，暂时保留目前的 B 股，逐步规范后并入 H 股。报告认为，逐步过渡、最后并入 H 股，更具可行性，但这些建议，遭到了"只想做加法，不想做减法"的上海和深圳的反对。

鉴于各方意见不一，B 股市场最终维持下来。1997 年东南亚金融危机爆发，加上企业境外上市步伐加快，B 股市场更加低迷；2001 年，证监会放开投资者限制，允许国内投资者用自有外汇投资 B 股，但实际收效不大。至此，

---

① 刘鸿儒. 突破——中国资本市场发展之路：下卷 [M]. 北京：中国金融出版社，2008：661.
② 刘鸿儒. 突破——中国资本市场发展之路：下卷 [M]. 北京：中国金融出版社，2008：661.

B 股市场日益边缘化。

如果说，B 股是我国企业向国际资本市场迈出的一小步，H 股，则是中国企业进入国际资本市场的一大步；如果说，B 股向中国企业打开了一扇瞭望国际资本市场的窗口，H 股，则将中国企业直接送上了国际资本市场的舞台。透过这个舞台，中国上市公司更深入地融入国际资本市场；在这个舞台上，中国企业经历了脱胎换骨般的变革，中国股份制改革演绎了新的高潮，推动中国经济发展进入了新的阶段。

追根溯源的话，H 股的灵感，却是来自香港。

中国概念股在海外市场的火爆[1]，加上 B 股的成功发行，特别是，从发展香港国际金融中心的角度出发，香港联交所于 1991 年 6 月成立了一个由香港证券业人士组成的"中国研究小组"，目的是探讨中国企业赴香港上市的可能性、可能存在的问题以及解决问题的可能方法。总之，这是一个尝试性的探讨。

1992 年 2 月 14 日，"中国研究小组"完成了一份非公开的《有关今后发展方向的中期报告》，分别呈送国务院有关领导、中国人民银行、体改委、港澳办等有关部门。这份报告以与中国证券市场发展有关的内地部门为对象，详细研究了中国内地证券在香港上市时可能发生的情况，报告指出，在公司法例及管理阶层对股东的责任、侵权法律及对投资者的保障、会计制度及资产评估、外汇管制、法律纠纷处理、税务法律和破产法律等方面，均具有很多有待解决的问题。那个时候，中国还没有《证券法》《公司法》，甚至资本市场还未建立统一监管，因而该小组提出，最理想的做法是等待中国内地制定地区性或全国性的证券法律后，再允许内地企业在香港上市。最后，这份报告排除了直接上市，较为审慎地提出，中国内地企业到香港上市的方式，主要可以考虑：二级上市（即先在内地上市，再到香港上市），存股证，债券和可转换债券。

转机出现在刘鸿儒接到一个邀请后开启的赴港考察之旅，这成为中国企

---

① 1988 年卜蜂国际在香港成功招股，此后，中策控股、华晨（中国）控股先后在香港和纽约上市，基本做法都是把中国企业资产装入上市公司，借助中国概念实现在海外成功上市。

业海外上市征途的重要起点。尽管在当时看来，一切都是那么模糊和不确定。

1991年，香港有关方面邀请刘鸿儒组织有关人员去香港考察，研究国有企业到香港上市的可能性。由于当时对企业到香港上市的利弊尚无定论，发展前景更加没有把握，自然不便以官方名义出面考察，经国务院批准，由刘鸿儒牵头组织了一个专家组，作为新华社香港分社的客人到香港考察研究，专家组成员包括孙效良（时任国家体改委经济管理司司长）、李青原（时任国家体改委宏观司副司长）和聂庆平（时任中国人民银行金融管理司市场一处副处长）。虽然这个考察团在名称上隐去了其真实目的，但是从团员组成看，其目的却是显而易见的：当时的国家体改委主管股份制改革，人民银行是股票市场的主管部门。

1991年12月20日到28日，专家小组密集走访了香港主要监管机构，包括香港"证监会""财政司""金融司"、香港联交所，以及一些大型券商、会计师事务所和律师事务所，专家小组还就内地与香港的金融关系问题同一些中资机构进行了座谈。会谈中主要关心的问题是：中国企业的股票在海外能不能卖得出去，在法律上是否可行，实践中是否可操作。

据聂庆平回忆，座谈的结果意外地令人鼓舞。香港方面希望借由中国内地企业的上市，"背靠大陆、面向世界"，从而实现香港从区域性金融市场向国际金融中心的跨越，而国际投资者们早就看好中国新兴市场的潜力，他们非常渴望并清楚地知道，如何从刚刚经历了十年改革开放的新兴经济体中获利，因此他们都大胆提出，即使内地没有《证券法》，没有《公司法》，中国内地企业也可以直接在香港上市。

这个建议，和当时内地要对大型国企进行改革的思路契合，更加坚定了刘鸿儒一行"上市步伐要迈得更大"的想法。考察结束后，对于香港上市本来还模糊和不确定的态度，一下子变得清晰和坚定起来。专家小组回国后写了一份《关于中国内地企业在香港上市问题的研究报告》，专门对赴港上市进行了利弊分析。

这份研究报告力陈内地企业赴港上市的积极作用：对于内地发展而言，香港作为成熟市场，能够不断吸引国际资本的关注，赴港上市不仅能为内地筹集建设资金，而且经由香港，直接将我国企业推向国际市场，也有助于提升内地企业的国际知名度，并借此促使企业进一步转换经营机制，改革国有企业体制和财会制度，使之与国际惯例相一致。

特别地，内地企业的赴港上市，还有着重要的政治意义，这篇报告特别指出：随着"九七回归"的临近，香港是否还能保持繁荣和稳定，不仅港人关心，也为世界所瞩目；香港的稳定和繁荣，不仅关系到"一国两制"政策的成败，也关系到台湾和平统一，关系到未来中国在世界的地位和作用。从这个意义上讲，内地企业到香港上市，不仅是战术性动作，更是战略性的一着棋。内地企业到香港上市，可以令人信服地表明中国加大改革开放的决心，表明对香港前途的信心，对于稳定香港人心、稳住在港人才、吸引世界投资，都将起到举足轻重的作用。

报告也预见了内地企业赴港上市可能带来的问题。比如，从利于发行的角度，上市公司必须是盈利状况好的，这等于分出一块利润给海外股东；内地企业在香港上市，可能会在支持香港证券市场的同时对沪、深市场产生冲击。不过，专家小组认为这些所谓"弊端"并不会带来绝对的损失，他们认为，选择优质企业赴港上市，这与办中外合资企业一样，是利用外资必须付出的代价，但却是互利的；内地需要从股票市场筹集资金的企业很多，只要到香港上市企业的数量把握适度，就会使两者同时得到发展而不致互相冲突。更加重要的，专家小组认为，内地应当自觉利用这个条件，支持香港成为能够与纽约、东京、伦敦相媲美的世界金融中心，这同样是中国的光荣。

在这样一番利弊分析后，报告最后总结道："虽然内地企业到香港上市利弊兼有，但是利大弊小，而且可以通过我们的工作扬利抑弊。因此，应当积极而审慎地进行。"

1992 年 4 月初，刘鸿儒以国家体改委副主任的身份，向国务院领导同志汇报了他们的考察意见，力主推动内地企业赴港上市。当时国务院领导的决定是，企业到香港上市要慎之又慎，首先还是要搞好上海、深圳两个证券市场。

国企赴港上市眼看着似乎要被搁置下来。然而仅仅到了月底，一个转折点不期而至。

4月29日下午，时任香港联交所主席的李业广率团到北京访问，朱镕基副总理接见，此时，李业广又提出内地企业到香港上市的问题，朱副总理当即表示，可以选择一批经营管理基础好、有技术改造任务的大型国有企业到香港上市，一开始不要多，不要超过十个。

就这样，中国企业海外上市的大门，终获敞开。

中国证券市场，也由此开启了一条与日本、韩国等新兴市场国家不同的、更为审慎的、事实证明也更为安全的国际化之路。

获得国务院领导肯定后，内地企业香港上市，便从一个大胆设想转入了周密策划和实施阶段。

根据朱镕基副总理的指示，一个暂不对外公布但阵容精悍而强大的"内地香港证券事务联合工作小组"正式成立①，为内地企业到香港上市建立起固定的磋商渠道。凭借着多年在金融领域丰富的改革经验、强大的个人威望以及对香港上市的坚定支持，刘鸿儒受朱副总理重托，成为内地企业香港上市的"总指挥"。他的官方名称是"内地香港证券事务联合工作小组组长"，而业内则将他尊称为"H股创始人"。

刘鸿儒欣然领命。"不谋全局者，不足以谋一隅；不谋万世者，不足以谋一时"。作为中国金融体系中最敏感、最脆弱却至关重要的组成部分，中国资本市场的改革，将必然推动中国整个经济金融体制转型，为此，他愿意披荆斩棘、拼尽全力开出一条路来；作为中国资本市场从酝酿到诞生到一步步成长的主要推动者，他相信，经过B股的小试蹄音，中国企业及年轻的中国资本市场在更广阔的国际舞台上，一定会历经淬炼而大放异彩，他对此充满信

---

① 小组共十名成员和两名秘书，内地方面成员有：刘鸿儒（时任国家体改委副主任）、孙效良（时任国家体改委经济管理司司长）、金建栋（时任中国人民银行金融管理司司长）、陈宝瑛（时任国务院港澳办公室研究所副所长）、李青原（时任国家体改委宏观司副司长），秘书为聂庆平（时任中国人民银行金融管理司市场一处副处长）。香港方面成员有：李业广（时任香港联交所主席）、周文耀（时任香港联交所行政总裁）、赵志昌（时任香港联交所理事）、梁定邦（时任香港联交所理事、御用大律师）、李礼文（公司财务专家），秘书为何敏慧（时任香港联交所高级经理）。另外，香港联交所副主席吴树炽为轮替成员。

1992 年，内地香港证券事务联合工作小组在北京钓鱼台国宾馆召开第一次会议后合影。右四为刘鸿儒，右五为李业广。

心并热切期待着。

然而回到眼下，如何把中国企业推向国际资本市场，却是一项艰巨繁杂的、充满未知的探索，这不仅是大胆的设想，这更是一场真刀真枪的自我变革。

这究竟是一场什么样的变革呢？曾参与中国国企海外上市的高盛总裁、后任美国财政部部长的亨利·鲍尔森说："为中国公司上市作准备，是一项吓人的任务——比我想象得远为困难。"另一位高盛高管白赖恩·格菲斯在访问过一家国有企业后甚至说："它简直就像个中世纪村庄，你不能把它弄上纽约股票交易所。"①

变革不易。尽管前路艰难，刘鸿儒仍心甘情愿为之一搏。

---

① 亨利·鲍尔森. 与中国打交道——亲历一个新经济大国的崛起［M］. 香港：香港中文大学出版社，2016：35.

1993 年，与高盛公司领导人会谈后合影。前排右三为刘鸿儒，右二为高盛总裁亨利·鲍尔森。

在旧体制内自我革新，建立起一个新体制，需要勇气，更需要智慧。

国有企业香港上市，实质上是在中国社会主义市场经济条件下，国有企业的体制、制度如何与国际资本市场接轨的问题。联合工作小组一开始便明确，必须采用国际通用办法，比较内地与香港在公司法律制度、证券法律制度、会计制度和上市制度等方面的差异，最终弥补差异，实现内地企业在制度上与国际资本市场的对接。为此，联合工作小组成立了三个专家小组（会计专家小组、法律专家小组和上市方式及外汇税务专家小组），分别研究、解决内地企业到香港上市所涉及的法律、会计、上市方式和监管合作等问题，他们每四周轮流在北京和香港举行一次会议，对其中涉及的所有问题，事无巨细地展开"车轮战"：专家小组提出问题、建议解决方案，会议进行讨论，达成共识，形成解决问题的初步方案，再讨论，再修订，直到最终形成明确可行的解决方案。

这是一个庞杂的、专业的、系统的浩大工程。聂庆平回忆："刘鸿儒非常努力，一心要把这件事做成了。"鲍尔森坦言，中国"在新生的金融系统里，官员很少有经济学基础，现代银行或资本市场的实际经验更是少得可怜"①，但他盛赞"证监会主席刘鸿儒是一位目光长远的坚定改革者"。②

刘鸿儒充分利用了他强大的个人威望和广泛的业界人脉，在这个工作小组内，几乎聚集了当时各个领域的权威和精英。比如，国家体改委经济管理司司长孙效良负责商谈企业的法律问题，财政部会计司司长冯淑萍（后任财政部部长助理）主要负责会计制度修订，香港大学法学院教授、著名律师何美欢负责梳理、比较内地与香港两地在企业制度、证券制度上的法律差异，此外，体改委副主任洪虎、体改委企业司司长孙树义、体改委生产体制司处长李小雪、国家计委财金司司长韩锡正、国家土地管理局地籍管理司副司长向洪宜、中国注册会计师协会秘书长丁平准、国家国有资产管理局企业司司长管维立等，均参与其中。他们的加入，成为联合工作小组顺利完成使命的强有力的智力保障。

再忆往昔，刘鸿儒感慨"那是一段交织着艰辛、激情和希望的时光"。从1992年7月11日联合工作小组在钓鱼台国宾馆的第一次会议，到1993年4月21日在黄山的最后一次会议，在九个月零十天的奋战中，联合小组共召开七次会议，对一些关键问题达成共识，对一些细节问题作出恰当安排。在第四次会议上，上市方式小组提出内地企业到香港上市应采用直接上市方式，即在香港公开发行股票，并直接在联交所上市，申请在香港上市的公司，也可以同时在内地发行人民币股票，并在上海或深圳证券交易所上市。在联合工作小组的最后一次会议上，香港代表提交了《有关国有企业在交易所做第一上市之背景说明》的文件，进一步明确赴港上市的性质，提出A股与H股实际上是两个市场。为了弥补内地企业到香港上市所涉及的制度差异，联合工作小组创造性地以"补充规定"的方式进行制度弥合，比如《股份制试点企业股票香港上市有关会计处理问题的补充规定》，使企业尽可能地向国际会

---

① 亨利·鲍尔森. 与中国打交道——亲历一个新经济大国的崛起［M］. 香港：香港中文大学出版社，2016：37.

② 亨利·鲍尔森. 与中国打交道——亲历一个新经济大国的崛起［M］. 香港：香港中文大学出版社，2016：33.

计制度和会计准则靠近，以"特别加订"对已有上市规则进行修改，以《股份有限公司规范意见补充规定》弥补两地股份公司法律差异。

站在今天的立场来看，正是 H 股试点中的这些"补充规定""特别加订"，改变了国有企业旧有的管理、运行方式，使之更加接近一个符合国际标准的现代企业，也为计划经济模式下的国有经济运行逐步变轨奠定了微观基础，并且，这些特别的尝试，还为解决我国 A 股上市公司自身市场化运作的内在要求与外部行政性管理体制的矛盾，探索了一条路，并对此后 A 股的发展产生长久的影响。

这样的成果，听起来着实令人骄傲，但回到彼时彼刻，这样的成果又是着实来之不易的。作为"总指挥"的刘鸿儒，从整体工作的协调组织，到关键环节的推进，到重大政策的落实，都倾注了大量的心血。面对各种偶发事件或摩擦，他常常不得不扮演"临时救火队长"的角色。

上文提到了《关于股份制试点企业股票香港上市有关会计处理问题的补充规定》，就是这么一个补充规定的实施，就让刘鸿儒和联合工作小组大费了一番周章。在资本市场上，投资银行、投资者通过企业财务报表认识企业，而我国企业在财务会计核算方面，自搞一套，国际投资者看不懂。内地企业如何按照国际会计准则调整自己的会计制度，财政部和双方会计专家多次协商、研究，最终达成一个妥善的处理意见，即企业按 1990 年全国股份制试点期间财政部颁发的股份制试点企业会计制度进行会计核算，与香港上市要求不一致的地方，用两种方法加以解决：第一，财政部对九家企业单独印发《关于股份制试点企业股票香港上市有关会计处理问题的补充规定》，由此两地会计制度大的差异基本消除；第二，财政部起草《关于股份制试点企业股票香港上市会计报表有关项目调整的意见》，以满足香港上市公司财务资料披露要求。

技术性问题找到了解决方案，却恰遇财政部政策调整，要求股份制企业执行统一的行业会计制度。会计基础的改变，意味着之前所有关于会计问题的谈判前功尽弃，紧锣密鼓的赴港上市进程可能要中止。

那时已经是 1993 年的 4 月，朱镕基副总理"争取在 6 月间能有一家企业在港上市"的要求，经过海内外诸多报道，这个消息实际上已经向全世界宣布了。

如果上市延后甚至最终未能上市，无疑将大大影响我国对外开放的形象。

刘鸿儒异常焦急，企业赴港上市不能因为财务会计问题而搁浅，必须想办法解决。

在他的协调下，最终商定财政部"特事特办"，专门下发两个文件：《关于九家企业继续执行股份制会计制度的通知》和《关于股份制试点企业股票香港上市会计报表有关项目调整的意见》。然而，财政部有关部门却对此有不同意见，这两个文件迟迟未得签发。

4月23日，眼见企业会计核算问题迟迟不能解决，刘鸿儒急急致信刘仲藜（时任财政部部长）和张佑才（时任财政部副部长）。信中，他言辞恳切："我近日将去美国访问，来不及与你们会谈，因事情比较急迫，只好写信给你们。"在详细阐述了问题的来龙去脉后，刘鸿儒写道："恳请二位部长多多给予支持，作为特殊问题处理，尽快签发《关于九家企业继续执行股份制会计制度的通知》和《关于股份制试点企业股票香港上市会计报表有关项目调整的意见》，如果确有困难，只好烦请你们给朱副总理写个报告，因涉外问题我无能为力，多谢。"

在刘鸿儒的斡旋下，《关于股份制试点企业股票香港上市有关会计处理问题的补充规定》顺利实施，这一次努力，终于为内地企业赴港上市扫清了会计制度的障碍。

总之，在这样一番艰苦卓绝的努力后，联合工作小组最终完成了内地企业香港上市的基本制度框架和技术安排，刘鸿儒就此专门向朱副总理汇报了工作成果，朱副总理批示："原则同意，请与有关部门充分协商后办理。"

就在联合工作小组着手进行细致的制度梳理的时候，赴港上市国有企业的选择工作也在紧张有序地展开。1992年7月21日，刘鸿儒向朱镕基副总理汇报，提出派出国内专家组进入企业调查和帮助设计股份制改制的初步方案，选择其中条件成熟的到香港上市。1992年8月1日，王忠禹（时任国务院生产办公室主任）和刘鸿儒联名向朱镕基提出正式的书面报告，确定了上海石油化工总厂等九家有技术改造任务，但资金不足，且可利用外资的大中型企业，建议先在上海或深圳发行A股，根据实际进展情况，再选择具备条件的

1994 年 4 月 28 日，中美双方签订合作监管谅解备忘录。

企业到香港发行 H 股。鉴于能否成功上市存在未知数，刘鸿儒在报告中审慎地建议，这九家企业暂公开称为"股份制规范化试点企业"，并明确不对外公布。朱副总理 8 月 4 日批示"拟同意，请贵鲜同志核批"，李贵鲜（时任中国人民银行行长）于 8 月 18 日圈阅同意①。主管部门同意后，企业上市准备工作旋即展开。

在这份九家企业名单中，上海石油化工总厂因为涉及的经济关系和企业内部结构最为复杂，成为股份制改造中最难啃的一块骨头。在刘鸿儒的协调下，国务院相关部、委、办、局六次听取了上海石化改制试点的阶段性汇报，两次亲临上海石化召开现场办公会。在首都宾馆开了整整八天的工作会议后，最终形成了《关于将上海石油化工总厂改组为股份制企业试点的批复》，提出了《上海石化十六条股份制企业试点的意见》，明确了上海石化以何种方式成立股份公司，初步规定了股票发行的额度种类和上市地，资产投入的原则，

---

① 刘鸿儒. 突破——中国资本市场发展之路：下卷［M］. 北京：中国金融出版社，2008：700.

非生产服务性资产的剥离和管理，投入资产的评估和确认，合理调账及确认国家股权的管理，改组后的税收及上缴渠道，劳动工资与人事管理等各个环节的问题。有人戏称，上海石化像"洗了一个澡，出来后穿上了西装打上了领带，已经是一副改头换面的样子"。上海石化因而成为一块试验田①，内地企业海外上市过程中遇到的诸多问题最先在这块试验田中摸索到了答案。

在此期间的 10 月，中国证监会正式成立。统一监管部门的设立，使国有企业香港上市的外部条件更加有利，刘鸿儒也完成了自己的身份转换。在中国证监会与香港联交所联合组织的中国 H 股海外推介活动中，新任主席、香港上市"总指挥"刘鸿儒亲自上阵，在 H 股海外路演中发表主题演讲，为它们站台。按照国际标准改造的 H 股试点企业们，走出国门，再一次置身于国际资本市场的舞台，聚光灯下，它们将直面国际投资者审视的、挑剔的目光。

路演中，一些投资者发现，有的大型国企在产值、规模上堪称世界级，职工好几万人，但是这些庞然大物的管理者——厂长，年工资却只有区区几万元，他们觉得难以理解也感到很不放心：待遇和贡献不匹配，企业领导人怎么才能尽心尽力把公司经营好呢？中方解释说，"我们是党员，要讲奉献"，外国投资者摇摇头表示难以理解。还有的企业中，企业主要领导人由组织部门直接任命，外国投资者很纳闷："我们买你的股票成了你的股东，为什么不能决定企业管理层的人选？"对于这段插曲，刘鸿儒后来总结道，H 股企业要想提高竞争力，光改头换面不行，还必须彻底消除国有企业遗留下来的弊端，从机制、管理、制度上全面脱胎换骨才行！

1993 年 7 月 15 日，香港联交所交易大厅迎来了有史以来最热烈、最隆重的上市仪式——青岛啤酒股份正式挂牌上市。

刘鸿儒难掩兴奋之情，他和时任香港证监会主席罗德滔、香港联交所主席李业广、新华社香港分社副社长乌兰木伦等站在主席台上，手中的酒杯里，从香槟换成了醇香的青岛啤酒，主席台下，记者们的镁光灯咔嚓咔嚓闪个不停，

---

① 九家企业中，原计划上海石化作为首家香港上市企业，但由于上海金山卫区行政建制问题无法及时解决，上海石化的股份制改制不能如期完成而赶不上原定的上市时间安排，最后，青岛啤酒成为我国第一家香港上市的试点企业。

1993 年 7 月 15 日，第一只 H 股——青岛啤酒在香港联交所挂牌上市，嘉宾们手握青岛啤酒举杯庆祝。

2008 年《华夏酒报》"30 年·30 事"专栏回忆青岛啤酒香港上市往事。

1993 年 12 月，刘鸿儒在 H 股海外推介会上发表主题演讲。

第一批 H 股企业海外路演，接受海外投资者的审视。

2003 年，刘鸿儒在 H 股十周年大会上发表演讲。

2013 年，H 股二十周年，在上市铜锣前合影。

嘉宾们觥筹交错……置身于此情此景，那过往的一幕幕，犹如电影片段般浮现在刘鸿儒脑海。他百感交集，深深地吸了一口气：所有的辛劳付出，都是值得的。

是的，无论如何，这一天都值得被载入史册。

在青岛啤酒香港上市的背后，由此探索出的国有资产剥离、评估、折股办法以及主辅分离的改制模式，董事诚信责任、中小股东权益保护、独立董事制度、分类投票制度等理念和制度在 A 股市场的应用，股份公司会计制度、法律制度与国际标准的接轨，均成为此后我国国企改革、资本市场制度建设、股份制改革以及经济管理体制改革的重要精神财富。

经历香港上市一役，青岛啤酒、上海石化等公司的名字，开始出现在国际证券交易所的显示屏上和海外证券人士的分析报告里。上海石化，这座上海西南七十公里外的曾经负债累累的石化企业，在世界目光的关注和审视下，走出生死边缘，并获得香港联交所"最佳信息披露奖"第三组别亚军。置身于国际资本市场，中国企业迅速成长起来。

迅速成长起来的上市企业，带动相关产业不断突破发展瓶颈。青岛啤酒等第一批企业香港上市后，中石油、中海油、中石化"三桶油"陆续"出海"，石油能源行业的国际竞争力不断增强；中国工商银行、中国建设银行、中国银行等从"技术性破产"边缘一跃跻身于全球大银行之列……产业实力的壮大，推动国家竞争力提升，并构筑起牢固的国家安全屏障。

对于香港，正如香港联交所前主席李业广所说，自 1993 年青岛啤酒以 H 股形式在香港上市以来，大量内地企业的上市，支持香港证券市场由一个以房地产和金融业为主的市场，转变为一个企业股份种类更加多元、产品更加丰富的市场；借助于 H 股和内地因素，如今的香港市场已经牢牢居于世界十大证券市场之列，成为真正具有国际竞争力的国际金融中心。

这一切，香港没有忘记。2017 年，在交易日益电子化的背景下，香港交易所关闭了传统的交易大厅，将其改建为金融大会堂，其中设有香港金融博物馆，馆内特别开设"香港金融 30 人"一栏，以纪念那些对于香港金融发展作出过卓越贡献的人，刘鸿儒被一致推荐入列。香港，以这样的方式，纪念，并致意他对于 H 股以及香港金融市场的开创性贡献。

第二十二章

精彩的十分钟发言

刘鸿儒自 20 世纪 90 年代初开始推进股份制改革和资本市场建设以来，发表了许多文章，也出版了一些著作，阐述了他关于金融体制改革、股份制改革和资本市场建设的思路、观点和理论，发表的演讲，更是不计其数，不过在他自己看来，最精彩、最得意的，还是一次仅有十分钟的发言。

时间进入 2010 年。从 1990 年上海证券交易所建立和深圳证券交易所试运行算起，这一年，正是我国资本市场集中交易二十周年；如果以场内集中交易作为起点，中国资本市场经历二十年风雨，当年蹒跚起步的新生儿，已经步入富于青春活力的弱冠之年。无论如何，这都是中国金融发展史上一段值得被铭记的历史。

这一年岁末，证监会举办资本市场二十周年座谈会。作为我国资本市场创建初期的最重要的主导者，大会特别邀请刘鸿儒发言，但向他提出要求，时间不能超过十分钟。刘鸿儒满含深情地回忆道："我自己写稿、发言念稿，稿子反复修改、字斟句酌、精而又精，用简短的文字，概括了二十年的发展、经验和使命。"

二十年前，在从广州飞往北京的飞机上，当中国资本市场实验正处在风雨飘摇之时，刘鸿儒向江泽民总书记郑重承诺，"我们有信心探索出一条在社会主义制度下发展资本市场的道路来"。

二十年后，刘鸿儒在这里，兑现他的承诺。

2012 年，证监会举办成立二十周年回顾展，刘鸿儒陪同国务院副总理王岐山同志（左一）参观展览。

2007 年 1 月 24 日，钓鱼台国宾馆，证监会新老五位主席相聚。分别为：刘鸿儒（右二）、周道炯（右五）、周正庆（右三）、周小川（右四）、尚福林（右一）。

我今年是八十周岁，最近二十年有机会参与了中国资本市场的建设，感到十分幸运，也十分光荣。在这二十多年中，体会很多，过去也讲过一些，现在再从中理出几点看法，借这个机会说一说。

一、二十年来中国资本市场发展的历史性贡献

二十年来，中国资本市场获得了快速发展，发生了巨大变化，在理论、法律、制度等各方面，有了一系列突破。我认为，中国资本市场发展的最大贡献，主要是两条：

第一是探索了具有中国特色的社会主义资本市场发展的道路，其特点也是最大的难点，一方面是要体现社会主义制度的基本原则，即公有制为主体多种经济成分并存的原则；另一方面是能够严格遵循市场经济发展规律。换句话说，既能防止全盘私有化，又能做到市场化。二十年前，我曾向江泽民总书记说过，我们有信心探索出一条在社会主义制度下发展中国资本市场的道路来。经过二十年的奋斗，我们大家共同努力，做了社会主义国家前人没有做过的大事业，开了荒，修了路，铺了轨道，建设了基本制度和高素质的专业队伍，取得了举世瞩目的成就。应该说，这条路走出来了，尽管还不成熟不完善，这是对中国的贡献，也是对世界的贡献，这是历史性的贡献。

第二是推动了国有企业和国有银行的转型改制，为经济高速增长奠定了基础。企业是经济细胞，企业活，经济才能活；企业改革是经济体制改革的中心环节，企业改革成功，经济体制改革才能成功。多年来探索了各种改革之路，实践证明，唯一正确的道路就是实行股份制，使国有企业改组为股份公司并发行股票上市，建立了自我约束、自我发展，内有动力、外有压力的新体制，使企业做好、做大、做强。

银行稳经济才能稳。国有银行是最大的国有企业，又是最大的"大锅饭"，不良资产像割韭菜一样，处理了一批又长出来一批。从20世纪80年代开始就动手改革，虽然取得了一些成效，但没有从体制上根本解决，最后改组为股份公司并发行股票上市，建立了防范风险、稳定发展的新机制，找到了一条唯一正确的改革之路。

企业活了，银行稳了，支撑了国民经济的高速增长，而且平稳渡过了世界性的金融危机。

二、资本市场面临服务方向的转型，肩负着新的历史使命

经济发展方式的转变是解决中国能不能持续发展的战略性问题。世界各个国家经济发展到一定阶段都要进行结构调整，转变经济发展方式，但不同国家在不同阶段需要解决的问题差别很大。中国二三十年来年均 GDP 增长率达到 9.8% 以上，已经是世界第二大经济体。但持续的高增长积累了大量的深层次矛盾，形成了制约经济可持续发展的瓶颈。如果不加以妥善处理，将导致严重后患，急切需要转变经济发展方式。但是中国和发达国家不同，他们是解决提高世界竞争力的问题，我们是解决能不能持续发展的问题。十二五规划对转变经济发展方式提出了五个坚持，前两条是把经济结构调整作为战略主攻方向，坚持把科技进步和创新作为重要支持。要实现经济转型，资本市场具有不可替代的作用。

今后资本市场的服务方向要从主要服务于国有企业的改革，支持经济高速增长，转向服务于经济发展方式的转变，推动经济结构的调整，支持科技进步和创新。依托资本市场，一方面促进企业并购重组，整合存量资产，调整产业结构和企业结构；另一方面，增加创业投资和风险投资，发展新技术产业，扶持中小企业的发展，培养一批有发展潜力和科技含量高的企业。

三、资本市场指导思想的转变和提升

这二十年来，在我个人的认识上有了很大的转变和提升：

（一）直接融资和间接融资是融资体制的两个轮子。20 世纪 80 年代确定间接融资（银行）为主，直接融资（市场）为辅，20 世纪 90 年代以后认识到，应当调整为二者平行发展、自行定位，大力提高直接融资比重。

（二）建立多元和多层次的资本市场体系。多层次的资本市场体系已经引起重视，也取得了初步成果，但多元的市场体系尚待发展和完善，特别是要

大力发展债券市场、金融期货及其他衍生品市场，规范发展产权市场。

（三）资本市场健康发展必须强化两个支柱，即：优质上市公司和机构投资者。我们从证监会建立之初就认识到，上市公司质量是资本市场稳定发展的基石。资本市场从不成熟走向成熟的标志是从短期投机行为为主转为长期投资为主，从散户投资者为主转向机构投资者为主。

（四）有效运用国际和国内两个市场。发展国内资本市场，进军国际资本市场是重要发展战略，中国企业海外上市取得了突破和成功。应继续支持中国企业在国际市场上发行上市、进行海外收购兼并，同时要研究推动交易所建立国际板，吸引国际上的优质企业来上市，让国内投资者分享世界成长机会。我国资本市场已经到了一个新的发展阶段，其主要特点是与国际市场逐步交织和融合，既要解决中国的特殊问题，更要有国际视野，在推进国际化的进程中深化改革。

（五）发展是硬道理。我们经常会遇到怎样看待市场出现问题的争论。我们的体会是用发展的方法解决前进中的问题，发展的关键是深化改革。规范和发展是一个过程的两个方面，不发展无从规范，不规范不是真正的发展。

（六）政府对市场的监管是一个复杂的、需要逐步改进和完善的过程。政府的监管必须集中统一，不能政出多门、滥发信息、多头审批。同时，也要形成政府监管部门为主体，交易所第一线监管为基础，由协会和企业自律监管相配合的监管体系，防止过分集中，过于烦琐。依法治市，强化监管，才能促进资本市场健康稳定发展。

在这篇文字不多的发言稿中，刘鸿儒字字珠玑，以最凝练精准的语言，回顾了中国社会主义制度下资本市场二十年探路问道的历程，总结了这是一条什么样的发展道路，回答了这条道路将要走向何方，概括了作为资本市场拓荒者，二十年来推动资本市场发展最深刻的心得体会。

这些心得体会，最终凝练升华为理论，成为资本市场发展的指导思想，它的形成和发展过程，正是资本市场二十年艰难探路历程的生动展现，也成为中国资本市场发展中最宝贵的精神财富。这里，择其三作一介绍。

基石论：上市公司质量是股票市场健康发展的基石。

1987 年，世界股灾正在发酵，股市波动从纽约传到了新加坡，新加坡股市受挫大跌。这一年，刘鸿儒随谷牧副总理到访新加坡，介绍中国的改革开放政策，面对低迷的股市，他问当地的银行家："大家明知道股灾很快会过去，为什么还急着抛股票呢？"银行家们回答："凡是急着抛股票的，都是在银行有抵押贷款的，是被银行逼的；凡是用自己的钱买股票的都不急，只要上市公司质量好，全球性股灾一过就会涨回来。"这句话给刘鸿儒留下了极为深刻的印象，看起来，股票市场能否稳定发展，关键还在于上市公司质量，在于上市公司的业绩和发展前景。证监会成立前夕，刘鸿儒在对 1929 年到 1933 年大危机以来各国股灾的梳理和分析中，也得出"从股市波动发展到股灾直至股灾结束，整个过程持续多久、产生多大的破坏力，都与一国上市公司质量休戚相关"的结论。

1987 年 10 月 18 日至 25 日，国务院副总理谷牧率代表团参加"中国对外贸易及外资政策"报告会，同时考察了新加坡管理市场经济的经验。马洪、何春霖、刘鸿儒等参加。10 月 24 日，刘鸿儒在大会上发表演讲。

1992 年刘鸿儒就任证监会主席后，他开始格外强调上市公司质量问题。他在多次的讲话中提及一个案例，以警醒国内的上市公司和监管者。

这就是快速发展的印度尼西亚股市，这是国外同行建议刘鸿儒学习借鉴的。在 20 世纪 80 年代末期，印度尼西亚政府为了培育股票市场，大力鼓励公司发行股票并上市，以此改变股市供不应求的状态。这些措施的确达到了其政策初衷：印尼股指从此不断走高，并吸引大量外国投资者进入。当刘鸿儒着手研究印尼"经验"时，却发现形势已是急转直下，昔日的繁荣也已化为泡影：由于降低了对上市公司质量的要求，印尼上市公司造假丑闻接二连三地暴露出来，极大地打击了投资者信心，他们开始纷纷抛售股票，导致雅加达交易所指数大跌，直接酿成股灾。

刘鸿儒对上市公司质量的重视，既来自于他在其他市场中得来的对资本市场发展规律的认识——这是一个金融家的视角；也有对中国现实的忧虑，更加重要的是，他对上市公司这一微观群体的认识，有着更为宏观的、战略的考量——这是一个改革家的视角。

刘鸿儒强调，上市公司的质量，不仅直接关系到千百万股票投资者的切身利益，更为重要的是，还关系到股票市场的命运，关系到股份制改革试点的成败。他说，如果上市公司只是挂着股份公司的牌子，还是按照老办法、老方式经营，就背离了股份制试点的初衷，股份制试点就不可谓成功。

刘鸿儒以百货大楼作比喻，希望市场各方能够更清楚地理解上市公司质量的重要性。他说，资本市场特别是股票市场发展得再快、规模再大，也必须夯实基础。万丈高楼平地起，如果基础不牢，早晚有一天会倒塌的。他打比方说，一座百货大楼，表面看起来很辉煌，也很繁荣，但如果里面卖的都是假冒伪劣商品，这百货大楼早晚有一天会倒闭的；在股票市场上，这个商品就是股票。由此，刘鸿儒一再告诫，"在提高上市公司质量这个大的原则问题上，各级领导和上市公司本身一定要警钟长鸣，高度重视，来不得丝毫懈怠"。

刘鸿儒"上市公司质量是股票市场健康发展的基石"的论断获得业界认同，后被概括为"基石论"。

　　1993 年 10 月 28 日，国家体改委、国家经贸委和国务院证券委联合召开"上市公司转换经营机制座谈会"（成都会议）。这次会议上，刘鸿儒开宗明义，做了题为"上市公司必须把转换经营机制放在首位"的讲话。

　　他要求上市公司从经营决策、经营管理、领导体制、工作作风、募资使用等多个方面，真正地转换到符合市场经济对上市公司的要求上来，重点强调的，依然是认识的转变问题：在过去，企业领导人与职工之间是上下级的关系，是领导和被领导的关系；现在股份制改制并上市后，企业成为公众公司，这是上市公司与国有企业管理的最根本区别。刘鸿儒说，上市公司的领导人必须摆正自己的位置，明确自己在公司的角色——自己是企业的经营者，是雇员，广大投资者才是企业的所有者，是老板，因此，上市公司的领导者必须克服已有的经营管理惯性，依法约束自己的行为，努力向投资者提供稳定而丰厚的投资回报，及时依法向股东披露公司信息，对公众负责，对企业负责。刘鸿儒将公司董事和高级管理人员的这种新型责任称为"信托责任"。他试图在微观层面重塑企业管理体制，使股改后建立现代企业制度的上市公司由内而外地、真正地从形似走向神似。

　　与此同时，证监会伸出铁拳，加大了对上市公司违规行为的惩戒。1993 年，证监会与公安部门配合，破获全国第一起利用新闻媒体进行证券欺诈的案件，即"收购苏三山事件"，并先后对 4 家严重违规的上市公司发出书面警告并作罚款处理，对 7 家上市公司提出公开批评，证监会内部还增设了稽查机构，专门负责违法案件的查处。

　　当中国正在着力推动上市公司按照股份制要求转换经营机制、走向规范化时，在西方相对成熟的证券市场上，随着机构投资者的壮大和股权文化的兴起，对于公司治理的研究逐步展开并深入。美国在 20 世纪 70 年代拉开了有关公司治理问题讨论的序幕，英国则在 80 年代一系列著名公司如蓝箭、佩克等公司的倒闭事件之后对公司治理展开研究，到了 90 年代，经济合作组织（OECD）在总结发达经济体经验的基础上，通过了"OECD 公司治理原则"。同时，亚洲金融危机的出现，也引发了人们对亚洲企业公司治理结构的关注。

　　刘鸿儒对提高上市公司质量的要求，也从转换经营机制转向改善公司治理水平。他提出，公司治理水平，从根本上决定上市公司质量好坏和发展水平，良好的公司治理结构是现代市场经济和证券市场健康运作的微观基础，公司治理搞好了，上市公司的质量提高了，资本市场的基石也就稳固了。

改善公司治理，形成规范的公司治理体系，中国有自己的特殊难题——中国最大、最特殊的问题是，国有企业是企业主体，由国有企业改制而来的股份公司是上市公司的绝对主体，国有股"一股独大"、流通股比重过低且过于分散，是上市公司股权结构的最突出问题和最大缺陷，也是提高公司治理水平的最大症结。

如何改善我国的上市公司股权结构，国内曾有过争论。一种观点认为，从实际观察，采取"市场导向型"公司治理模式的英美公司，业绩普遍好于注重"大股东监督"的日本、德国公司，因此我国上市公司股权结构应该借鉴英美模式，股权尽量分散，对上市公司管理层的监督，主要通过市场法律进行；另一种观点则认为，由于我国的市场成熟度比较低，法律制度不健全，在市场力量和法律法规难以充分发挥作用的情况下，股权结构应该模仿德国和日本，股权应适度集中，注重大股东对管理层的监督作用，即采用"大股东控制"模式。刘鸿儒反对这种"非此即彼"的选择。他认为，没有所谓完美的公司治理结构，也没有一成不变的模式，必须结合具体情况，从实际出发，找寻适合本国国情的解决方案。

两根支柱论：资本市场应强化优质上市公司和机构投资者两根支柱。

上市公司的质量是资本市场稳定发展的基石，而上市公司中，真正支撑股票市场稳定发展的，则是那些最优秀、最活跃、最有潜质的佼佼者——蓝筹股。这些企业大多为支柱行业龙头企业，具有相当股本规模而难以被短期炒作；它们业绩稳定优良、治理规范、回报丰厚而更有利于长期投资、价值投资的回归。它们是股市价值的真正所在，刘鸿儒称之为"中国股票市场的脊梁"——只有真正建立起日益强大的蓝筹股市场，中国股票市场才能经得起大风大浪的考验，才能挺起脊梁，屹立于世界股市之林。

刘鸿儒因而极力主张中国股市应该多上大盘蓝筹股、主张已经远赴海外的大盘蓝筹股重视国内市场、回归国内市场，在国内资本市场形成完整的蓝筹股团队。

可是，中国股票市场似乎患上了"大盘股恐慌症"：每当大盘股推出，市场总是以大跌来表达自己的态度。很多人面对市场指数妥协退让，更有人将A股市场低迷归罪于大盘股发行造成的"抽血效应"。

在一次证券界负责人内部座谈会上，刘鸿儒对大家说："不要担心优质大盘股上市没有资金支撑，就连我们中国金融教育发展基金会①募集的捐赠资金2000多万元都找不到投资对象，社会上钱很多，但首先要有一个优质企业上市。"他将此比喻为"金蛋政策"：只要把金蛋拿出来，不愁没有钱，"所以一定要转变观念，怕优质大企业拿出来打垮股市，那是陈旧的观点"。

刘鸿儒从实践中体会到，优质大型公司（蓝筹股公司）上市，必须由机构投资者作支撑，中国资本市场因而需要大力调整两个结构——上市公司结构和投资者结构，进一步地，他主张中国应当建立起一支管理更为透明、运作更为规范、投资更为理性的以基金业为主的机构投资者队伍。

对于我国的证券投资基金，刘鸿儒是较早的倡议者，在其后的基金风暴中，他坚定地给予支持，为基金业的规范发展不遗余力地游说和献计献策。基金乃至机构投资者，从设立到发展，承载着他稳定资本市场、推动资本市场从不成熟走向成熟的重托。

让我们把时光再次拉回到20世纪90年代。正是在那时，刘鸿儒萌生了在中国资本市场建立投资基金的想法。

1990年深圳股票热中，时任体改委副主任的刘鸿儒受命率领国务院调查组前往调查，他特别通知深圳经济特区证券公司的总经理廖熙文前来汇报工作。当时的深圳，深交所还未成立，股票交易主要在场外柜台市场进行，深圳市启动的三个柜台交易点中，深圳经济特区证券公司是交易量最大的，掌握的情况比较准确透彻，并且廖熙文还是刘鸿儒在人民银行研究生部的学生，交流起来自然更加方便些。

没想到廖熙文整整迟到了一个小时才匆忙赶来。刘鸿儒问怎么回事，廖

---

① 成立于1992年6月，2003年刘鸿儒被任命为新任理事长。

熙文尴尬地解释道："一位老太太听别人的建议昨天把股票卖了，结果今天这只股票涨了，又找我们要求把股票拿回去，堵在我办公室里，不答应就不走。"后来怎么解决了呢？廖熙文无奈地说："我们只好把公司持有的股票卖给她一部分，这才离开办公室。"

深圳调查期间，当地专门派了一名司机给刘鸿儒开车，这位司机带着一个 BB 机，一路上 BB 机不停地响，这名司机就不停地看。刘鸿儒很是奇怪，好奇地问："你看什么？"司机透过后视镜看了一眼刘鸿儒，好像他载了一位不食人间烟火的来客，不无诧异地说："看股票行情啊。"言外之意却是在说："奇怪，你难道不炒股票吗？"刘鸿儒说："你不小心，咱俩都得开到沟里去，那什么行情对你都没用了。"

在当时的深圳，这样的现象比比皆是。刘鸿儒很担心，普通老百姓不懂股票，承担着很大的炒股风险，但自身风险承受能力又差，隐藏着很大的社会风险。更令人担心的是，一些党政干部甚至以公司股票作为寻租对象，群众对此议论纷纷非常不满，即使后来规定处级以上干部不许炒股，很多人便绕过规定通过亲朋好友买卖股票，这个问题始终难以解决。

如果股票市场要长期存在下去，这种状况就必须改变。

可是，如何改变呢？

1990 年，当时在体改委工作的李青原向刘鸿儒介绍了国外的共同基金。共同基金源于英国而盛于美国，其设立初衷正是让中小投资者也得到分散投资以及专业化投资的服务，那时候，美国共同基金发展风头正劲，基金资产在规模上甚至超越银行，更重要的是，美国共同基金标榜自己是广大中小投资者利益的坚定捍卫者，这立刻引起刘鸿儒的兴趣。刘鸿儒专门找来一本介绍共同基金的小册子，第一次正式、系统地"自学"了有关投资基金的知识。

那么，为什么不发展中国自己的共同基金，让大家都通过基金来买卖股票呢？专业理财风险小，更重要的是，像合作社似地，通过合作基金，大家的钱汇聚在一起，利益共享、风险共担，不是正好解除了股票市场私有化的担心吗？这个想法突然从刘鸿儒的脑海里跳脱出来，让他很是兴奋。

深圳调查以后，刘鸿儒到了上海。时任上海市市长的朱镕基也在忧心老百姓炒股的风险问题，刘鸿儒便向他提出了建立投资基金的想法，并说这是"专家理财，大家分红"，朱镕基很认可专家理财的思路，但是问"怎么实施呢，是不是要通过工会来组织"？

刘鸿儒在其后的深圳调查报告中正式提出发展基金的想法，并且建议引进外资也可以通过基金方式集中进行。

很显然，刘鸿儒对于设立投资基金的想法，大大超出了绝大部分人的认知，为了争取对这一新事物更多的理解和支持，刘鸿儒开始不遗余力地借助媒体宣传投资基金。刘鸿儒在1992年1月6日的《金融时报》上发表了《建立具有中国特色的社会主义证券市场》一文，为了大家更好地理解和接受证券投资基金，他将其形象地比喻为中国老百姓更为熟悉的"投资合作社"。

1992年6月23日和9月12日，刘鸿儒在《人民日报》上发表《关于我国试行股份制的几个问题》的署名文章，又接受该报记者专访——《证券市场呼唤新实验》，他再次说明，积极推进投资合作基金的实验，在社会主义中国有着特殊的意义。那就是，当时的股份制实验，最大的难点是所有制问题，国有企业改制为股份公司，特别是国有股占多大比例才符合社会主义原则，大家关心却没有答案；而成立投资合作社，组织投资者入社，由合作社统一经营、统一核算，个人投资变成了集体投资，在所有制属性上也就变成了合作性质的集体所有制，成为公有制的组成部分；解除了所有制问题的束缚，就可以放心大胆地发展股份公司，推进国有企业的股份制改革了。

在1993年的天津监管会上，刘鸿儒又一次提出，应通过基金的发展同庄家大户的投机操纵行为作斗争，引导短期投机转向长期投资；通过机构投资者的发展稳定市场，使资本市场从不规范走向规范、从不成熟走向成熟。这个时候，刘鸿儒对基金作用的认识，已从解决所有制问题、保护中小投资者转向提高市场稳定性。

然而，对于基金的认识，仍然存在着巨大的分歧。1994年前后，股市急挫，为了有效应对股市下跌，刘鸿儒建议参照台湾经验，尽快颁布《投资基金管理办法》，于年内推出一批投资基金，同时要求已设立的投资基金投资股票的比例达到40%以上，并建议国务院允许成立五家中外合资投资基金管理公司，到境外募集30亿美元，投入国内A股以提振市场。

草拟的方案上报后，虽得到国务院领导的初步肯定，但是遭到了一部分人反对，"个别人甚至在不了解方案全部内容的情况下，指责这是卖国主义行为，加上当时国际金融市场发生动荡，后来该项建议无疾而终"。谈到这次错失的机会，刘鸿儒仍然是不无遗憾。

从1990年刘鸿儒第一次提出证券投资基金的设想，经过7年的讨论甚至争论，到1997年11月，《证券投资基金管理暂行办法》终获颁布，对于封闭式基金和开放式基金的设立、募集、交易、监管等进行了明确规定，随后，中国证监会制定配套实施准则，作了进一步更为细致的规范。

中国的证券投资基金由封闭式基金开了头。但是刘鸿儒更加寄予厚望的，是开放式基金。他对基金的认识，显然更为深刻和长远。他预言，"开放式基金一旦试点成功，我国证券投资基金将实现历史的跨越，步入超常发展轨道。从长期发展看，个人资金、机构资金源源不断地通过基金的形式流入资本市场，我们就可以期待一个基金市场与股票市场相互促进、共同发展的'双赢'局面的形成"，"以开放式基金为基本工具、以社会化投资为己任的基金业，将成为全面资产管理的载体，进一步完善我国金融体系"。

事实上，从此后的发展来看，中国基金业乃至中国的机构投资者也大体上循着其发展轨迹在一步步地接近刘鸿儒的设想和期待。

从1988年证券投资基金开始试点算起，到2001年第一只开放式证券投资基金——华安创新基金——正式发行，从封闭式基金发展到开放式基金；到2002年，首家中外合资基金管理公司——国安基金管理公司——获准筹建，基金管理公司从内资发展到中外合资；到2003年首只货币市场基金华安现金富利投资基金成立，基金从资本市场进入货币市场。新基金设立伊始，认购资金在5万元以下的中小投资者占80%，并且相当部分是初次入手、专门购买基金的投资者，基金业已经成为联通中小投资者与资本市场的最重要纽带；证券投资基金业成为重要的资产管理载体，公募基金、私募基金和各类非公募资产管理计划的合计资产管理规模占据资产管理规模总量（可统计

　　为了推动资本市场理论研究，在刘鸿儒的倡导下，资本市场研究会
于深圳成立，刘鸿儒任主席。资本市场研究会多次组织论坛，影响最大
的是中国证券投资基金发展国际研讨会。2002 年首届研讨会上刘鸿儒发
表演讲。

　　的）的半壁江山。更为重要的是，作为机构投资者，证券投资基金的发展在
其后逐渐成为推动我国资本市场制度变革与制度创新的强大推动力。它们显
著提高了证券市场买方的议价能力，有力地支持了大盘蓝筹股的上市，促进
了我国股票市场结构的优化，基金作为机构投资者越来越多地出现在上市公
司大股东名单中，使得股权分置问题、控股股东掏空上市公司等严重影响投
资者利益保护的问题，受到市场的重视，推动上市公司治理结构的改善。

　　应该说，对于基金的倡议，源于刘鸿儒对机构投资者作用的认识；而刘
鸿儒对于机构投资者作用的认识，随着 21 世纪初大盘蓝筹股的发展，又有了
进一步的深化，即从解决所有制问题，转向提高市场稳定性，再发展到支撑
股票市场健康发展。机构投资者是如此重要，刘鸿儒曾说："机构投资者绝不

怕多，如果未来机构投资者的资金占到市场力量的三分之一，甚至二分之一，对市场的促进作用就会非常明显。"

因此，在基金之后，壮大机构投资者队伍，将机构投资者多元化，又成为刘鸿儒极力倡导的政策目标。在刘鸿儒看来，保险资金就再合适不过了。

我国保险业自20世纪80年代恢复以来，保费收入和资产规模一直保持强劲的增长势头，并积累起庞大的保险资金规模。但由于政策所限，保险资金同时也面临巨大的保值增值压力，急需找到更为稳妥的投资方式，兼顾保险资金投资的安全性和盈利性。当时国务院领导担心保险资金投资股市风险太大，找不到控制风险的办法而迟迟不肯批准保险资金入市。刘鸿儒在离开证监会主席岗位后，一直在寻找更为妥善的方案，1999年7月，他作为全国政协经济委员会副主任，以政协的名义提出了《关于保险资金通过证券投资基金间接进入证券市场的建议》。他在这份报告中写道："我们请人民银行、证监会、保监会、保险公司及有关的专家多次进行座谈，反复研究，一致认为保险资金通过证券投资基金间接进入证券市场，比较安全、比较有效。"

这份报告由全国政协办公厅报送国务院办公厅后，朱镕基总理、李岚清副总理、温家宝副总理、王忠禹国务委员等国务院领导同志都对此做了批示，朱镕基总理特别批示由国务院体改办组织有关部门研究写出报告。1999年10月13日国务院办公会讨论后，原则同意保险资金通过证券投资基金间接进入股票市场，很快地，半个月之后的10月26日，保监会、证监会联合发布了允许保险资金间接入市的政策。

尽管这一政策在某种程度上说具有一定的过渡性，在步伐上也不可谓大，但是却意义非凡——它打开了保险资金经由基金业进入证券市场的通道。这一政策一直延续到2004年，《保险机构投资者股票投资管理暂行办法》公布，保险资金原则上实现了直接入市，资本市场迎来了新的机构投资者。

此后可以看到，沿着这一思路，社保基金、企业年金基金、基本养老保险基金也在审慎地、逐步地向资本市场靠近。2003年6月，全国社保基金理事会与6家基金管理公司签订授权委托协议，正式进入证券市场；2004年，企业年金获准投资证券投资基金、股票等；经历了一轮轮讨论甚至争议后，

1999 年，刘鸿儒任全国政协经济委员会副主任，以政协名义组织研究保险资金运用问题，其建议报国务院获得批准。

老百姓的"养老钱"——基本养老保险基金——也于 2015 年获准以一定比例上限入市。

平行发展、自行定位论：直接融资和间接融资应平行发展、自行定位。

正如前文所述，1984 年在制定金融体制改革方案时，我国学习和研究市场经济发达国家经验，一种是欧美道路——强化资本市场和直接融资的作用，另一种是亚洲道路——强化银行和间接融资的作用，从实际出发，我国更多地借鉴了日本模式走向亚洲道路，把金融改革的重点放在了银行业，确定了"间接融资为主、直接融资为辅"的金融改革方案。

经过十多年的实践，随着我国经济体制改革的逐步深入和经济市场化程度的不断提高，这种单一的、过于倚重银行的间接融资模式，弊端逐步地显露出来。而此时，中国在 80 年代金融体制改革中着重学习和借鉴的日本，在泡沫经济崩溃后，正在经历整个 90 年代"失去的十年"。

1997 年在日本一桥大学讲学时，刘鸿儒与日本经济学界和金融界人士多有交流。他们已经意识到，单靠银行而不注意发挥资本市场作用的"单腿蹦"模式有很多弊端，当问题积累到无法再继续掩盖的时候，泡沫破灭、危机爆发，直到90年代末，日本开始推行金融改革转向欧美道路，强化直接融资尤其是股票市场的作用。

韩国也经历了类似的问题。1999年7月亚洲金融危机以后，刘鸿儒率团到韩国参加会议，韩国财政部部长把韩国经济的高速成长，形容为"压缩式的高速增长"：借助于政府主导和银行支持，韩国用二三十年的时间完成了英美等国家一百多年才实现的工业化，本国经济与发达国家的距离在短时间内迅速缩短。但同日本一样，压缩式的高速增长掩盖了经济的脆弱性，当亚洲金融风暴袭来，韩国也同样不能幸免。

与20世纪90年代日本经济的黯淡不同，美国经济则欣欣向荣，他们在90年代迎来了由科技革命和互联网繁荣带来的新经济时代。刘鸿儒专门考察和研究了美国这一时期的经济增长，他发现，以华尔街为代表的发达的资本市场所提供的融资支持和风险分担机制，对于以硅谷为代表的高新科技产业的崛起发挥了重要作用。

刘鸿儒从美国的经验和日本、韩国的教训中，得到了四点启示：第一，发展资本市场，可以缓解由于银行贷款减少带来的融资困难，支撑经济的持续发展；第二，发展资本市场可以防止经济增长因过度依赖银行贷款而带来的不透明，经济中存在的各种问题可以迅速披露，并及时得到解决，不至于长期积累而酿成大危机；第三，资本市场支持高新技术产业的发展，及时调整经济结构，促进经济长期稳定发展；第四，直接融资和间接融资"两个轮子"各有长短，轮流交替运用，可以解决很多问题。美国的经验说明了这一点。[①]

由此，刘鸿儒主张借鉴国际经验，适应融资方式证券化的世界大势，把直接融资，尤其是股票市场的发展摆在我国经济发展的战略地位，两种融资究竟以谁为主，则交给经济发展的客观需求来决定。他在1999年第8期的

---

① 刘鸿儒. 突破——中国资本市场发展之路：上卷 [M]. 北京：中国金融出版社，2008：379.

《金融研究》上发表了《中国融资体制的变革及股票市场的地位》一文，建议对既有融资体制进行变革。文中写道："应当逐步改变两个为主，即改变间接融资为主、直接融资为辅和直接融资中债券为主、股票为辅的体制。要适应时代的变迁，随着市场经济的发展，逐步走向市场，平行发展、自行定位。"

至此，我国资本市场的发展，从要不要建立，到如何建立，再到要不要肯定的争论，最终落在了与银行同等重要的、作为社会主义市场经济体系的重要组成部分的战略定位。

第二十三章

五道口之路

记者采访刘鸿儒，盛赞他是金融改革家、经济学家、金融教育家。他都说自己不够资格。但他经常说的是这样三句话：

这一生做过最得意的事情是办教育。

这一生最宝贵的财富是学生。

这一生最愿意听的称谓是"刘老师""刘教授"。

无数学生说，因为刘鸿儒所创办的教育而改变了人生轨迹。学生们感激他，他归因于时代："这不是个人的功劳，是时代的产物。小平同志开辟了改革时代，发出了培养改革人才的呼唤，创造了培养市场经济人才的教育条件，提供了青年学生展现才华的舞台，我不过是顺应时代的变化，帮助这些学生搭建了学习改革、投身改革的小桥。"

自改革开放以来，刘鸿儒亲身创办了三种教育：研究生教育、大学本科教育和职业培训教育。

其中，中国人民银行研究生部是他投入精力最多的，如今被赞誉为"金融黄埔"，这个当初白手起家的"草窝"，最终变成了北京大学、清华大学争抢的"名校"。

这个结果是刘鸿儒未曾预料到的。很多记者问他秘诀是什么？他竟一时答不出来。后来，多次介绍创办过程，他从中体会到了答案，那就是：这是一条被逼出来的路，叫作"五道口之路"。

1982年2月，五道口首届硕士研究生开学典礼。第二排左六开始依次为：刘鸿儒、李非、李葆华、陈岱孙、尚明、黄达、韩雷、杨培新、周林、纪衡、王永明。第三排左起：魏毓俊、方磊、周升业、曹凤岐、秦宛顺、厉以宁、王茂湖、王德彬、王梦奎、刘方棫、丁鹄、李嘉华。

这是一条什么路呢？刘鸿儒归结为四个特色。

特色一：条件差、标准高、质量为本。

刘鸿儒1980年上任中国人民银行常务副行长，主管金融体制改革。在这场发轫于20世纪80年代初期的以市场经济为导向的金融体制改革中，刘鸿儒深感思想认识的阻力之大以及人才的缺乏。刘鸿儒自己是毕业于莫斯科大学经济系的副博士，以前也在《资本论》和一些政治经济学的课程中接触过市场经济的内容，但那时还是基于批判的视角。他自己，是一边搞改革、一边学习和摸索；还有一些同志在国外机构工作过，对市场经济虽有一些了解，但并不系统；绝大部分金融干部，则是学着自20世纪50年代从苏联引进的计划经济教科书的内容成长起来的。对于我们将要进行的这样一场史无前例的改革，大家的知识都不够用——我们既缺乏领导层面的能够指导这场改革的人才，更缺乏实践层面的能够理解和具体实施这场改革的人才。这样，金融教育问题，便浮现出来。

人民银行曾决定帮助一批院校增办金融系或金融专业，但那时候的大学，从教科书到课程设置，都是计划经济体制下的内容，已远远不能适应经济体制改革以及金融体制改革的需要；如果坐等高校金融教育改革，需要的时间太长了，远水解不了近渴。

刘鸿儒决定另辟蹊径——他建议直接由人民银行自己办一个研究生部，重点培养真正适应金融体制改革需要的骨干人才。这是一条最快、最直接达到目标的路。他的建议很快获得时任人民银行行长李葆华的支持，并决定由金融研究所负责报批和筹备工作。

1981年，人民银行向国务院学位办正式申请在中国人民银行金融研究所设研究生部、招收研究生，国务院学位办最终下了批件。当时金融研究所所长是孙及民，副所长是崔启仪，这两位都是抗战时期的老干部，经验丰富，还有一位副所长是曾留学美国的甘培根。研究所派崔启仪、甘培根、黄永鉴等负责具体筹备工作。

1981年5月初，教育部批准中国人民银行金融研究所招收攻读硕士学位研究生，次年2月13日，首届（1981级）开学典礼举行，7月26日，刘鸿儒主持召开研究生工作会议，决定培养研究生工作由中国人民银行、中国银行、中国农业银行、中国人民保险公司长期合作，并成立领导小组，由刘鸿儒任组长，明确研究生部由人民银行总行直接管理和领导。

"五道口"正是这个研究生部的别称。

由于成立时间紧迫，五道口一开始寄于海淀区东升人民公社卫生院"篱下"，而后者的所在地，紧挨着京包铁路，这条铁路的前身，正是由詹天佑任总设计师、由中国人自行建造的第一条铁路——京张铁路。这条铁路蜿蜒而行，由南向北被切出几个路口，依次命名为四道口、五道口、六道口等。从四道口到六道口，分布着中央财政金融干部学校（现为中央财经大学）、北方交通大学（现为北京交通大学）、北京师范大学、北京农业机械化学院（现为中国农业大学）、北京钢铁学院（现为北京科技大学）、北京大学、清华大学等。东升人民公社卫生院，正好处在五道口区域，落户于这里的人民银行研究生部，逐渐地索性被大家以"五道口"来代称了。在这些著名学府的包围之中，后来者五道口显得毫不起眼，甚至相形见绌。

在五道口第一任副主任、教务长黄永鉴看来，初创的五道口一穷二白，什么都缺，简直就是个"草窝"。他曾回忆道："那时，唯一的一间大教室是用纤维板拼成的简易房……白手起家的研究生部图书资料少得可怜，一间不足二十平方米的图书室，摆着五个简易书架……仅有的一台彩色电视机，还是李葆华行长访日时带回的礼物。"① 仅有的一辆汽车，是专门用来接送授课教师的。很多同学大学毕业考入五道口，直言"落差太大"。1983年，唐旭从四川财经学院（现为西南财经大学）考入五道口，他曾回忆说，学校太小，81级招了18人，82级招了24人，83级招了26人，当时全校一共才60多名学生。五道口周围都是田地，北边院墙与东升乡政府共用一堵墙，许多同学晚上回来，学校关门了，就从乡政府那边翻墙进来。②

20世纪80年代初，研究生教育经费按人头划拨，一个研究生多少钱都有

① 黄永鉴. 五道口这个"草窝"[J]. 五道口论坛, 1995 (7)（总第1期）: 6.
② 于江、厉志钢. 金融界纤夫——访1983级校友、原中国人民银行研究生部主任、中国人民银行反洗钱局局长唐旭 [J]. 当代金融家, 2011 (9): 81.

明确规定。五道口第一届 18 名学生，经费根本不够用，甚至一度连教职工的工资都发不出来。"大管家"黄永鉴不知道该怎么办，只好找到刘鸿儒求助。刘鸿儒指示相关部门要重视教育投资，五道口这才一点一点地挺了过来。甚至，学校所在的东升公社卫生院被海淀区政府认定为违章建房，研究生部每年都要接到限期搬迁的通知，房地产纠纷拖延多年，直到北京举行亚运会时，在北京市政府的"关照"下，这一问题才算得到彻底解决，五道口这才不至于"流离失所"。

即便初创时是如此粗陋，创办者刘鸿儒依然要求：办学标准不能降低，坚持高标准，严要求，要适应时代需要并走在最前面。这使五道口一开始，就站在了一个更高的起点上。

可是，草创之初筚路蓝缕的五道口，如何才能走到最前面？当时刘鸿儒和一班创办者形成了共识，要培养适合中国金融体制改革的应用型骨干人才，而不仅仅是研究型人才，因此必须与两个轨道接轨——一个是国际经济和金融的轨，一个是中国改造既有体制的轨。要以非常思路、非常速度办非常学校。

首先从课程设计开始。五道口请来北京大学的陈岱孙、胡代光、厉以宁以及人民大学的黄达四位经济学界泰斗担任学术顾问，围绕着五道口的办学初衷制定了教学大纲。最终确定，在课程设置上，除了常规的马列主义基本课程外，以市场经济为中心，突出西方经济学；作为基础工具，加大外语和数学的比重；课程要紧密结合实际。

显然，这是一种非常规的办学思路。在那个时候，全国高校中，只有北京大学开设了西方经济学课程，而五道口在常规的马列主义课程之外，突出强调的，正是西方经济学；五道口强化数学和英语，在当时是有争议的，有人认为学生们学习时间本就有限，英语、数学并非急需，就不要挤占了金融方面的教学时间，况且其他院校也没有把数学、英语作为重要课程。刘鸿儒定下一个标准，学生毕业后容易学到的东西，往下压；学生时代必须打基础的、出去学都来不及的，往上加。"五道口的金融教育就是要跟上时代，搞金融的数学不好怎么搞研究？外语不好难道还要随身带个翻译？"在刘鸿儒和老专家们的坚持下，五道口坚持了英语和数学的教学分量。

五道口对学生的选拔标准，也直接体现了学校教育与两个轨道接轨的思路，这从 1981 年第一届学生的入学试题便可窥见。比如，"资本主义货币银行学"的考卷，有四道题。第一题名词解释（20 分），包括特别提款权、信用证、欧洲美元、国际收支顺差、信用卡、信托业务、CIF、货币供应量 M_1、可转让定期存单、浮动汇率；第二题简要回答（20 分），（1）国际收支平衡表经常收支项目内容是什么？（2）投资等于储蓄是谁首先提出的，它说明什么？（3）世界黄金市场上最大的供应者和需求者是哪些国家？（4）美国里根政府执行什么经济政策？以什么经济理论为根据？（5）美国、西德的中央银行独立性大表现在哪些方面？第三题（30 分），阐述资本主义国家中央银行调节信用的措施及效果；第四题（30 分），论述以美元为中心的货币体系解体的原因，以及货币体系的发展前景如何。[①]

五道口还有一批秉持着高标准严要求的管理者，他们把五道口视为自己一生最重要的事业。甘培根，1946 年毕业于燕京大学经济系，1948 年赴美国加州太平洋学院读研究生，1950 年被分配到中国人民银行国外局从事外汇管理和国际金融业务；1957 年被打成"甘归集团"（甘培根和归淇章右派小集团），发配到北大荒 853 农场，在那儿患急性化脓性髋关节炎，被妻子找人用担架抬回北京，死里逃生。甘培根从此落下腿部残疾，任研究生部主任后，每天拄着拐杖从劲松的家到五道口挤公交车往返 50 公里。他参与编著了《中国近代货币史资料》（1964 年）、《各国货币手册》（1980 年）、《外国银行制度与业务》（1985 年）、《中央银行比较研究》；主译《美国花旗银行在华史料》（1990 年）和《中华民国史资料丛稿——汇丰—香港上海银行》（1979年）等。[②]

黄永鉴，外号"黄大炮"，哪个同学不上课，他会拿着凳子去敲门。有一天，黄永鉴把午睡的同学们叫到礼堂集合，"脸涨得通红地训话，礼堂里鸦雀无声"，就是因为有人不冲厕所。黄永鉴说："学校花这么多钱培养你

① 柳红. 道口有道 [N]. 经济观察报，2009 – 11 – 27.
② 柳红. 道口有道 [N]. 经济观察报，2009 – 11 – 27.

们，你们连这么点事情都做不好；如果小事做不好，将来一定做不成大事。"这位"拍桌子瞪眼睛"的黄永鉴，毕业于北大，是学越南语的，早年翻译过多部越南文学作品：《西北的故事》（1957 年）、《阳光与土壤》（1963 年）、《英雄的天空和海洋》（1965 年）等[①]。很多同学都记得，宿舍夏天的时候像蒸笼，而冬天的时候北风却时常倒灌进来。太冷了，有的同学索性捂着棉被来上课，上着上着睡着了，被黄永鉴老师发现，揪着耳朵拎出去，厉声要求请家长。

特色二：广聘名师，保证教学质量。

问题随之而来，谁来上这些课呢？五道口属于研究部门办的教育机构，创办时间短、规模小，养不起各科所需的教师队伍。为了实现这一非常规的办学思路，五道口又决定采取非常规的办学办法——教师外聘，索性不拘一格、博采众长，谁的水平最高就聘谁。那时候有个颇具时代特色的称呼，叫作"支援"。

当时的教师，由三部分组成。首先是人民银行金融研究所的研究人员，其次是大学教授和国外专家，最后是人民银行的司局长和各专业银行行长。

1981 年，我国恢复职称评定，中国人民银行授予尚明、刘鸿儒、丁鹄、周林、杨培新、甘培根、林志琦、虞关涛八位研究员职称。他们虽然"出身"各不相同，但都是当之无愧的金融专家，先后被聘任为五道口导师。根据作家柳红整理的资料，杨培新（1922 年生），16 岁入党，是第一任人民银行行长南汉宸的秘书，25 岁就著有《新货币学》（1947 年）、《中国通货膨胀论》（1948 年）；赵海宽（1930 年生），1947 年进入陕甘宁边区银行总行工作，1952 年毕业于中国人民大学专修科，从事银行和货币信用理论研究等；丁鹄（1916 年生），1939 年大学毕业后以第一名考入中央银行，1948 年升为一等职员，上海解放时，担任中国银行总管理处军代表兼总经理秘书，数学特好、英语特好；林志琦（1917 年生），1942 年毕业于西南联合大学，后留美，民国时期曾任银行职员，1949 年以后进入中国银行和中国人民银行，参加编纂

---

① 柳红. 道口有道 [N]. 经济观察报，2009 - 11 - 27.

了《英汉财政金融辞汇》（1984 年）；周林，早年留学威斯康星大学；虞关涛（1923 年生），译有《凯恩斯以后》（［英］琼·罗宾逊编，1985 年）、《论通货膨胀》（［美］米尔顿·弗里德曼著，与周林、藤茂桐合译，1980 年）。①

尽管是初创，五道口背靠人民银行"这棵大树"，再加上有刘鸿儒等改革名人作"金字招牌"，网罗高校名师，也不是一件难事。五道口去请时任北京大学经济系主任、被朱镕基尊为"年高德劭、学贯中西"②的一代宗师陈岱孙，陈岱老不仅自己答应，还说，"你们去找厉以宁"③；厉以宁，我国股份制改革的重要支持者之一，最早提出"股份制是解决就业问题的重要途径"，人称"厉股份"，著有《股份制与现代市场经济》《加尔不雷斯的制度经济学说》《非均衡的中国经济》等，与刘鸿儒私交甚好，因而也欣然应约；厉以宁又推荐了他的学术合作者、北京大学的数量经济学教授秦宛顺、靳云汇夫妇，秦宛顺，较早地在国内开展理论经济计量学的教学和研究，用数学模型和数学方法表达经济理论，与厉以宁合著有《现代西方经济学概论》；黄达，中国金融学科建设的创建人、领头人，也是刘鸿儒的同学、好友，他组织人民大学几位教师在五道口讲货币银行学、财政与金融，这在全国来说，都是仅有的高水平配置……就这样，西方经济学专家胡代光、货币银行学专家周升业、中国金融史专家洪葭管等，那个时期各个领域最具权威的学界泰斗，纷纷云集五道口这个"草窝"。强大的师资力量，一时无人望其项背。

时至今日，每每回忆往昔，刘鸿儒仍对陈岱孙、厉以宁、胡代光等心怀感激。感激他们不仅当顾问，帮助设计课程，而且亲自讲课，指引学生系统了解什么是市场经济。尤其使他感动和难忘的是，德高望重的陈岱孙先生主持学生答辩时，认真听，认真问，认真记，答辩委员会评语亲自口述，其治学风骨堪称楷模。

---

① 柳红. 道口有道［N］. 经济观察报，2009 – 11 – 27.
② 朱镕基讲话实录：第二卷［M］. 北京：人民出版社，2011：202.
③ 郑智. 曾为五道口"开小灶"——访北京大学教授、博士生导师厉以宁［J］. 当代金融家，2011（9）：21.

左为1991年陈岱孙（右二）在五道口十周年校庆上讲话；右为1996年五道口创办十五周年时，陈岱孙题写的贺词。

权威教授倾囊相授，为学生们奠定了坚实的理论基础。在五道口的围墙之外、在课本之外，20世纪80年代初商品经济大潮涌动，倒逼单一、僵化的金融服务体系作出变革。但是，如何改革，从哪里开始改革，各种思潮激烈碰撞，争论得非常厉害。刘鸿儒越来越意识到，金融改革在很大程度上是一个思路问题，是思想改革，而正确的思路不是从天上掉下来的，也不是坐在屋子里空想能够得到的，只有通过不断的理论与纷繁复杂的实践的充分相融、碰撞，才能不断形成、不断深化。但是开课半年以后，刘鸿儒了解到，老师们联系中国改革的实际有困难，因为在实践探索中没有形成成熟的文件、资料供他们研究和参考。

于是刘鸿儒决定，把金融改革实践搬到课堂上来，搞案例教学。他亲自上阵，并请人民银行其他副行长、主管业务局长及中国银行、中国农业银行、中国人民保险公司的专家给学生开讲座，讲各个金融领域改革的思路、问题、路径及各项专业的最新情况。那时候，五道口的各种讲座最多，很多同学感叹，自己获得的信息快和部长差不多，校外的同学则羡慕不已，时常偷偷溜进来旁听。

刘鸿儒本人身兼数职，作为刘行长、刘老师，白天搞改革，晚上研究改革，然后见缝插针地给学生们讲改革，传达中央改革精神、阐述自己在改革中的思路、讨论各种观点和争论、研究国外可借鉴的经验等，启发学生思考。他的专题讲座紧扣改革重点，在讨论建立中央银行制度的时候，开设了"中央银行制度"专题；1984 年我国金融体制改革提上日程，他分别在 1985 年和 1986 年开设了"中国金融体制改革问题研究"讲座；1985 年中央实行紧缩政策，全力以赴应对通货膨胀，刘鸿儒随即在五道口讲"金融宏观调控问题研究"；1992 年刘鸿儒出任证监会主席，改革重点转向资本市场，他则在五道口开设"中国资本市场研究"；从工作岗位退下来之后退而不休，他又开设了"中国金融体制改革思想发展研究"，着重梳理中国金融体制改革指导思想的变迁。

小小三尺讲台之于刘鸿儒，成了官场之外一个别样的舞台。在这个舞台上，改革家刘鸿儒、经济学家刘鸿儒、师者刘鸿儒，三种角色，三重使命，相得益彰。

"他主要讲金融体制改革和货币政策，而当时中国在这些方面出现的重大变化，特别吸引我。"唐旭如是说。他回忆，"他有时会将人民银行正在考虑或者需要决策的问题讲给我们听，但他不会谈任何细节，只是给我们一个思考的方向。比如，1984 年前后有过一次严重的通货膨胀，货币政策进入敏感期。但他不会直接说货币政策该放松或是该紧缩，他只会透露，中央正在对货币政策、对通货膨胀进行关注，并对货币投放量进行调控。同时，他会鼓励我们研究一些深层次问题，如通货膨胀的根源是什么，是农产品问题还是工业品问题，还是钞票过多的问题，或者是其他拉动力的问题？"[①]

中国正在进行的以市场经济为导向的改革，注重向成熟的西方发达国家或新兴经济体借鉴经验，于是前来五道口讲课的，又有了外国人。刘鸿儒还下令，外教老师最好用英语讲课。

1982 年 5 月，五道口迎来了第一位外教——来自哈佛大学的美籍华人桑恒康，他讲授《投资项目评估》。在以后的几年中，五道口陆续聘请了许多美

---

① 于江、厉志钢. 金融界纤夫——访 1983 级校友、原中国人民银行研究生部主任、中国人民银行反洗钱局局长唐旭 [J]. 当代金融家，2011（9）：82.

五道口来了洋学生。1989 年 7 月，刘鸿儒（中间者）与德国留学生 Benita（右一）及曹春彦（左一）在一起。

1991 年 8 月 7 日，在德国波恩再次见到 Benita（前排中间者）。右一为刘鸿儒，左一为五道口 82 级学生蔡重直，后排为高剑虹。

国大学的教授和有关金融机构的专家，他们有的是定期专程来上课，有的则是来华开会或考察，被借机邀请到五道口。他们讲《国际金融》《货币银行学》《国际经济学》《宏观经济学》《微观经济学》《金融规划》《信托与投资和金融市场管理》等课程，为五道口带来了与国际接轨的经济金融理论和实践，以及前沿的、国际化的思维和视野，而这些，都是远远超前于中国当时的实践的。1985 年，来自纽约大学的黄慧英女士在五道口讲授《微观经济学》，使用的教材正是当时美国大学广泛使用的《微观经济学：理论与研究》。美国梅隆银行信托部经理刘欣欣在《证券、股票、资金市场》的课堂上，设计了股票投资的游戏，在我国股份制刚刚开始发展、股票市场刚刚开始萌生的时候，五道口的同学们，就已经真实地体验了股票市场和股票投资。1986 年，甘培根在一次酒会上偶然认识了时任美国大使馆商务参赞保罗·希尔，便顺势请他来五道口主讲资本市场课程。"那时候，基本是甘培根和黄永鉴负责确定外籍教师人选，搞不定的，就请刘行长帮忙，因为他在国际上人脉最广"，一位在五道口专职工作三十年的老师如是说。

在仍相对封闭的 20 世纪 80 年代的中国，五道口这个偏僻院落，是第一个，也是最多吸纳外籍教师的地方，美国及国际金融界的一些深孚众望的人士都曾到访，如美国纽约证券交易所董事长 John J. Phelan（约翰·范尔霖）、日本中央银行副行长藤原作弥、美国著名主持人芭芭拉·沃尔特斯、"欧元之父"蒙代尔等。甘培根还记得，1987 年芭芭拉采访五道口，当她在颇有些简陋的校园参观时，一位身着印有 UCLA 标志上衣的老师引起了她的注意，他正是美籍华裔教授罗俊胄，正在用英文讲授《货币银行学》。这让芭芭拉深感诧异。[①] 他们都异常兴奋和惊讶，没想到中国金融人才的培养已经迈入了市场经济。

五道口俨然成了 20 世纪 80 年代金融教育领域里的一个"异类"。很快，他们非常规的办学路子，就引起了争议。有人讥笑五道口是"皮包公司"，也有人指责五道口不问背景随意接近外国人。国家教委则认为，五道口没有自己足够的教师队伍，又是行政部门办学，不符合办研究生部的要求，不正规，

---

① 甘培根. 五道口随感几则（续三）[J]. 五道口论坛，1999 年刊（总第 5 卷）：9.

希望五道口和其他院校合并。

对于这样的指责，刘鸿儒既无奈也不服。无奈的是，五道口学校规模小，养不起这么一大批名教授，即便请了专职的名教授也会浪费他们的时间，他甚至拿出鲁迅的例子作辩解，"鲁迅教书的时候，也并没有局限在一个学校，而是同时在几个大学上课"。不服的是，五道口有最权威的教师队伍，最前沿的课程设计，还有一批如饥似渴、勤奋好学的学生，刘鸿儒自信，五道口的教学水平不会低于其他大学。

1987 年 5 月，国家教委请全国十位有关大学的一流教授组成调查小组，包括人民大学的黄达，北京大学的厉以宁，南开大学的钱荣堃、滕文藻，厦门大学的邓子基，西南财经大学的曾康霖，财政部财政研究所所长许毅，教委副主任朱开轩等，刘鸿儒也作为小组成员参加。听课、看教材、研究课程设置、了解毕业生的表现，对各高校金融专业研究生的教学工作进行全面检查。综合评比下来，货币银行学专业，五道口第一名，人民大学名列第二；国际金融专业，南开大学第一名，五道口名列第二。

经历了这一场风波，五道口这个"异类"办学模式和培养金融应用型研究生的路子，终获教委肯定。当然，她作为一个独立的办学单位，也得以保留下来。

特色三：紧密结合实际，练出实战能力。

五道口前几届的学生，对传统的计划经济体制之痛有切身感受，对"文革"有深刻反思，心怀"天下兴亡、匹夫有责"的改革救国抱负。这样一群求知若渴的热血青年，在五道口接受了权威的、超前的、国际化的教育，自由、开放的学术洗礼和老师们的精心培育使他们淬炼成金；在五道口的围墙之外，在那个改革的大时代里，他们很快便发出光来。

这个令他们发光的舞台，便是前面已经提及的 1984 年 5 月底在合肥召开的中国金融学会年会。

1984 年春，先后完成课程的第一届、第二届研究生要开始准备毕业论文了，他们收集资料、开展调研，然后聚在自发组织起来的读书会上，相互探讨、交流想法。刚从上海调研银行信贷归来的 82 级学生齐永贵在一次发言中

1987 年 5 月 3 日，国家教委组织专家在西三旗举行经济学位硕士点评估会。第一排左二至左十分别为曾康霖、厉以宁、刘鸿儒、黄达、许毅、滕文藻、朱开轩、钱荣堃、邓子基。

刘鸿儒（左一）、甘培根（左二）、唐旭（左三）、黄永鉴（左四）在研究生部讨论工作。

谈到，当时的金融体制僵化，信贷管理过于保守，难以适应经济改革与发展的情况，他说，金融不加大改革力度，经济就难以搞活①；同级的蔡重直偶然地从武汉大学一位教授关于武汉市城市改革的方案中受到启发，进而想到，既然商品流动是横向的、跨部门的，资金跟着商品走，那么资金应该成为一个市场，金融改革也应该是横向的②。数番激烈的讨论，甚至争辩下来，一个关于"应该把建立金融市场作为中国金融改革的突破口"的想法逐渐清晰起来，并获得很多同学的支持。有同学大胆提议，过几天中国金融学会年会就要召开了，应该把这个想法系统整理出来，作为一份金融改革建议，在大会上提出来。于是由齐永贵、蔡重直、波涛、万建华等分头执笔，每人各写一段，然后汇总、讨论、修改，定稿为《中国金融改革战略探索提纲》。

这篇文章开宗明义，点明其宗旨即是"提出我国金融改革必须重新确定的战略指导思想，摆脱目前金融改革单纯局限于银行机构改革的被动局面，使金融改革成为进一步推动国民经济改革的'催化剂'"。文章中，同学们明确地提出了自己的观点："现在，逐步地稳妥地开放中国式的社会主义金融市场，是我国经济改革大趋势的客观要求，是推动商品生产规模扩大的重大步骤，是金融体系全面改革的突破口。"

81级的张小卫找到一个中学的校办工厂，估摸着会议代表人数，油印了两百多份文章，还加印了一个浅蓝色封面，这篇文章，也就因此有了一个后来被广泛提及的别称——金融改革"蓝皮书"。为了增加"蓝皮书"的分量，他们征集了尽可能多的同学作为共同署名人，最后署名者达到23人③。最终，一行十几人浩浩荡荡坐上火车，带着"蓝皮书"，赶赴会议所在地合肥。

这次活动得到了刘鸿儒的支持。当时，刘鸿儒是这次会议的执行会长，又是五道口研究生部的主管副行长，更是平日里和同学们一起讨论金融改革问题的"刘老师"，善良的同学们甚至担心，他们的观点提出来，如果效果不

---

① 万建华. 五道口提出开放金融市场改革的建议 [J]. 资本交易，2011 (9)：16.

② 蔡重直. 金融改革"蓝皮书"出笼 [J]. 资本交易，2011 (9)：17.

③ 23人分别为：蔡重直、波涛、齐永贵、李弘、刘渝、万建华、张小卫、刘自强、魏本华、张志平、胡玉、王大伟、宁志翔、厉放、吴晓灵、胡晓炼、刘利、金琦、万红、梁建华、张刚、范棣、魏迎宁。

好，会不会连累到老师，于公于私，都应该先向他请示一下。于是，蔡重直和万红、李弘一起去找刘鸿儒，表达了他们的想法，希望刘老师给他们一个大会发言的机会。

刘鸿儒思忖着，一方面，学生们提出的观点，尤其是提出发展金融市场中的资本市场，涉及当时的理论禁区，很容易引发敏感问题，在一个无论是时间、地点、条件都不够成熟的背景下，太超前的探索会引起许多方面的误会，还会为今后按部就班、稳步前进的改革增加不必要的阻力；另一方面，改革即意味着突破，尤其是当时正在进行的金融改革，没有现成的经验可用，更加需要打开思路、广开言路，需要在各种思路的碰撞中去摸索，这不也正是自己当初力主成立研究生部、培养改革人才的初衷吗？况且，这次会议并没有邀请国外记者，即使稍有敏感，应该也不会影响太大。如此考量之后，刘鸿儒欣然同意，对他们三人说："这是你们年轻人的事情，大家畅所欲言，我怎么能说不行？"刘鸿儒宽容而积极的允许，令大家备受鼓舞。

就这样，齐永贵、蔡重直和波涛三位同学，代表五道口学生，站在了合肥会议的发言台上。他们三位轮流宣读了论文，向与会代表阐述了他们对于金融改革的观点。齐永贵宣读时格外兴奋，他高亢的声音，惊醒了部分昏昏欲睡的会议代表。①

五道口的学生们意外地在那次会议上崭露头角。当大家都在争论，那个时期的财经领域改革，究竟应该是"大财政"还是"大银行"的时候，当金融改革还只是局限于银行机构改组的时候，当大家的思维还胶着于"姓资姓社"的时候，五道口的学生们大胆地提出，应该摒弃传统的计划经济思维，跨越姓资姓社的藩篱，不仅要发展金融市场，还要"把金融市场作为金融改革的突破口"，这个建议实在是振聋发聩的。

毫不意外地，这些名不见经传的学生们，初生牛犊不怕虎一般地抛出了这样一个"不切实际"的观点，很快便招致了抨击。蔡重直说，回到北京之后，有三个月的时间，自己的日子并不好过。中国银行主办的"中国国际金

---

① 刘利.金融改革"蓝皮书"与"合肥会议"[J].资本交易，2011（9）：15.

融年会"批判了他们的观点，说这是搞资本主义，还要在中国重开证券交易所，要搞证券，这不是回到旧中国了吗？在当时的环境下，黄永鉴私下找到蔡重直，建议他先躲一躲，暂时不要来学校了。①

很快，《中国日报》记者秦晓丽，在第二版头条发表了英文文章《中国四大银行的垄断地位将要被打破》，随后，一向密切关注着中国改革取向的外国媒体——美国之声、BBC 等——也马上跟进报道，他们将其解读为"中国马上将进行市场化改革"。

不过，作为校长和老师，刘鸿儒倒是乐见同学们提出这样系统的、富有创见的想法，他乐见这些年轻的学生们用他们大胆的、鲜活的思想，给沉重的、保守的观念来一个大大的撞击。甚至在很多场合提及这件事时，他都说"我的学生们……"，作为老师的他，自豪、骄傲之情溢于言表。

特色四："金融黄埔"是方向。

合肥会议之后，五道口声名鹊起。同学们不仅进入国内改革高层的视野，也引起了国际关注。

1986 年 11 月，前文中提到过的纽约证券交易所董事长范尔霖来北京参加中国证券市场国际研讨会，在那次会议期间，邓小平同志接见了他，并由人民银行向他赠送了中国第一只较为规范的股票——飞乐音响股票，这一事件当时被国内外媒体广泛报道。然而，少为外界所知的是，在此之前，范尔霖还专程参观了五道口，这一次参观，让他对这个院子里的年轻人刮目相看。

在与学生座谈时，有学生问范尔霖，什么是票据发行便利？还有同学问，伦敦证券交易所改变佣金制度，对纽约证券交易所将会产生什么影响？范尔霖对同学们的提问直呼不可思议，他没有想到，在金融市场仍然封闭的中国，这里的学生对美国资本市场竟然跟踪到如此细致的程度。他毫不吝惜溢美之词：他们非常聪明，并且下了功夫，幸运的话，将来这些学生如果成为这一领域的主流，他们一定可以闯出一番新天地。

随行的《华尔街日报》记者发表了一篇文章《中国未来金融家的摇篮》，

---

① 蔡重直. 金融改革"蓝皮书"出笼 [N]. 资本交易，2011 (9)：17.

这篇文章的开头是这样说的：今年春天，在中国中央银行研究生部的课堂上，同学们正在进行股票交易游戏。尹成冰同学花了 50000 美元投资于五只美国股票，三个月后，由于他在国际商业机器公司、通用公司和可口可乐公司股票上的熟练操作，尹先生成为五十名参加游戏同学中的佼佼者，他的 50000 美元变成了 65000 美元，120% 的年化收益率会使华尔街上任何一名投资经理欢呼雀跃，并且将得到丰厚奖金，而尹先生的奖品是：一支钢笔。

记者进一步敏锐地写道：股票游戏和研究生部本身，成为中国发展新浪潮的一个标志。这个国家正在试验西方式的金融市场，而这个概念在十年前中国的共产主义体系中是被看作异类的。中国改革的重任，落了人民银行研究生部 200 位 20 多岁的男女同学身上。①

就在范尔霖与五道口同学的见面会上，85 级的朱从玖安静地坐在会议室，远远地凝视着这位他眼里的"重要人物"。只是他不曾想到，14 年后，自己执掌上海证券交易所，竟成了中国的"范尔霖"。②

1985 年 9 月，结束了三年的道口时光，81 级、82 级学生告别"工字楼"③，一如他们的老师刘鸿儒所要求的那样投身改革、经受锻炼。作为五道口的第一批毕业生，他们大部分进入了人民银行总行的各个机构，其后，金融业分业监管模式确立，他们中的一些人则顺应改革需要，陆续离开人民银行，进入证券、保险、银行监管部门，他们最终成为我国金融改革的顶层制度设计者，执掌中国金融改革的未来。

1986 年，金融体制改革全面启动，成就了各类金融机构萌生、扩张的黄金时期，更成了五道口人长袖善舞的舞台。五道口毕业的很多人直接跃入改革大潮，成为金融创新的急先锋，贡献了中国金融改革中的若干个"第一"：刘渝，参与创立全国第一家完全由企业法人持股的股份制银行——招商银行；廖熙文，全国第一家证券公司"深圳经济特区证券公司"首任总经理；刘自

---

① School at China's People's Bank Trains New Generation of Financial Whiz Kids ［N］. 华尔街日报，1986 – 11 – 18.

② 岳冰清. 生活很简单，人也很简单——访 1985 级校友、中国证券管理委员会主席助理朱从玖［J］. 当代金融家，2011（9）：101.

③ 五道口最初的两栋教室相互形成一个"工"字，"工字楼"因此而得名。

强，中国第一家上市银行——深圳发展银行首任行长；戴志康，在海南创建中国第一只基金——富岛基金；万建华，创立中国第一家银行卡标准系统，被称为"中国信用卡之父"……在刘鸿儒看来，这些年轻人在学校里接受了超前的教育，敢想敢干也能干，在大变革时代赋予的机遇面前，创新是自然而然的事情——事实上，他们就是为改革而精心打造的。他将这些学生称为"金融企业家"。

五道口的学生们还常常扎堆出现。20 世纪 80 年代中国人民银行金融管理司成立股票小组，这个小组的 4 个初期成员均来自五道口。1992 年证监会和证券委成立，这些人全部转入证监会或证券委。20 世纪 90 年代中后期，证券基金行业开始加速发展，五道口 95 级、96 级硕士班几乎成了中国证券市场基金经理的摇篮，有人笑称，"最鼎盛的时候，五道口人管理着中国一半的基金资产"。在改革大潮中，五道口的学生成为风向标，他们向改革的前沿集中，从深圳经济特区到海南岛，再到上海，他们冲到哪里，表明改革的热浪就推进到哪里。

这使五道口人作为一个集体，成为金融领域一个耀眼的存在。他们因时代需要而生，他们，也在创造新的时代。从这个意义上讲，五道口，的确可以媲美金融界的"黄埔军校"。"金融黄埔"的说法逐渐流传开来，且愈传愈盛。

盛名之下，非议接踵而来。有人说五道口的研究生是中国人民银行总行的嫡系部队，刘鸿儒有为自己培养亲信之嫌。其实，刘鸿儒自己也不知道，"金融黄埔"的说法究竟是从什么时候、从谁开始说起的。针对他个人的非议，刘鸿儒颇不以为然，自己主导培养的人才，感情上自然更亲近些，但人才，首先，也是最重要的，是国家的财富。在 1991 年五道口建校十周年大会上，刘鸿儒直面非议："广州黄埔所具有的革命精神，与五道口的开创精神、改革精神，虽然时代背景不同，但内涵是相似的；广州黄埔是培养革命家的摇篮，我们学校则是培养金融改革家的摇篮。"他明确而坚定地说："这是我们的方向。"

还有人以"道口烧鸡"戏称五道口的同学们，刘鸿儒听闻，对这个戏称

1991 年，刘鸿儒指导的第一位博士生王令芬论文答辩会，这也是五道口首届博士论文答辩会。第一排左起：黄达、王传纶、陈国庆、陈岱孙、周林、王继祖、赵海宽、虞关涛；第二排左起：刘利、刘鸿儒、厉以宁、甘培根、王令芬、蒋燕燕。

1995 年 4 月 14 日，刘鸿儒为唐旭颁发毕业证和学位证。

　　1991 年 4 月 8 日，五道口十周年校庆时，刘鸿儒（前排左三）与第一、第二届部分学生合影。

　　1996 年五道口十五周年校庆时教师合影。前排左一为黄永鉴、左四为刘鸿儒、左五为尚明、左七为甘培根。

　　2001 年 4 月，在五道口二十周年庆典上，刘鸿儒（左三）、戴相龙（左四）与刚刚获得博士学位的同学合影。

　　2003 年 7 月，刘鸿儒（左五）与五道口 2002 级博士生及博士生导师赵海宽（左四）、吴念鲁（左六）和唐旭（左三）在一起。

　　2006 年 4 月 15 日，刘鸿儒在五道口"金融教育回顾与展望"研讨会暨二十五周年校庆典礼上讲话。

　　2011 年 9 月 23 日，在五道口三十周年庆祝大会上与同学们合影。前排左五为刘鸿儒。

倒作了一番正解："道口烧鸡,味道很浓!烧鸡是要经过'烤'验的,没有高温出不了烧鸡,经过'烤'验的烧鸡当然好。另外呢,烧鸡的味道必须正,不正就没人要,这就要求我们五道口的学生,在校和未来都要经得起考验,保持味道不变。"

刘鸿儒以坚定的语气鼓励大家:"五道口是改革决策者邓小平及党的方针政策正确的体现,是人民银行党组领导重视的结果,是这个伟大的改革开放时代的产物。这是一条阳光大道,要坚定不移地走下去。"2011 年,刘鸿儒为五道口校友会题词,他用四句话、十二个字凝练了"道口精神":不怕苦、敢为先、讲团结、重贡献。他说,希望"道口精神"代代相传。

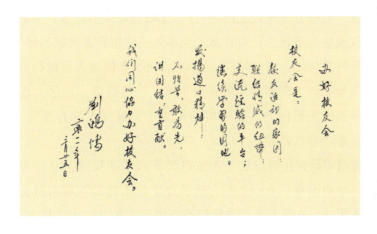

刘鸿儒为五道口校友会题词。

站在今天的角度回望过去,中国金融业发展三十年,从封闭到开放,从计划到市场,从仅有一家银行到种类齐全的多种金融机构,从一元金融体系到多元金融体系,在这样一条蜿蜒向前的变革轨迹上,一环环、一步步,正是由这些具有改革精神,且掌握改革知识的人所竭力推动的。三十多年来,五道口有十多位学生先后进入金融部门省部级高层领导班子,司局级干部一批又一批地成长起来,大批学生成为银行、证券、基金、保险经营机构的创立者或负责人。"为市场经济改革培养人才",五道口不辱使命。

　　"金融黄埔"成功的背后，凝结着无数人的心血。尤其是，研究生部主任甘培根，这位早期留美的高材生、金融学家，拖着病残的身体，和副主任黄永鉴等同事一起创办学校，不惧艰苦，不断创新，打造了东西文化结合的五道口金融教育文化。甘培根70岁那年退居二线后任名誉主任，接班做主任的是唐旭教授。唐旭，四川乐山人，1983年从四川财经学院考入五道口之前，种过地、伐过木、在长江上拉过船。他是刘鸿儒指导的硕士和博士研究生，1986年留校工作，1995年接任研究生部主任，直到2007年离任，在校工作20多年。唐旭兼管理与研究于一身，不断推进五道口教学改革，借鉴国际经验更新课程，提高学校管理水平；作为一名学者，他研究成果丰硕，出版了《现代金融丛书》《金融理论前沿课题》等著作，并翻译了《当代金融名著译丛》等作品，他本人还曾担任人民银行研究局局长、金融研究所所长和反洗钱局局长。刘鸿儒1990年调离人民银行之后，仍兼任学校学位委员会主席和学术委员会主席，坚持讲课，也尽力帮助唐旭研究和解决学校的发展问题。在唐旭的带领下，研究生部有生气、有活力，继承并丰富着"道口精神"。

　　唐旭被调离研究生部以后，五道口领导班子不稳定，总行领导无暇顾及五道口，经费困难，人心不稳，机关办学带来的问题越来越突出，五道口逐渐陷入困境。在高校去行政化的浪潮中，先是北京大学提出要五道口，厉以宁教授说："五道口是我们帮助办起来的，应与北大合并。"刘鸿儒认为，北大在经济学院之外还有光华管理学院，不急需，遂不忍心给。清华大学也想要，通过多种渠道找到刘鸿儒商谈，刘鸿儒应时任清华大学校长顾秉林院士之约，连续谈了三次，最终决定将五道口并入清华大学，发挥双方优势，强强联合，命名为"清华大学五道口金融学院"，在管理上保持相对独立。合并之初，刘鸿儒强调，新的五道口金融学院仍应秉持高标准、以质量为本的原则，适应全球经济金融一体化潮流，着重培养国际化高端金融人才。

　　2012年3月29日，"清华大学五道口金融学院"宣布成立。学院实行理事会领导下的院长负责制，刘鸿儒任名誉理事长。

2012 年 3 月 29 日，清华大学五道口金融学院正式成立。

2013 年 4 月 28 日，刘鸿儒在"新时代—新机会"清华五道口金融家大讲堂上发表演讲。

他为新学院题词，写下：

继承五道口精神，

发扬清华传统，

立足国内、面向世界，

建立国际一流金融学院。

沿着五道口之路创办大学。

国务委员陈慕华到人民银行任行长后，决定由九家金融机构联合再办一所大学，名字叫"中国金融学院"。1987年5月经国务院总理李鹏批准，国家教委正式发文，当年9月20日，刘鸿儒作为第一任院长，主持了中国金融学院成立大会。陈慕华行长请邓小平同志亲笔题写了"中国金融学院"的院名，刘鸿儒请陈云同志题词，写下："办好金融学院，培养新一代银行家。"

刘鸿儒明知办大学"先天不足"，条件不具备，但领导高度重视，他在心里下定决心"不办则已，办则办好"。好在，这一次，他有了五道口的经验在先，知道白手起家如何闯关。在调配强有力的领导班子后，刘鸿儒带领大家先为学院定位，明确"就是在金融界起到人才和教材的种子作用"，然后调整课程体系，广纳高水平教师，搞好学校建设规划。

刘鸿儒上任后才体会到，中国的大学校长真难当。办大学犹如管理一个小社会，校长不仅要主持教学科研，还要周旋于行政和后勤事务，除了公安法院外，几乎什么都要管，最后变成了"救火队长"。联合办学最大的困难是日常经费来源不足，人民银行凑不出这多钱，教委开始也无力拨款，而学校甫一开门，便到处要钱，连校门口修条马路也要学校摊钱，校长的第一任务就是到处"找钱"；学校开大会连个扩音器都没有，刘鸿儒还要托人去买扩音器。在苏联莫斯科大学念研究生的时候，刘鸿儒已经了解到，那里的大学后勤是社会化的，食堂是商业部门办的，学生宿舍由专门公司管，学生提包入住即可，有的是几所学校的学生合住一栋楼，老师的宿舍是自己买的，挣钱多的可以买别墅，大学校长只管教学和科研。他在心里感慨，校长办小社会，这可真不是方向。

在大学合并浪潮的冲击下，国务院于 2000 年 6 月决定将中国金融学院与对外经济贸易大学合并，同年 9 月 25 日，在教学楼前的操场中央竖起一座中国金融学院的历史纪念碑，原院领导组织编写了《中国金融学院院志》，以作纪念。

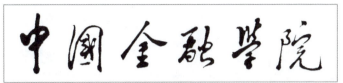

邓小平同志亲笔题写了"中国金融学院"的院名。

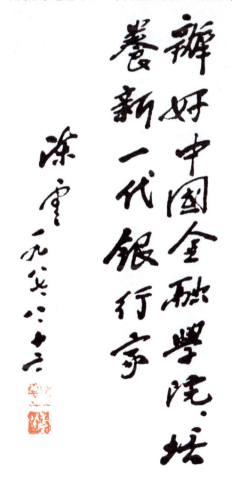

陈云同志为中国金融学院题词。

1987 年 9 月，中国金融学院院长办公会议。右一为刘鸿儒，右二为常务
副院长徐文通。

沿着五道口之路举办职业资格培训教育。

2003 年，人民银行老行长尚明拉刘鸿儒接他的班，去做中国金融教育
发展基金会理事长，做的多是培训教育，其中规模比较大、效果比较好的
是引进国际金融理财标准的职业资格培训和认定体系（Certified Financial
Planner，CFP）。刘鸿儒再次应用五道口经验，确定了"保证质量、水平取
胜"的方针，坚持国际标准，教材本土化，以高薪制和淘汰制拉起一支高
素质、国际化的教师队伍。CFP 的引入将中国商业银行的金融理财业务带
入了与它的国际竞争者相同的竞争语境之中，搭起中国金融理财与国际接
轨的桥梁。

刘鸿儒（左）与中华慈善总会会长阎明复（右）在一起工作。刘鸿儒从 1996 年起担任中华慈善总会副会长兼募捐委员会主席，连任两届；2003 年 4 月至 2008 年 4 月任中国金融教育发展基金会理事长。

2009 年，国际金融理财标准委员会（FPSB）首席执行官 Noe Maye 代表 FPSB 聘请刘鸿儒等为 FPSB 中国专家委员会委员。从左至右依次为：中国金融理财标准委员会秘书长蔡重直、中国农业银行零售业务总监李庆萍、中国人民银行反洗钱局局长唐旭、FPSB 首席执行官 Noe Maye、中国证监会首任主席刘鸿儒（任主任委员）、中国人寿董事长杨超、交通银行副行长叶迪奇、上海浦东发展银行副行长徐海燕、汇丰银行零售业务总监霍霭玲。

沿着五道口之路设立公益基金会。

五道口的很多学生，在毕业的很多年后，萌生了回馈老师、回馈学校、回馈社会的想法。在刘鸿儒75岁的生日会上，以唐旭为首的学生们建议，成立一个以刘鸿儒老师的名字命名的公益基金会。

刘鸿儒理解并欣赏学生们成立基金会回馈社会的想法，但是他并不同意以自己的名字命名，而建议改以"五道口"命名；在学生们的一再坚持下，2006年11月，"北京市刘鸿儒金融科学发展教育基金会"正式成立，2010年4月更名为"北京市刘鸿儒金融教育基金会"，2015年3月在刘鸿儒的要求下，更名为"北京市鸿儒金融教育基金会"。

基金会在金融教育、金融智库和社会公益领域做了大量的活动。迄今影响最大的，是"中国金融学科终身成就奖"，这是刘鸿儒的建议，主要用于奖励那些在中国金融学科建设中作出过卓越贡献的金融教育家。每年评选1~3名，每人奖励100万元，这是目前我国经济、金融领域奖励金额最高的奖项。

2018年5月12日，年届88岁高龄的刘鸿儒专程到上海，为复旦大学的叶世昌教授和上海财经大学的王学青教授颁奖，这是自成立以来，基金会颁出的第十九个和第二十个"中国金融学科终身成就奖"。

他在致辞中深情地回忆起十年前提议设立"中国金融学科终身成就奖"的初衷。在20世纪80年代初期，中国面临着一场从计划经济体制转轨为市场经济体制的革命性变革，急需大量熟悉市场经济的人才，许多大学增设金融系或金融专业，当时最困难的是没有教材。传统计划经济的教材失之于旧，西方国家的教材失之于偏，各校的金融教师各自奋斗编写教材，涌现了一批又一批的优秀教材，逐渐成熟，逐渐完整，形成了适合中国国情、能体现市场经济规律的金融学科体系，培养了成千上万的金融改革人才。这一切，靠的正是那个时代一批杰出的金融教师，他们堪为中国金融教育的脊梁、创立转轨金融学的功臣。

刘鸿儒说，自己从工作岗位退下来以后，这批当年年富力强的青年教师，有的已经离开了我们，健在的也已经七八十岁了，每次见到他们，作为改革第一线的老金融工作者，都有一种发自内心的感激和敬畏之情，为了表达这种心情，提议由学生建立的基金会设立这个奖项，以回报老师的培养教育之恩。

2011 年，"中国金融学科终身成就奖"首次颁给了中国人民大学原校长黄达教授。黄达是新中国金融学科奠基人，他曾经说："作为货币银行学的教学工作者，应该致力于编出：中国人，在中国大学的讲台上，为了使中国的学生掌握建设有中国特色的社会主义的本领，而传授货币银行学所需要的教材。"黄达从 1950 年起开始在中国人民大学讲授货币银行学，躬身教育一生不曾离开。他曾说："好像，我的一生就是作为一名导游，了解、欣赏、介绍并全身心地参与装点中国货币银行学景观的旅程。"

85 岁高龄的黄达抱病前往，81 岁的刘鸿儒陪同时任教育部副部长的郝平和时任人民银行行长的周小川一起，给昔日的老师、同学、好友、教育战线的战友颁奖。他说："我们相识 60 年了，我们俩都是'80 后'，我 81 岁，他 85 岁。"台下掌声、笑声顿时响成一片。刘鸿儒继续说："从中国人民大学回东北人民大学后，我开了一门课——《货币流通与信用》，当时参照的就是黄

2011 年 6 月 1 日，首个"中国金融学科终身成就奖"授予中国人民大学黄达教授。左四为郝平（教育部副部长），左五为刘鸿儒，左六为黄达，左七为周小川（人民银行行长）。

达同志手写的讲稿提纲。这个提纲是他给我的，不是我偷的。"又是一片掌声和笑声。

在万众后辈的仰望中，在一片热烈的掌声中，黄达缓步登上领奖台，接过奖杯。此时此刻、此情此景，让人不禁想起爱尔兰作家萧伯纳的那句话："对我来说，人生不是什么'短暂的烛光'。人生就是一支由我此时此刻举着的辉煌灿烂的火把，我要把它燃烧得极其明亮，然后把它递交给后代的人们。"

从 2011 年到 2018 年，除了黄达外，鸿儒基金会还将"中国金融学科终身成就奖"颁给了王传纶（中国人民大学）、洪葭管（中国人民银行）、周骏（中南财经政法大学）、林继肯（东北财经大学）、张亦春（厦门大学）、周升业（中国人民大学）、曾康霖（西南财经大学）、王永明（中国人民保险公司）、杨培新（国务院发展研究中心）、赵海宽（中国人民银行）、王佩真（中央财经大学）、俞天一（对外经济贸易大学）、吴念鲁（中国银行）、孔祥毅（山西财经大学）、刘茂山（南开大学）、白钦先（辽宁大学）、李继熊（中央财经大学）、叶世昌（复旦大学）、王学青（上海财经大学）和黄永鉴（中国人民银行），并评选出邱兆祥（对外经济贸易大学）为 2019 年度获奖人。这 22 人，无一不是在金融研究和教育领域砥砺深耕数十载而硕果累累的。

2018 年 10 月，"中国金融学科终身成就奖"颁给了五道口"大管家"黄永鉴。刘鸿儒盛赞他"确实是个实干家，确实是个教育家"，五道口从"草窝"发展为金融界的"黄埔军校"，黄永鉴、甘培根等一批具有超强组织能力的高校管理者功不可没。三十多年过去，当年的道口学子们依然对黄老师"亲自"抓迟到早退、掀旷课同学的被窝、夜晚查寝等往事"刻骨铭心"，当年的敬畏之心，也早已在岁月中积淀为浓浓的感恩之心。81 级学生代表、中国进出口银行董事长胡晓炼深情地说："道口永鉴，黄老师的获奖，也圆了道口学子的心愿。"

这些为新中国金融教育事业尽情地燃烧自己的金融教育家们，在人生暮年，由鸿儒基金会，奉上再一次的甚至是最后一次的敬意和荣耀；"中国金融

2018 年 10 月 21 日,"中国金融学科终身成就奖"授予五道口"大管家"黄永鉴老师。左二为刘鸿儒,左三为黄永鉴,左一为鸿儒基金会理事长崔进才,左四为鸿儒基金会副理事长王晓岩。

学科终身成就奖"则高高举起这灿烂辉煌的火把,把中国金融教育的未来,递交到一辈又一辈的青年学者们手上。

2018 年,刘鸿儒提议"北京市鸿儒金融教育基金会"申请更名并扩大公益范围,这把高高举起的灿烂辉煌的火把,承载着讲团结、重贡献的道口精神,将爱心播撒得更远、更广,薪火相传、生生不息。

第二十四章

这位经济学家有"三宝"

在刘鸿儒心里，著名经济学家、原任国家统计局局长薛暮桥是他的榜样。薛老既是官员，也是学者；既是改革家，也是经济学家。刘鸿儒向榜样看齐，始终把科研放在职业生涯的重要位置。出国留学前，刘鸿儒在大学当老师，科研与教学自然融为一体，教什么就研究什么；回国后进入人民银行开启金融改革生涯，则把改革与科研紧密结合起来，改革推进到了哪里，研究就在哪里展开，改革指向哪里，研究就向哪里延伸，改革与研究相互推动、相得益彰。

1995 年 4 月，刘鸿儒急流勇退离开火山口。证监会的办公室之外，中国金融市场改革与发展的浪潮依然如火如荼，对于这个自己倾注了半生心血的市场，他关切的目光，仍不舍游离。

刘鸿儒一边教书，一边搞研究，从学者型官员"转型"成了官员型学者。他在五道口的讲座仍在继续，一直讲到 80 岁。五道口之外，他被北京大学、清华大学、复旦大学和中国人民大学等一批大学聘为兼职教授，并受邀在香港中文大学和香港城市大学讲学三年、在日本一桥大学讲学半年。鉴于他丰硕的学术成果和对中国金融改革的巨大贡献，香港城市大学授予他工商管理荣誉博士。他又在深圳成立了资本市场研究会，聚集了一批经济学家和有丰富实践经验的专家，成为为资本市场建言献策的民间智库。在他的倡议下，创办证券投资基金国际论坛，广邀专家和证监会主管领导参加，坚持十年连开十届，成为基金业以及财富管理行业最具影响力的思想交流平台。

在金融改革和金融研究的过程中,或者更准确地说,在二者相互融合的过程中,刘鸿儒对于中国金融改革陆续地形成大量观点。离休之后,他系统整理了自己发表的讲话和文章,对在一线工作时想到而没有时间研究的课题、工作上有经验教训而没有来得及从理论上加以总结的问题,以及社会上争论的重大是非问题,再思考、再研究、再提炼,撰著成书陆续出版。刘鸿儒一共出版专著 10 部和译著 2 部,主编著作多部。专著中除了离休前出版的《社会主义的银行信贷问题》(与王兰合著,1964 年)、《社会主义货币与银行问题》(1980 年)、《漫谈中央银行和货币政策》(1986 年)、《中国金融体制改革问题研究》(1987 年)、《金融调控论》(1991 年)、《股份制在中国的实践》(与孙效良合著,1993 年)等外,离休后,刘鸿儒又出版了《刘鸿儒论中国金融体制改革》(2000 年)、《探索中国资本市场发展之路——理论创新推动制度创新》(2003 年)、《突破——中国资本市场发展之路》(2008 年)、《变革——中国金融体制发展六十年》(2009 年),还下功夫主编出版了两部在中国最前沿的金融期货著作——《股指期货热点问题》(2009 年)和《金融期货》(2010 年)。这些文章和著作,时间上覆盖了从 20 世纪 80 年代前后金融体制改革发轫,到 21 世纪初市场经济确立并初步发展的这一金融体制转轨的重要时期。刘鸿儒对这一时期金融改革理论和实践的思考、研究、阐释和总结,启蒙了转轨金融学在中国的发展,并构成我国转轨金融学的主要部分。

这些文章和书籍所引用的史料,大多原文原稿,不加修饰和改动,实事求是地保留、记录着彼时改革探索的痕迹。那些改革思想的争论、理论禁区的突破、决策背后的考量、探索中的彷徨,一个个、一步步、一环环,均跃然纸上,它们像一粒粒珍珠,串起了我国金融体制转轨的迷人过程。这是改革家、经济学家刘鸿儒对中国金融转轨过程的独特记录,这份记录,因其最大限度地、最真实地接近改革决策和实践探索,而显得格外珍贵。

2011 年,西南财经大学中国金融研究中心主编的《百年中国金融思想学说史》由中国金融出版社出版,书中遴选了从 1911 年辛亥革命到 2011 年一百年中国金融思想变迁史上的著名金融学家和重大金融事件,刘鸿儒名列其中,主编曾康霖教授亲笔撰写了刘鸿儒金融思想学说概要。2014 年,科学出版社出版《20世纪中国知名科学家学术成就概览》，其中，《经济学卷》编辑委员会提名将刘鸿儒列入知名经济学家行列，书中写到："近三十年来，他作为中国金融体制改革的设计参与者和推动者，在改革进程中不断总结经验，进行理论探索，奠定了改革的理论和思想基础。他比较突出的学术成果是：探索建立中国金融体制改革的理论体系和具有中国特色的资本市场理论体系。"①

2010年，刘鸿儒80岁了，这位在中国金融改革战场上披荆斩棘、戎马战斗的勇士，确认自己进入老年了，决心调整心态，愉快转岗，进入静心养身的老年生活。

这一年，学生王晓岩在自己创建的东方太阳城老年社区，举办"中国人民银行研究生部校友座谈会"，并为老师刘鸿儒祝贺八十大寿。刘鸿儒提早到会，容光焕发、精神矍铄，向同学们一一签名赠书，他动情地说："我想感谢同学们，感谢同学们用自己的实际行动回答了老师的期望，这是对老师最大的安慰……还要感谢同学们对老师真挚的、亲切的、坚持不懈的关照。"

1985年11月18日，吉林大学成立经济管理学院，聘刘鸿儒（右二）兼任院长。右一为唐敖庆（化学家、科学院院士、吉林大学校长），右三为温希范（吉林大学党委书记）。

---

① 20世纪中国知名科学家学术成就概览（经济学卷）：第二分册 [M]．北京：科学出版社，2014：434．

鉴于刘鸿儒（右四）丰硕的学术成果和对中国金融改革的巨大贡献，香港城市大学授予他工商管理荣誉博士学位，校董会主席董建华（左二）出席典礼。

1996 年 5 月 10 日，刘鸿儒（右三）夫妇与董建华（右二）在一起。

1996 年 6 月，领取荣誉博士证书。

1996 年，在香港城市大学授课，课间与学生们展开热烈讨论。

2000 年 3 月,在华夏证券研讨会上,刘鸿儒(左二)与董辅礽(左三)、厉以宁(左四)、萧灼基(左五)、林义相(左六)在一起讨论学术问题。

2012 年 5 月 26 日,上海金融学院六十周年校庆时,把刘鸿儒的题词"未来金融家摇篮"制成石碑,立在校园里。

1990 年 11 月 10 日，刘鸿儒（左三）60 岁生日聚会。左一为夏立平（第一任秘书），左二为万红（刘鸿儒指导的第一个硕士研究生，时任中国新技术创业香港公司执行董事兼副总经理），左四为庞则义（第二任秘书）。

刘鸿儒八十大寿时与历任秘书合影：第二任秘书庞则义（右二，原任人民银行总行局长）、第三任秘书马德伦（右五，曾任人民银行副行长）、第四任秘书刘连舸（右六，现任中国银行行长）、第五任秘书李建华（右七，曾任银监会非银部主任）、第六任秘书朱从玖（右一，现任浙江省副省长）。

同学们将刘鸿儒视为精神偶像，崇拜他达到了很多人无法企及的高度。有人向他讨教人生经验，他说，退下来以后，自己有"三宝"。

第一宝是学生。

五道口的学生们说，遇到一位好老师，是一生的财富；刘鸿儒说，学生，是自己最宝贵的财富。

认真签名，为学生们赠书。

他说，学生是推进金融改革的战友。在金融改革刚刚兴起、摸着石头过河的年代，年轻的学生们挥斥方遒、指点江山，他们深入改革现场去调研，讲思路，提方案，与刘鸿儒一起研究改革、推动改革，毕业后冲到第一线去做"实验田"，创造了许多金融改革史上的"第一个"。刘鸿儒说，这些学生和自己一样，都是中国金融改革的探路人。

他说，学生是教书和科研的助手。在退出工作岗位后，刘鸿儒没有研究助手，分散在不同岗位上的学生，成了他的智库，并且随用随到，得心应手。刘鸿儒教书、演讲、写文章，需要的资料由学生提供，遇到说不清的问题，找学生讨论厘清，编写分量重的书，请学生协助或者合作编写。在他发表的文章著作中，凝结着学生对老师的深情厚谊。

他说，学生是生活上的帮手。30多年来，刘鸿儒指导了23名硕士生、45名博士生，听过他授课的学生，和受他这位"校长"关照过的弟子，不计其数。传道授业解惑中，学生们与刘鸿儒交融出浓浓的师生情甚至父子情。这种感情，不同于机关里的上级与下级、同事与同事之情，它更为纯粹，也更为真挚。当刘鸿儒退出领导岗位后，学生们一批又一批地找上门来，嘘寒问暖，关怀备至。刘鸿儒周围的同事朋友，往往在一片羡慕声中又不乏有点儿嫉妒，发出感慨："刘鸿儒到哪儿都有学生关照，真是难得！"刘鸿儒倒认为，这并不是单纯的个人情感的表现，而是讲团结、重贡献的"道口精神"在薪火相传。

第二宝是高尔夫球。

刘鸿儒从青年时期就喜欢运动，运动使他保持旺盛的精力，是繁忙工作中的解压法宝。刘鸿儒从1992年开始学打高尔夫，下班后下场挥杆，打三百个球，出一身汗，解除脑力疲劳，怡情悦性。退下来之后，刘鸿儒打高尔夫更是渐入佳境，索性南征北战，在"老头队"里名列前茅，连续三年摘得"贺龙杯"冠军，迟浩田上将曾为他颁奖。"老头队"的领袖人物是时任高尔夫球协会主席的荣高棠同志，他在新中国成立后协助贺龙元帅主管国家体委工作，是新中国体育战线的杰出老领导，在发展中国体育事业、进军国际奥林匹克征程中作出过巨大贡献，1983年被国际奥委会授予奥林匹克银质勋章。他写了一首对联送给刘鸿儒：

风吹日晒雨淋　大自然里陶冶锻炼

挥杆散步闲谈　小天地中益寿延年

从工作岗位退下来以后，刘鸿儒（右一）征战高尔夫球场，连续三年摘得"贺龙杯"冠军，迟浩田上将（左一）为他颁奖。

时任高尔夫球协会主席的荣高棠同志向刘鸿儒赠诗一首。

1999 年 12 月，在广东番禺南沙高尔夫球场，刘鸿儒（左二）和世界冠军李宁（右一）、邓亚萍（左一）向荣高棠（右三）敬酒。

在北京华彬庄园高尔夫球场与泰国前总理英拉一起植树。

第三宝是家庭。

刘鸿儒一生拼事业、搞研究、抓教育，硕果累累，背后的"靠山"是一个温暖的"窝"和一位理解他、支持他，并与他一起终生奋斗的老伴。在书中第四章曾讲过，刘鸿儒和爱人王志玲在苏联莫斯科一起留学的岁月，两个风华正茂的年轻人情定莫斯科，他们曾共同坐在莫斯科大学礼堂里聆听毛主席的教导。他们于1957年6月27日结婚，王志玲比刘鸿儒早一年回国，被分配在一机部工作，她从此也担起了上有老下有小一大家人的生活重担，无论是刘鸿儒三次下放农村的艰苦岁月，还是他走上职业改革生涯，忙得不着家的年月，爱人王志玲一面奋斗在自己的工作岗位上，一面年复一年地倾心照顾、维护着这个家。

如今61年过去，刘鸿儒88岁，王志玲85岁，从青春年少到耄耋白发，他们携手迎来了钻石婚纪念日。他的学生崔进才邀请二老来到西安，泛舟大唐芙蓉园，细细回味着这半个多世纪的"执子之手，与君偕老，与爱偕老"的现实版爱情童话。

老朋友为他们诚挚祝福、年轻人以他们为爱情楷模，刘鸿儒面对大家，道出了61年相濡以沫的奥秘——两句话、四个字：一是包容，二是尊重。

包容——

他说，在家里不必追求真理，不必评定谁对谁错，只有"理解万岁"。

尊重——

他说，要学会尊重对方，尊重对方的劳动成果和贡献，尊重对方的性格和爱好，尊重对方的思路和习惯。

能做到相互包容、相互尊重，就会得到家庭和睦、家庭温暖、家庭幸福，快快乐乐地度过人生旅程。

大家都说，老爷子把家庭这点事说清楚了，把人世间为人处世的这件大事也说清楚了。

有的老朋友说，真应该给刘鸿儒颁发一个"诺贝尔哲学奖"。

1986 年 9 月 23 日，刘鸿儒与王志玲在纽约街头"偶遇"。

家,始终是最坚实的"靠山"。

与爱人相互扶持、相濡以沫。

与爱人一起走过金婚。

在学生们的祝福中，与爱人一起吹灭 80 岁生日红烛。

从青春年少到耄耋白发，携手迎来钻石婚。

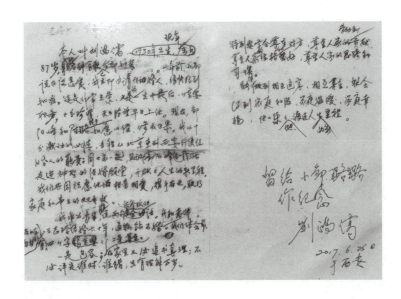

在庆祝自己钻石婚的第二天，刘鸿儒参加婚礼作证婚人，草拟证婚词，道出家庭幸福的心得体会。

88 岁米寿生日，刘鸿儒特意穿上早在改革初期定做的中山装，同部分学生、战友及儿孙聚会。三十三年前，刘鸿儒曾穿着这身中山装在全国人民代表大会上作工作汇报。

编后记

　　《中国金融改革探路人刘鸿儒》一书是当代中国"英雄惜英雄"的产物和结晶。两位出生于 20 世纪 30 年代的吉林籍同乡，都是新中国成立后第一批由国家选派送往苏联留学的青年人；20 世纪 50 年代，他们双双留学回国，一位获得经济学副博士（后来国家定为博士）学位，一位取得经济学、文学双学位；回国后他们都加入中国人民银行，参加中国金融事业的建设，作为同乡、学友兼同事，在那段激情燃烧的岁月中，为国家建设开拓创业……他们俩一位是本书传记故事的主人公刘鸿儒，一位是本书传记的作者邓加荣。五年前的 2013 年，这两位多年好友总结人生的过往今来，促膝交心，为了彼此事业的发扬、传播、传承，在中国金融出版社的积极促成下，成就了一项有意义的出版工作：由邓加荣这位多产作家、《光明日报》知名记者，为刘鸿儒这位叱咤当代中国金融界的风云人物书写传记。寒暑易节，历经五年，终于有了捧于手中的这本人物传记。

　　今天，人们对中国金融业改革开放的成果无不赞叹和感怀，但我们怎能忘记中国从计划经济时代走向市场经济那艰难曲折的转轨之路，又怎能忘记从单一银行业发展到如今银行、证券、保险全面发展的金融体系的艰辛改革路。在 20 世纪 70 年代改革开放前，商品经济、商业化、商业银行、中央银行、货币政策等词汇不可耳闻，更难以提起；股票、债券、股市、债市、资金市场、证券市场、保险等概念也是在不断的争论中站住脚和在实践中逐渐成长起来；利息、经营、风险、监管、管控等观念更是在不断宣传灌输中让社会普遍关注和接受，成为现在的金融 ABC。这些变化和进步都是思想者率先推动的。思想决定行动，认识的提升促进了社会变革和变迁。为了纪念中国金融业改革开放初期的金融前辈和践行者，记录下他们当年是如何掌控金融风险的艺术、运筹危与机的转化、布局金融业全面深刻的变革，我们策划出版了这本书，看看这些金融前辈怎样遵循中国改革开放总设计师邓小平说的"杀出一条血路"，走过一条只能赢不能输的金融改革开放之路。这些金融前辈是我国金融事业的开路先锋、铺路搭桥的英雄。刘鸿儒的时代经历和实践行动令他人难以比肩，他是那个时代的先锋人物，他既要执行好中央的一系列方针指示，又要为中央提供发展中国金融的意见建议，我们通过他的传记故事，可以了解中国金融发展之路的千辛万苦，理解这些善于思考的思想者对于中国金融变革的意义和作用。

1980 年，当时中国的改革开放从农村才刚刚开始，刘鸿儒正好在中国农业银行工作，在调查研究中他看到农民卖了商品才能还银行贷款，农业才会生产发展，农村才能变得更好。他敏锐地认识到农业银行的信用要建立在商品经济上。随后，作为农业银行副行长的他提出了支持农村发展商品经济的思想。可以说他是我国最早认识到发展商品经济的思想者之一。1984 年《中共中央关于经济体制改革的决定》作为中央文件正式确定我国要发展商品经济。刘鸿儒的认识既归因于他在留苏学习时深入研究过《资本论》，有扎实的理论根基，也源于他不唯书本注重实际、实事求是、深入一线调研的工作作风，理论联系实际是刘鸿儒职业生涯中贯穿始终的一条准则。

1980 年 12 月，刘鸿儒回到中国人民银行工作，他坚持发表文章论述社会主义商品经济。在调查成都、广东等省市小商品市场的发展时，他发现在商品经济发展的基础上市场票子多了，但物价没有涨，原来对于市场货币与物资供应的 1：8 的规律也在发生变化。他认识到货币政策不能靠压货币反而是要靠增加货币供应来发展商品生产，经济才能良性运行；只有大力发展小商品生产、支持市场商品流通，才能稳定社会、稳定经济。因此他提出银行要按照中央的要求发展小企业贷款，发放企业技术改造贷款，支持商品生产和流通。银行认识的变化和业务的变化在当时意义重大，改变了经济由计划和财政分配为主、银行只做会计出纳的状况，改变了对企业实行统一严格的现金管理、银行不讲存款的状况。认识的变化推动了银行在经济建设中的作用不断加大，银行逐步走向"办成真正的银行"的轨道。在此过程中，刘鸿儒参与了诸多重要文件的起草，对银行加强经营管理发挥了重要作用。

随后各银行分立速度加快，我国金融体制又面临进一步改革，向着建立中央银行、人民银行单独行使中央银行职能的新体制迈出重要步伐。在这一变革中，作为分管改革的人民银行副行长，刘鸿儒走在思想引导的前头，在《中国金融》杂志连载了《漫谈中央银行和货币政策》文章，后又出版了专著，给广大的银行职工开启了思想认识提高的大门。我当时是《中国金融》的编辑，历历往事，记忆犹新。

作为中国证券市场的开拓者、证监会首任主席，刘鸿儒对中国资本市场的建立和对外开放厥功至伟，报道论述汗牛充栋，本书又有了深入的挖掘和丰富的补充。

刘鸿儒的"鸿儒学说"，我们可以在即将由中国金融出版社出版的《刘鸿儒书集》（电子图书）中一一饱览，那里面收集了刘鸿儒出版过的专著十五部，刘鸿儒写的书集说明也会让我们了解他的学术研究和创作之路。

本书作者之一邓加荣是一位学者型多产作家。1956年毕业于莫斯科财经学院信贷系，先后任职于中国人民银行金融研究所、东北财经大学财政金融系、《光明日报》社。他走出了从学者到记者的独特道路。《邓加荣金融文选》收录了他留苏回国参与金融实践后公开发表的多篇论文。《光明日报》社记者生涯中，他留下了《君子兰之谜》《李谷一与乡恋》（与理由合作）等报告文学作品，轰动一时。他的作品还获得过新闻一等奖、被收入中学语文教科书中。他在中国金融出版社出版的《开国第一任央行行长南汉辰》《我国经济学泰斗马寅初》《登上世纪坛的学者孙冶方》《中国经济学杰出贡献奖获得者刘国光》，再加上这一本《中国金融改革探路人刘鸿儒》，为当代中国经济学家树碑立传，他记录下的英雄史诗和传奇人生故事，也是他光辉人生留给我们的不朽之作。他永远不知疲倦地在创作之路和人生旅途中奔跑着、探索着，这本书是他带病完成的遗著，也是值得我们永远怀念邓加荣老师崇高人格的丰碑。

回望五年来这本书的出版经历，我最深的感受是：致敬——向那些率先吹响集结号，指挥过中国百万金融大军奏出雄壮的金融改革开放乐章的思想者、践行者、领导者！

高山仰止，景行行止，传承无限！感谢刘鸿儒！感谢邓加荣！让我们可以从字里行间体验不曾有过的热血沸腾。听说刘鸿儒行长（我一直称呼他刘行长）要写一篇对邓加荣深深怀念的文章，我感慨良多，也写下编后记作为我对邓老师深深的悼念！

本书编辑　张哲强

2018 年 12 月于北京